历史语言学

徐通锵 著

商务印书馆
创于1897 The Commercial Press

图书在版编目（CIP）数据

历史语言学 / 徐通锵著 . —北京：商务印书馆，1991（2024.4 重印）

ISBN 978-7-100-00152-6

Ⅰ. ①历…　Ⅱ. ①徐…　Ⅲ. ①语言学史　Ⅳ. ① H0-09

中国版本图书馆 CIP 数据核字（2014）第 246879 号

历史语言学

徐通锵　著

商 务 印 书 馆 出 版

（北京王府井大街 36 号　邮政编码 100710）

商 务 印 书 馆 发 行

北京虎彩文化传播有限公司

ISBN 978-7-100-00152-6

1991 年 6 月第 1 版　　　　开本 850×1168　1/32

2024 年 4 月北京第 7 次印刷　印张 $15^1/_2$

定价：78.00 元

序　言

自1980年以来,我一直在北京大学中文系从事历史语言学的教学和研究工作。这本著作就是在我的历史语言学讲稿的基础上修改定稿的。

历史语言学是一门综合性的科学,研究语言发展的一般理论、方法和原则。理论是从实际研究工作中总结出来的,前人的理论也需要通过具体事实的分析予以消化、提炼和修正,因此,本书除了总结前贤的研究成果以外还花了相当大的力量进行一些汉语方言的调查和研究。我们重点调查了浙江的宁波方言和山西的闻喜、祁县两处的方言,其中闻喜、祁县两点是我与王洪君同志一起调查的。我们的目的是想把历史语言学的一般理论、方法和原则与汉语的具体研究结合起来,用丰富的汉语方言材料来分析、检验、补正传统的理论,并克服以往的语言理论研究重介绍、轻研究、脱离汉语实际的倾向。这虽然不是一朝一夕所能奏效的,也不是一个人两个人所能完成的,但我们想在这方面进行一点探索,希望能成为后人前进的一块铺路石子。

研究语言的发展主要是要弄清楚语言发展的规律,把隐蔽于人们所熟知的语言事实背后的可以意会而难以言传的规律找出来,并给以因果性、理论性的解释。这就是说,一方面要弄清语言事实,另一方面要在扎实的材料基础上进行理论性的探索,使具体语言事实的分析具有理论的深度，而理论则寄寓于具体事实的具体分析之中。这是本书追求的目标。我们根据这样的精神安排本书的内容，总结前人的成果，分析有关的问题，以语言发展的规律问题为主线展开语言史研究的一般理论、方法和原则的讨论。对于各种新的学说、理论，我们均采取客观、谨慎的态度，不尚新异，一切通过汉语事实的检验，根据"以我之需，为我所用"的原则予以消化、吸收、取舍，并在此基础上改进我们的研究，提出相应的理论和原则。有些重大的理论问题如果现在还没有条件作出最后的结论（例如汉藏系语言的系属划分问题），那么我们就尽可能摆出争论双方的分歧，并对有关的原则问题进行一些理论性的探讨。

本书在写作过程中与叶蜚声、王福堂、王洪君三位同志多有讨论，他们都贡献了不少很好的意见；林焘先生为本书绘制了北京话区域分布图，蒋绍愚同志为语言年代学的百词表作了古今汉语的异同对比，这些都使本书增色不少。本书初稿于1985年初写成后，蒙华中理工大学严学宭先生详为评阅，赐教多处，使作者得益匪浅；他还指导他当时的研究生张振江同志对初稿进行逐章逐节的推敲，提出了很多宝贵的意见。本书的修改工作得以顺利进行，与他们的关心、鼓励是分不开的。我这里还要特别感谢北京大学出版社的胡双宝同志，由于他的安排和帮助，我们才请到陈友庄同志为本书绘制各种图表。商务印书馆的赵克勤同志，从约稿到出书，没有他的鼓励和帮助，本书恐怕是难以与读者见面的。对于他们的热情帮助，作者不胜感激，谨此致谢。

历史语言学涉及的问题多，分析的难度大，而作者的水平又有限，因而本书不可避免地会存在一些错误和缺漏，敬希读者批评、指正。

徐通锵

1986年7月15日

目　录

0. 绪 论

0.1 对象和任务

0.1.1 历史语言学，顾名思义，是研究语言的历史发展的科学。研究一个个具体语言的历史发展的叫特殊的（或个别的）历史语言学，如汉语史、英语史、俄语史等等；研究语言发展的一般理论、方法、原则的叫普通历史语言学，简称历史语言学。个别语言的历史研究是历史语言学的基础；没有具体语言的详细的、深入的研究，历史语言学的一般理论、方法、原则就无由建立。但是，这并不是说，必须等到全部具体语言的历史有了深入的研究之后才能研究、建立历史语言学。语言是人类最重要的交际工具，各个语言虽各有自己的特点，但人类语言的共同性质又决定了各个语言在功能、结构、演变规律等方面必定有其共同的特点。因此，在研究个别语言时总结出来的理论、原则、方法又具有一定的普遍性，其他语言的历史研究可以从中得到一些有益的启示。这正如哲学上"个别"与"一般"的关系那样，"个别"包含着"一般"，而"一般"不能包含所有的"个别"，因为"任何一般只是大致地包括一切个别事物。任何个别都不能完全地包括在一般之中"。[1]

---

① 列宁《谈谈辩证法问题》，《列宁选集》，第2卷第713页，人民出版社1972年。

历史语言学（“一般”）与具体语言的历史研究（“个别”）的这种关系，说明历史语言学必须以具体语言的历史研究为基础，从中总结出一般的理论、方法和原则，然后再用这种一般的理论、方法、原则去指导具体语言的历史研究，使研究向深化的方向发展；如果在具体语言的研究中难以用现行的一般理论、方法、原则来解释，那就说明这种一般的理论、方法、原则还有待于改进，需要用具体语言的历史发展的研究成果去修正、丰富、发展这种一般的理论、方法和原则。

历史比较语言学是历史语言学中的一个特殊的部门，它用比较的方法确定语言之间的亲属关系以及这种关系的亲疏远近，重建原始语（proto-language），把各亲属语言纳入母女繁衍式的直线发展关系之中，因而提出语系、语族之类的概念。这种语言学是在印欧系语言的比较研究的基础上发展起来的，在19世纪曾取得了巨大的成就。历史比较语言学的诞生宣告语言的研究不再是经学的附庸，而是一门独立的科学。它有自己独立的研究对象和研究方法。从此，语言的研究走上科学的道路。历史比较语言学的理论和方法是历史语言学的核心和基础。

0.1.2 研究语言的发展，主要任务是探索语言演变的规律。初期的历史比较语言学偏重于原始语的拟测，这恐怕失于片面。梅耶早就在《印欧系语言比较研究导论》的序言中指出：“比较语法的目的不是拟测印欧系原始语，而是在于确定共同要素的对应关系，并阐明在各种有历史证明的语言中什么是从语言的古代形式中继承下来的，什么是它们独自发展的结果。”① 这一论断是

① A.Meillet, Introduction à L'étude Comparative des Langues Indo-Européennes, 3e èd, Paris, 1912. 这里引自岑麒祥，1981。

对的，用我们的话来说，原始语的研究也应该纳入语言发展规律的理论框架之中。

科学中的规律大体上可以分为两种类型：一种是预测性的，一种是解释性的。物理学的规律大致上是预测性的，而生物学的规律则是解释性的，"现代的进化理论，跟一切历史理论一样，是解释性的，不是预测性的。不了解这一点，正是历来史学家常犯的错误。要作出预测，也许不仅必须了解重要力量——自然选择，而且必须预见未来的一切环境条件，乃至必须预见未来的平衡，即大量规律带有决定性效果与遗传自然趋势的纯粹概率作用之间的平衡"。① 语言发展的规律既有预测性的，也有解释性的，能找出语音分布条件的演变规律是预测性的，而其他的规律基本上都是解释性的。就语音的研究来说，解释性的规律过去不大为人们所重视，应该予以纠正。

语言规律的解释性研究以现有的材料为基础。从纷繁而杂乱的现象中理出条理，归纳出演变的公式，并给以理论性、因果性的解释，也就是要把隐蔽于音变现象背后的演变的原因、方式、规律找出来，使人们对语言发展的认识从"知其然而不知其所以然"的感性阶段上升到理性的阶段。这就需要我们摆脱对现象的孤立的考察，而去注意各种音变现象之间的内在的因果联系，以便弄清演变的规律。马尔盖耶尔（Y. Malkiel）认为，"在今后几年，我想历史语言学将越来越多地开展关于因果性、原因方面的研究。有意思的将不是原始事实的发现，而是什么东西引起了变化。"②

---

① S.E.Luria, Life—The Unfinished Experiment，据王士元，1982。

② 请参看《美国语言学家谈历史语言学》（徐通锵整理），《语言学论丛》第13辑第212页。

对音变进行因果性的研究,这就使音变规律的研究进一步深刻化和理论化。这可能是历史语言学今后一个时期的发展方向。

0.2 死材料和活材料

0.2.1 重建语言史要有扎实的材料基础。历史语言学的材料大体上可以分为两大类:一是方言和亲属语言的材料,一是文字、文献的材料。前者是现在的活材料,后者是反映历史发展状况的死材料。随着社会之间的接触必然会产生语言之间的相互影响,因而每种语言都会有一定数量的借词。借词是音义都借自外语的词,所以借词的语音可用来作为拟测借入时代的语音的一种重要的佐证。历史语言学就是以这些材料为基础去建立语言的发展史的。

0.2.2 文字、文献材料适用于建立有史时期的语言史,而要建立史前时期的语言史,主要需用方言和亲属语言的材料。比较方言或亲属语言的差别是建立语言史的主要依据和途径。19 世纪发展起来的历史比较语言学的巨大成就就是通过这种途径而取得的。

对于有文字的语言来说,凭借文字、文献材料可以建立有史时期的语言史。一般说来,这一原理对于使用拼音文字的语言来说是适用的,因为字母和拼写规则都能较好地反映文字的创制或改进、改革时期的语言的语音面貌。但对于使用表意字的语言来说,光凭文字、文献材料也不能完善地建立有史时期的语言史,还必须运用历史比较法处理方言和亲属语言等活材料。汉语史的研究就是这方面的一个很好例子。

汉语是有悠久历史的语言。用来记录汉语的是方块汉字。方块汉字的特点是跨时代、跨地域,不与统一的语音相联系。同一个汉字,不同时代、不同地区的人虽然写法相同,理解相同,但读音却可以完全不同。这就是说,看得懂看不懂是关键,而听得懂听不懂则无关大体。正由于汉字的这种特点,我们历史上的书面文献,例如各个时期的诗韵以及韵书、韵图等,只能从中归纳出各个时期的音类,而不可能知道每一个音类的具体音值,因此,要建立有史时期的汉语语音史,不仅需要运用文字、文献所反映的死材料,而且还需要运用方言和亲属语言的活材料,只有把两者结合起来,才能使汉语语音史的研究出现新的面貌。高本汉关于汉语音韵的研究之所以能取得巨大的成就,这是其中的一个重要原因。

0.2.3 借词在历史比较中没有它的地位,但是不同时期的借词可以为不同时期的语音提供有力的佐证。在汉语史的研究中可资利用的借音材料很丰富,这主要是梵汉对音、藏汉对音、日译吴音、日译汉音、朝鲜译音、越南译音以及后来在八思巴文中所反映出来的蒙汉对音。早期的所谓梵汉对音(隋唐以前)大多是经过如吐火罗等中亚语言的中介而辗转传入的,虽然在音值上与梵音有些出入,但仍不失为一项重要的资料。[①]这些借音的时间大体是:

梵汉对音:4 世纪(西晋)—8 世纪(唐)

日译吴音:5 世纪—6 世纪

日译汉音:7 世纪

朝鲜译音:7 世纪前后

---

① 参看方壮猷《三种古西域语之发见及其考释》,见《女师大学术季刊》第 1 卷第 4 期。又,季羡林《吐火罗语的发现与考释及其在中印文化交流中的作用》,见《语言研究》(科学出版社 1956 年)第 1 期第 306—307 页。

汉藏对音：7世纪—8世纪

越南译音：唐末（8世纪—9世纪）

蒙汉对音：13世纪

这些丰富的对音材料在汉语史的研究中是极其宝贵的。汉字译写的外来词，或者外语译写的汉语词，虽然汉字的读音变了，但还可以从外语的相应的词的拼写中知道当时的汉字读音，这就为拟测汉字在借音时代的读音提供了重要的根据。汉语音韵研究方法的转折就是与对音材料的运用密切地联系在一起的。[①]罗常培还曾利用汉藏对音、藏文译音等材料为唐、五代时期的西北方音进行了系统的、全面的研究。可见对音、译音之类的材料在语言史的研究中也具有重要的作用。

0.2.4 汉语的方言异常分歧，对汉语史的研究来说，这是得天独厚的有利条件。方言或亲属语言的差别往往能反映语言的发展线索，只要我们深入调查，挖掘隐藏在语言中的歧异，加以比较，一定会发现语言发展的一些规律性现象。把汉语方言的活材料和历史上遗留下来的文字、文献的死材料紧密地结合起来，这是汉语史研究的一条有效的途径。

0.3 理论和方法

0.3.1 语言中的差异是语言史研究的基础。对差异的不同认识，或者说，从不同的角度和用不同的方法去研究语言中的差

① 参看徐通锵、叶蜚声《译音对勘和汉语的音韵研究》，《北京大学学报》1980年第3期。

异，就构成历史语言学的不同理论。

0.3.2 语言史的研究途径过去主要有两条。一条以书面材料为对象，排比不同时期的历史文献，找出其间的差异，从中整理出不同时期的音系和语言发展的线索。这是一种由古到今沿着历史的顺序追踪演变过程的“前瞻”的历史法。传统的汉语史研究基本上就是这样的一种途径。另一种途径是从现实的语言材料出发去探索语言发展的线索和规律，它在研究方向上正好与“前瞻”的历史法相反，而是一种以今证古的“回顾”的方法。这两种不同类型的研究方法各有其自己的适用范围，分别处理语言史研究中的死材料和活材料。就总体来看，“回顾”的方法是历史语言学的主要方法，因为“前瞻”的方法有很多局限性：没有文字、文献材料的语言不能用；虽有文字、文献材料但不能具体地反映实际语言的变化状态的（如汉字）也难以取得令人满意的成效；它最多只能用于有史时期的语言史的研究，无法探索史前时期的语言状态，等等。“回顾”的方法没有这些方面的限制，因而它一经诞生就显示出了它的生命力，使语言的研究摆脱经学的附庸地位而走上独立发展的道路。这是19世纪的历史比较语言学的一个巨大的历史功绩。

0.3.3 “回顾”的方法是一个总的概念，还可以因不同的“回顾”方式而区分为不同的“回顾”法。这主要有历史比较法、内部拟测法（Internal reconstruction）、扩散理论（diffusion theory）和变异理论（variation theory）。这四种方法从不同的侧面研究语言的发展规律，犹如循着不同的途径去实现相同的目标一样。

历史比较法是历史语言学的基础。它比较方言或亲属语言之间的差异，找出对应关系，并在此基础上探索语言发展的线索和规律,重建原始语。比较,这是历史比较语言学取得成功的关键,所以马克思和恩格斯说:比较语言学“正是由于比较和确定了被比较对象之间的差别而获得了巨大的成就”,“比较具有普遍意义”。[①]

历史比较法只比较方言或亲属语言之间的差异,而对于系统内部的一些不规则的差异却未予以应有的注意,因而碰到一种没有亲属关系的语言(如日语)时,历史比较法就“英雄无用武之地”了。随着结构语言学的发展,有些语言学家运用结构分析法研究系统内部的结构,从系统中那些不符合系统的结构差异(如不规则变化等)的因素入手探索语言的发展规律,从而创造了内部拟测法。这就使历史比较法难以发挥效用的地方也有了一种有效的方法去研究,因而推进了历史语言学的发展。

历史比较法也好,内部拟测法也好,都着眼于语言在时间上的发展和整齐的演变规律,而对语言的变化在空间或系统内部的扩散和扩散速度的参差,都未予应有的重视。扩散理论正好弥补了这方面的不足,使历史比较法和内部拟测法难以解释的一些不符合规律的现象和系统内部的参差、杂乱的情况得到了令人信服的解释,创造了历史语言学的一种新的理论模型。

上面三种方法都是对历史上已经完成的音变的研究,面对的是几十年、几百年、几千年甚至几万年的语言发展的事实,而对当前正在变化中的语言现象却没有研究,有点儿“厚古薄今”。变异理论填补了历史语言学的这一方面的空缺。它通过语言共时状态中的变异去考察语言发展的过程、趋向和规律,使人们看到

---

① 马克思、恩格斯《德意志意识形态》,见《马克思恩格斯全集》第3卷第518页。

语言中共时和历时、系统和变异、语言和社会之间的有机联系。这是语言研究的一个新领域，有待于人们去开垦。

上面四种“回顾”的方法各有自己适用的范围，相互处于一种补充的关系之中。强调其中一种方法而忽视、贬低其他的方法，这无助于语言的历史研究。

0.3.4 历史语言学方法的改进和语言共时研究的发展是分不开的。前面提到的几种重要方法大体上都是语言的共时分析法移植到语言史的研究而结出的硕果。在语言的共时分析中还有一种有影响的理论和方法，这就是转换—生成的分析。在欧美各国，有的语言学家运用这种方法去研究语言的发展，从而创造了一种转换—生成的模式。我们不准备讨论这种模式，因为它在语言史的研究中还处于草创阶段，不成熟，而且在汉语的研究中，不管是共时还是历时，都没有基础。单纯地介绍一种在印欧语研究中也还不成熟的方法，我们认为没有多大的价值。美国著名历史语言学家马尔基耶尔（Y. Malkiel）指出：“我认为转换—生成语言学家在历史研究方面不大成功，不如他们在其他领域中的研究。情况可能会变化，但就目前来说，我没有看到通过这种新模式的运用而使历史的研究发生革命性的变化。我想他们的有些主张是被夸大的，就是说，有些问题和对这些问题的一些解答只是用新的术语重新加以表述。他们使用了一种新的表示法，但是变更表示方法并不真正意味着解决问题。这是一种练习，或许是一种有用的练习，但是我没有见到转换—生成设想的运用使历史研究取得任何突破。”[①] 我们同意他的论断，因而不准备讨论与它

① 《美国语言学家谈历史语言学》（徐通锵整理），见《语言学论丛》第13辑第206页。

有关的一些问题。

0.3.5 前面提到的几种方法适用于已知的语言事实的分析，而对于消亡了的事实，它们都无法对付。语言年代学用统计的方法计算以千年为单位的基本词汇的保留率，并以此为基础测算语言发展的年代，可以说在一定程度上弥补了历史语言学的某些不足。尽管它还存在不少的问题，但以词汇为材料，着眼于消亡了的语言事实，在语言史的研究中仍有它一定的价值。

0.3.6 运用上述的方法对语言的历史进行“回顾”的研究已有二百年的历史。历史比较—扩散—内部拟测—变异这几种方法的更替，大体上可以反映历史语言学的发展线索。方法的更替或侧重点的转移不是对前一阶段的方法的简单否定，而是突出旧方法的局限，从而为研究方法的改进奠定良好的基础。这就使历史语言学不断地向前发展，日趋成熟和完善。现在，语言的历史研究看来已进入一个新的时期，主要的标志是理论和方法的综合性、整体性而摆脱单一方法的追求，着眼于演变的因果联系而不再局限于具体语言事实的描写。“……历史语言学不是理论科学，跟物理学、数学不一样，它需要综合运用各种理论和方法去研究语言的历史。”① 我们想本着这种精神去探索语言史研究中的一些重要的理论和方法方面的原则问题。

---

① 《美国语言学家谈历史语言学》（徐通锵整理），《语言学论丛》第13辑第205页。

1. 语言的分类

1.1 分类的标准

1.1.1 世界上的语言，据统计，有五千多种。每种语言都有自己的特点，但各种语言之间也往往有某些共同的特征。根据语言的共同特征而对语言进行分类就是所谓语言的分类。大体说来，世界主语言可以从历史的、类型的和地域的三个角度进行分类。历史的分类和语言的发生学分类（genetic classification）有关，研究亲属语言的形成和发展。类型的分类与语言的同构（isomorpmsm）有关，研究语言结构类型上的共同性。语言的地域分类与语言的相似性（similarity）有关，研究某一地区的语言因相互影响而产生的相似性问题。这三种分类的方法是不同的，因为它们所根据的分类标准毫不相干；但是，实际上分出来的类往往互相交叉、重叠，就是说，结构类型相同的语言其中有一些也可能是亲属语言；某一地区具有相似性的几个语言也可能是亲属语言或结构类型上相同的语言；反之也一样，亲属语言在结构类型上可能相同，在分布区域上集中于某一地区，等等。当然，这是一种可能的情形，不是必然的结果。这三种分类的方法随着科学的发展已渐趋明确、成熟，消除了过去比较研究中的混乱。

1.1.2 历史语言学，主要是历史比较语言学，研究语言的历史分类或发生分类及其相关的问题。但是,由于运用三种分类法所分出来的语言相互间有交叉、重叠之处,所以在历史比较研究中如何排除语言的相似性(地域分类)和结构类型的共同性(类型分类)的干扰,就成为一个非常重要的问题,不然,语言的历史分类就会搞乱,历史比较研究也就不能不受到严重的干扰。但是,这并不是说,语言的历史分类的研究可以不管语言的类型分类或地区分类,如果持这样的看法也是不妥当的,因为分类可以不同,但研究的成果可以互相借鉴,可以用其他分类法的研究成果去改进历史比较研究,使之更为可靠(§4.5.5)。

1.2 语言的发生(谱系)分类

1.2.1 语言的历史分类或发生分类与语言的共同来源有关。有共同来源的语言可以组成一个系属。语言的发生分类就是根据语言系属的亲疏远近而对语言进行的分类。

1.2.2 根据语言的历史渊源来研究语言间的相互关系,人们曾经过长时期的摸索。在古希腊,人们对已知语言的分类是一种双分法,即分为希腊语和野蛮人的语言。在希腊语内部,方言的划分比较细致,已分出雅典方言、爱奥尼亚方言、多利安方言和阿奥利亚方言,并且在这些方言下再分出次方言。但是,希腊的学者没有运用这样的分类框架去研究所谓野蛮人的语言。罗马学者在这方面不比他们的希腊前辈高明。他们认为罗马字母源于希腊语,罗马的文学艺术也来自希腊,由此推论出拉丁语来自希腊语方言,只是混杂着一些野蛮语的成分。这些想法明显地带有科学发展初期阶段的幼稚的痕迹,没有什么科学的根据。

1.2.3 基督教是罗马帝国的国教（官方宗教），圣经具有至高无上的权威，因而圣经的教条对语言的分类研究产生了重大的影响。原来，希腊人把非希腊语都视为野蛮人的语言，现在，与国教的圣典——圣经有关的希伯来语和中世纪后期的阿拉伯语，不能再视之为野蛮人的语言了。《创世记》第十章和第十一章记载了希伯来的语言分类体系，把当时所知道的民族和语言分为三类，即诺亚（圣经中的诺亚是希伯来的一个族长，上帝启示他造一方舟，借以拯救他自己和他的家人以及各种动物，雌雄各一，以免洪水之患）的三个儿子：闪姆、含姆和雅弗。用这些名字命名的语言分类体系还有一点现实语言的影子，说明当时人们对语言分类的认识已被圣经所吸收，只是给它们披上了一件宗教的外衣。圣经的教条对语言研究的影响维持了相当长的时间，直到 19 世纪，语言分类法的研究也还没有摆脱圣经的束缚：人们或加以攻击，或为之辩护，或采纳而加以修正，但无法置之不理。直到上一世纪的 60 年代情况才发生了变化，波特（August Pott）著文对这种没有科学根据的分类法进行了批判。此后，语言分类的理论模型相继诞生。语言分类的研究发生这种转折不是偶然的，它与自然科学的发展、特别是达尔文的进化论的诞生有着紧密的联系。

1.2.4 1859 年，达尔文出版了在科学发展史上有深远影响的《物种起源》一书。他用比较的方法研究物种变异，认为不同动物或植物内部结构的一致性、器官的同源，显示了它们起源的共同性；不同动物的胚胎在早期发育中表现出来的相似性意味着它们有共同的祖先；不同年代地层中所存在的由简到繁的化石类型及动植物随地理分布所呈现出来的连续变化更是生物进化的无可辩驳的证据。达尔文后来在他的回忆录中谈到这种思想时又说:“同一根源产生的生物,其性状随着它们发生变异而有分歧的趋势”。[①]这种思想对语言的分类研究产生了重大的影响,语言学家想用生物进化的模式来研究语言的发展。施莱哈尔(August Schleicher)是其中最有名的代表。1863年,他写了《达尔文理论和语言学》一文,认为语言像生物一样是一种天然的有机体,按照一定的规律成长、发展而又衰老和死亡。语言是天然的有机体,这是施莱哈尔的著名论断。他基于这一认识,认为语言科学是人的自然历史的一部分,它的研究方法大体上也与自然科学一样,主要的一个任务是描写从一个语言派生出来的各个语言的分类,并且根据自然体系给这些分了类的语言加以排列。他根据这种设想来研究语言的发展,勾画语言间的相互关系,认为语言就像物种的系族那样繁衍、生长,因而提出了有名的谱系树(family tree)理论,想用达尔文描写生物进化的方法来描述语言的进化。[②]下面是他描绘的印欧语系谱系树的树形图(见15页)。

这个图显示,每一个语支好像都是由一条树干上长出来的树枝,每一个语言都是由这种树枝长出来的分枝。这个办法的最大好处是简单、明确,使人一看就能排除当时和以前比较流行的一些糊涂观念:拉丁语是希腊语的延续和发展,梵语是印欧系语言的原始母语,等等。因此,施莱哈尔把语言分类的研究提高到一个新的水平。谱系树理论的主要缺点是把语言关系简单化和理

① 参看《达尔文回忆录》第78页。商务印书馆1982年。

② A. Schleicher, Introduction to a Compendium of the Comparative Grammar of the Indo-European, Sanskrit, Greek and Latin Languages,英译文见 W. P. Lehmann, 1967, pp. 87—96.

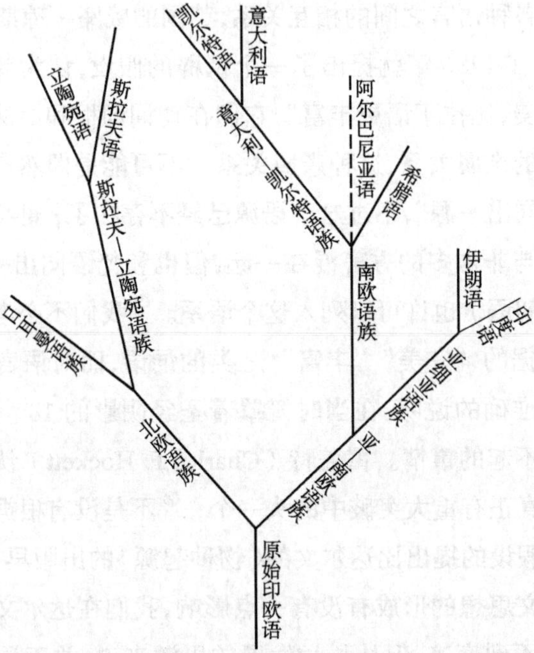

想化了。例如，它只考虑语言的分化，而没有顾及到语言之间的相互影响；分枝以前的语言好像是完全统一的，其实，哪一枝语言都有其方言的分歧；有些语言在分叉的树枝上接错了位置，如阿尔巴尼亚语；图上没有阿尔明尼亚语，但在行文中却偷偷地放入伊朗语支，等等。尽管有这些缺点，但谱系树理论仍有它的重要价值。它开创了语言分类研究的一个新的时期，因而受到广大语言学家的欢迎。后来其他语言学家，如费克（August Fick）、缪勒（F. Müller）等人对这种谱系树虽有所修正，但基本的精神并没有什么变化。

1.2.5 施莱哈尔的谱系树理论也不是从天上掉下来的，而是当时语言研究的成果与自然科学发展思潮的结合。施莱哈尔谱系树上的各种语言之间的相互关系，英国的威廉·琼斯（William Jones）早在1786年就提出了一个精辟的假设，认为梵语“比希腊语更完美，比拉丁语更丰富”，它们在动词词根和语法形式方面都有亲密的亲属关系，这种亲属关系“不可能是偶然产生的”，而是它们“同出一源”，不过这个语源已经不存在了；哥特语和凯尔特语尽管与非常多的方言混在一起，但也和梵语同出一源；古波斯语（伊朗语）也许可以列入这个语系。[①]我们不必考虑那些没有科学根据的“完美”“丰富”之类的词语，而对语言间的关系作出如此准确的说明，在当时笼罩着圣经阴影的18世纪末实在是一件了不起的事情。霍盖特（Charles F. Hockett）认为这是语言学四个真正有重大突破中的头一个，[②]不是没有根据的。这种亲属关系假设的提出比达尔文的《物种起源》的出版早七十余年，它对达尔文思想的形成有没有一点影响，我们在达尔文自己的回忆录中看不到痕迹，但从科学发展的思潮来说，关于语言亲属关系的设想已处于科学发展的前列。后来经过很多语言学家如拉斯克（Rasmus Rask）、格里姆（Jacob Grimm）等学者的研究，使琼斯提出的假设日臻完善。到了施莱哈尔，他把这些语言研究的成果与自然科学的发展思潮结合起来，用达尔文的进化论思想使语言亲属关系系谱化、树形化，从而使语言分类的研究进入一个新的阶段。后来，语言学家也用这种谱系树模型来研究其他地区的语言，建立起其他语系的谱系树。谱系树理论是历史语言学的一个重要的理论模型。

---

① W. Jones, The Third Anniversary Discourse, on the Hindus, Reprinted in Lehmann, 1967, pp. 7—20.

② C.Hockett, Sound Change, Language vol.41, 1965, pp. 185—204.

1.3 语言的类型分类

1.3.1 语言的类型分类不管语言的亲属关系,也不管因相互影响而产生的语言的相似性,完全根据语言在结构上的共同性而对它们进行分类。大概在17、18世纪期间,人们已经试图按照语言的结构类型进行分类。这种新的设想的产生与语言视野的扩大、科学思潮的发展有关。第一,欧洲人在中世纪之后所知道的语言在数量上有了很大的增加,不再局限于原来的希腊语、拉丁语以及其后的希伯来语和阿拉伯语。他们发现,那些过去不曾知道的语言在结构上与希腊、拉丁、希伯来、阿拉伯语有很大的区别,特别是古汉语和北美、南美的一些语言的语法结构更为特殊。那时候,他们认为古汉语的语法结构极端简单,而南、北美洲的一些语言的语法结构则惊人地复杂。这些新的发现促使人们对语言进行新的结构类型的分类。

第二,罗曼系语言的发展表明,语法结构的类型可以发生根本的变化,例如格的屈折让位于前置词,动词的时态和人称的变化被助动词之类的语法成分所替代,等等,用我们今天的话来说,就是屈折型语言变成分析型语言。法语在从拉丁语到现代法语的演变过程中就在这方面发生了重大的变化。英语也发生了类似的变化。当时,拉丁语和拉丁语的语法范畴的模型牢固地存在于语法学家的心目中,现在看到了不同于拉丁语结构的另一种结构类型的语言,这也促使人们对语言结构类型的分类产生了兴趣。

第三,语言类型分类的设想与自然科学的发展也有关系。18世纪时,人们对自然界的生物进行分类很感兴趣,提出了好几种分类的方法。这些分类大致以实际的观察为基础，即除了观察的权威以外不承认任何别的权威。自然科学的分类思潮对语言学家有影响，促使他们对语言进行结构类型的分类。这种分类与对自然界生物的分类类似，以对实际语言的观察为基础，根据结构类型的异同对语言进行分类。

1.3.2 对语言的类型分类的最初尝试是在1772年出版的法国百科全书的“语言”条。它根据语言的语法结构的总特点把语言分成两种类型：类推型语言（langues analogues）和换位型语言（langues transpositives）。类推型语言缺乏与句法结构有关的形态变化，词序类似思想表达的次序；而换位型语言的词有大量的屈折变化。希伯来语、法语、西班牙语和意大利语被认为是类推型语言，拉丁语、古希腊语被认为是换位型语言。从现代语言学的观点看来，这种结构类型的二分法太粗，但终究在语言结构类型的分类道路上迈出了第一步。

语言结构类型的分类对后来有比较大的影响的是德国学者冯·施莱格尔（August Wilhelm Von Schlegel）的三分法：“我们地球上不同民族以前和今天所说的语言，可以分为三类：没有任何语法结构的语言、使用词缀的语言和具有屈折变化的语言”。[①] 这就是人们称之为孤立语、黏着语和屈折语的最初划分。后来，施莱格尔又根据名词、动词在造句中有无格位变化把语言分成综合语和分析语两种类型。语言结构类型的这些分类法的基本精神一直沿用至今，说明施莱格尔的观察有一定的科学性。孤

① A. W. Von Schlegel, Observations sur la Langue et la Littérature Provençales, 1818, Paris. 这里据 R. H. Robins 的《语言分类史》，译文见《国外语言学》1983年第1期第34页。

立、黏着、屈折的三分法的影响的扩大同洪堡特（Wilhelm Von Humboldt）的研究工作有紧密的联系。洪堡特认为这三种类型代表不同语言的三种基本结构特点。他特别强调其中的两个极端：高度发达的屈折语和极端的孤立语，前者如梵语，后者如汉语，处于这两个极端之间的就是黏着语。此外，洪堡特还谈到了编插语（后来也称为多式综合语、复综语）。[①] 所以，语言结构类型的分类到洪堡特的时候已经相当完整了。

不同的结构类型，洪堡特在《语法形式的起源》一书中认为代表语言演变次序的各个阶段：屈折型代表人类语言的可能的发展趋向，比较先进，而孤立型较为低级。这样看来，汉语似乎是古老而低级的语言，梵语则是晚期而先进的语言。但是洪堡特又反对这种看法，相反却认为汉语有其特殊的优点，还赞扬汉语的句子跟思想的简单明确的顺序一致。为什么会出现这种矛盾的观点？因为洪堡特对语言和历史的分类运用了两种不同的标准，认为语言的阶梯是类型的阶梯，而不是历史的阶梯，语言处于从孤立型到屈折型、又从屈折型到孤立型的经常变动之中，而历史的发展顺序不可能有这种变动，因而不能把结构类型的"先进"或"低级"等同于历史发展顺序上的"晚期"或"早期"。[②] 四十年以后，施莱哈尔抛弃了洪堡特的二重标准说，而用达尔文的进化论观点来解释语言发展的阶段。施莱哈尔认为生物起源于简单的生命细胞，渐次通过各个发展阶段，最后形成现实世界中的各

① W. Von Humboldt, On the Structural Variety of Human Language and Its Influence on the Intellectual Development of Mankind, Reprinted in Lehmann, 1967, pp. 61—66.

② 请参看 R. H. Robins《语言分类史》，译文见《国外语言学》1983 年第 1 期第 36 页。

种生物；语言的发展与此一样，最初发源于类似汉语那样的简单状态，然后通过黏着期，最后进入最高形式的屈折状态。如果说，施莱哈尔用进化论思想来解释语言的发生分类、提出谱系树理论、开创了语言分类研究新阶段的话，那么，他关于语言类型分类的看法则带有明显的偏见。我们在接受"孤立""黏着""屈折"这些概念时应该抛弃那些"先进""低级"之类的偏见。

由于19世纪蓬勃发展起来的历史比较语言学的巨大成就，语言的类型分类法就不大为人们注意了；而且，历史比较语言学家还瞧不起这种类型分类法。梅耶是这方面的一个代表。他发表于1914、1924年的文章干脆抛弃类型分类法，认为它只不过是一种"儿戏"，"唯一有价值并且有用的语言分类法是谱系分类法"。[①] 所以有相当一段时候，语言的结构类型的分类研究近于销声匿迹。

1.3.3 进入20世纪，情况出现了变化。这是由于：第一，历史分类的理论和方法已经成熟，所以裴特生在《十九世纪欧洲语言学史》中作了这样的断语："十九世纪的比较语言学，经过七十年代以来的发展，可以说已经达到充分成熟的阶段了，对于这门学问的方法和任务也有了明确的认识"，[②] 用不着担心来自其他方面的干扰。结构分析法对历史研究虽有影响，但没有动摇语言的历史分类或谱系分类的基础。第二，语言的共时研究自德·索绪尔的《普通语言学教程》出版以来有了很大的发展，结构分析法的运用取得了引人注目的成功。这两种情况使人们对语言的结

① 参看 R. H. Robins《语言分类史》，《国外语言学》1983年第2期第11页。

② 裴特生《十九世纪欧洲语言学史》第239—240页。科学出版社1958年。

构类型的分类重新产生了兴趣。萨丕尔（Edward Sapir）在考察了以往的语言结构类型分类之后认为以前的类型分类太肤浅，难以概括一些重要的特点。他指出，从语言进化和语言优劣的观念出发对语言的结构进行分类是完全错误的。他提出一种新的结构类型的分类法，一般称之为概念分类法。他认为语言所要表达的概念有四类：基本（具体）概念、派生概念、具体关系概念和纯关系概念。萨丕尔认为基本概念和纯关系概念是任何语言都必须表达的，而其他两类概念可以有，也可以没有，因此提出一种"简单的、干脆的、绝对包括一切已知语言的分类法"，[①] 即：只表达一、四两类概念的叫简单纯关系的语言（如汉语），表达一、二、四类概念的叫复杂纯关系的语言（如土耳其语），表达一、三、四类概念的叫简单混合关系语言（如班图语），表达一、二、三、四类概念的叫复杂混合关系的语言，即一般所说的屈折语。这是一种新的分类法，有其特点，但其在语言研究中的影响不如施莱格尔的三分法。

1.3.4 随着语言研究的发展，语言类型的研究也有了明显的进步和变化。结构语言学把语言划分为几个不同的层次，这就为语言不同层次的类型分类开辟了广阔的前景。在音位层，特鲁贝茨科依（N. S. Trubetzkoy）于1939年出版的《音位学原理》一书的第四章提出了一整套现已成为经典的音位结构的类型。他认为只要具有类似的音位对比关系，而且各自给音位定性的区别特征也相似，这样的语言就可以划归为一种类型。比方说，世界上有很多语言都是由下列元音构成的三角形元音体系：

① 萨丕尔《语言论》第122页。商务印书馆1985年。

i　　u
e　o
a

现代希腊语、捷克语、波兰语、俄语、日语、祖鲁语（非洲）等语言的元音系统的构型（configuration）都是这种三角形。英语的元音音位的构型就不是这种类型，而是一个四角形的系统：

i　ɨ　u
e　ə　o
æ　a　ɔ

了解这种元音系统的构型在语言史的研究中有参考价值。比方说，在一个三角形的元音系统中的 u 变成了 y 或从系统中消失，从而破坏了三角构型，那么元音系统的三角构型的类型要求会设法产生一个 u，以重新构成一个三角形。例如意大利的某些方言由于民间拉丁语的 /u/ 前化为 /y/，三角构型缺了一个角，后来 /o/ 高化为 /u/，/ɔ/ 高化为 /o/，从而重新构成一个三角形的元音系统。中古汉语，根据现代学者的研究，前 a（麻）和后 ɑ（歌、戈）对立，元音构型是一个四角形的系统，现在的汉语方言，大体上都是一种三角形的构型。比较古今的这种不同构型有助于我们观察音系的演变（§16.3）。

形态层面的结构类型的划分，语言学家也进行了认真的探索。在这方面，葛林伯格（J. H. Greenberg）作出了重要的贡献。他用形态指数的形式化办法对语言进行结构类型的分类，从而创造了一种新的分类方法。葛林伯格提出十个类型的形态指数：

1. 综合（synthesis）；

2. 黏着（agglutination）；

3. 复合（compounding）；

4. 派生（derivation）；
5. 全屈折（gross inflection）；
6. 前缀化（prefixing）；
7. 后缀化（sufixing）；
8. 孤立（isolation）；
9. 纯屈折（pure inflection）；
10. 一致（concord）。

每个指数可以为它设计一个公式，以此求出指数值，这样人们就可以从指数值中看到语言结构类型的特点。比方说，综合指数的分析公式是：M/W（M 代表语素的数目，W 代表词的数目），操作的手续是：统计自然语言中一个具有代表性的语段（统计的语段越多，所得的指数就越准确）的语素的数量，除以该语段中词的数量，就可以得出"语素 / 词"（M/W）的综合指数。例如英语的"The farmer kills the duckling"这样一个语段的指数是：

The	farm	er	kill	s	the	duck	ling
1	2	3	4	5	6	7	8

一共 8 个语素，但只有五个词，8 ÷ 5=1.60。这就是说英语的综合指数是 1.60。这种综合指数的下限是 1，即每个词都由一个语素组成，实际上这种语言并不存在，因此，语言的综合程度的指数始终大于 1。根据葛林伯格的计算，各种语言的综合指数如下：

越南语：1.06（即 100 个词有 106 个语素）
英　语：1.68（有人统计为 1.62 或 1.34）
俄　语：2.33
梵　语：2.59
爱斯基摩语：3.72

综合指数小于 2 的语言是分析型语言（如越、汉、英、波斯、意、德、丹麦等语言），指数在2—3之间的是综合型语言（如俄、捷、波、斯瓦希里、立陶宛、拉丁、梵、古希腊、古斯拉夫等语言），指数在3以上的是编插语（如爱斯基摩语、美洲的一些印第安语、古亚细亚语、某些伊比利亚—高加索语言）。[①] 比较一个语言的古今综合指数的不同状态，可以窥知语言结构类型的变化。

句法层面的结构类型的划分，比较有影响的是根据宾语相对于动词的位置而把语言划分为OV型和VO型。和VO型结构相联系的是：修饰成分（形容词和物主代词）在被修饰成分之后（如"the dog of his neighbor"），关系从句在先行词之后（如"this is the man who wanted to see you"）；有前置词而无后置词。OV型语言的结构特点正好相反：修饰成分在被修饰成分之前，关系从句在先行词之前，有后置词而无前置词，如日语。但并不是所有的语言都符合这一标准，例如英语，它是VO型语言，但是形容词在名词之前；汉语也是VO型语言，不仅形容词、物主词在名词之前，而且关系从句也在先行词之前，等等。碰到这种不一致的情形，历史语言学家从语言发展的角度予以解释。例如，雷曼（Winfred P. Lehmann）在他的历史语言学著作中认为英语的形容词所以在名词之前，那是由于英语还没有完成从原始印欧语的OV型到现代VO型的转化的全过程，而法语则已完成这一过程，因而这种修饰成分就在名词之后。[②] 这种理论作为观察句法结构的演变的理论框架，是有它一定的参考价值的。

1.3.5　雅科布逊（Roman Jakobson）在语言结构类型的分类

---

① J. H. Greenberg, A Quantitative Approach to the Morphological Typology of Languages, IJAL, 1960, 26.

② W. P. Lehmann, Historical Linguistics—An Introduction, § 11.2.

问题上比其他的结构语言学家又进了一步。他用极其抽象的标准考虑语言结构类型的划分，认为这种分类与同构（isomorphism）有关："和语言的亲属关系和相似性不同，同构既不包含时间的因素，也不包含空间的因素。同构可以把一种语言的不同状态或者两个不同语言的两种状态统一起来，而不管它们是同时存在的还是时间上有距离的，也不管所比较的语言在地域上是接近的还是距离遥远的，是亲属语言还是非亲属语言。"①

所谓"同构"，粗略地说，就是指结构格局相同，或者说是两种或更多种语言之间在语音、语法或语义结构方面的类同现象。同构原来是一个数学概念，指的是：两种分子的集，不论分子的本质如何，在结构上相同。要确定两个集之间的同构关系，必须：a. 两个集所包含的分子数目相等；b. 甲集中每一个分子都可以在乙集中找到互相对应的分子；c. 甲集中各分子之间的关系与乙集中各分子之间的关系相同。结构语言学家把这个概念引入语言研究来分析语言结构的各个平面的结构关系。结构语言学认为，语言的结构是一种分层体系：音位及其相互关系构成音位平面，语素及其相互关系构成语法平面。这两个平面的结构单位 -eme（phoneme，morpheme...）及单位内部的结构（变体间的关系）相互平行；它们都根据组合和聚合这两种关系运转，具有同构关系，因而可以用甲平面的研究方法去研究乙平面。结构语言学家用音位的分析方法去研究语素及其结构，其理论根据就是同构原则。现在，雅科布逊把这一同构概念又引用到语言结构类型的研

① R. Jakobson, What Can Typological Studies Contribute to Historical Comparative Linguistics? Proceedings of the 8th International Congress of Linguists, Oslo University Prep. Oslo, 1958. 译文见《语言学资料》1962 年第 10 期。

究上来，认为不同的语言存在着同构关系。

雅科布逊的语言类型理论与以往的理论的最大区别在于他着眼于语言系统的结构，而不是现象的罗列或归纳。"类型学的基础不是现象的罗列而是系统"是他的类型学理论的基点。根据德·索绪尔和而后的结构学派的语言理论，语言分层系统的结构由组合关系和聚合关系构成，雅科布逊也以此为基础来考察语言间的同构。他认为，语言的组合关系呈现出直接成分和间接成分的复杂的层次关系，语言的聚合关系也靠着多重成层的现象表现出来，"对不同的系统作类型上的比较时，必须考虑到这种层次体系。对已有的、已发觉的层次作任何破坏，都会使得类型学的分类无效"。可见语言的层次体系是进行语言的类型研究的基础。但光考察这一点还不够，还要用一种元语言（metalanguage）来重新陈述某种语言的体系，"如果不对语言系统或语音系统加以逻辑上的重述，语法系统或语音系统的类型学是无法实现的，因为只有这种逻辑重述才能把多余东西严格排除开，从而达到最大限度的经济原则"。把上述的意思概括起来，就是语言的类型研究应该对语言的结构进行系统的分析，不能随便地选取一些特点来说明语言之间的同构关系，"直接成分原则，对分析聚合关系来说，其效果不亚于对句子的分析。建筑在这种基础上的类型学把藏在多种音位模式和语法模式背后的一系列统一的成分揭露出来，从而限制了看去仿佛是无穷无尽的变形"。①

从同构的角度考察语言的结构类型比以前的语言类型理论

---

① 引文均据 What Can Typological Studies Contribute to Historical Comparative Linguistics 一文的译文。《语言学资料》1962 年第 10 期。

进一步理论化和抽象化。这是结构分析法用于类型研究的一次有意义的探索，很多语言学家已同意这一基本原则。着眼于语言结构的系统，自然比以往的现象归纳前进了一大步，但由此也提出了一些新的问题。从广义上说，以前的语言结构类型的分类理论也是一种同构，即根据结构格局的异同把语言加以分类。雅科布逊使用的是严格意义上的同构，而且在运用这一原则的时候还必须用元语言对自然语言重新进行表述，以便使结构符合最大限度的经济原则。这种原则太抽象、太理论化，在实际工作中不易运用，因而直到现在，我们也还没有看到一个语言学家根据这种原则而对世界上的语言进行结构类型的分类。看来语言类型的分类原则还有待于人们作进一步的探索。

1.4 语言的地域分类

1.4.1 语言的地域分类与语言的相似性有关。由于语言成分的借用和语言变化在地域上的扩散，同一地区的不同语言就会出现一些共同的结构特征，看起来很相似。但是，这种相似不是历史上同一语言在发展过程中留存下来的结构因素之间的相似，也不是结构类型上的相似，而是由语言的相互影响而产生的相似。在有些地区还可以出现“语言联盟”，最有名的例子是巴尔干半岛上的“语言联盟”：保加利亚语（斯拉夫语系）、罗马尼亚语（罗曼语系）、阿尔巴尼亚语和希腊语具有共同的结构特征。

1.4.2 同一地区的不同语言因语言的相互影响而产生相似性，这是完全可能的。汉语和越南语分属于两个不同的语系，但有相当一部分的词汇成分是相似的，这是越南语从汉语中借过去的；本来没有声调的越南语后来产生了和汉语的声调类型类似的声调。整个东南亚地区是一个特殊的语言区，这里的语言种类之多、相互影响之广泛和深刻、人们同时掌握几种语言之能力，等等，在世界上是罕见的。这些复杂的语言关系给语言的分类增加了很多困难。我们需要分清各种不同的语言关系，也就是需要把语言的相似性同语言的谱系关系、类型关系区分开来，才能对语言的结构进行有效的研究。这一地区有很多语言相似性的例子，越南南方的一部分地区和柬埔寨所说的卡姆（Cham）诸语言就是其中之一。卡姆语属于南岛语系，它们与印尼语、他加禄语以及南岛语系的所有其他语言有亲属关系。但是，操卡姆语的居民住在越南和柬埔寨说孟—高棉语的居民中间，因而受到孟—高棉语的影响，发生了很多变化，看起来同孟—高棉语差不多：它像孟—高棉语一样有中缀，有收尾颚音，具有像孟—高棉语一样的语域（register）系统，这些都不是南岛语系的典型特征，但在孟—高棉语中却很有代表性。所以，卡姆语在孟—高棉语的影响下改变了语言的结构类型。类似的现象很多。总之，东南亚和东亚是一个“语言区”，这里的所有语言，不管它们的发生学关系如何，都有很多共同的东西，因为语言的接触非常多，人民的迁徙频繁，民族之间的相互通婚很常见，因而人们同时掌握几种语言是很平常的事情；即使是一个住在偏僻村落中的农民，常常也会说三种、四种或五种语言。例如在泰国，一些没有受过教育的人，能说曼谷的标准泰语、北部泰语——与标准语不大一样、掸语——一种与泰语有亲属关系的语言，也许还能说拉祜语和阿卡（Akha）语。美国柏克莱加大语言学系教授马蒂索夫在进行语言调查的时候，碰到一个老瑶民，一个草药医生，能流利地说拉祜语、泰语、瑶语、阿卡语，还有两种别的语言，他记不清了。人们在日常生活中使用多种不同的语言，自然趋向于把它们弄得比较相似，因而出现了相似性：语音趋于相似，语法也趋于相似。这是一种和谐化的过程。所以，人们可以发现完全没有亲属关系的语言，如泰语和柬埔寨语，语法非常非常相似，柬埔寨语的句子可以逐词译成泰语，因为词序相同，语法范畴相同，这是由于历史上泰族人、高棉人居住在同一地区，相互斗争了几百年。这种密切的接触产生了语言的相似性。不同系属、不同结构类型的语言具有相似性，犹如生物演进过程中的平行演进（parallel evolution）现象，"比方说鱼有推进形状的尾巴，可是鲸虽然是哺乳类的动物，可是它也跟鱼似的（它跟鱼是很远很远的远房亲戚咯！）也有同样的尾巴，反而不跟牛、羊、狗、马同样。鸟有翅膀；哺乳类的蝙蝠也有翅膀。人有手，用手拿东西；象用鼻子拿东西。这些个功用相当，可是它的器官并不相当。有时候它的形状像，而在生物的进化史上，它们的构造并不相当。在进化史上，构造里头相当的叫 homologous organs；功用相当的，有时候甚至于形状是相当的，而本来不是相当的，那么叫 analogous（相似的）。在语言的分配上，在太平洋区域里头（西南太平洋，南洋）有许多不同的语族，看不出有什么亲戚的关系，但是有些共同点跟相似点。比方词素多半是单音节（不一定词是单音节，不过词素是单音节）；名词前头有数字或指示词的时候，有'个、把、张、条'那类的量词。在这些语言里头，用声调来当作音位的一种，虽然不是东方语言所独有啊，可是在这一区里头，不管有没有亲戚关系，是非常发达的"。[①]

---

① 赵元任《语言问题》第 63—64 页。商务印书馆 1980 年。

1.5 语言的类型分类、地域分类对谱系分类的影响

1.5.1 语言的三种分类方法都需要同语言的结构打交道，所以在某种意义上说，可以看作是结构分类法。谱系分类法研究原始语在分化过程中保存在亲属语言中的结构要素；地域分类法研究语言在其相互影响过程中产生的共同的结构要素；类型学分类法研究语言的同构关系，而这种关系与分化或相互影响的过程无关。历史语言学，主要是其中的历史比较语言学，研究语言的发生（谱系）分类及其相关的问题。但是，现实语言、特别是在同一地区的各语言之间往往存在着相似的结构，我们一时可能弄不清它们是由发生关系造成的，还是由类型关系或接触关系（相互影响）造成的。这就给语言的历史研究带来了严重的困难。为了有效地研究语言的谱系及其相关的问题，我们首先需要弄清楚哪些是语言的类型关系造成的共同性，哪些是由语言的接触关系造成的共同性，剔除这些因素之后，才能使语言的历史研究沿着正确的途径进行。这特别在各种类型的语言的交杂地区，区分三类不同关系的语言就显得更为重要。

1.5.2 语言的相似性和结构类型的研究虽然与谱系分类的原则不同，但它们的研究成果有助于语言的历史研究，可以用来检验历史比较法所拟测的成果（参看 §4.5.5）。

2. 语　系

2.1 语言亲属关系的假设

2.1.1 语系是从语言发生学（genesis）的角度来研究语言之间的相互关系的一种假设（hypothesis），是“将语言之间的关系比作和家族关系相似的谱系关系（genealogical relationship）的一种模式”[①]。它假设：有些语言相互之间有亲属关系，它们来自一个共同的原始语，由于语言的分化而一分二、二分四……形成今天世界上的各种语言，犹如生物学上由一个祖先可以繁衍出后代的众多子孙那样；分化早的语言，相互的亲属关系比较远，共同点比较少，而分化晚的语言，相互的亲属关系就比较近，共同点比较多。因此，人们可以根据语言亲属关系的亲疏远近而把有关的语言归入语系、语族、语支、语群、语言、方言、土语……这样一种分类的层级体系之中。语系是分出来的最大的类，一个语系包含几个语族，一个语族包含几个语支，其他依此类推。这种假设是谱系树理论的一种结晶。

假设是语言理论研究的一种基本方法，是对研究对象进行初步考察之后而提出来的分析这种对象的一种理论框架。有了这

---

① R. 哈特曼，F. 斯托克《语言和语言学词典》第126页。上海辞书出版社1981年。

种框架，我们就可以把杂乱的语言现象组织起来，使之条理化，找出其中的结构规则和发展规律；反之，语言现象在人们看起来就是乱糟糟的，难以把握它的实质。语系的假设使各种不同的语言进入一种分类的体系，人们可以用历史比较法去研究它们之间的相互关系，探索语言的发展规律。历史比较法的诞生与语系的假设有密切的关系。

2.1.2 在世界上的各个语言中最先对有关的语言作出"语系"假设的是印欧语系。1786 年，W. 琼斯在他的演说中已经隐含了"印欧语系"这一假设，只是还没有提出"印欧语系"这个概念。1814 年正式提出 Indo-European（印—欧）这个名称，1823 年又提出 Indo-Germanisch（印度—日耳曼）的概念。这样，隐含在演说中的"印欧语系"的概念就形成为"印欧语系"的假设。

进入这个假设中的语言，人们根据它们的亲属关系的亲疏远近而分为如下的语族（据《简明不列颠百科全书》）：安纳托利亚语族（已消亡）、印度—伊朗语族、希腊语族、意大利语族（即一般所说的罗曼语族）、日耳曼语族、亚美尼亚语族（即一般所述阿尔明尼亚语）、吐火罗语族（已消亡）、凯尔特语族、波罗的—斯拉夫语族、阿尔巴尼亚语族。在这些语族中，印度—伊朗语族中的印度语支以公元前 1000 年的古文献《梨俱吠陀》为代表的梵语的发现、日耳曼语族的深入研究以及它与梵语的比较，在语言的历史比较研究中占有非常重要的地位。由于我们在后面的分析中经常要谈到日耳曼语族的一些语言，因而把这一语族的主要语言列表于下：

西部语支：英语、德语、荷兰语；

北部语支：丹麦语、瑞典语、挪威语、冰岛语、菲罗语；

东部语支：哥特语等，现都已消亡，但留存下来的4世纪哥特语的文献却是研究日耳曼语族的最重要的材料。

19世纪是历史比较语言学的天下，而历史比较研究的成果差不多都集中在日耳曼语族各语言的研究中；德语是日耳曼语族中的一种语言，它在日耳曼系语言的研究中又居于一个特殊的地位上。当时，历史比较语言学的中心在德国，一批杰出的语言学家大多也是德国人，这不是没有原因的。18、19世纪的德国是思想文化发展的一个光辉灿烂的时期，哲学家如康德、黑格尔、费尔巴哈直至马克思、恩格斯，音乐家如巴赫、贝多芬等都是这一时期在不同领域中出现的巨星；自然科学也取得了很大成就；整个文化思想领域都呈现出蓬勃发展的状态，历史比较语言学的成就只是这一时期开放出来的一朵花。从这里也可以看到，语言研究的发展离不开科学文化的发展的总背景。

2.1.3 印欧系语言的历史比较研究的成就说明语系的假设是正确的。这就推进了其他地区的语言研究也提出类似的假设并进行历史比较的研究。汉藏语系的假设也是在这种精神的推动下提出来的（§3.1.1）。

现在世界上的语言，根据东德出版的《语言学及语言交际工具问题手册》提供的信息，计有5561种。当然，这个数字只能作为参考，因为有些能否成为语言还有待于进一步的证明；方言与语言的界限也还没有一致公认的标准；有些语言已趋消亡，等等。除去这些有待于查证和论证的语言之外，一般公认的也还有3000种左右。这些语言大体上分属于下面几个语系：印欧语系、汉藏语系、闪含语系、高加索语系、芬兰—乌戈尔语系、阿尔泰语系、南亚语系、南岛语系、班图语系等。此外还有一些系属不明的语言，如日语和朝鲜语。

在这些语系中研究得最透彻的是印欧语系，目前流行的一些语言理论和方法大多是从印欧系语言的研究中总结出来的。汉藏系语言的研究目前似已呈全面铺开之势，但由于过去的研究基础差，因而在一些原则性的问题上还存在着一些严重的意见分歧（§3）。

2.2 形态变化、语音对应和语言亲属关系的确定

2.2.1 语系是一种假设。假设中的语言究竟有没有亲属关系，就看我们能不能从中找出同源词。一般认为，凡核心词根有一定数量是同源的语言就可以看成为亲属语言。什么是同源词？简单地说，就是语义相通、语音相近的一些词。由于语言的发展，这种“相通”和“相近”可能变得模糊不清，因而需要用可靠的材料、科学的原则予以证明。所用的材料最好能够符合以下的几条原则：

第一、稳固的，就是说，在语言的发展中是不易发生变化的。

第二、能够代表某一个语言的特征的一些特殊的语言事实，尽管语音、词汇或一般的语法规则会发生变化，但这种特殊的语言事实所代表的语言特征的性质却可以保持不变。

第三、这种特殊的语言事实在语言中虽然可能是零散的，但却具有系统的性质。

第四、从这些事实中归纳出来的原则不能只适用于某些语言，而不适用于其他语言，即用来分析的原则的适用范围具有普遍性，尽可能适用于各种类型的语言。

根据这些原则,我们就可以发现词汇材料不宜用来证明语言的亲属关系,因为它易变,易因借用而替代。语法结构的一般规则的共同性也不足以用来说明语言间的亲属关系,因为这种规则的数量是有限的,例如宾语相对于动词的位置来说,不是在动词的前面,就是在动词的后面,没有第三种可能。我们不能根据宾语的位置来确定语言的亲属关系。看来这些现象都不是表示语言特征的一些特殊的事实,难以用来作为证明的材料。这样,能作为特殊事实来考虑的就只有词的形态变化和语音特点了。

2.2.2 词的形态变化在确定语言亲属关系时的价值早就引起人们的注意。在印欧系语言的历史比较研究中,形态变化的相似性占有特殊的地位,一般都据此确定语言之间的亲属关系。著名的历史比较语言学家梅耶曾对这个问题进行过具体的分析,认为"一种形态繁杂的语言,包含着很多的特殊事实,它的亲属关系自然比较容易得到证明;反过来,一种形态简单的语言,只有一些一般的规则,如词的次序,要找出有力的证据就很不容易了。我们差不多用不着去证明一种语言是印欧系的:只要碰到一种大家还不认识的印欧系语言,如最近发现的吐火罗语(Tokharien)或赫梯语(Hittite),我们略加考释就可以看出它的印欧语的特性"。为什么这种形态结构的相似性在确定语言亲属关系时具有那么重要的价值?梅耶认为,这是由于语言的形态变化代表语言的特点,"这一类的特殊事实常常是很稳固的。发音尽管起变化,词汇尽管改变,而这些特性却是不变的。比方在现在法国北部的那些土语中,本地的词的形式起了变化来适合法语的形式,词汇有了革新,人们一般地有依照共同法语的习惯来说话的趋势。最后留存的就只有一些形态学上的地方特点;比方阳性与阴性的分别,共同法语说 il dit(他说), elle dit(她说),他们却说 i dit, a dit。这一类的特殊事实,是从小就学到的,不知不觉地成了习惯,其他一切尽管起变化,这些特殊事实却可以不变。”

形态结构的共同性和它的变化的相似性确实是确定语言亲属关系的宝贵而有价值的材料,符合我们前面提出来的第一、二、三条标准,但是对一些没有形态变化或者缺乏形态变化的语言来说,它就无能为力了。比方说,“远东的那些语言,如汉语和越南语,就差不多没有一点形态上的特点,所以语言学家想从形态的特点上找出一些与汉语或越南语的各种土语有亲属关系的语言,就无所凭借,而想根据汉语、西藏语等后代语言构拟出一种‘共同语’,是要遇到一些几乎无法克服的阻力的。”① 汉藏系语言的历史比较研究的起步所以比较晚,与这种理论、方法的局限性有关。看来形态变化虽然是确定语言亲属关系的重要标准,但不是最理想的标准,因为它的适用性不够普遍。

2.2.3 剩下来的还有语音的标准。不同语言之间都可以找到一些语音相似的词,这可能是借词,在确定语言亲属关系的时候没有价值,应予剔除。不同语言之间的语音虽有差异,但是可以找到成系统的语音对应关系,这是非常重要的语言事实,在确定语言亲属关系的时候最有价值,符合我们前面提出来的四条标准:语音虽然可能发生变化,但对应关系的性质不易发生变化;它是能表示语言特征的特殊的语言事实,具有系统性的特点,而且适用的范围比较广泛,不受语言有无形态变化的限制。即使是一些具有形态变化的语言,同样也可以用语音对应关系来说明。请比较:

① 梅耶《历史语言学中的比较方法》第 22—23 页。科学出版社 1957 年。

	梵 语	拉丁语	哥特语
“是”	ás-ti	es-t	is-t
“他们是”	sánti	sunt	s-ind

不难看出,所谓形态方面的特殊规则实际上就是在形态方面表现出来的语音对应规律。所以,语音对应关系的解释力和适用的普遍性远远超过形态的共同性或相似性原则,可以成为确定语言亲属关系的最重要的根据。同源词“语音相近”的“近”,实质就是语音对应,我们正是凭这一点把它与借词区别开来。

语音对应关系是语言发展的结果,它在确定语言亲属关系中的作用早在上一世纪初就受到早期历史比较语言学家拉斯克(Rasmus Rask)的重视。他认为一个语言,无论它怎样地混杂,如果它的最主要、最具体、极不可少的、作为这一语言的基础的词汇,恰好和另一个语言相同,那么这一语言和另一语言应该属于同一语支;如果在这些相同的基础词汇中能归纳出一些彼此间字母转移的规则来,特别是形态变化系统和语言的一般结构也有着相应的共同特点的时候,那么这两个语言同属一个语支的假设就可以作出肯定的回答。[①] 这里所说的“字母转移的规则”,实际上就是指语音的对应规则。拉斯克在一百七十多年前就以敏锐的目光看到语音对应关系在确定亲属语言中的重要作用,这确实是难能可贵的。随着后来语言研究的发展,学者们排除了“字母”的干扰,直接进行语音对应关系的描写与研究,并据此确定语言的亲属关系,这样,语系的研究就有了坚固的科学基础。总之,语音对应关系的确定是证明语言亲属关系的一个决定性的步骤。这是从印欧系

① R. Rask, An Investigation Concerning the Source of the Old Northern or Icelandic Language, Reprinted in Lehmann, 1967, p. 32.

语言比较研究的基础上总结出来的一条重要原则，自然也适用于其他语系的研究；不过不同的语系由于有各自不同的特点，因而在运用这一原则的时候还需要作一些必要的调整和改进（§3.4.3）。

2.3 书面材料的运用和亲属关系的考察

2.3.1 上述语言亲属关系的确定采用的是以今证古的"回顾"的方法。这是从印欧系语言的研究中总结出来的，由于这一语系的有些语言，特别是在语言历史比较研究的发展中处于特殊地位的日耳曼语族的语言的历史比较短，像最早的哥特语的文献也要到公元4世纪的时候才出现，因而只能根据今天的语言状态以今证古。这种研究可为上古史的研究提供宝贵的材料。汉语在这方面的情况与印欧系语言不同，它有悠久的历史，在上古时期就有丰富的书面材料，地下文物的出土又为这些历史的记述作出了有说服力的佐证，因此有些语言学家认为应该根据汉语的特点，充分利用我们悠久而丰富的历史材料，以古证今，用"前瞻"的方法考察某些语言之间的亲属关系。俞敏的《汉藏两族人和话同源探索》[①]一文在这方面进行了一些有价值的探索，在此作一简单介绍。

2.3.2 《国语·晋语》有一段记载："昔少典娶于有娇氏，生黄帝、炎帝。黄帝以姬水成，炎帝以姜水成。成而异德。故黄帝为'姬'，炎帝为'姜'。""成"就是"兴旺"的意思。这种记载带有一些神秘的色彩，后经一些学者的深入研究，认为"少典"

① 请参看《北京师范大学学报》（哲学社会科学版）1980年第1期。

系国名，非人名，黄帝是少典氏的后代子孙，比炎帝部族神农氏晚五百年左右。[①] 所以，炎、黄二帝是两个部族的代表，大概是这两个部族的大酋长。

姜水据《水经注·渭水篇》的记载在今陕西岐水县一带："……大峦山水注之……水出西北大道川，东南流入漆，即故岐水也……又屈迳周城南……又历周原下……岐水又东迳姜氏城南，为姜水。按《世帝本纪》：'炎帝姜姓'。《帝王世纪》曰：'炎帝神农氏姜姓，母女登游华阳，感神而生炎帝，长于姜水'。是其地也。"[②] 这就是说，炎帝这个部族是在今陕西岐县一带兴旺起来的，后来顺着渭水到黄河，再顺着黄河南岸东迁，先到河南，后到山东："初都陈，又徙鲁。"[③] 姬水在哪里？上述的《渭水篇》说："……轩辕谷水注之。水出南山轩辕溪。南安姚瞻以为黄帝生于天水，在上邦城东轩辕谷。"这个部族后来也顺着渭水到黄河，再沿着黄河北岸东迁，在今河北和一个敌对的部族打了一个决定性的大胜仗："与蚩尤战于涿鹿之野，遂擒杀蚩尤，而诸侯咸尊轩辕为天子，代神农氏，是为黄帝。"[④]

炎帝和黄帝代表两个部族，这不会有什么问题，有问题的是这两个部族是一种什么关系？它们说的是不是同一种语言？根据史书的记载，炎黄并提，犹如兄弟；姜姬两姓，彼此辅佐、争夺，相互通婚，关系异常密切。汉朝许慎《说文解字后叙》说："曾曾小子，祖自炎神。缙云相黄。共承高辛……"段玉裁的《说文解

---

① 《史记·五帝本纪·索隐》。
② 《水经注》，武英殿本，第16卷，第5页。
③ 《史记·五帝本纪·正义》引《帝王世纪》。
④ 《史记·五帝本纪》。

字注》为此作注说:"炎帝,神农氏也。居姜水,因以为姓……其后甫、许、申、吕皆姜姓之后……黄帝以云纪官。服虔曰:'其夏官为缙云氏'。贾逵《左传解诂》云:'缙云氏姜姓也,炎帝之苗裔,当黄帝时任缙云之官也。'……共音恭,谓共工也。《国语》:'共工虞于湛乐,淫失其身,庶民弗助,祸乱并兴。'贾侍中云:'共工,炎帝之后,姜姓也。颛顼氏(黄帝的后代)衰,共工氏侵陵诸侯,与高辛氏争王也……'"。这些都说明,炎黄二族既相互辅佐,又相互争夺,轮流统治当时的中国。弃(后稷)的父亲姬姓,母亲姜姓,谓姜原,他是姬姜两姓的混血儿。自弃之后,据记载,姬姜两姓,辈辈通婚,关系越来越密切,大概在公元前9世纪时,以周武王姬发为统帅,以姜姓的吕尚(姜太公)为参谋长,团结其他的部族,联合讨伐商纣,并取得了全面的胜利,创建了周王朝。从这些密切的关系来看,这两族语言的差别看来不会太大,可能是一种语言的两种方言,相互之间的交际不会有太大的障碍;上古的文献和出土的文字资料也没有任何关于姬、姜两部族说不同语言的记载,与后面谈到的羌、戎不一样。所以说他们说的是一种语言,大体可信。武王伐纣后大封姬姜两姓的功臣到各地当诸侯,以巩固周王朝的统治。以后,随着岁月的发展,各地的姜姬两姓吸收别的部族的血液,形成为一个统一的"华夏族"。自此,姬姜两姓的界限逐渐泯灭,而统一的汉民族形成了。

2.3.3　在姜部族东迁的时候,其中有一部分仍旧留在西北(《后汉书》说是东迁的中途又回去的),叫做"羌"。《后汉书·西羌传》说:"西羌之本,出自三苗,姜姓之别也。其国近南岳。及舜流四凶,徙之三危,河关之西南羌地是也。"(南岳:衡山;三危:山,在今甘肃沙州敦煌县东南,山有三峰,故曰三危;河关,县,属金城郡)。据《说文》:"羌,西戎。"段玉裁注说:"商颂:自彼氐羌。氐羌,夷敌国在西方者也。王制曰:西方曰戎,是则戎与羌一也。"据《广韵》和《说文通训定声》:"西戎,牧羊人也。"这就是说,姜族留在西北过着游牧生活的一支部族叫做"羌"。"姜"与"羌",一声之差,前者声母不送气,后者送气;而汉字的结构同谐声系列,都为"羊"声,所以,它们可能只是一个以"羊"为图腾的部族的两个分支,说的语言大概也只是方言的差别,犹如希腊人把猫叫做 katta,拉丁人叫 catta,德国人叫 katse 一样。这两种方言的差别不会太大,因为周武王在与商纣决战前的演说(《尚书·牧誓》),听讲的羌人并不需要有翻译。

"姜姓之别"的羌是我国西北地区的一个重要部族,它与东迁的姜(炎帝族)关系越来越远,各自走上独立发展的道路,语言也有差异,"今凉州部皆有降羌,羌胡被发左衽,而与汉人杂处,习俗既异,言语不通……"(《后汉书·西羌传》引班彪语)。它与汉王朝的关系是"王政修则宾服,德教失则寇乱"(《后汉书·西羌传》),在"五胡乱华"的时候曾经很乱了一阵子。但是,由于他过着游牧生活,生产力发展很慢,因此力量弱,在羌人聚居的地方一直没有建立起一个统一的王国;姚苌虽然在苻秦解体后建立过后秦,但也只是昙花一现,很快就消亡了。这个曾经是一个重要部族的"羌"后来在史书中几乎销声匿迹。哪里去了?看来历史发生了一点曲折的变化。据《旧唐书·吐蕃传》记载:"吐蕃,在长安之西八千里,本汉西羌之地也。其种落莫知所出也,或云南凉秃发利鹿孤之后也。利鹿孤有子曰樊尼……樊尼乃率众西奔,济黄河,逾积石,于羌中建国,开地千里。樊尼威惠夙著,为群羌所怀,皆抚以恩信,归之如市……以秃发为国号,语讹谓之吐蕃……历周及隋，犹隔诸羌，未通中国”“其人或随畜牧而不常厥居，然颇有城郭。其国都城号为逻些城……诸羌并宾服之”“吐蕃之并诸羌，雄霸本土……”“……自是吐蕃连岁寇边，当、悉等州诸羌尽降之”。看来羌族在其历史发展中与秃发氏融合为一。“秃”为屋韵一等字，“发”为月韵三等字，应读为 *t'ukpiuɐt，与英语称西藏为 Tibet 差不多。“吐蕃”与“秃发”大概是同一个词的不同时期的读音，《旧唐书》说它为“秃发”的“语讹谓之”，有一定道理，因为它指出了这两者之间的同一性。所以，“秃发”或“吐蕃”即今之藏族。秃发氏原来说什么语言，与羌语是否有亲属关系，无从查考；在它与羌族、羌语融合的时候，看来是羌语取得了胜利。俞敏认为，现在藏族的主体是原来说羌语的羌族，秃发氏仅是其中的国王，不过他也得说羌语，犹如今天的英国国王是德国种但要说英语的情况一样。根据史书所提供的线索，我们可以推断现在的藏族来自“出自三苗，姜姓之别”的西羌，藏语就是古时羌语的延续和发展。这就是说，它与以姜、姬两姓为基础而形成的汉族、汉语具有亲属关系。

2.3.4 文献资料上的一些有价值的记载，我们可以据之以古证今，从中悟察汉藏两种民族、两种语言之间的亲属关系。俞敏对他的考察很满意，认为“印欧学可以给上古史研究提供材料。汉人的史书是世界上最早出版，质量最高的。上古史料反而可以倒过来给比较语言学提供语言亲缘的证据。这个方法简直是创新”。① 不同语言的研究应该有自己的特点，能够利用的材料应该都加以利用，“因为历史语言学不是理论科学，跟物理学、数学不一样，它需要综

① 俞敏《汉藏两族人和话同源探索》，《北京师范大学学报》1980 年第 1 期。

合运用各种理论和方法去研究语言的历史。”[①]以前由于受印欧语研究的理论和方法的影响，这些应该加以利用的材料没有利用，这是我们研究工作中的缺点，应该改正。但是，语言的研究、语言学问题的解决，还得有语言材料的根据，我们所以在上面介绍一些论证汉藏两个民族、两种语言的亲属关系的书面材料，因为现代的学者已从汉藏两种语言中找到了相当数量的同源字（§3.3.5，§4.3.3），俞敏在文章中也列举比较了几个虚字（例如藏语的近指词是 adi，汉语的《尚书》是“时”；远指词是 de，古汉语是“是”，而“是……一音徒兮反”，声纽是 d-，与藏语同）。书面材料和语言材料相互印证，汉藏两种语言有亲属关系的假设就有了比较充分的根据。

2.3.5　现在在我国西北地区还有羌语，但使用这种语言的人数不多。它与藏语有比较近的亲属关系。它们之间的分合关系还有待于探索。

2.4　语言的分化和语系的形成

2.4.1　语言的亲属关系是以语言的分化为前提的。我们前面的介绍，不管是着眼于语言材料的分析，还是书面材料的介绍，说的都是由于语言的分化而出现的语言亲缘关系：一种语言随着时间的推移而逐渐分化成不同的语言或方言。来自拉丁语的罗曼诸语言已经证明了这种假设。居住于今天的法国、意大利、西班牙、葡萄牙和罗马尼亚地区的居民在罗马帝国崩溃以后各自发展成独立的民族，他们所说的拉丁语方言也就随着发展成独立的

① 《美国语言学家谈历史语言学》（徐通锵整理），《语言学论丛》第 13 辑第 205 页。

语言,“说法语来自拉丁语,就是说法语是拉丁语在若干年中在某一地区所取的形式”。[1] 这些事实都清楚地说明语系的形成和语言分化之间的内在联系。

2.4.2　语系理论只考虑语言的分化,而不考虑语言的统一(汇合)和语言的相互影响。这是语系理论的一个弱点。有些学者想以此为突破口去修改语系的理论,以弥补语系理论的不足。在这方面,特鲁贝茨科依(N.S.Trubetzkoy)是一个著名的代表。他认为,“语系”这个概念不必以一系列语言共同来自一个原始语、即一个语言的不断分化为前提,解释语音对应规律,不一定要借助于共同的来源,也可能是语言间的相互影响、借用的结果,因为非亲属语言也可能出现因借用而产生的语音对应关系。例如,西芬兰语元音之间的 p, t, k 对应于(东)斯拉夫语的 b, d, g; pp, tt, kk 对应于 p, t, k; a 对应于 o; ε 对应于 e,等等。特鲁贝茨科依根据此类事实否定现在的印欧系语言由一个单一的原始印欧语发展而来的假设,而提出一个相反的假设:印欧语各语支的祖先相互间并不相似,仅仅是由于时间的推移,由于经常接触、相互影响和借用,才彼此相近,但没有达到一致。语言的发展有分化,有汇合,语系的形成可能是纯分化发展的产物,或者是纯汇合发展的产物,也可能是两种类型的发展按不同的比例相结合的产物。有些语系的语言分布呈链条状,例如南斯拉夫语支由斯洛文尼亚语(通过卡伊卡夫帝那语)向塞尔维亚—克罗地亚语过渡,由此通过过渡性方言再向保加利亚语过渡;斯洛文尼亚语接近西斯拉夫语,而保加利亚语接近东斯拉夫语。这种成链条状分布的语言是语言分化的产物。相反,斯拉夫语与印欧系的其他语言的关系

① J. Vendryes, Language, p. 297, London, 1925.

不是这种链条状，最接近斯拉夫语的波罗的诸语言与斯拉夫语的关系类似“一种语言挨着一种语言”的叠砖状，他认为这是语言汇合的产物。他由此得出结论，认为“假设印欧语系的形成是由于最初彼此没有亲属关系的诸语言聚合发展的结果，这种假设决不比相反的假设更无道理”。特鲁贝茨科依根据这种认识，想把类型的标准纳入谱系的分类，认为只有同时具有下面的六个特征的语言才是属于印欧语系的语言：1. 没有元音和谐；2. 词首可能出现的辅音数不比词的中间可能出现的辅音贫乏；3. 词不一定从词根开始；4. 词形的构成不仅借助于词缀，也可以借助于词干内的元音交替；5. 除元音外，不受外部条件制约的辅音交替，在构成语法形式时也起一定作用；6. 不及物动词的主语同及物动词的主语在形式上一样。这里所列的每一个特征在其他语系的语言里都可以找到，但六个特征一起出现，只有在印欧语里才有可能。①

2.4.3 特鲁贝茨科依的理论揭示了长期为人们所忽视的一个方面，自然可以给人们以一些启发，但在方法论的原则上却存在一些严重的缺点。这主要是分类的标准问题。语系是语言的发生分类，只能用发生学的标准，根据语音的对应关系去确定语言的亲属关系。而在特鲁贝茨科依关于印欧系语言的分析中，发生学的、类型学的和相似性的三类标准混杂在一起，因而不能不给语言现象的分析带来一定的混乱。比方说，西芬兰语和东斯拉夫语之间由借用而出现的所谓“对应关系”，实际上是地域语言学所研究的语言相似性，不是对应关系；为印欧系语言规定的六条标准，那是类型学上的特征，不是发生学的问题，而且，即使以

① 特鲁贝茨科依《有关印欧语问题的一些看法》，见《国外语言学》1982 年第 4 期第 21 页。

这六条标准而言，后来人们也发现美洲印第安语的塔克尔玛语也同时具备这六个特征，但它却不是印欧语。所以混杂的标准不利于语言研究的顺利进行。英国语言学家罗宾斯（R. H. Robins）曾对此有过中肯的批评："比较极端的，是把一个体系的术语纳入另一个体系所用的方法，作出新的解释，特鲁贝茨科依提出的印欧语准类型的（quasi-typological）定义就是一例。把不同的方法混杂在一起，其危险在于可能使人们认为，标准不严不一定会削弱推断分类的结果。特鲁贝茨科依本人也许就在这方面误入歧途，因为他错误地假定印欧语既是一个类型上的类别，又是一个语系上的类别，其成员完全相同。"[①] 这一批评是有道理的。

从理论上说，我们自然不能排除因语言融合或相互影响而形成亲属语言的途径，因为今天世界上某些地区的克雷奥尔（creole）就隐含着这方面的可能性。我国湖南泸溪瓦乡话是汉语的一种方言还是一种少数民族语言的争论[②]也反映出这方面的一些复杂情况。但是，即使这一假设能够成立，那也只是形成亲属语言途径中的一个特例，不能否定或贬低语言因分化而形成亲属语言的通则。从现在已经研究过的语言的实际情况来看，我们还没有找到一个因语言的相互影响或汇合而形成的亲属语言，相反，语言因分化而形成亲属语言的现象却有充分的事实根据。特鲁贝茨科依的理论还不能动摇传统的谱系分类法和语言的历史研究的基础，但可以补充语系研究中的某些不足，以克服因只考虑分化而产生的某些简单化的倾向。

---

① R. H. Robins，《语言分类史》，见《国外语言学》1983 年第 1 期第 27 页。

② 请参看王辅世的《湖南泸溪瓦乡话的语音》（《语言研究》1982 年第 1 期），《再论湖南泸溪瓦乡话是汉语方言》（《中国语文》1985 年第 3 期）和张永家、侯自佳的《关于"瓦乡人"的调查报告》（《吉首大学学报》1984 年第 1 期）。

3. 汉藏语系

3.1 汉藏语系的假设和汉藏系语言的四邻

3.1.1 “汉藏语系”这个概念是怎么提出来的？看来它的背景与“印欧语系”的概念不一样。“印欧语系”这个概念在它诞生以前已有相当长时间的酝酿，语言之间的比较研究也有了一定的基础，而“汉藏语系”这个概念是仿效“印欧语系”的提法，用类比的办法提出来的。“印欧语发生学关系的建立，鼓励人们去设想印度北部、缅甸、泰国、老挝、越南北部和中国（包括西藏）的一些语言之间也存在类似的关系。这些语言被认为是‘汉藏语系’。”[①] 至于谁先提出这个概念？现在无从查考。它基本上是根据地域的、类型的特点提出“汉藏语系”这个假设的。现在需要用确切的材料来证明这个假设，在未被证明以前，自然可能有各种怀疑和看法。例如，有的语言学家说，“这个语言的分类，你们知道是靠不住的。因为这些语言的分类是完全靠民族的称呼或是地理的分布，不是用语言学的方法来建立的语言分类”[②]。由

---

① 张琨《藏语在汉藏语系语言学中的作用》，见台湾中央研究院史语所集刊第 48 本第 1 分。

② 张琨《中国境内非汉语研究的方向》，台湾《中国语言学论集》，幼狮文化事业公司，1977。

此看来,“汉藏语系”这个假设与“印欧语系”的假设的基础是不一样的,因而在汉藏系语言及其有关问题的研究中存在一些原则性的争论,就用不着大惊小怪了。

3.1.2 汉语的研究有悠久的传统,其中科学的语言发展观始自明朝的陈第(1541—1617),他提出的“时有古今,地有南北,字有更革,音有转移”的音变理论为清代古音学的发展奠定了坚实的理论基础。陈第比威廉·琼斯大约早200年左右,而清代古音学的成就与同时代的世界各国的语言研究相比,实处于领先的地位,为什么在汉语的研究中提不出类似“印欧语系”假设的那种“汉藏语系”假设来?这可能与我们当时的国情、语言文字的特点及其研究传统有关。当时的中国是一个封建社会,其经济基础是自给自足的小农经济,不是商品经济,因而视野狭窄,只局限于汉语,不可能把汉语同其他语言比较起来研究,自然也就不可能像威廉·琼斯那样提出一种语系的假设。其次,我们有悠久的历史传统,书面文献浩繁,而汉字又具有跨地域、跨时代的特点,因而人们在致力于书面语研究的时候就不可能像丹麦语言学家拉斯克那样发现“字母转移的规则”并进而对现存的活语言的分歧进行比较的研究,只能集中于以《诗经》的押韵和汉字的谐声系列为代表的上古音的研究。这些原因使我们难以提出类似“印欧语系”之类的假设。直到“五·四”前夕,由于古音的研究出现某种危机感,人们才感到比较语言学的需要①。

3.1.3 “汉藏语系”假设的语言研究基础既然比较薄弱,汉藏系语言的系属划分自然也就难免有分歧的意见。在讨论这些

① 请参看潘尊行《原始中国语初探》,《国学季刊》第1卷第3期第422页。

问题之前，我们似先应该对假设中的汉藏系语言的四邻环境有一个大致的了解。

汉藏系语言的数量多，但分布的地区没有印欧系语言的分布那么广阔，大多集中在我国国内，其中使用人数最多、语言研究的基础最好的是汉语。就总的分布环境看，汉藏系语言的北邻（包括西北）是阿尔泰语系（满语、蒙古语、维吾尔语、哈萨克语等）；西南越过喜马拉雅山脉与印欧语系的印度—伊朗语族接壤；南面所接邻的语言比较复杂，主要有澳斯特罗—亚西亚（Austro-Asiatic）语系（也称南亚语系，主要语言有越语、高棉语、孟语、佤语等）、南岛语系（Austronesian，也称马来—玻利尼西亚语系，主要有印尼语、他加禄语、马来语、爪哇语、卡姆语等），以及系属有争议的泰语等；东面的语言环境比较简单，主要是系属不明的日语和朝鲜语。与汉藏系语言的系属划分有纠缠的主要是南面的南亚、南岛两个语系的语言。这些四邻的语言除了印度、伊朗的印欧系语言之外，其他的语言与汉藏系语言的关系都非常密切。主要有以下几个方面的特点：

第一，北方的阿尔泰语系在历史上与汉语有过密切的接触，并且对汉语的发展也起过一定的影响。我国历史上北方的异族入侵，先秦时期暂且不说，秦、汉以后，诸如"五胡"中的匈奴、鲜卑等以及后来的契丹、女真、蒙古、满等都是操阿尔泰系语言的民族。除蒙语外，它们都与汉语融合[①]。这些语言虽然对汉语有过影响，但在系属划分上泾渭分明，毫无纠缠。

第二，在我国国内，各少数民族（不管来源上有无亲属关系）

① 参看拙著《历史上汉语和其他语言的融合问题说略》，见《语言学论丛》第7辑。

大多与汉族处于大杂居、小聚居的情况下，因而语言间的相互影响，无论就其深度和广度来说，都相当深刻，语言间因相互影响而出现的相似性、结构类型上的类同性和因来源相同而在结构上有发生学的共同特点等现象自然也就纠缠在一起，不易区分；特别是那些自己没有文字、文化和技术水平比较低、人数又比较少的民族的语言，这方面表现出来的特点尤为明显。东南亚地区的语言关系（南岛、南亚与汉藏）的基本情况大体上与我国国内汉语同各民族的语言关系差不多，因而在整个东亚地区形成了一个受到各国语言学家注目的特殊的语言区，给语言的发生学研究带来了一些困难。

第三，历史上汉民族的文化远远高出这一地区的其他民族的文化，因而汉语对其他民族的语言有深广的影响，有些语言在汉语的影响下产生了汉语类型的特点。

谈到汉族和汉语在东亚地区的影响，在有史时期，这是举世公认的。但在史前时期，谁对谁有更大的影响，意见不尽相同。现在国际上有相当一部分人根据东南亚地区的一些出土文物，认为古时候这一地区的文化水平相当高，其对汉族和汉语的影响远远超过汉语对这一地区的语言的影响。美国加大（柏克莱）语言学系教授马蒂索夫（James A. Matisoff）认为，在很久很久以前，也就是在汉民族的文化在中国长江以南占支配地位以前，居住在中国南方的人们说澳—台（Austro-tai）语。历史上长江以南的地区并不只是只有汉人，而且有大量的各族人民，如泰、苗—瑶、藏—缅、澳—台、南岛等。只是在比较晚近的时期，大约两千年前，汉族的居民才逐渐南迁。他认为汉族的早期也是一个小的、孤立的社群，恰如现在别的社群那样，它是后来发展壮大起来的。东南亚最近的考古工作对古代陶器、金属制品和农具等等进行的研究表明，在更新世后期的新石器时代，东南亚的人民已经远不是完全落后的野蛮人了。他们已经有了高度发达的文化。当时的借用过程肯定是相互的，后来这种过程才非常强烈地表现为汉语对泰语等语言的影响[①]。现在国外已有不少人接受了这种意见。例如，梅祖麟和罗杰瑞（Jerry Norman）等人借助于古汉语的某些借词来证明中国古代的南方居住着非汉族居民，并对汉语产生了一些影响[②]。

与这种观点相联系的是原来居住在长江以南的、大多操南亚或南岛语系的"百越"，随着汉民族居民的南迁而向南迁徙至马来半岛和印度尼西亚各岛，从而形成语言之间的各种复杂关系。

3.1.4 汉藏系语言与其他语系的语言的这些复杂的关系给语言的发生学研究带来了深远的影响，使语言系属的划分出现了一些复杂的问题。

3.2 汉藏系语言的两种不同的系属划分

3.2.1 汉藏语系究竟包括哪些语族和哪些语言？系属怎么划分？现在还没有一致的意见。目前国际上有两种对立的看法。一种以李方桂为代表，另一种以美国语言学家白保罗（Paul K. Benedict）为代表，每一方都各有自己的支持者。大体说来，李方

---

① 请参看《美国语言学家谈历史语言学》（徐通锵整理），《语言学论丛》第13辑第227页。

② Jerry Norman and Tsu-Lin Mei, The Austro-Asiatics in Ancient South China: Some Lexical Evidence. Monumenta Serica Vol. XXXII, 1976.

桂的看法也代表国内一些学者的看法，而在国外，白保罗的看法占有一定的优势。也还有一些其他的看法，但总的说没有摆脱这两种看法的框框。

3.2.2 1973 年，李方桂在美国的《中国语言学报》（Journal of Chinese Linguistics）第一卷第一期上发表了《中国的语言和方言》一文。这篇文章是他于 1937 年写的同一名称的旧作的修订稿。李方桂关于我国境内有关汉藏系语言的系属的意见大致如下表：

- 汉藏语系
  - 汉语族
  - 侗台语族
    - 1. 侗水语组（侗、水、莫、羊黄等）
    - 2. 台语组
      - 壮语族
      - 西南语族
  - 苗瑶语族（包括越南语）
  - 藏缅语族
    - 1. 藏语组（还有西番、独龙、怒等语言）
    - 2. 保都—那加—卡钦语组
    - 3. 缅甸语组
    - 4. 彝语组

从 1937 年到 1973 年，经过 36 年以后，李方桂仍持原来的看法。《中国语言学报》编辑部在发表这篇文章的时候加了编者按语，称“这篇文章虽然过了三十多年，但所述本质上还是恰当的和有效的”。国内的大多数学者关于汉藏系语言系属划分的看法基本上是这一看法的延续，只在个别的地方作了一些局部的调整①。

李方桂是研究侗台语族的专家，他于 1977 年出版他的新著《比较台语手册》（A Handbook of Comparative Tai），对台语族的语言分类作了新的处理，与旧说不完全一致：

---

① 请参看罗常培、傅懋勣《国内少数民族语言文字概况》，见《中国语文》1954 年第 3 期。

- 台语族
  - 西南语支
    - 1. 泰语、寮语；黑泰
    - 2. 吕语、白泰一；掸；阿含
  - 中部语支
    - 1. 白泰二；土，侬，龙州
    - 2. 天保
    - 3. 永淳
  - 北部语支
    - 1. 武鸣
    - 2. 迁江；册亨、布衣、凌云、西林、田州；剥隘
    - 3. 石家

李方桂把台语族分成三支的根据，第一是音韵的演变，例如古台语的 *tr- 变成西南支的 t-，中支的 th 或 h-，北支的 t- 或 r-；又如古台语的 *pr- 变成西南支的 t-，中支的 ph 或 th，北支的 t-、r- 或 pr-；第二是某些词汇项目所表现出来的语音上的差异，如清、浊的不同：动词“是”（pen），西南支的反映古台语应是 *p-，但中支与北支的反映，古台语应是浊声母 *b-。第三是词汇的保存与否，有的词汇条目在一个方言群中已消失，而在另外两个方言群中还保存着，如“胡须”（mum）在西南语支已消失，在北、中两支还保存着。这部著作在国外曾有好评，密西根大学语言学系前主任葛德尼（William J. Gedney）的评语是：“这是一部第一流的学术著作，应尽速出版”。[①]

这里出现的“台”和“泰”都是英语 Thai 的翻译，我们现在的研究这两个词的意思已有分工，“台”指语族，“泰”指语言。

3.2.3 在 1972 年发表的本尼迪克特（P. K. Benedict，汉语的名字叫白保罗）的《汉藏语言概论》（Sino-Tibetan—A Conspectus）对汉藏语的系属分类与李方桂的分类很不一样。这本书写成于 1942 年。从写成到出版经历了一番周折。30 年代，美国等资本主义国家发生了严重的经济危机，很多人失业。1935 年，联邦政

① 据台湾的李壬癸《李方桂及其比较台语研究》，《幼师学志》第 15 卷第 3 期。

府拿出一部分钱组织一些人在柏克莱加大从事"汉藏语计划"的比较研究,由克罗伯(A. L. Kroeber)主持这项工作。很多人参加了这项研究。他们把那时以前几乎所有有关汉藏语的书面材料都收集起来,排列成图表。尽管所收集到的材料的质量很不平衡,但数量大,如果应用合理的方法,自然会作出一些有意义的成果。40 年代初,这项工作逐渐结束,先后出了十三卷打印材料。在实现这一计划的过程中培养了两个学者,一个是沙飞(R. Shafer),另一个就是白保罗。沙飞是一个多产的作者,写了很多著作和文章,汉藏系语言中的各种问题,小至专门问题的详细研究,大至认为汉藏系语言同欧、亚、美的其他语系有亲属关系的大胆假设,他都发表意见。他的著作和文章很多,但治学的态度不够严谨,文章的质量比较粗,因而汉藏语问题的研究在学术界中的名声不大好,认为在这个领域中不容易有所作为。白保罗正是在这样的时期中写成他的《概要》。他有见于汉藏语研究的现状和学术界的态度,就把写成的《概要》搁置起来。他本人也于 40 年代末退出语言学和人类学的研究。过了 26 年以后,即到了 1968 年,由于一个偶然的机会白保罗结识了马蒂索夫,谈到了这部稿子。马蒂索夫读了这部稿子,认为极为重要,于是由哥伦比亚大学的语言学系以非正式的方式打印分发给有关的学者,到 1972 年才正式出版。原文基本上按 1942 年的手稿付印,由作者以脚注的形式校勘加注。马蒂索夫在此基础上再加注,补充新的材料和参考文献,使写成于 40 年代初的著作具有 70 年代的水平。

白保罗对汉藏语系的划分与李方桂的不同。他的分类大体如下表:

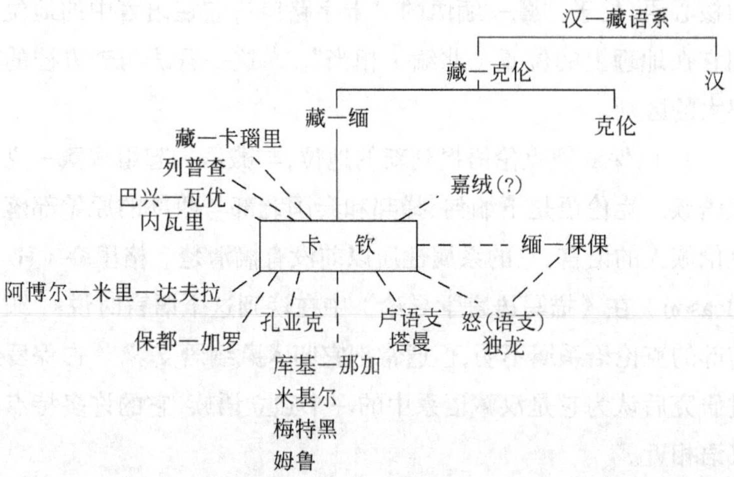

白保罗的汉—藏系语言系谱图

3.2.4 白保罗和李方桂的分类的主要分歧是：

1. 李方桂的侗台、苗瑶两个语族，白保罗认为不属于汉藏语系，应该把它们和南岛语系诸语言归为一类，建立一个澳—台大语族（Superfamily）。

2. 两人的分类里都有藏缅语族，但内部的语支划分不一样：

a. 李方桂的“3. 缅甸语组”和“4. 彝语组”是两个独立的语组，白保罗认为它们应合为一组，即表中的“缅—倮倮”语组。

b. 李方桂的“2. 保都—那加—卡钦语组”，白保罗认为应该分开，保都语属于保都—加罗语组；那加语应与库基语合为一组，构成库基—那加语组；卡钦语自成一组。

c. 藏缅语族中的其他语言如巴兴—瓦优、阿伯尔—米里—达夫拉语，李方桂没有提及。

3. 白保罗认为卡钦语（即景颇语）是所有藏缅语族诸语言

的核心语，处于“藏—缅语的‘十字路口’，它在语言中的地位也同它在地理上的位置（北缅）相当”。[①] 这一看法与李方桂的有很大的区别。

4. 白保罗把克伦语提到新的地位，与藏语一起组成藏—克伦大语族。克伦语是下缅甸、掸邦和泰国北部与西部的原始部落中克伦族人的语言，它的系属性质以前没有搞清楚。格里森（H. A. Gleason）在《描写语言学导论》中在谈到这个语言时说：“缅甸南部的克伦语系属不明，但通常把它归入藏缅语支。”[②] 白保罗经过研究后认为它是汉藏语系中的一个独立语族，它的许多特点与汉语相近。

3.2.5 白保罗关于汉藏系语言的新的分类和他的《概论》的发表，犹如在沉静而缺乏生机的死水塘里扔进一块大石头一样，在汉藏系语言的研究中掀起了一场轩然大波，赞成的与反对的声浪错杂交替。欧洲的学者如易嘉乐（S. Egerod）、福雷斯特（R. A. D. Forrest）、奥德里古（A. Haudricourt）、美国的学者如包拟古（Nicholas C. Bodman）、马蒂索夫等都同意白保罗的观点，都主张把侗台、苗瑶两语族从汉藏语系中分离出去；甚至李方桂本人对台语的看法似也出现了一点微妙的变化，认为它“与汉藏语系的关系从未明确建立”。[③]

马蒂索夫在白保罗理论的发掘、推进和发展中居于重要的地位。他是汉藏系语言研究的专家，被认为“对藏缅语研究得很深”，

---

① 本尼迪克特《汉藏语言概论》第3页。中国社会科学院民族研究所语言室，1984年。

② H. A. Gleason, An Introduction to Descriptive Linguistics, p. 468. revised edition, 1961.

③ Li, Fang-Kuei, Tai Languages, Encyclopaedia, Britannica, 1974.

"在藏缅语研究方面有很扎实的根基"(张琨)[①]。他在推进白保罗的分类理论的同时也对其中的一些不成熟的看法作了一些修正。他认为藏缅语族的语言可以分为六个语支:

1. 彝缅语支(Lolo-Burmese)
2. 克伦语支(Karen)
3. 景颇语支(Kachin)
4. 藏—喜马拉雅语支(Bodish)
5. 羌语支
6. 库基—那加—保都语支

这一划分与白保罗的区别在于:第一,以卡钦语组为中心的放射性的扩散波不见了,取消了卡钦语在藏缅语族中的特殊地位;第二,取消了克伦语作为藏缅语族并列的大语族的身份,并入藏缅语族,使之成为其中的一支。马蒂索夫在谈到他作这种修正的原因时说:"克伦语与藏缅语族的其他语言有一个重大差别,那就是这种语言里的宾语在动词之后,而不是在动词之前。过去人们都把这一点作为克伦语不是藏缅语或者与藏缅语只有很疏远的亲属关系的证据。现在情况弄清楚了,克伦语是在泰语和孟—高棉语系中的孟语的影响下改变词序的;泰、孟这两种语言的词序和汉语一样,宾语都在动词的后面。所以我们看到,即使基本词序也可以通过语言的接触或扩散而改变。所以,亲属关系很接近的语言在类型上可以很不一样。"[②]通过语言关系的一些深入研究,白保罗理论体系中的某些明显的弱点逐步地

① 参看《美国语言学家谈历史语言学》(徐通锵整理),《语言学论丛》第13辑第234页。

②《美国语言学家谈历史语言学》(徐通锵整理),《语言学论丛》第13辑第224页。

得到了修正。

另一方面,白保罗的理论也受到了很多语言学家的批评,张琨是其中反对最力的一个。"在 Benedict 的书里,有一章讲到语言的分类,我在我的书评里批评他这个语言的分类完全是头脑简单的分类。你怎么能够拿现在这些不同的民族的地理的分类,说就是两千年三千年以前的分类呢? ……尤其这些少数民族受到有力量的人民的压迫、剥削这种事情,这个变动是很大的。所以要拿现在这些各种民族的地理分布做根据,来做这些语言的早期的分类,这是靠不住的。"[①] 张琨的看法实际上也代表国内很多语言学家的看法,只是措词没有这样激烈而已。例如关于泰语的归属,"无论是持传统的观点也好,持属于澳—泰语系的观点也好,从他们所提供的同源材料来看,具有严谨的语音对应规律的证据尚不充分,缺乏足够的说服力,而本氏的构拟又带有某种程度的任意性"。[②] 王辅世也不同意白保罗的意见,认为苗瑶语族是汉藏语系中的一个重要的分支[③]。

白保罗的《概论》是在 40 年代初写成的,那时虽然收集了当时可能收集到的材料,但究竟有限。批评白保罗理论的人大多都涉及到白保罗所使用的材料的可靠性问题。张琨认为,"他(白保罗)那本书里,材料是几十年以前的材料,很多现在的新材料完全没有用。有些材料只有几十个字,有调没调也没说,音标也不正确。拿那种材料来做比较研究,那就好像在沙滩上要盖大洋

---

① 张琨《中国境内非汉语研究的方向》,载台湾《中国语言学论集》,1977 年,幼狮文化事业公司。

② 罗美珍《试论台语的系属问题》,《民族语文》1983 年第 2 期第 30 页。

③ 王辅世《苗瑶语的系属问题初探》,《民族语文》1986 年第 1 期第 1—18 页。

楼一样,那是绝对不行的。”[①] 米勒(R. Miller)也曾提出过类似的批评,认为白保罗的《概论》“有所证明的话,它不过是证明了现在该是放弃那些过时而又陈旧的语言材料的时候了,这些材料远不能适应方法论意义上的严格比较方法”。[②] 对于这些批评,白保罗都反唇相讥,作了明确的答复:“沙飞从 30 年代到 60 年代末所做的研究的不足之处,如同作者在 40 年代初所做的研究基本上一样,应归于语言学知识贫乏而不是语言材料贫乏(着重点是原有的)”,“《概论》的手稿是在 40 年代初写成的,但是大量的注解是 25 年后作的,这时已出现了大批新材料,并对汉语、藏语、缅—倮倮(彝)语言以及其他语言进行大量的学术研究,以及对原始博多—加罗语、原始缅—倮倮语和原始克伦语进行了构拟。然而对‘新的’注解(增加的材料)作一番检查,即可发现,如果与上述研究成果联系起来,毫无例外,新的和有意义的发现和结论当然是很少的,只能说是‘对问题的再认识’,老问题的新看法……”[③] 这就是说,白保罗根本不同意张琨和米勒的批评,认为汉藏系语言的系属划分问题早就得到了解决。我们暂且不管争论双方的是非曲直,但是有一点是应该肯定的,就是白保罗关于汉藏系语言的系属划分以及对有关系族的研究推进了汉藏系语言的历史比较研究,使各方面的人士(赞成的或反对的)都面对争论的问题,认真进行思考,使长期处于沉静状态中的汉藏系语

① 张琨《中国境内非汉语研究的方向》,载台湾《中国语言学论集》,1977 年,幼狮文化事业公司。

② R. Miller, Sino-Tibetan: Inspection of a Conspectus, pp. 195—209, JAOS 94.

③ 本尼迪克特《再论汉—藏语系》,见《汉藏语言概论》第 482 页。中国社会科学院民族研究所语言室,1984 年。

言的研究出现蓬勃发展的势态。

3.2.6　白保罗的《概论》在汉语上古音系的研究中也开始出现积极的影响。《概论》研究得最充分的是藏缅语族，它与汉语有亲属关系，争论的双方都无异议。周法高利用《概论》的研究成果来印证、改进汉语上古音系的拟测，认为“就汉语而研究汉语，总不容易跳出前人的圈子来。如果我们除了了解治国学的方法和治现代语言学的方法而外，还能对于汉藏语族的全貌有所认识，对和汉语有关的藏缅语、泰语有所了解，那么我们便可以扩大我们研究的领域，改进我们的看法，而使我们的方法更加细密，进一步可以上溯到原始汉语（Proto-Chinese）的阶段，而企图对汉藏语有所构拟”，“现在有了班氏（白保罗）此书，便容易得多了”，“过去我们研究古音的，只局限于汉语的资料，现在大概可以大开眼界了”。[①] 周法高从音韵和比较语义两个方面分别考察汉语的有关现象在藏缅语中的反映形式，确实从中发现了一些前人未曾发现的东西（§4.3.4）。

总之，白保罗的《概论》不管它的理论正确性如何，但已在汉语和汉藏系语言的研究中产生了积极的影响，这一点是应该承认的。

3.3　对立的分类原则

3.3.1. 汉藏语系的对立的分类导源于对立的分类原则。李方桂的系属划分基本上根据单音节和声调两条标准，认为这是这些

---

① 周法高《上古汉语和汉藏语》，见《香港中文大学中国文化研究所学报》第5卷第1期第160、168页，1972年12月。

语言有共同来源的最有力的根据。现在又有人进一步用结构类型的共同性这一标准来确定汉藏系语言的系属划分,认为“同一系属的语言,其结构类型应当也是相同的。台语与印尼语类型既已各别,而台语和汉语则有一批如上所述的同源词,并有共同的语言结构特征和发展趋向,这正证明了它们之间存在的亲属关系”。[①] 白保罗、马蒂索夫等人相反,认为单音节、声调等结构类型的共同性不能作为确立语言亲属关系的根据,只有语音对应关系才是语言亲属关系的凭证。1939 年,白保罗曾提出过这样两条原则:密切但不严格的语义相当(equivalence)优于严格的语义相当;完善的语音对应优于有问题的语音对应。[②] 这两条原则是有道理的。语言是发展的,即使是同一来源的不同语言,也会有各自的发展方向。除了刚开始从母语中脱胎出来的方言以外,两个语言之间严格的语义相当或相同,往往是不可靠的,可能是偶合或借用的结果;相反,彼此有密切的关系但是有区别的语义相当是符合语言的发展规律的。至于完善的语音对应优于有问题的语音对应,道理比较明白,因为语音发展的规律性和其所具有的特点必然会形成两种语言之间的完善的语音对应关系(§4.1.3)。分类原则上的这些对立涉及到语言的类型分类和发生(谱系)分类之间的关系,看来需要作进一步的讨论。

3.3.2 关于语言的系属划分和语言的结构类型之间的关系,我们在 §1.3 中已有讨论。19 世纪有些学者在研究无文字的语言时,曾竭力主张类型是和历史分类有关的一条标准。但 20 世

---

① 罗美珍《试论台语的系属问题》,《民族语文》1983 年第 2 期第 36 页。

② P. K. Benedict, Semantic Differentiation in Indo-Chinese—Old Chinese 蜡 lâp and 傩 nâ, HJAS, 1939. 4, p. 218.

纪的语言学家则把类型比较和历史比较看作是单独的两种分类方法。尽管语言现象可能有交叉,但分类的原则不能混淆。一个语言在它刚开始分化为不同的方言或不同的语言的时候,即亲属语言刚开始形成的时候,两个或几个语言的结构类型的差距不会太大,因为它们离开母体的时间还很短。在这样的一种特定时期,"大凡同一系属的语言,其结构类型应当也是相同的"原则是可以成立的。但语言往后的发展,由于各个语言所处的社会经济、政治、文化等方面条件的不同,与其他语言的相互关系的不同,各个语言各自顺着自己的发展方向发展,距离越来越远,甚至会改变自己的结构类型。现在罗曼系诸语言就改变了拉丁语的结构类型。根据结构类型确定语言的系属关系是相当危险的。不同系属的语言有相同的结构类型,或者同一系属的语言有不同的结构类型,这是常有的事。马蒂索夫对这一问题有过很好的分析。他认为研究这种问题的一个好方法是考察已知有亲属关系的两种语言,其中一种受外语的影响大,一种受外语的影响小,看它们在结构类型上有什么差异。比方说,我们可以把孟—高棉语系中的越南语同远在马来半岛南端的其他孟—高棉语作个比较,就可以看到同系属的语言的结构类型可能不同。几千年前,马来半岛的土语属于孟—高棉语系或澳—台语系,操这些语言的部落居住在丛林中,技术水平很低,与外界的接触很少,因而其语言也从来没有受到过汉语的强烈影响,虽然现在那里有大量的中国人。所以这些人的语言保存着从孟—高棉语或澳—台语中继承下来的相当纯粹的形式和特征。而越南语已受到汉语的强烈影响,在结构类型上看起来跟同一语系的其他语言完全不同:孟—高棉或澳—台语系的其他语言几乎都没有声调,可是越南语有一个复杂的声调系统，在结构类型上与汉语接近。类似的例子很多，如克伦语的词序与同系属的藏缅语不同，卡姆语属于南岛语系，可是结构类型与孟—高棉语系的语言一样（§1.4）。所以，经过长期发展的语言，不能单凭结构类型特征去确定语言的亲属关系。白保罗、马蒂索夫等人认为泰语、侗语、苗瑶语所以与汉语有相同的结构特点，那是由于汉语影响的结果。汉民族由于文化高，对其他语言的影响大，因而不少语言在汉语的影响下发展，从而造成结构类型上的近似。这些意见的具体结论（如苗瑶语的系属等）有待于进一步的研究，但其所涉及的分类原则的基本精神是对的，不能用结构类型的共同性来确定语言的亲属关系。

3.3.3 语音结构的单音节性、没有形态变化等过去都被人们看成为汉藏系语言的共同特点，可以据此确定语言的亲属关系。这个看法现在看来也难以成立，因为汉藏语系中有不少语言，如羌语、嘉戎语就不是单音节的。张琨也认为不能用单音节性之类的标准来确定汉藏语系的语言。① 现代汉藏语系的语言呈现出单音节性，缺乏形态变化，很多都是语音简化的结果。白保罗、马蒂索夫等人认为，说汉藏语系的语言没有形态变化是不对的，不能用今天的语音结构的面貌去认识古代语言的语音结构；其实，汉语的上古时期就有很多体现形态变化的前缀。

前缀在汉藏语的历史发展中具有非常重要的作用，它们深刻地影响到声母辅音的变化。例如，"s"前缀的一个重要功能是使普通动词变为使役动词（causative verb）。这个前缀在藏语是

① 参看《美国语言学家谈历史语言学》（徐通锵整理），《语言学论丛》第13辑第236页。

"s",在别的藏缅语里,往往表现为声母的清化。例如在现代缅语中 lwa 是"松"的意思,hlwa 是"放松"的意思;在景颇语里,"松"是 lɔt,"放松"是 šəlɔt。"松"在藏语里是 glod,"放松"是 hlod,有的是 slod。这是 s 前缀所实现的一种功能。汉语在早期阶段也可能有 s 前缀,因为它可以和其他发音部位的声母(舌尖塞音、舌根音等)谐声(试比较:"赐~剔""史~吏""隋~堕""宣~桓"等)。李方桂在《上古音研究》中认为"这个 s 可以算是一个词头 prefix,也因此在上古汉语的构词学里将要占很重要的位置……"[①] 这些现象都说明汉藏系语言不是没有形态变化的。

汉藏语系的语言,以及孟—高棉系语言还有一个非常重要的特点,即音节的收尾比音节的开头稳定。音节的声母部分很不稳定,很容易起变化,究其原因,那是由于前缀对声母的影响:它能使清声母变成浊声母,也能使浊声母变成清声母,以及其他诸如此类的变化(如送气变不送气……)。张琨在谈到汉字谐声系列的矛盾时也指出了这一点:"在一套谐声字里头(如充和统,终和冬,禅和单……),按现在的读音,有清声母,有浊声母,有吐气,有不吐气,究竟原来是什么样子?我猜想原来可能是一个词根,前面有不同的词头。就是说,词根的声母本来是一样的,但由于受到不同词头的影响而使同一个声母有种种不同的变异。西藏话就有这种情形,一个词根,前头有 d,或 g,或 m 什么的,然后它在现代的方言中有各种各样的读音。谐声系列的不同,恐怕是由这种情形造成的。"[②] 提出这些现象是很重要的,它一方面为改进高

---

① 李方桂《上古音研究》第 25 页。商务印书馆 1980 年版。

② 参看《美国语言学家谈历史语言学》(徐通锵整理),《语言学论丛》第 13 辑第 244 页。

本汉的谐声原则提出了一些重要的语言事实的根据，另一方面也有助于解释音节开头的辅音的不规则性。

3.3.4 声调与单音节有密切的联系，一般说来，多音节语容易产生轻重音，单音节语容易产生高低变化的声调。先考察几个语言的声调产生的过程，这可能对理解声调与语言系属划分的关系有点帮助。

上古汉语有没有声调？说法不一。顾炎武主张"四声一贯"，即不同的声调可以临时相互转化；江永不承认临时变调，主张四声杂用；段玉裁认为"古无去声"；江有诰还曾主张"古无四声"，等等，说明汉语声调的分合曾有一个时期比较乱，反映在诗歌的押韵中就是所谓"四声杂用"。这可能是那一时期的声调还处于发展过程中，没有最后定型的缘故（§11.6）。至于它是怎样产生的，现在还没有很好的研究。不过声调的发展与声母的清浊有直接的关系，这是人所共知的事实。藏语和汉语有亲属关系，这是持不同意见的人的共同的观点，但从中古时期的藏文经典和现代藏语的某些方言来看，藏语原来没有声调；就是说，在汉语有声调的时候（例如《切韵》时期），藏语还没有声调。藏语的声调是藏语自己独立发展的结果，与汉语有无声调无关。以藏语拉萨方言为例，声调的产生过程大体上是这样的：首先是因浊声母的清化而产生高低两个声调，原来的清声母属高调（54），原来的浊声母属低调（12）；辅音韵尾的简化引起拉萨话声调的再分化，由原来的清浊声母造成的高低二调系统进一步分化为四调系统，通常是舒声韵尾（-m、-n、-ŋ、-r、-l）使声调变平：高调变高平（55），低调变低平升（113）；促声韵尾和擦音韵尾（-b、-d、-g、-s 等）使声调变降，高调变高降（52），低调变低升降（132）。前缀音的脱落对藏语拉萨话的声调的发展也有影响，主要表现为古无前缀音之次浊声母字今读高调。[1]可见藏语的声调与汉语的声调是分头产生和发展的，不是原始汉藏语的遗物，因而也不可能有对应关系。至于两种语言的声调的产生和发展都与声母的清浊等有关，那是语言的类型特征或普遍特征，与发生学无关。

如果我们再退一步说，因为汉、藏两种语言是亲属语言，所以声调的产生和发展与声母的清浊有关，那么我们可以进一步看看与汉语、藏语没有亲属关系的越南语的声调产生原因，就可以进一步明确声调与发生学无关。法国语言学家奥德里古（A. Haudricourt）在《论越南语声调的起源》一文中曾具体地分析越南语声调产生的过程。在最初的阶段，越南语没有声调，但有清浊辅音的对立，韵尾有清擦音 -s 和喉塞音 -ʔ，后来 -s 变成 -h，再往后，-h 和喉塞音 -ʔ 都消失，但留下了声调。大体的情况是：有喉塞音 -ʔ 的音节变升调，带 -h 的音节变降调，不带 -h 和 -ʔ 的音节自成一个声调，一共三个声调。大概在 12—13 世纪时由于浊音清化（整个东南亚的很多语言都发生这类音变，有人说这可能与蒙古的南侵有关，因为它促进了语言的接触），使每一个声调又进一步分化为高、低两类，因而产生了六个声调。大体情况是：

I	II 辅音韵尾的消失	III 浊音清化	
无声调	有喉塞音 -ʔ 的音节变升调	高	（清）
		低	（浊）
	带韵尾 -h 的音节变降调	高	（清）
		低	（浊）
	不带 -h 和 -ʔ 的音节的声调	高	（清）
		低	（浊）

① 胡坦《藏语（拉萨话）声调研究》，见《民族语文》1980 年第 1 期。

从这些情况看来，不管是亲属语言，还是非亲属语言，其声调的产生都与辅音的清浊有关。这是一种普遍特征，有其生理一物理的基础。这一点现在已得到实验语音学的证明（参看 §5.4.3）。在多音节的语言里，辅音因清浊而产生的高低区别因为有多音节的调节，因而在语言中没有区别作用，也不被人们注意。而在单音节的语言里，浊音清化就会使原来与清浊结合在一起的多余特征（高、低）成为语言的区别手段，产生声调，不然不同音的语素就会变为同音语素。谁都知道，同音语素过多会影响交际。现在大多数语言学家都认为不能用声调来确定汉藏系语言的系属划分。张琨还进一步列举了一些语言事实的根据说明声调的有无不能作为语言系属划分的标准：在云南边境的有些藏缅语的方言，彝语、傈僳语有一个很有意思的现象，就是靠近云南的边境，彝语、傈僳语的声调很少，而到贵州、四川一带，这些语言的声调就多起来了，这可能与汉语的影响有关。所以用声调来描写汉藏语，恐怕不大合适。[①]

看来声调是语素单音节语的一种普遍特征，不能作为发生学的分类根据。

3.3.5 把单音节、声调等从语言的发生分类的原则中排除出去，在我们面前就呈现出如 §3.2.3 所述的系属划分：和汉语的结构比较接近的侗台语族和苗瑶语族与汉语没有亲属关系，而在结构上和汉语有很大差别的藏缅语族、克伦语等则与汉语有亲属关系。这确实与我们的日常印象大相径庭。我国的学者大多不接受白保罗的系属划分理论，还在设法论证侗台、苗瑶语与汉

① 《美国语言学家谈历史语言学》（徐通锵整理），《语言学论丛》第13辑第236页。

语的亲属关系（§3.4.2）。藏缅语族的结构与汉语的差别比较大，但争论的双方都认为它们有亲属关系。白保罗对此作了如下的总结："（1）藏—缅语中复杂的形态变化在汉语中几乎无迹可寻；（2）这两个语族只有很少同源词；（3）两个语族的语音系统在很多方面不同，几乎很难找到共同之点；（4）两个语族的声调系统好像没有关系。我们相信这两个语族有发生学上的关系，最后必定基于下列事实：两者有共同的基本词根，并可为这些词根建立共同的语音规律。"[①] 后来他对"这两个语族只有很少同源词"这一点又作了如下的补充："《概论》没有充分说明藏—缅语言或藏—克伦语言和汉语之间基本词汇的一致性。通过对比较材料的不断研究，从新发现的汉语前缀 *s- 得到极大帮助，除《概论》所描述的同源词以外又发现了一批同源词。现在可以证实绝大多数汉语亲属称谓和身体部位的基本词在藏—缅语言中都有同源词，而且一般词义很少发生变化……只有当我们涉及非基本词汇范围时，同源词的数目才少一些。"[②] 所以从汉语和藏缅语族的关系来说，学术研究已取得了长足的进步，使汉藏语系的假设有了比较可靠的根据。尽管如此，汉语的结构毕竟与藏缅语族的结构相距太远了，应该在理论上作出合理的解释。白保罗用底层说来解释汉语和藏缅语族之间的差异："我们或许可以推测，汉—藏语的成分只构成汉语的表层，而底层另有不同来源。从历史的角度来说，可以认为周朝人可能操某种汉—藏语言，后来这种语言融合或渗入到商朝人所操的非汉—藏语言

① 本尼迪克特《汉藏语言概论》第 181 页。中国社会科学院民族研究所语言室，1984 年。

② 本尼迪克特《再论汉藏语系》，同上，第 424—425 页。

之中。”[①]

底层说可能有点儿道理,但具体的原因(周民族之汉—藏语融合商民族之非汉藏语)则有点想入非非。从现有的文献资料来看,商、周两民族的语言似乎没有太大的差别,倒是和汉民族杂处的其他民族,其语言可能对汉语有影响,使汉语加快了它的发展速度。在历史发展的长河中,汉民族和汉语曾与很多少数民族及其语言发生过融合。汉语在这种融合过程中始终是胜利者,但它毕竟也会受到其他语言的影响,使它的结构发生一定程度的变化。比方说,在所谓“五胡乱华”时期,鲜卑族入居中原,建立中央王朝,实行汉化政策。这样,鲜卑语很快地消亡了,但它对汉语却产生了一定程度的影响。记录汉语的不是拼音文字,方块汉字反映不出语音的实际变化,但字数的迅速增加、新字的大规模的产生也可以在一定程度上反映语言的变化和发展。例如《说文》所无,后世续添之字计一千多,大都出自北魏天兴二年(A. D. 401)四月至始光二年(425)三月,前后只二十四年。[②]在这么短的时间中增加那么多字,肯定与由于语言的相互影响而产生的语言发展有关。仅据可以检查的材料,从先秦至近代,汉语就和不少的少数民族的语言发生过类似汉语和鲜卑语那样的融合。[③]在融合中各民族掌握汉语的过程也是它们对汉语施加影响的过程,促使汉语循着自己的发展规律趋于简化,使结构的面貌发生一些重大的变化。这在其他语言的发展过程中也是有先例的。拉丁语是一种综合语,形态变化很丰富,但随着各地的土

① 本尼迪克特《汉藏语言概论》第181页。

② 参看顾炎武《金石文字记·孝文皇帝吊殷比干墓文》。

③ 参看拙著《历史上汉语和其他语言的融合问题说略》,《语言学论丛》第7辑。

著居民（伊比利亚人[①]、高卢人[②]、古尔人[③]、伊特拉斯坎人[④]、威尼斯人、达卡人[⑤]）放弃自己的语言而把拉丁语作为共同的交际工具时，实际上对拉丁语本身是一次巨大的冲击，促使它从综合语向分析语的方向转化。这样，很多形态变化消失了，而词序日益固定，虚词的作用日益明显。汉语的发展可能也受到过类似的影响。这就给汉藏语的历史比较研究带来了很大的困难，光用现代语言的材料是很难证明汉语与藏缅语的亲属关系的。

3.4 侗台、苗瑶两语族的系属关系新证

3.4.1 侗台、苗瑶两语族是不是属于汉藏语系？和汉语有没有亲属关系？关键的问题是要弄清楚借词和同源词（§4.3）的区别。白保罗在《概论》一书中讲得很简单，只说“汉、泰语有亲属关系的传统观点必须摒弃”，汉藏语系的语言使用单音节词根和声调这两个特征在其他两个语系（台语、苗瑶语）中也都有，[⑥]而没有从理论上论证侗台、苗瑶两语族不属于汉藏系语言的理由。后来他在《再论汉—藏语系》等文章中才对这个问题进行了一些具体的分析。一、二、三、四之类的数词一般认为是基本词汇中的词，难以借用，因而苗瑶语、侗台语的数词和汉语、藏缅

---

① 指古代西班牙人。

② 指法兰西的古代居民。

③ 公元前6世纪居住在意大利西北部和高卢东南部海滨的一个部族。

④ 古代意大利最古老的一种部族。

⑤ 指古代罗马尼亚人。

⑥ 本尼迪克特《汉藏语言概论》第1—2页。中国社会科学院民族研究所语言室，1984年。

语的相似性在一些语言学家中产生了深刻的印象，使他们认为侗台、苗瑶两语族都属于汉藏语系。白保罗具体地分析了这些数词的形式，否定了这个结论。他认为，根据语言年代学（§17）的研究，"二"以上的数词容易借用，不一定能成为基本词汇中的词，而原始苗—瑶语和原始汉—藏语的对应词只包含"五"以上的数词，没有"五"以下的数词。侗台语数词的相似范围扩大到"五"以下，但"一"（*et）和"二"（*ńii~*hńii）只用于复合词"十一"、"二十"等词中，显然是借词，不是本族词；侗台语本族词的"一""二"的词根是（h）niŋ（一）和 sooŋ（二）。白保罗根据这一类事实认为："实际上，独特的对应关系，甚至在数词上的对应，都表明与发生学假设是矛盾的"，因而实在没有必要去分析侗台、苗瑶两语族与汉藏语系的亲属关系问题。[①]

3.4.2 把侗台、苗瑶两语族从汉藏系语言中排除出去，我国的多数学者都不同意这种意见。借词由于不足以建立侗台、苗瑶两语族与汉语、藏缅语的亲属关系，单音节和声调也不能成为语言系属划分的标准，因而学者们去寻找同源词，根据语音对应关系去论证侗台、苗瑶两语族与汉语的亲属关系。陈其光、李永燧的《汉语苗瑶语同源例证》（《民族语文》1981年第2期）、王辅世的《苗瑶语的系属问题初探》（《民族语文》1986年第1期）和罗美珍的《试论台语的系属问题》是这方面的三篇新作。他们都在各自的语系里找出一批语义上相似、语音上可与汉语上古音（根据李方桂等人的汉语上古音的拟测）比较（王辅世比较的是中古音）的语词，定其为来自共同原始母语的同源词，并据

① 本尼迪克特《再论汉—藏语系》，见《汉藏语言概论》第433页。中国社会科学院民族研究所语言室，1984年。

此认为苗瑶、侗台两语族与汉语有亲属关系。着眼于语音对应关系，找出同源词，再来分析语言的亲属关系，这在方法论上是无可非议的，它比前一时期的单音节和声调的标准前进了一步，但是这几篇文章所依据的材料和所论证的方法仍有不少地方需作进一步的推敲。第一，例词偏少，难以从中整理出完整的、成系统的语音对应关系。关于这一问题，张琨曾有很好的分析："偶尔有一两个词，比方说'飞'和藏语的'phurba'很相近，可是深究一步，《切韵》里微部的字跟藏语的'-ur'有多少对应的呢？很难说。有人说，'羊'[jaŋ]跟藏语的[luk]有关系，'羊'以鼻音收尾，[luk]以塞音收尾；至于前头的部分，藏语的[l]和汉语的[j]有关系，因为[j]从前可能像李方桂先生说的那样是一个[r]。但是，再往深里看，有多少藏语的[-uk]和汉语的[-aŋ]对应呢？这又是一个大问题。"[①] 张琨在这里谈的虽然是汉语和藏语的相互关系问题，但所涉及的原则无疑地同样适用于汉语和其他系族的语言的同源关系的分析。找不出成系统的语音对应关系，就很难确定同源词。第二，由于例词少，也就难以鉴别同源词还是借词。这些文章所提供的基本词，究竟是同源词还是借词？恐怕都难说。作者们也感觉到这方面的问题，因而提出一个基本的假定：借用的"往往是非基本词"，"基本词是语言词汇的核心……借用其他语言的可能性比较小"。[②] 这条抽象的原则在实际的研究中恐怕难以运用，如 § 3.4.1 所分析的那样，基本词汇中的词同样是可以借用的。第三，拿现代的活语言与拟测出来的两千年前的死语言（王文是一千年前的中古音系）进行比较，在方法论上是不合适的，因为

① 《美国语言学家谈历史语言学》（徐通锵整理），《语言学论丛》第 13 辑第 235 页。

② 陈其光、李永燧《汉语苗瑶语同源例证》，《民族语文》1981 年第 2 期第 13 页。

在这么长的时期中语言已经发生了巨大的变化。陈其光、李永燧两位先生也觉得这种比较不理想，应该拿原始汉语和原始苗瑶语进行比较。[①] 我们觉得这句话接触到汉藏系语言历史比较的核心，既然是有待于证明的亲属语言，自然应该把比较建立在可靠的材料和方法论原则的基础上。我国的语言学家已开始进行这方面的探索。

3.4.3　确定汉语和侗台、苗瑶语的亲属关系既然关键在于区分同源词和借词，那么应该用主要的精力去建立鉴别这两类词的原则。照理说，这种原则早就明确：凡是有完整的、成系统的语音对应关系的为同源词，否则就是借词。但是，对于汉藏系语言来说，情况看来比较复杂，还需要有一些补充的原则。张琨在谈到这一点的时候指出："究竟什么是同源字，什么是借字，有些时候非常难分"，我们在寻找同源字的时候，"在音韵上在意义上都不能过分苛求。要是假设两支语言分支分得很久了，你怎么能够盼望它们这两个语言里头的字在意义上和音韵上是非常相近的呢？这是不可能的事情。所以在寻找同源字的时候，应该有弹性，就是不能苛求，就是在意义上差不多的时候，在音韵上差不多的时候，能够讲得通就可以算做同源字。讲得通，就是说至少在音韵上应该假设两套不同的音韵的演变的规则，假设这个语言经过这套规则的演变的规律，产生这种形式；那种语言经过另外一套不同的语音演变的情形，生出来另外一个结果，能够把这两套音韵演变的结果构拟出来，然后即或是两个在音韵上差别很大，也可以解释成为同源字"。这段话涉及到汉藏系语言历史比较研究

① 陈其光、李永燧《汉语苗瑶语同源例证》，《民族语文》1981 年第 2 期第 14 页。

的一个核心问题，就是要先把每个语言或语族的语音演变规律搞清楚，然后确定同源成分，进行历史比较的研究。“比方说藏语、（嘉）戎语跟羌语都没有字调，倮倮（彝）、么些（纳西）、傈僳、拉祜它们都有字调，要说这两种话是同源的话，我们就要解释这个声调是怎样产生的……这就得用比较的研究了”，张琨称这种研究为“我们最近的方法”。这样可以把“藏语跟汉语音韵形式上非常不同的形式……解释成为同源。”[①]这是汉藏系语言历史比较研究中的一个新课题。

3.4.4 在进行同源成分的比较以前先弄清楚每个语言或语族的语音演变规律，这是一条总的原则。如何实现这一原则？还需要进行具体的探索。这里，最重要的是要紧紧地扣住汉藏系语言的结构特点，从中总结出一些与印欧语历史比较研究不同的特殊原则，以丰富历史语言学的理论和方法。

汉语和印欧系语言的结构类型不同，它的语素的语音结构现在大都是单音节的，而且在古代，一个语素基本上也就是一个词，所以有人称为单音节语。由于这一特点，汉语的语词结构与印欧系语言有很大区别。原始印欧语的构词以派生法为主，词根加上词缀，就可以构成新词；而在先秦汉语（甚至更早的时候）中，以语词的单音节结构为主要特点的构词法往往是通过词根内部的语音交替构造新词，例如长（长短）：长（生长）；好（好坏）：好（爱好）等等。这些通过词根语音交替而构成的词有一些后来在字形上也发生分化，看起来像是彼此没有联系的几个词，例如“背”

① 张琨《中国境内非汉语研究的方向》，见台湾《中国语言学论集》，幼狮文化事业公司，1977年。

和“负”，“没”和“殁”等等。用这种构词法构造新词的结果，就是汉语的语素的数量特别庞杂。《康熙字典》所收的汉字计47035个，一个汉字基本上就是一个语素，语素的这个数字远远超过印欧系语言的四五千个语素的数目。是不是汉语真的有那么多的语素呢？不是，因为很多语素的意义相同或相近，语音上存在着有规律的交替，它们实是同一个语素的分化，只是由于汉字的不同写法才掩盖了语素变体的同一性，使语素的数量看起来很庞大。如果不对这些相互有联系的语素作一番整理的工作，还其本来的面目，建立词族（word family），那是无法和其他语族的语言进行比较，找出完整的语音对应关系的。词族内部的各个词称为同族词，犹如印欧系语言中具有同一词根的各个词构成一个词族一样。这是在进行比较研究工作之前必须完成的一项基础性工作。其他如侗台、苗瑶语族也需要先完成这种基础性的工作。这样才能对词族进行比较，根据语音对应关系鉴别同源词，确定相互间是否有亲属关系。高本汉早就感到这项工作的重要性，认为汉语也与其他语言一样，语词可以组成词族。同族的词有共同的来源，例如“目”的上古音是mi̯ôk，如果不先建立mi̯ôk的词族，就不能证明它和藏语的mig（眼睛）有同源关系。和“目”同族的有“眸”，上古音为mi̯ôg（瞳睛），正是这个mi̯ôg才直接与藏语的mig相合。高本汉由此得出结论，认为在进行汉藏系语言的历史比较研究以前，每个语族先得建立各自的词族。[①] § 3.4.2 提到的那几篇文章，由于没有完成这项基础性的工作而想进行直接的比较，因而难以收到预期的效果。

---

① 参看 B. Karlgren, Word Family in Chinese. BMFEA, No. 5, 1934.

同族词和同源词不是一个概念。同族词是一个语言内部的构词法问题，主要是根据语音交替的方式去追溯某一族词的形成过程及其所从出的原始形式，而同源词则是根据语音对应规律去追溯不同语言（或方言）的亲属关系和发展规律。先建立词族，后进行比较，这是汉藏系语言的历史比较研究不同于印欧语的一个重要特点。我们在鉴别同源词和借词的时候也要充分考虑到这方面的特点。高本汉在上古汉语的研究基础上已进行了初步的尝试，但还没有进行以不同词族为基础的历史比较研究。王力的《同源字典》（实为同族词典）也只研究汉语的同族词，目的是研究汉语史，而不是和同系属语言的比较。严学窘在这方面前进了一步，想通过同族词的研究区分同源词和借词，考察侗台、苗瑶两语族与汉语的亲属关系。他在《谈汉藏语系同源词和借词》一文中根据“语音相似”“词义相通”“形态相符”三条原则来寻找侗台、苗瑶和汉语的同源词。例如：

> “死”，壮、布依、傣（西双版纳）语读 tai^{1}，侗语读 $təi^{1}$，水、毛南语读 $tăi^{1}$，湘西、黔东苗语读 ta^{6}，川黔滇苗语读 $tāi^{6}$，布努瑶语读 to^{6}。从这些读音相同相近的词去找语音相似的汉字“殆”，《说文》：“危也，从歺，台声，徒亥切。”按“殆”有死义，与“殜”为转注，原可拟读 *dəg，正可与壮侗、苗瑶语的读音相对应。①

这是根据侗台、苗瑶两语族有关词语的读音来寻找汉语与之对应的词，而还没有根据汉语的词族与侗台、苗瑶两语族的词族进行比较，找出语音对应关系。这是一次可贵的探索，但还难以据此确立汉语与侗台、苗瑶两语族的亲属关系。严学窘和他的学生董为光、曹广衢合写的《汉语和侗台语的亲缘关系》一文对这一问

① 严学窘《谈汉藏语系同源词和借词》，见《江汉语言学丛刊》第 1 辑第 4 页。

题的研究又前进了一步，进行以词族为基础的历史比较研究。现在先举一例，以见一斑：

汉语表黑色、阴暗的一组词与侗台语有明显的对应。

黔：*gjəm——《说文》："黎也，秦谓民为黔首，谓黑色。" 黔从"今"声，从"今"声的还有"贪"（*thəm）。贪，联绵语或称"炊歛"，这些反映了"今"声的谐声纠葛。

黯：*ʔəm　深黑。与阴（*ʔjəm）同源。

黕：*təm　云黑。

黭黮：*ʔəmdəm　《广韵》："黑也，又云黑也"。

侗台语"黑""阴"和"夜"三词的语音如下：

	壮语（龙州）	傣语	黎语	侗语	水语
黑	dam^{1}	kam^{5}; dam^{1}; lam^{6}	dom^{3}	nam^{1}	ˀnam^{1}
阴	kham^{1}	kaːm^{3}（德宏）	kom^{3}	tam^{1}	taːm^{5}
夜	kam^{6}	kham^{6}		ȵəm^{5}	ˀȵam（利岩）

侗台语中表"黑""阴"意思的词语与汉语表"黑色""阴暗"意思的词族有明显的对应关系，但"夜"在汉语中找不到相应的词，这可能"说明侗台语的'黑''夜'与汉语的联系是年代久远的深层联系"。作者认为，"黑""阴"这些词的对应绝非偶合，而是同源联系的证明。这种词族的对应研究比单独一个词的音义相似的分析确实要有说服力，因为它很难用借用来解释。作者认为词族的比较研究有三个好处：一是能选择可靠的、来源最早的比较材料；二是可以在语音、语义方面"进行尽可能接近真实的复原"；三是可以排除借词的干扰。①

3.4.5　词族的比较研究在汉语和有关语言的系属关系的研究中是一条值得深入探索的途径，现在仅仅是开始，还有很多具

① 董为光、曹广衢、严学宭《汉语和侗台语的亲缘关系》，刊在日本 Computational Analyses of Asian and African Languages, March, 1984, pp. 105—121。

体的问题有待于解决。这方面的深入探索不仅可以为侗台、苗瑶语族的系属关系提出最有说服力的根据,而且具有普通语言学的意义。现在通行的历史比较研究的原则是在印欧系语言研究的基础上总结出来的,它用之于汉藏系语言的历史比较研究明显地表现出它的局限性;即使用在印欧系语言的比较研究,它也有点理想化,难怪特鲁贝茨科依提出了挑战(§2.4.2)。同族词的整理以及对不同语族的同族词的比较研究定能使历史语言学结出新的硕果。

4. 历史比较法（上）：客观根据和拟测步骤

4.1 历史比较法及其客观基础

4.1.1 历史比较法是比较方言或亲属语言的差异以探索语言的发展规律的一种方法。

方言或亲属语言的差异隐含着一些有规律的语音对应关系。例如：

	可	看	苦	阔	欠	轻	劝	去
北京	k‘ɤ	k‘an	k‘u	k‘uo	tɕ‘iɛn	tɕ‘iŋ	tɕ‘yɛn	tɕ‘y
广州	ho	hon	fu	fut	him	hiŋ	hyn	høy

这些例词的声母在两个方言点中有比较大的差异，但差异中有对应：

北京	广州
k‘-，tɕ‘（<k‘）	h-（开口、齐齿、撮口）
	f-（合口）

这样的对应是有规律的，而且广州话为什么在开、齐、撮三呼前变 h-，在合口前变 f-，可以从语音上得到解释：k‘- 是送气音，如果送气的成分重一些，就等于是 kh-。从 k‘->h- 大概经历这样的过程：k‘->k^{h}->^{k}h->h-。合口字的 k‘- 所以会变成 f-，大概在 k‘- 未变 f- 之前，先经过变 h- 的阶段；h- 由于受合口的 -u- 的影响而变成 f-，因

为发 -u- 的时候有轻微的唇齿作用。这种语音对应关系是运用历史比较法研究语言发展的向导。

4.1.2 历史比较法的基本内容是：通过两种或几种方言或亲属语言的差别的比较，找出相互间的语音对应关系，确定语言间的亲属关系和这种亲属关系的亲疏远近，然后拟测或重建（reconstruction）它们的共同源头——原始形式。这是研究语言发展规律的一种有效方法，梅耶甚至说这是研究语言史的唯一方法。[1] 具体地说，运用历史比较法研究语言的发展，至少需要包括下面几个步骤：

第一、收集、鉴别材料，剔除那些于历史比较无用的偶然同音现象、借用现象；

第二、在方言或亲属语言的有差异的形式中找出语音对应关系，并据此确定同源成分；

第三、确定那些有差异的形式的先后年代顺序，以便弄清语言发展的时间层次；

第四、拟测原始形式，并利用各种可能的办法来检验拟测的可靠性。

这是就其大体步骤而言，而不是说，在实际工作中可以机械地分出一、二、三、四来。实际上，这些步骤是相互交织在一起的，我们只是为了讨论的方便才分出这些步骤。

4.1.3 语言研究的每一种方法都有它自己的客观根据，如果找不到这种根据，这种方法就带有主观任意性，不会有什么价值。历史比较法有其可靠的客观基础，这主要是语言发展的规律性、

① 梅耶《历史语言学中的比较方法》第 11 页。科学出版社 1957 年。

语言发展的不平衡性和语言符号的任意性。正是这些客观的根据才使历史比较法成为一种科学的方法。

语言,特别是语音,它的发展是很有规律的,而这种规律的作用又受到一定的时间、地域、条件的限制,使同一个要素在不同的方言或亲属语言里表现出不同的发展速度、不同的发展方向,因而在不同的地区表现出差异。语言中的差异是语言史研究的基础。没有差异就不会有比较,没有比较也就看不出语言的发展。对历史比较语言学来说,差异的比较是它取得成功的最主要的原因。

由于语言发展的规律性和不平衡性,因而在方言或亲属语言之间才有对应关系,这是语言发展的一种因果关系。在实际的语言研究中,我们的实际手续是倒过来,顺着"果"(对应关系)所提供的线索去探寻它的原因和规律。所以从广义上说,规律性和不平衡性或许可以用"规律性"一词来概括(§4.4.5)。

但是,光是语言发展的规律性还不能显示历史比较法的价值,需要把它与语言符号的任意性结合起来才能闪耀它的光彩。语言符号的音义结合的任意性特点也是历史比较法的重要客观根据之一。很多学者都很强调这一点。梅耶早就说过:"假如语言所表达的意思和那些用以表示这意思的声音之间有一种或松或紧的自然联系,就是说,假如语言符号可以撇开传统,单用它的音值本身可以使人想到它所表达的概念,那末,语言学家所能采用的就只有这种一般的比较方法,任何语言的历史也就不会有了。""因为语言符号具有这种完全任意的性质,所以才能有现在所要研究的这种历史比较法。"①

① 梅耶《历史语言学中的比较方法》第2页。科学出版社1957年。

任意性与规律性是对立统一的。由于语言符号的任意性，各个语言应该是完全不同的，不可能从中找出有规律的语音对应关系；如果以任意性为基础的语言符号之间表现出有规律的对应关系，也就是在任意性中表现出对应的规律性，那么我们就可以肯定，这决非偶然，而是来源相同。例如表达“五”这个意思的词在法语中是 cinq，意大利语是 cinque，西班牙语是 cinco，它们都是来自拉丁语的同源词。汉语中使用方块汉字，不同方言的同源成分已由汉字框住，所以在汉语有史时期的研究中可以走相反的路子，从同源中找对应。所以，如果在不同的语言中具有有规律的语音对应关系，我们就完全有根据说它们有共同的来源，因为这种有规律的对应关系不可能是由于纯粹的偶然性而产生的。

总之，语言发展的规律性、不平衡性和语言符号的任意性使历史比较法成为语言史研究中的一种行之有效的科学方法。

4.2 材料的收集和选择

4.2.1 在现实语言的比较研究中往往可以发现音和义两方面都相同或相似的词。例如，德语的 nass（潮湿）和祖尼语的 nas（潮湿），希腊语的 ['mati]（眼睛）和马来语的 [mata]（眼睛）。这种相似性是偶然同音的结果，因为语言符号的音义结合关系是任意地由社会约定俗成的，不同的语言在定名的时候有可能出现偶同。这种因偶然的同音而出现的相似性在历史比较中没有它的地位，应该将它剔除。

4.2.2 每一种语言都可能由于和其他语言的接触而有一些借词。借词是音与义两方面都借自外语的词，因而在语言的借、贷双方都会出现相同或相似。例如,日、朝、越等语言曾与汉语发生过密切的关系,都从汉语中借去大量的词语,这些词语在音、义两方面都与汉语类似。请比较:

汉 字	汉 语	越南语	朝鲜语	日语(汉音)
巴	pa	ba	p‘a	ha
马	ma	ma	ma	ba
沙	ʂa	sa	sa	sa
开	k‘ai	k‘ai	kɛ	kai
火	xuo	hua	hua	kua
谈	t‘an	ɖam	tam	tan
凡	fan	fam	pəm	han
客	k‘ɤ	k‘aʈ	kɛk	kaku

这些语词的外形极其相似,但它们是借用的结果,在历史比较中也没有它的地位,应该予以剔除。一般说来,文化词语和科学术语不适合用来比较,因为它们容易互相借用。例如日语中的大量汉语借词大多属于文化、学术方面的词语,我们不能根据这些词语的相似性而说日语和汉语有亲属关系。芬兰—乌戈尔诸语言关于金属的名称借自伊朗语,我们也不能据此说它们之间有亲属关系。

借词在历史比较中虽然没有它的地位,但在拟测原始形式的时候却有重要的参考价值(§4.5.2)。这一点它与偶然同音的材料有原则的区别。

4.2.3 剔除上述材料之后,在语言中还得精选比较的材料。一般词汇中的词不可靠,不宜于用来比较。感叹词、拟声词也应剔除。基本词汇中的词也不一定全都适合于历史比较,因而也还得经过严格的选择。一般说来,能用来比较的必须是基本核心词,即一般所说的基本词汇中的根词，如代词、亲属的名称、身体各部分的名称、最普通的家禽的名称以及日常通用的动词、形容词如生、死、来、去、红、绿等等。在有词形变化的语言中，构形成分和构词成分也是可以用来比较的可靠材料。只有这些材料在语音上又表现出完整的、有规律的语音对应关系，才能认为是同源词，可用于历史比较。

4.3 同源成分的确定

4.3.1 能用来进行历史比较研究的必须是同源成分。确定同源成分的原则主要是：语义上相同或相近，语音上存在完整的、成系统的对应关系（§2.2.1）。成系统的语音对应关系是确定同源成分的关键，因为只要在语音上有对应关系，所比较的成分在意义上就必有联系。

历史比较法是在印欧系语言的研究基础上诞生的，我们不妨先看一看它寻找同源成分的办法：

	英语	荷兰语	德语	丹麦语	瑞典语	
"house"	haws	høɥs	haws	huːˀs	huːs	（房屋）
"mouse"	maws	møɥs	maws	muːˀs	muːs	（田鼠）
"louse"	laws	løɥs	laws	luːˀs	luːs	（虱子）
"out"	awt	øɥt	aws	uːˀð	uːt	（出去）
"brown"	brawn	brøɥn	brawn	bruːˀn	bruːn	（棕色）

这些词在上述语言中的头尾相同（个别是相近），中间的元音不一样，但这种不一样却井然有条地形成对应条例：

英	荷	德	丹	瑞典
aw	øɥ	aw	uːˀ	uː

还可以找出其他一系列语词。这些对应关系告诉我们，它们在历史上有联系，同出一源，是同一形式在不同地区的有规律的发展的结果。这是根据语音规律作出的推断。一般说来，这种推断八九不离十，大体可靠。如果还能进一步找到其他材料的印证，特别是书面材料的印证，那就更为可靠。上引这些例子在八、九世纪留传下来的英语区和荷—德语区的文献里都一致地写成 u，如 hus，'mus，lus，ut，brun。这些语言使用的是拉丁字母，拉丁字母的 u 代表 [u] 的发音，说明那时候的元音还没有发生分化。英语、德语的 aw 是单元音 u 后来复元音化的结果。

4.3.2 语音对应和语音相似是两回事。借词的语音很相似，但不存在有规律的语音对应关系，而有时候语音上看起来完全不同的词却可能具有对应关系，因而可以藉此确定它们为同源词。这在考虑一些虽然有共同来源但在时间上和空间上相隔较远的语言，如梵语、古典希腊语、拉丁语和古阿尔明尼亚语的相互关系的时候，经常会碰到这样的情形。梅耶曾以从“一”到“十”的数词为例加以说明。我们这里只引一个“二”，以见一斑[①]：

	梵语	希腊语	拉丁语	阿尔明尼亚语
二	d(u)vā	dyo	duo	erku

这里，梵语、希腊语、拉丁语之间的对应是明显的，可是阿尔明尼亚语和其他语言的对应就不明显了。erku 和拉丁语 duo 是不相似的，但一些其他的对应表明阿尔明尼亚语的 erku 可以与其他语言的 *dw- 相对应。例如：

① 梅耶《历史语言学中的比较方法》第 4—5 页。科学出版社 1957 年。

	希腊语	阿尔明尼亚语
怕	dwi-	erki-(erkiwł)
长久	dwārón	erkar（长）

这里虽然只有三个词，但由于印欧语以 *dw-、*duw- 为首音的词数目很少，因而这几个词的对应可以使我们毫不犹豫地相信这些语言成分具有同源关系。但是，另一方面，阿尔明尼亚语和其他印欧系语言之间的外形上的重大差异应该从音理上能得到合理的解释，不然，这种对应也是可疑的。从原始印欧语的 *dw-、duw- 发展为阿尔明尼亚语的 erk- 经历了一个漫长的过程。首先，像日耳曼语所发生的音变（§5.2）那样，浊塞音变为清塞音，d 变为 t，g 变为 k。其次，w 前的舌尖塞音 t（即 tw-）由于受 w 的影响而变成 k（例如 ko（你的）与希腊语的 twe 对应），前面的那个 r 说明 t- 在古代是浊辅音的性质。随后，这个 r 又引出一个首音 e 而成为 erk-。这种解释还可以从 erku（二）中的尾音得到进一步的证明。从原始印欧语发展到阿尔明尼亚语，双音节词中的第二个音节的元音都已脱落，erku 中的 u（相当于古代的 *-o，请比较荷马的 dyō，古斯拉夫语的 dŭva）之所以能够保存下来，只有一个条件，这就是当双音节词的第二个音节的元音脱落时，这个词不是双音节的。① 这就是说，erku 中的 e 是后来增生的，不是原始印欧语固有的。语音对应关系得到音理上的合理解释就具有巨大的说服力，使我们在确定语言成分的同源关系时有更大的把握。这一事实也告诉我们，语音对应关系是语言的有规律的发展结果，我们可以从语音对应关系中去寻找语音的发展规律（§5.1）。

---

① 梅耶《历史语言学中的比较方法》第 5，26—27，91 页。科学出版社 1957 年。

4.3.3 汉藏系语言的特点不同于印欧语系,因而在寻找、确定同源成分的时候也应该有自己的特点。

汉藏系语言及其相互关系的主要特点是:第一,相互间的差异大,一般说来,差异的大小大体上与语言发展的时间长度成正比,就是说,差异越大,反映语言分化的时间越长。第二,相互间的影响大,使语言的相似性和发生学上的共同性交织在一起(§3.1.3),因而给同源成分的研究带来了很大的困难。第三,语素的语音结构现在多为单音节,古代语言的构词规则似与印欧系语言不同,大体上通过词根内部的语音交替构成新词(§3.4.4)。由于这些特点,确定同源成分的手续、途径和原则似乎很难简单地套用印欧系语言的研究原则;谁如果想通过现代语言的差异的比较、找出语音对应关系,确定同源成分,那是肯定要失败的。在汉藏系语言的历史比较研究中同源成分的确定似需分三步走。第一步,先比较方言之间的差异或者把方言差异的比较与书面文献资料结合起来,弄清语音的演变规律,建立上古原始语或原始语。第二步,利用原始语的研究成果,弄清语音交替和构词规则的关系,建立词族,使庞杂的语素简明化;没有一个好的原始语的拟测,要建立词族是不可能的。高本汉、王力、严学宭关于词族的研究都是以他们各自所建立的上古音系为基础的。[①] 第三步,进行词族之间的比较,找出语音对应关系,确定同源成分(§3.4.4)。这就是说,先要解决语言的"内"的问题,而后才能比较语言的"外"的差异,找出语言发展的线索。对于那些分化的时间长、相互间的差异大而彼此又有深刻的相互影响、相互渗透的语言来

① 高本汉的研究见其所著 Word Family in Chinese。王力的研究参看他的《同源字典》。严学宭的论文叫《汉语同族词内部屈折的变换模式》,见《中国语文》1979 年第 2 期。

说，恐怕需要采取这些复杂的步骤。复杂的语言关系是产生语言理论的土壤。印欧系语言的历史比较研究曾形成一整套的语言理论、方法和原则，我们相信，只要我们忠实于汉藏系语言的实际状况，善于揭示隐蔽于语言现象背后的规律，就定能在语言理论的建设中提出富有新的特点的理论、方法和原则，在语言研究的画廊上展出我们的作品。

4.3.4 如上所述，同源成分在语音上有对应关系，在语义上相同或相近。着眼于语音对应关系，这是从形式入手确定同源成分，顺着这种对应关系自然会比较容易地找出语义上的相同或相近，使对应关系得到语义内容的支持。但是，如果由于语言分化的时间过长，语音系统发生了巨大的变化，难以寻找语音对应关系，而词族又还没有来得及建立；或者某一意义在某一语言中已经消失，无法给语音对应关系以语义上的支持，这就会给同源成分的确定带来新的困难。这时候，我们或许要反其道而行之，从语义的比较入手去探索同源词。白保罗的《汉藏语言概论》在这方面提供了一些有趣的线索。比方说汉语的“为”（爲）在藏缅语中是 *mgwi(y)，意为“象”。据《说文》：“爲，母猴也”，但根据罗振玉《殷虚书契考释》的研究，“‘爲’古金文及石鼓文并从爪从象，绝不见母猴之状。卜辞作手牵象”。汉语中消失了的意义还保存在藏缅语中。类似的例子还有：

“出”，据《尔雅·释亲》：“男子谓姊妹之子为出。”《左传·庄公二十二年》：“陈厉公，蔡出也。”这个“出”在藏缅语中是 *tu~*du，解作“外甥”。

“疋”，《说文》解作“足也”，藏缅语的 krey 为“足”。

“禺”，《说文》：“猴属”，库基—那加语的 *ŋa-w 解作“猿猴”。

这些都可以在语义的比较中探索同源关系。有时候，甲语言两个词的意义可借助于乙语言某个词的意义而建立起内在的联系。例如汉语的“胫”和“茎”，前者为“胻也，膝下踝上曰胫”，后者为“艸木干也”（均据《说文》），藏语的 rkaŋ 的意思为“足胫”和“茎”；汉语的“腹”为“肚腹”，“覆”为“洞穴”，藏语的 puk~buk 解作“肚腹”和“洞穴”，等等。《汉藏语言概论》一书中有八百多个汉字，大多与藏缅语有同源关系。[①] 这些现象进一步说明，在汉藏系语言的历史比较研究中建立词族的重要性；有了词族，上述现象大多都可迎刃而解。另一方面，它也说明语义的比较在同源成分的确定中也有重要的作用；这特别是对于那些分化的时间长、相互的差异大的语言来说，其参考价值可能会更大一些。

4.3.5 所以，同源成分的探索和确定，由于不同语系的情况不同，也就不能不带有各自的特点。同源成分一旦确定之后，那就要细细推敲所比较的成分的先后年代顺序了。

4.4 年代顺序的确定

4.4.1 同源词的语音对应是有规律的，但是要通过比较重建原始形式，确定互相对应的音在年代上的相互关系是很重要的。由于语言发展的不平衡性，相互对应的音，在年代上有先后的差别。识别哪一个音古老一点，这对拟测语言的原始形式来说是必不可少的一个步骤。要解决这个问题，如果是有书面文献的语言

① 参看周法高《上古汉语和汉—藏语》，载香港中文大学中国文化研究所学报第 5 卷第 1 期，1972 年。

或方言，我们就应该利用这些文献所提供的线索去确定每个语音及其组合方式在年代上的先后顺序；如果是没有文字记载的语言，那就只好根据音理去确定音变的顺序。

4.4.2　我国是有悠久文化传统的国家，方块汉字不能反映语音变化的先后顺序，但是古代的一些文献资料，如各种韵书以及反切、谐声、声训、异文等等都可以作为我们确定年代顺序的参考资料。这里可以以浊音的对应为例加以说明。请比较：

	苏州	福州	梅县	北京
蒲	꜁bu	꜁puɔ	꜁p‘u	꜁p‘u
步	bu꜅	puɔ꜅	p‘u꜄	pu꜄

苏州话的 [b]，在福州都是 [p]，不送气，在梅县都是 [p‘]，全送气，在北京依声调的平仄而分为 [p‘] 和 [p]：平声为 [p‘]，仄声为 [p]。这些音的年代顺序孰先孰后，有关的韵书可以提供这方面的消息。“蒲”“步”在中古都是“并”母字，与“帮”（p）“滂”（p‘）并列，可见苏州音比其他方言的音古老。如果再参照有关的文献，我们还可以确定浊声母在北方方言中大体在何时开始以声调的平仄而分成送气与不送气两类。北宋邵雍的《皇极经世》在这方面提供了一点重要的线索。邵雍“其先范阳人”“雍年三十，游河南，葬其亲伊水上，遂为河南人”（《宋史·道学列传一》）。范阳在今河北涿县一带。《皇极经世》反映的语言现象大体上可以代表中原地区的语音。现举一例，以见一斑：

		开	发	收	闭
		水	火	土	石
清	水	卜	百	丙	必
浊	火	步	白	备	鼻

清	土	普	朴	品	匹
浊	石	房	排	平	瓶

“开、发、收、闭”大略相当于一、二、三、四等。横列的“火”行浊音与“水”行不送气清音相配，限于仄声；石行浊音与土行送气清音相配，限于平声。群、定、从、崇、澄等母的情形与此相同。这样我们可以假设，11 世纪中叶，邵雍所根据的方言，浊塞音和浊塞擦音有两种不同的读法：平声送气，仄声不送气。清音的送气与不送气是对立的，是两个音位，而浊音的送气不送气依一定的条件出现，是同一音位的两个条件变体；后来由于浊音清化，仄声的并入不送气清音，平声的并入送气清音。①

4.4.3 入声字在汉语的各个方言中有不同的表现形式，大体的情况是：粤方言、客家方言、闽方言的南部地区（如厦门话）以 -p、-t、-k 收尾；吴方言、湘方言、闽方言的北部地区（如福州话、建瓯话等）和北方方言的某些地区（如晋中、晋北等地）以喉塞音 -ʔ 收尾；北方方言的大部分地区没有入声。人们根据这种分布状态，推断入声字的消失大体上可以分为三个阶段：最早的形式为 -p、-t、-k；后来这三个韵尾合并为一个喉塞音 -ʔ；这个 -ʔ 后来又脱落，变成北方方言（如北京话）的开尾韵。这犹如根据车祸的现场推断肇事的经过一样。这种推断比较粗疏，有可能在某些地区与事实不符。比方说，中原地区，或者具体地说，河南地区的入声消失途径与上述的推断顺序就不完全一样，我们可以从唐玄奘译著的梵汉对音与邵雍的《皇极经世》中看到一些富有启示性的入声消失的途径和线索。

① 参看李荣《切韵音系》第 165—171 页。科学出版社 1956 年。

玄奘（公元 600—664）出生于洛阳附近的缑氏，形成自己的语音习惯的时代是在洛阳度过的。他的译著与《皇极经世》一样，大体上可以反映中原地区的语音。

《切韵》时代有入声，但是这些入声何时开始消失？先后的顺序怎样？从方言差异的比较中得不到有关的启示。但玄奘的译著却在这方面提供了一些可靠的线索。玄奘的佛经翻译很仔细，讲求梵汉对音的准确性。他在译著中的对音韵尾有相混的现象，而相混的程度，入声字比阳声字多，而入声字中收 -t、-k 的字又多于收唇音 -p 的字。[①] 例如：

切韵	玄奘的对音（汉—梵）			
-k	特 dm	郁 uj	目 muc	
-t	毕 pip	屈 kuk	剌 rab	频 av
	达 dhar	末 mal		
-p	泣 kṣim	飒 sam	笈 gam	答 tam

收 -p 尾的入声字韵尾只与同部位的 -m 相混，而收 -t、-k 的入声字，相混的范围比较大，甚至还可以直接用来对译开音节：

切韵	玄奘的对音			
-k	绰 cha	择 ḍha	薄 bha	洛 ra
	酌 ca	铄 śa		
-t	达 dha	吉 ki	壹 i	剌 ra
	绖 dya			

这些现象说明入声字在 7 世纪上半世纪在中原地区已开始发生变化。第一，根据对音所提供的线索，入声似还没有消失，因为对音的主流还是用入声字去对译收 -p、-t、-k 的梵音。第二，收 -t、-k

① 材料均引自施向东《玄奘译著中的梵汉对音和唐初中原方音》，《语言研究》1983 年第 1 期。

的入声字的韵尾已开始弱化,可能收 -ʔ,因而才有相混的现象,才有用入声字去对译开音节或以擦音、流音收尾的音节。在圆明字轮的 42 字中,入声译开音节有六个,占 14%,在 706 个密咒的对音中,入声字对译开音节的 67 次,接近 10%。第三, -t、-k 的弱化比 -p 厉害,看来 -p 尾还比较清楚。这就是说, -t、-k 和 -p 在河南一带的中原地区并不是同时向 -ʔ 发展的,它们的年代顺序有先后的区别。这是玄奘的译著所提供的启示。如果我们再验之于邵雍的《皇极经世》,就可以进一步得到肯定的答案。先请比较五、六、七三声(韵类)的表:

			平 日	上 月	去 星	入 辰
五声	阚	日	妻	子	四	日
	翕	月	衰	○	帅	骨
	阚	星	○	○	○	德
	翕	辰	龟	水	贵	北
六声	阚	日	宫	孔	众	○
	翕	月	龙	甬	用	○
	阚	星	鱼	鼠	去	○
	翕	辰	乌	虎	兔	○
七声	阚	日	心	审	禁	○
	翕	月	○	○	○	十
	阚	星	男	坎	欠	○
	翕	辰	○	○	○	妾

在汉语的音韵学著作中,入声配阳声是固有的传统,但上述的韵表却是入声与阴声相配(五声),不与阳声相配(六声的日、月两行),说明入声的语音有了变化。其次,跟阴声相配的入声只有 -t、-k 尾,没有 -p 尾,说明 -t、-k 失落或变成韵尾 -i、-u 的时候,-p

尾还没有发生变化，并且仍与阳声韵 -m 尾相配（七声）。这种情况与玄奘的译著所提供的材料比较，就可以说明中原地区入声消失的具体途径和顺序。这种消失的过程经历了漫长的时间，大约四个世纪。周祖谟的《宋代汴洛语音考》证明，中原方音到宋代只有收唇音 -p 的入声字还有尾音，其余两类（-t、-k）入声字的韵尾都丢了，变成了短促的开音节。[①]

语音的演变有地区的限制。上述的书面材料只能说明中原地区入声演变的过程和消失的顺序。其他地区如何演变？顺序怎样？还得进行具体的分析。比方说，根据汉藏对音或藏汉注音的材料，西北地区入声的演变又是另一种情况。[②] 总之，如有书面文献资料，自然是确定年代顺序的重要根据。

4.4.4　如果研究的对象是没有文献记录的语言，要确定对应的音的先后年代顺序，就必须以严格的语音发展规律为根据，从音理上进行合理的解释。例如，梵语的元音 a 常相当于与它有亲属关系的其他语言的 a、e、o 三个元音：

	梵语	希腊语	拉丁语	汉义
1.	aksah	haksos	axis	轴
2.	bharami	phero	fero	我携带
3.	asthan	hosthon	os	骨头

第一个音节中的元音在三个语言中的反映形式不同。这些相互对应的音在时代上孰先孰后，没有文献资料的证明。19 世纪前半个世纪的历史比较语言学家，从葆朴（Franz Bopp）到施莱哈尔，都认为梵语的 a 反映古印欧语的原始状况，但是这无法说明原始

① 周祖谟《问学集》（下），中华书局 1966 年。

② 参看罗常培《唐五代西北方音》，1933 年上海。

印欧语的 a 为什么在希腊、拉丁语中会分化成 a、e、o 的语音条件。相反,如果认为 a、e、o 都是从原始印欧语中继承下来的,而在梵语中合并成一个 a,却是完全可能的。伊朗语也反映了同样的情况,可以为这种解释提供一个有力的佐证。

4.4.5 如何从方言或亲属语言的差异中推断其不同形式所反映的年代顺序,实质上就是如何从语言的空间差异中去推断语言在时间上的发展序列。这是历史比较法的核心。方言或亲属语言之间的差异通过调查是易于掌握的,而要从空间差异的比较中找出时间的发展线索,确定差异形式的先后年代顺序,则需要经过反复的比较分析,这样才能从无数的偶然表象中找出必然的规律。

方言或亲属语言的差异是由语言发展的不平衡规律造成的。关于语言发展的不平衡性问题,一般只说语音、词汇、语法三个组成部分的发展速度不同。诚然,这是语言发展的不平衡性的一种表现。但是,这并不是问题的全部,而对于深入的语言研究来说,更不应该满足于这种一般性的叙述。其实,语言发展的不平衡性表现在语言系统的各个方面,对这种现象的分析与语言的历史比较研究有着紧密的联系。就语音来说,一个音位由于所处的结构位置不同,所受相邻的音的影响不同等等原因都可以引起不同的变化,就是说,不同的条件造成了同一个音位的变化的不平衡性。例如,汉语中古音的"见"母 /k/ 在开、合口前保持 /k/,而在齐、撮呼前在今天的北方方言以及很多其他方言中都变成了 /tɕ/。人们或许会说,这是语音变化的条件性。这样看自然不错,但这种条件性也正是语音发展的不平衡性的一种条件,说明音位系统的发展可能不是一个音位的整体变化,而是处于不同条件中的音位变体的变化。由不同的语音条件造成的语音变化的不平衡性会使原来比较整齐的音位系统出现不规则的结构。这可以为探索语音的演变提供一种诱人的线索（§9）。

操同一语言而居住在不同地区的人们，由于每一地区所处的环境不同，与其他方言或其他语言的相互影响不同，音系内部语音单位的变化所引起的连锁反应不同，或者其他诸如此类的原因，原来相同的语音在不同的地区可能会顺着不同的方向、不同的发展规律发展，因而出现方言的差异或亲属语言。以"见"母为例，在北京，它在 /i/ 前变成 /tɕ/，与 /i/ 前的"精" /ts/ 合流（经＝精）；在苏州，在 /i/ 前的"见"母变成 /tɕ/，但在同样条件下的"精"母不变；而在广州，"见""精"二母都不变，仍旧分别念 /k/ 和 /ts/。"见""精"二母在北京、苏州、广州三地各有自己的发展规律，相当严整。这样，一方面是发展的不平衡性，表现为方言或亲属语言之间的差异，另一方面是语音在每一地区有它自己的发展规律，因而使空间的差异表现出有规律的对应。语言的空间差异代表语言发展的不同阶段，体现发展的时间序列。"见""精"二母在北京、苏州、广州三地的共存差异构成历史演变的三个阶段：第一阶段是广州，它仍旧维持二母原来的音韵地位；第二阶段是苏州，在同样的条件下（/i/ 前）"见"变成 /tɕ/，"精"不变；第三阶段是北京，"见""精"二母在 /i/ 前都变成了 /tɕ/。这是根据现有的材料而作出的推断，即使没有古代的韵书或其他参考资料，我们也可以肯定这是唯一正确的推断。如果我们反过来说，北京话代表演变的最初阶段，那么在音理上就无法说明 /i/ 前的 /tɕ/ 为什么有一部分字在苏州话中变成 /ts/，而另一部分字不变？同样的语音条件为什么会有不同的变化，在广州话中会分别表现为 /k/ 和 /ts/？所以，要是没有别的材料的补充，我们就可以根据今天汉语方言的差异去推断“见”“精”二母在 /i/ 前的合流过程和时间层次。

从语言的空间差异中发掘演变的时间顺序，一般说来，考察的地区广，能展示的时间层次就可能会比较粗。如果想把这种粗疏的时间层次细密化，就需要扩大比较的材料。例如，要想了解“精”怎样由 /ts/ 变成 /tɕ/（清、从、心、邪诸母的变化同此理），比较吴方言内部的差异就可以发现一些有启示性的线索；[①] 要想了解“见”母怎样由 /k/ 变成 /tɕ/，加上客家和湘方言的材料就可能会清楚一些。请比较：

例字	广州	梅县	韶山	苏州	北京
基	꜀kei	꜀ki	꜀ci	꜀tɕi	꜀tɕi
欺	꜀hei	꜀k‘i	꜀c‘ i	꜀tɕ‘i	꜀tɕ‘i
旗	꜁k‘ei	꜁k‘i	꜁ɟi	꜁dʑi	꜁tɕ‘i
希	꜀hei	꜀hi	꜀çi	꜀ɕi	꜀ɕi

[c][[ɟ][ç] 的发音部位是舌面中，它显示了由 /k/ 到 /tɕ/ 的过渡性变化，说明 /k/ 可能不是一下子演变为 /tɕ/ 的。[c] 组音的发音部位与元音 [i] 一致，只不过 [i] 没有与上腭接触而让气流自由通过。这样的发音部位与 [i] 相拼，自然会容易腭化为 [tɕ]。经过这样扩大的比较，/k/ 演变为 /tɕ/ 的时间层次和顺序就可以比前面的推断具体，大体为：

1. 广州；
2. 客家（梅县），说明腭化还与元音的高低有关；
3. 湘方言（韶山），发音部位前移，是转化的过渡阶段；
4. 苏州、北京。

所以，语言的空间差异反映时间的发展序列。语言史研究中

---

① 参看叶蜚声、徐通锵《语言学纲要》第 236 页，北京大学出版社 1981 年。

如何把空间的因素和时间的因素结合起来，从空间的差异中找时间，这是一条重要的方法论原则，我们还将在 §6 中再进行全面的讨论。

4.4.6 在确定语言变化的相对年代的时候，还可以参照某些音变类型的普遍特征。例如，an，am，en，em，on，om 等等的音位组合早于 ã，ẽ，õ 这些鼻化元音；前元音 i、e 前的腭化音比同一位置中的非腭化音晚；由于元音间辅音的消失而产生的长元音，非重读音节的弱化元音等等也都是晚起的现象。这些都可以作为确定年代顺序的参考。

4.5 原始形式的拟测

4.5.1 我们知道了所比较的成分的先后年代顺序之后就可以着手拟测原始形式了。由于我们所收集的材料不一定全面，往往只是就某些方言或亲属语言的材料进行比较，因而拟测出来的原始形式需要根据新发现的材料加以不断的修正。一般说来，所比较的材料越多，越丰富，拟测的形式也就会越可靠。在拟测的形式的左上方加一个"*"号，以表示这个形式是一个拟测的形式，不是实际语言中的语音形式。

比较拟测要遵守一定的顺序。如果一个语言有不同时期的书面材料，那首先需要把这种材料理清楚；如果既有书面材料，又有方言分歧，那就需要把方言分歧现象的比较同历史材料结合起来，弄清语言的历史发展线索。完成这一步工作之后就可以选取近亲语言的材料进行比较，而后再比较系属关系较远的语言。违背这样的顺序就会使比较拟测发生困难。汉语有丰富的书面文献材料，又有复杂的方言分歧，这是研究语言史的得天独厚的条件。我们如能把这两方面的材料结合起来研究，一方面可以为汉语的历史发展理出一条清楚的线索，另一方面也可以为汉藏系语言的历史比较研究奠定一个良好的基础。

4.5.2 在拟测原始形式的时候如果有这一时代的借词（该语言在外语中的借词或外语在该语言中的借词），就可以对勘借词的语音，找出这一时期语音的线索。汉语在历史发展过程中曾与其他语言发生过密切的接触，佛经的翻译和汉文化的传播，都在语言中留下了大量的借词——梵语在汉语中的借词或汉语在日、朝、越、藏等语言中的借词，这就为汉语史的研究提供了大量宝贵的资料，在拟测借用时期的原始形式时就可以从借音、专门词语的对音中得到有价值的启示。比方说，果摄的歌、戈韵古代读什么音？我们在现代方言的语音中不大容易弄得清楚，但是如果求助于古汉语和其他语言的对音材料，则能比较容易地弄清楚歌、戈韵的古代读音。1923 年汪荣宝发表了一篇文章，叫《歌戈鱼虞模古读考》，就是根据梵汉对音、日译吴音、汉音等材料认定"……唐宋以上，凡歌、戈韵之字皆读 a 音，不读 o 音。"[①] 汪荣宝的方法很简单，就是对勘汉语译写外语词或者外语译写的汉语词，看汉语用什么韵的字去对译外语的某一个音，或者外语用什么音对译汉语的某一韵的字。在这里，汪荣宝特别重视梵汉对音，认为"华梵对勘，尤考订古音之无上法门"[②]，因为"梵咒的音读因为有宗教的性质，故在中国古音学上的价值比一切非宗教的译音格外重要。"[③] 汪荣宝用

---

① 请参看《国学季刊》第 1 卷第 2 号第 241 页。

② 同上书，第 244 页。

③ 钢和泰《音译梵书与中国古音》，《国学季刊》第 1 卷第 1 号第 49—50 页。

这种对勘的方法拟测歌、戈韵的古音值。例如：

梵 语	汉 译	出 处
agada	阿伽陀	华严经
amita	阿弥陀	西域记
karpūra	羯布罗	同上
tāla	多罗	同上
panasa	婆那娑	隋书·真腊传
pāramita	波罗蜜多	同上
śita	尸多，尸陀	西域记
Tukhāra	吐火罗，睹货逻（地名译音）	
……	……	

可见，汉语多用歌、戈韵字（下有黑点的）去译对梵语的 a。另外，日译汉音的 a、ka、sa、ta、na、ha、ma、ya、ra、wa 十个音“用‘阿，加，左，多，那（亦作“奈”），波，末，也，罗（亦作“良”），和’十字，即属于歌韵者五字，戈韵音二字，属于麻韵者二字，属于入声末韵者一字。”[①] 这些对音材料相互印证，就可以知道歌、戈韵在译对时期的读音为 a。

用这种方法去拟测古音，方法简单，易于掌握，但有比较大的局限性，使用时需小心在意。第一，不同的语言是不同的系统，在译对时碰到本语言没有的音，只能用比较接近的音去代替，因而在对勘词语的对音、译音时需作具体分析，不然可能会出现疏漏。罗常培根据梵文字母的译音、梵汉对音、藏译梵音等材料证明知、彻、澄的音值不是高本汉所拟测的 ȶ、ȶ'、ȡ，而是卷舌塞音 ṭ、ṭh、ḍ，因为“在含有 ṭ 的五十一个梵名里，凡有四十五个对译知母”，“在含有 ṭh 的十一个梵名里，凡有七个对译彻母”，“在含有 ḍ 的

① 《国学季刊》第 1 卷第 2 号第 242 页。

三十六个梵名里,凡有三十一个对译澄母”等等。[①] 但是这样的拟测于音理有矛盾,因为知、彻、澄主要是三等字,有 i 介音,组合时有困难,因而读卷舌塞音的可能性不大。其次,不易解释语音的演变和方言中的歧异现象。陆志韦对此曾有很好的分析:“自从钱大昕之后,大家都知道古音端知并不类隔。那末上古的‘知’类字 t 直接变成像现在闽音的 ti,或是甘肃音的 ʈuei 之类,那是可能的。然而跟《切韵》系统最相接近的广州话的 tɕi、官话的 tʂʻʅ,有什么来历呢? 中古的破裂音怎么会带上摩擦音呢? 显而易见的,知先得腭化成 tɕ,然后 tɕ>tʂ。试想上古的 t 假若先变中古的 ʈ,然后 >tɕ,然后再回到卷舌的 tʂ,何等的累赘。官话的 tʂ 能不能直接从 ʈ 变来的呢? 那又绝对不可能。古官话把支脂之韵系的照开口字归入支思韵。他的音值已经近乎今音的 tʂ,惟独知开口永远不卷舌化。直到《西儒耳目资》《五方元音》,照跟知都分别得十分清楚。那时候的知又清清楚楚的是 ȶɕi,不是 tʂi 更不是 ʈi。知的卷舌化至多只能有三百年的历史[②]。”陆志韦还从对音的汉字中找出一些可疑的痕迹:“知彻澄三母之下尽多通用的字,译者何以必用‘吒咤’等怪字呢? 并且又造了些‘咃嗏’等口旁字,那就叫人不能不诧异了”“译音也有不用‘吒’等当 ṭ 的。僧伽婆罗译《文殊师利问经字母品》,就用‘轻多轻他……’可见第六世纪的初年(518)汉语不像有相当的卷舌音”“最不可了解的,译经何以有时用来母字 l 来代 ṭ、ḍ? ……说来母字的时候,舌头抵上齿或是齿龈之间,用来摹拟梵音卷舌之势。译者反而以为破裂的部分不很重要。当时汉语不能

---

① 罗常培《知彻澄娘音值考》,见《罗常培语言学论文选集》第 31—35 页。中华书局 1963 年。

② 陆志韦《古音说略》,见《陆志韦语言学著作集》第 14 页。中华书局 1985 年。

有卷舌的知彻澄”。[①] 陆志韦的分析比较透彻，有说服力，说明对对音的材料应该作具体的分析。王力、李荣等人大体上都支持陆志韦的意见，维持高本汉原来所拟测的音值。[②] 这些情况向我们暗示，梵语的卷舌塞音可能是用汉语与之相近的音去对译的。

第二，利用对音、译音的材料去拟测原始的音值还得注意材料的时代和材料的来源，在这方面如有不慎，同样会出现疏漏。汪荣宝利用对音、译音的材料考订歌、戈韵的音值是可靠的，它已成为历史的定论，但它用上述的材料去考订鱼虞模的音值，认为“魏晋以上，凡鱼虞模韵之字亦皆读 a 音，不读 u 音或 ü 音”，[③] 这就不大成功，因为他用魏晋时期的材料去考证先秦的古音，用间接的梵语材料（通过吐火罗、龟兹、焉耆等语言）作直接的梵汉对勘，自然不易作出正确的结论。[④]

由此看来，一个语言即使有大量的对音、译音材料可资利用，那也不能成为历史比较法拟测原始形式的主要方法。

4.5.3 拟测原始形式的主要方法还是比较方言或亲属语言之间的差异，从差异中找音变的线索和发展的年代层次，最后拟测出原始形式。比方说，印欧系语言义为“温暖的”的同源词在下列语言中的对应形式是：

塔吉克语	garm
阿尔明尼亚语	ǯerm

① 陆志韦《古音说略》，见《陆志韦语言学著作集》第 13—14 页。

② 王力《汉语语音史》第 174 页。中国社会科学出版社 1985 年。又，李荣《切韵音系》第 127 页。科学出版社 1956 年。

③ 汪荣宝《歌戈鱼虞模古读考》，《国学季刊》第 1 卷第 2 号第 241 页。

④ 参看徐通锵、叶蜚声《译音对勘与汉语音韵的研究》，《北京大学学报》1980 年第 3 期。

梵 语	gharmah
希腊语	thermos
拉丁语	formus
德 语	warm

把塔吉克语 garm 和阿尔明尼亚语 ǯerm 加以比较,可以推知塔吉克语的 a 是从 e 变来的,因为阿尔明尼亚语的 ǯerm 的开首辅音 ǯ 是舌根音 g 在元音 e 前腭化的结果,相反的解释是不合音理的。这就可以初步确定塔吉克语这个形容词的古代形式是 *germ。拿它和梵语 gharmah(词根为 gharm-)比较,可以发现词首的 g 是一个送气音,也就是说, gh 早于 g。如果再进一步比较希腊语,还可以证明:词尾是 s,不是 h。梵语的 gharmah 的两个 a,第一个来自 e,第二个来自 o(§4.4.4)。希腊语词首的 th 是古代的 g 在 e 前演变而来的,而且可以进一步证明这是一个送气音。

把塔吉克语的 garm 和德语的 warm、拉丁语的 formus 加以比较,又可以从中得到启发,词首的 g 在原始印欧语中是唇化的,w 和 f 是唇化舌根音遗留下来的唇化的痕迹。通过这样的一系列比较,塔吉克语 garm 所从出的原始形式应该是 *ghʷermos。

4.5.4 语素单音节语中声调调值的拟测比元辅音(声、韵母)的拟测要困难得多,不过随着语言历史比较研究的发展,也有一些语言学家在这方面进行了一些有益的探索。

汉语的中古音有平、上、去、入四个声调,这是大家公认的,但是每个声调的调型和调值是什么,人们却无法从方块汉字中窥知真实的状态。现在有不少学者开始利用一些对音材料去拟测中古四个声调的调值。关于上声,梅祖麟根据义净和尚的"脚佉伽哬者栋社缍喏吒……右脚等二十五字并下八字……皆需上声读之，不可看其字而为平去入也”（《南海寄归内法传》）的记载，从中悟察出上声的调值。他认为这三十三个字都对译梵文的短音节，说明上声的调值较短。至于高低，梅祖麟根据两项材料，一是日僧安然的《悉昙藏》(880) 关于“平声直低……上升直昂”的记载，认为“低”与“昂”反义，“昂”应指高调；二是传入日本的梵文圣经谱关于“上声最高也最短”的记载。他根据这两项材料，认为上声是高调。把上述的材料全部结合起来，就是中古汉语的上声调值为高而短。[1] 这种拟测有一定的参考价值，但它要受到材料所提供的线索的限制。同样是上声，施向东根据玄奘的经文翻译所总结出来的调型和调值则为“中升短调”，[2] 与梅祖麟的“高而短”的拟测除了“短”这一点以外都不同。这可能反映方言的分歧，也可能是材料本身的可靠性值得怀疑。

4.5.5 拟测出来的原始形式一要能合理地说明现实语言的歧异，二要符合语音演变的规律，但它毕竟要受到材料的限制，在拟测的时候会带有一定的主观性。因此，对于拟测出来的原始形式一定要设法进行反证和检验。如 §1.5.2 所述，语言的类型学研究和发生学研究是两门不同的学科，分类的标准不能混淆，但是，语言类型研究的成果却可以用来检验语言发生研究中的原始形式拟测的可靠性。雅科布逊在《类型学研究及其对历史比较语言学的贡献》一文中曾对此有过很好的分析。他根据语言之间存在同构关系的原则（§1.3.5）认为语言之间必定存在着普

---

① 梅祖麟《中古汉语的声调与上声的起源》，见台湾《中国语言学论集》，幼狮文化事业公司，1977 年。

② 施向东《玄奘译著中的梵汉对音和唐初中原方音》，见《语言研究》1983 年第 1 期第 40 页。

遍特征（universals），特别是其中音位的普遍特征。“语言科学方面的丰富经验已容许我们发现一些永恒现象，这些现象很难说只有近似的价值。”他列举了一些永恒现象的例子：音节不以元音开头或者音节不以辅音收尾的语言是有的，但是音节不以辅音开头或者音节不以元音收尾的语言是没有的；没有擦音的语言是有的，但是没有塞音的语言是没有的；有塞音和塞擦音的对立而没有擦音，这样的语言是没有的；前元音唇化而后元音不唇化的语言也是没有的，等等。语言的这些普遍特征的研究可以增强我们对语言的历史比较研究的预测能力或检验能力，说明“从某一个共时系统看来，某些发展将是可能的，另外一些则是希望较少的，还有一些实际上是应该排除的”（葛林伯格）。这就是说，可以用语言的类型特点来检验历史比较语言学所拟测的成果。例如，能在 t—d 这个对立的对儿（pair）中补上浊送气音 dh，这样的语言是没有的，但是有 t，d 和 th 的对立而没有比较少见的 dh，这是可以经常见到的。雅科布逊据此认为，在原始印欧语中采用三个音位 t、d、dh 的理论应该修正，因为它经不起语言类型学的检验。还存在着这样的普遍特征：区分清—浊、不送气—送气的语言都有音位 h，因此雅科布逊认为在原始印欧语的拟测中不承认任何 h 的理论是与类型学矛盾的。总之，“某一语言的拟测状态如果和类型学发现的通则发生冲突，那末，这种拟测是值得怀疑的。”[①] 由此可以看到，语言结构类型的研究对语言的历史比较研究是有重要的意义的，因为它的成果可以用来检验拟测的可靠性。

---

① R. Jakobson, What Can Typological Studies Contribute to Historical Comparative Linguistics? Oslo, 1958.

4.6 原始语

4.6.1 历史比较法的研究成果可以汇集于原始语（protolanguage）中。在历史比较语言学诞生以前，原始语只是一种神话传说或无稽之谈，而在运用历史比较法研究亲属语言之后，原始语问题才获得它的科学的价值，因为运用历史比较法可以相当成功地重建原始语。

试图重建原始语的第一个人是施莱哈尔，他通过印欧系语言的比较，拟测出原始印欧语的单词、词形变化以及音韵系统，并且认为这就是史前时期实际存在过的原始印欧语。他用这种拟测出来的原始语写了一个寓言《山羊和马》。拟测原始语，这是施莱哈尔对历史比较法的重大改进，这样就可以用最简捷的方法将最近研究的成果具体地展现在眼前，而且这种拟测的需要还可以迫使学者专心地注意语音发展的每一个细节。这样的方法对语言的历史比较研究有很大的吸引力，因而拟测原始语就成为当时的历史比较语言学的一个主要任务。但是，要重建实际存在过的原始语是不可能的。梅耶在《历史语言学中的比较方法》这一著作中曾不止一次地申明他的想法："构拟并不能得出人们说过的那种真正的拉丁语；任何构拟都不能得出曾经说过的'共同语'。用一些历史上已经证实了是同族的语言来'构拟'出印欧语，在施莱哈尔是一种天才的大胆；但是用这种'构拟'出来的语言来写成一篇文字，在他也是一个严重的错误。比较方法只能得出一种相近的系统，可以作为建立一个语系的历史的基础，而不能得出一种真正的语言和它所包含的一切表达方式。"[①] 梅耶的话是对的，不管是语言，还是生物、历史事件等，要恢复历史的原状是不可能的。谁都清楚，分散的历史文献不能提供过去时代的事件的原型，拼凑分散的残骸、碎块也不能复原原来实际存在过的动物，同样，根据现存的语言材料重建原始语也不可能同原先存在过的实际语言一个样子。尽管如此，重建原始语在语言研究的方法论上仍有重要的意义，因为要有效地说明语言的发展，没有原始语的重建是很难实现的。

4.6.2 原始语是亲属语言的汇聚点，虽然这是在材料所允许的范围内作出的假设，却能把各个亲属语言纳入历史演变的视景之中，可以有效地说明语言的演变过程。这大致可以用下图来表示：假定A、B、C为三个有亲属关系的语言，有历史的时期长短不一，在历史比较法和原始语产生以前，我们最多只能说明它们有史时期的历史，至于它们在史前时期的状况以及它们之间的相互关系，就很难说清楚。通过历史比较法重建原始语，就可以延长每一个语言的历史（用虚线表示），重建它们所从出的原始形式，使其汇聚于一点（原始语），这就为说明语言的发展提供了方便的、有说服力的条件。

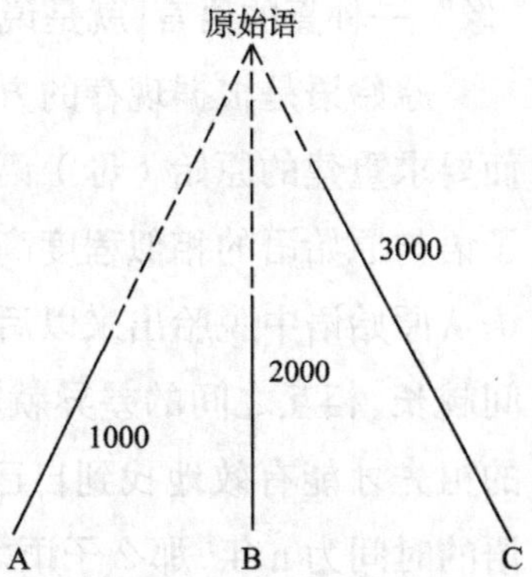

所以，原始语的重建是亲属语言的材料的汇聚点，或者说，它是解释音变的参照点，所拟测的形式都有一定程度的解释语言现

① 梅耶《历史语言学中的比较方法》第14页。科学出版社1957年。

象的能力；所根据的材料越丰富、越可靠，拟测的形式就会越接近于原来的状况，它的解释力就越强。没有重建的原始语作为参照点，语言史的研究只能是材料的堆积，无法使人理出一个清楚的头绪。汉语的音韵研究在运用历史比较法之前，要描写具体的历史音变是很困难的。

4.6.3 重建的原始语虽然不能恢复原来存在过的语言状态。但在拟测的时候却要求尽可能地逼真，使勾画出来的语言一定要"像"一种真的语言，就是说，一定要使拟测尽量地可靠、正确。

原始语是根据现存的方言或亲属语言的材料拟测出来的，因而要求重建的原始（母）语同每种子语要合理地相似，而且要求子语与原始语的相似程度高于各子语之间的相似程度，因为各子语从原始语中脱胎出来以后就各自沿着自己的发展规律发展，时间越长，相互之间的差异就越大，每一个子语需要先上溯到共同的祖先才能有效地找到自己的姊妹语言。假定子语脱胎于原始语的时间为 n 年，那么子语之间的相隔年代就是 2n 年。所以，子语之间的差异应该大于子语和母语之间的差异。

4.7 历史比较法的成效和局限

4.7.1 历史比较法是语言研究中最早产生的一种研究语言的科学方法，由于它的诞生才使语言的历史研究有了可能。

语言的发展是有规律的，但在历史比较法诞生以前要揭示这种规律是不可能的，或者说，是很困难的。清儒的古音学应该说达到了很高的成就，但它也只能整理出《诗经》的韵部与《切韵》的韵类之间的异同，无法勾画出汉语从上古到中古、从中古到现代的发展轮廓和规律。只有在历史比较法产生以后,通过语音对应规律确定同源成分,重建原始形式,才能为语言史的研究建立起一个有效的框架。语言学史已经证明这是一种行之有效的科学方法。

历史比较法还能使我们高度成功地拟测史前时期的语言形式。前面通过比较,探索塔吉克语 garm 的原始形式时,把 g 拟测为唇化的送气舌根浊塞音。这种唇化在已知的印欧语中并不清楚,只是根据和德语 warm、拉丁语 formus 的比较从音理上推断出来的。在原始印欧语中是不是唇化的,不好肯定。后来发现希底特(Hittite)语的文献,证明舌根和双唇塞音的发音是唇化的,因为希底特语中相当于希腊语 tis 的写作 ku-iš。这一发现证明了拟测的正确性。布龙菲尔德通过两种印第安语的 šk 和 hk 的比较,拟测阿尔贡金语的原始形式为 çk,后来他在 Swampy Cree 语中发现了这个音丛的清晰的反映形式,支持了他的拟测。由于历史比较法在使用中证明有成效,因而谨慎地加以使用,是可信的。

4.7.2 我们拟测的同源成分既有语音形式,也有意义。根据语音形式可以推断语言结构的图景,根据意义可以推断原始语使用者的一些非文化的状态,有助于社会史的研究。恩格斯在谈到这方面的问题时指出:"比较语言学证明,他们(日耳曼人)从亚洲带来了农业知识。凯撒指出,他们没有忘记这种农业知识。""日耳曼人从亚洲带来了使用金属的知识,这已为比较语言学所证明。"[①] 恩格斯自己也为 19 世纪的历史比较语言学的巨大成就所鼓舞,想钻研语文学,说比较语文学是他的"老爱好",还"曾经

---

① 恩格斯《论日耳曼人的古代历史》,见《马克思恩格斯全集》第 19 卷第 488 页。

有过研究斯拉夫语比较语法的大胆想法”，[①] 被马克思称为“比较语言学的研究者”，[②] 只是由于别的原因，才使他没有去研究他的“老爱好”。

语言的历史比较研究可能对说原始（母）语的人群的生活环境会提供一些富有启示性的线索。布龙菲尔德曾对使用原始印欧语的人群的情况作过一些推断：

> 英语 snow“雪，下雪”作为名词和动词，一般见于印欧诸语言，因而我们觉得原始印欧社团的居住区域不可能是在印度。植物名称，即使语音相符，意义却有分歧；例如拉丁语 ['fa:gus]，古英语 [bo:k]，指的是“山毛榉，掬”，但是希腊语 [phe:'gos] 却是指一种橡树、栎树之类的……[③]

这些现象说明，历史比较法的研究成果有助于社会学、民族学、生物学等学科的研究。

4.7.3 但是历史比较法也有严重的缺点和局限，其中有些是方法本身带来的，有些则是别的原因造成的。

就历史比较法本身来说，所重建的原始形式属于哪一个时代，无法确定，因而拟测出来的原始形式都被看成为同一年代层次上的语言现象。其实，重建出来的各个形式不一定属于同一个年代层次。例如古印度语的 e o a 合并为 a，ē ō ā 合并为 ā，从前一般历史比较语言学家都把它们归属于同一个年代层次，其实，其中长元音的合并要比短元音早得多。

语言发展的情况是复杂的，有分化，有统一，也有相互影响，但是历史比较法只适用于语言的分化，好像讲亲属语言的各个社

① 恩格斯致拉萨尔的信。见《马克思恩格斯全集》第 29 卷第 564 页。
② 马克思致恩格斯的信。见《马克思恩格斯全集》第 32 卷第 247 页。
③ 布龙菲尔德《语言论》第 402 页。商务印书馆 1980 年。

团是讲原始母语的那个社团的突然分裂的结果，而且在分裂之后就各自发展，相互间没有影响。但实际情况不会是这样的，因为语言现象还会通过扩散而渗入其他语言，社会往往也不是一次突然性的分裂造成的。如果从原始语的状态来说，也会有方言的分歧，但历史比较法无法照顾到这一点。这些可以说是历史比较法本身的先天性缺点，仅仅改进方法本身的一些细节和技术是难以克服的。所以布龙菲尔德说历史比较法“只能带领我们走很有限的一段路程”。①

如上所述，谨慎地使用比较方法，拟测的结果是可信的，但是仍然无法确定它的确切读音。例如上述的原始印欧语的唇化舌根音，究竟是舌根继以圆唇，还是舌根与唇的闭合同时出现，无法确定。

此外还有一些缺点和局限是由于其他客观条件造成的，与方法本身无关。例如，在语言的发展过程中有些要素如果消亡了，在方言或亲属语言中没有留下任何痕迹，那么就没有可能拟测出这些消亡因素的原始形式。在这一点上，我们所要重建的原始语的时代越古，历史比较法所受材料的限制就越大。总之，运用历史比较法所能取得的成果是与材料的丰富性、可靠性成正比例的。

历史比较法的实质是在材料允许的范围内对亲属语言的发展作出科学的假设和推断。

---

① 布龙菲尔德《语言论》第393页。商务印书馆1980年。

5. 历史比较法（中）：规律与例外

5.1 语音的对应规律和演变规律

5.1.1 说话的时候音是一个接着一个连续发出的，因而某一个音可能会受它前、后的音的影响或处于一个非重读的位置上而有同化、异化、换位、弱化以及其他诸如此类的变化。这是一种共时性的变化。但是，如果这种变化一旦在历史上固定下来而成为人们必须学习的模式，那就转化为历时的音变。中古的“见”母 /k/ 在 /i/、/y/ 前在北京话中变成 /tɕ/，这就是共时的同化作用日益固定下来而成为一种历史音变的例子。

5.1.2 语音的变化不是杂乱无章的，而必须遵循一定的规律，因为变化不是一个音的孤立的变化，而是一种发音习惯的改变。一种发音习惯支配着一个系列音位的语音表现，它的改变自然会影响这一个系列的音位的变化。例如浊辅音音位 /b/ 清化为 /p/，说明辅音发音时的声带颤动这一发音习惯发生了变化，其影响所及，一定会涉及到所有的浊辅音都清化为相应的清辅音。[ki] 变成 [tɕi]，这是发音习惯在语音组合方式上的一种变动，使 /k/ 的发音部位尽可能与前高元音音位 /i/ 的发音和谐。这种发音习惯的变化一定会同时涉及到与 /k/ 的发音部位相同而又处于 /i/ 的前面的其他辅音音位 /k‘/、/g/、/x/ 等的变化。由于一个系列的音位的变化隐含着一个共同的发音习惯的改变，因而我们只要抓住这种发音习惯的变化，就可以在纷乱的表现中整理出语音演变的规律。

5.1.3 语音演变的规律或音变规律指语音从前一状态到后一状态的有规律、有次序的变化。同样的语言现象在不同地区的演变方向、演变规律可能是不同的，因而在方言或亲属语言的差异中会呈现出有规律的语音对应关系（§4.4.5）。对应规律是由发展规律造成的。我们可以通过语音对应关系去探索语音的发展规律，但是不能把它看成为发展规律。语音的发展规律和对应规律通称为语音规律，用来“解释一种语言在由一个阶段发展到另一个阶段时语音系统的一系列规律性变化，或解释不同语言间的一系列语音对应关系”。[①]

通过语音的对应规律去探索语音的发展规律、确定语言的亲属关系，这是历史比较语言学研究语言史的基本途径，也是能否取得成功的一个关键。人们为探索这条研究的途径曾付出艰巨的劳动，经过几代人的孜孜不倦的努力，才理出清楚的头绪，使音变规律的观念深入人心；随着音变规律观念的建立，历史比较法也就逐步得到了完善。所以，历史比较法和音变规律的研究是同步发展的，不通过语音对应关系弄清音变的规律，也就弄不清历史比较法。

5.2 格里姆定律和历史比较法的雏形

5.2.1 音变规律观念的建立与日耳曼语辅音转移的研究有密

---

① R. R. K. 哈特曼等《语言与语言学词典》第 261 页。上海辞书出版社 1981 年。

切的关系。日耳曼语族所以能成为一个独立的语族而与印欧语系的其他语言分开来，主要就是由于这种辅音转移的结果。丹麦语言学家拉斯克在研究北欧诸日耳曼系语言的时候发现它们与希腊语、拉丁语之间的语音有整齐的对应关系，并由此归纳出一些彼此间字母转移的规则（§2.2.3）。拉斯克的研究已经接触到历史比较法的核心，缺点主要是没有看到"全面发展的规律性"，"没有想法找出他在主要规则中所遇见的例外的原因"，因而在某些比较中没有剔除那些"偶然的相似或借贷的结果"。后来德国语言学家格里姆（Jacob Grimm）的《德语语法》（1822）一书在此基础上缩小比较的规模（主要限于日耳曼语族诸语言），具体地讨论日耳曼语辅音转移的规律，"他举了一长串的例证；这些例证除拉斯克书里已有的以外，还增添了许多，而且大都是正确的"。[①] 这在学术界产生了巨大的影响，世称格里姆定律（Grimm's law）。这样，音变的规律性概念在人们的思想中就有了深刻的印象，在实际的研究工作中产生了广泛的影响。从此，历史比较法走上了科学的道路。

5.2.2　日耳曼语辅音转移的规律主要涉及三套塞辅音的变化。格里姆首先对塞辅音系统作了总的叙述。他把清塞音（p，t，k）称为 tenues，简写为 T；把浊塞音（b，d，g）称为 mediae，简写为 M；把送气音（这组音的音值难以确定，一般根据梵语的反映形式认为是 bh，dh，gh，有人根据拉丁语的反映形式认为是 f，θ，h，还有一些学者根据希腊语的反映形式认为是 ph，th，kh，我们在下面的分析中采用 bh，dh，gh）称为 aspiratae，简写为 A。从原始印欧语到前日耳曼语，塞辅音的发展规律大体是：

---

① 裴特生《十九世纪欧洲语言学史》第 250，257 页。科学出版社 1958 年。

原始印欧语		前日耳曼语
T	>	A
A	>	M
M	>	T

这种发展规律可用如下的循环图表示：

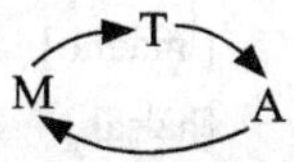

下面的例子就是这一规律的反映形式（为了便于理解，日耳曼语的材料尽可能用英语的例子进行比较）：

	拉丁	希腊	梵语	英语	汉义
1. T > A					
p > f	pēs			foot	脚
	pater			father	父亲
	piscis			fish	鱼
t > θ	trēs			three	三
	tenuis			thin	薄
	tacēre			[ˈθahan]（哥特）	安静
k > h	centum			hundred	百
	caput			head	头
	cornū			horn	角
2. M > T					
b > p		[ˈkennabis]		hemp	麻
d > t	duo			two	二
	dens			tooth	牙齿
	edere			eat	吃
g > k	grānum			corn	谷粒
	genus			kin	亲属
	ager			acre	英亩

3. A > M	拉丁	希腊	梵语	英语	汉义
bh > b	ferō	[ˈpheroː]	[ˈbharaːmi]（我携带）	bear	携带，忍受
	frāter	[ˈphraːteːr]	[bhraːtaː]	brother	兄弟
dh>d	fēcī（我做了）	[ˈtheːsoː]（我将放置）	[ˈa-dhaːt]（他放置了）	do	做
		[ˈmethu]	[ˈmadhu]	mead	蜂蜜酒
h>g			[hãˈsah]	goose	鹅
	vehit		[ˈvahati]（他用车载运）	wegan（古英语）	运输，负载
	hostis			giest（古英语） guest（现英语）	客人

5.2.3　经过这样的一次辅音大转移，原始日耳曼语就从原始印欧语中分离出来而成为一个独立的语族。

日耳曼语族分东、西、北三个语支。德语和英语属西部语支，哥特语（已消亡）属东部语支，北欧的一些语言如瑞典语、丹麦语、挪威语、冰岛语属北部语支。我们现在能看到的日耳曼语最早的书面材料是 4 世纪的哥特语文献。英语随着盎格鲁—撒克逊人于 5 世纪中叶（A.D.449）之侵入英伦三岛而与西日耳曼语分家。现代德语大体上是高地德语（§10.2.3）的继承和发展。格里姆在考察日耳曼语辅音转移规律的时候，认为古高德语比哥特语发展了一步，而哥特语本身又比拉丁语、希腊语、梵语往前发展了一步；哥特语对拉丁语的关系犹如古高德语对哥特语的关系。[1] 格里姆通过这样的考察发现了原始日耳曼语脱离印欧系其他语言的发展

① J. Grimm, Germanic Grammar. Reprinted in Lehmann, W. P., 1967, pp. 46—60.

规律。这就是说,格里姆已经开始从语言的空间差异中推断语言的时间发展,为语言的历史比较研究奠定了初步的但却是坚实的基础。至于T、A、M三类音哪一类音首先起变化?格里姆论述不多,而后来的语言学家一般都认为是T先变成A,而后引起其他两类音的变化:"在前日耳曼语时期,只有在原始印欧语[p,t,k]早已转化为原始日耳曼语[f,θ,h]这一类型以后,原始印欧语[b,d,g]才能转变为原始日耳曼语[p,t,k],这个次序是很清楚的——因为日耳曼语的实际形式显示了这两组音位并没有合流"。[①]

5.2.4 格里姆是一个治学严谨的学者,他在语言的比较研究中发现了上述的几条规律,但是还有好多现象与这些规律矛盾,因此他说日耳曼语辅音转移规律有例外,也就是说,任何规律免不了有例外。这被人们看成为格里姆关于音变规律有例外的宣言。[②] 格里姆把例外的现象分成三组,大体的情况如下:

一、T没有变成A,即[p,t,k]没有变成[f,θ,h],而仍旧念[p,t,k]。例如:

希腊语	拉丁语	哥特语	英语	汉义
	captus	hafts	captured	捕获
	spuō	speiwan	spew	呕吐
['esti]	est	ist	is	是
[skótos]		skadus	shadow	影子
	nox, noctis	nahts	night	夜
[ok'toː]	octō	ahtaw		

二、日耳曼语系各语言的M(b,d,g)理应与反映原始印欧语特点的梵语bh,dh,gh,希腊语的ph,th,kh对应,但实际的情

① 布龙菲尔德《语言论》第457页。商务印书馆1980年。

② 参看裴特生《十九世纪欧洲语言学史》第292页。科学出版社1958年。

况却不是这样。日耳曼语的 M 在这两个语言中都是不送气的 b, d,g 和 p,t,k。例如：

梵语	希腊语	哥特语	英语
['boːdhaːmi]（我观察）	['pewthomaj]（我经历）	[ana-'biwdan]（指挥）	['beːodan]（古英）bid（现英），（吩咐）

三、原始印欧语的 T（p,t,k）在日耳曼语中没有像格里姆定律所揭示的那样变成 A（f,θ,h），而是变成 M（b,d,g 或 v,ð,ɣ,根据方言的反映，前者是从后者发展来的）。这样，日耳曼语的塞辅音与印欧语系的其他语言的对应就不符合格里姆定律。例如：

梵语	拉丁语	哥特语	古高德语	古英语	汉义
	sec-o		saga		看到了
anka-m	uncu-s	-aggan-m		angan-m	钩
tṛtīya-	tertiu-s	Þridjan-	dritjo dritto	Þridda	第三
anti-	ante	anda	ant-	and-	反对
saptan		sibun	sibun siban	seofon	七
napât-m	nepôt-		nevo	nefa	外甥

对这些例外的现象，格里姆无法解释，“……这一点实在难怪他。以当时的知识范围而论，怎样钻研也是不能解决这个谜的”。[①] 但是，这些例外的形式如果得不到合理的解释，历史比较法在语言史研究中的价值就会引起人们的疑虑。因此，历史比较法的发展就不能不与这三组例外形式的有说服力的解释紧密地联系在一起。

① 裴特生《十九世纪欧洲语言学史》第 258 页。科学出版社 1958 年。

5.3 格里姆定律三组例外的解释和历史比较法的改进

5.3.1 科学研究犹如攀登高峰的接力爬坡。格里姆定律为语言的历史比较研究奠定了良好的基础,因而后人可以在它的基础上继续往上攀登。格里姆列出的三组例外是语言历史比较研究必须攻克的三个难关,不然,人们会说格里姆定律经不起例外现象的考验,是不是“规律”,值得怀疑。因此,格里姆之后的一些语言学家都集中精力研究这些例外,最后都作出了令人信服的解释,使历史比较语言学进入一个新的时期。

5.3.2 第一组例外比较简单,和格里姆同时代的罗德纳(C. Lottner)就提出了合理的解释,认为在 T(p,t,k)前如有一个清辅音, T 就保持不变,仍为清塞音。① 这就提醒人们,在观察音变的时候要注意相邻的音的影响。

5.3.3 第二组例外比较复杂,是在格里姆的《德语语法》出版以后 40 年,即 1862 年格拉斯曼(Hermann Grassmann)才提出合理的解释,认为:如果印欧语中两个相邻的音节都包含有送气音,那么在梵语和希腊语的第一个送气音被异化为不送气音。② 这一解释被称为格拉斯曼定律(Grassmann's law),要人们注意相邻音节的有关成分之间的关系,说明语音的变化可能会受到非相邻音素的影响,这就开阔了人们观察音变条件的视野。

---

① C. Lottner, Exceptions to the First Sound Shift, reprinted in Lehmann, 1967.

② H. Grassmann, Concerning the Aspirates and Their Simultaneous Presense in the Initial and Final of Roots. 同上。

格拉斯曼定律所揭示的音变条件使人们有可能去探索从原始印欧语到梵语、希腊语的发展的历史顺序，可以重建如下的形式：

原始印欧语	>	前希腊语	>	希腊语
*['bhewdhomaj]		*['phewthomaj]		['pewthomaj]
*['dhidhe:mi]		*['thithe:mi]		['tithe:mi]
*['dhrighm̩]		*['thrikha]		['trikha]

从原始印欧语到梵语也有类似的情况：

原始印欧语	>	梵语
*[bhewdho-]		[bo:dha-]
*[dhedhe:-]		[dadha:-]

送气成分的消失，在梵语里出现 b，d，g，而在希腊语里是 p，t，k，为什么？这里隐含着这样的事实：在希腊语里，原始印欧语的 bh，dh，gh 先清音化为 ph，th，kh，而后在两个送气音节相连时第一个音节的送气音被异化为不送气音，因而产生 p，t，k；而在梵语里，原始印欧语的 bh，dh，gh 并没有发生清化的变化，因而第一个音节被异化时仍是浊音 b，d，g。可见前希腊语丢失送气成分和梵语丢失送气成分是各自独立地发生的。

格拉斯曼定律所揭示的音变条件为改进、完善历史比较法作出了重要的贡献。

5.3.4 第三组例外最复杂，人们在很长时间内都无法说明这些例外的原因，直到 1876 年丹麦语言学家维尔纳（Karl Verner）才提出令人信服的解释。他在《第一次语音转移的一组例外》一文中列举了大量的例子，进行了具体的分析，发现这一组例外与词的重音位置有关，因而也是有规律的。① 大体的情况是：非重

① K. Verner, An Exception to the First Sound Shift, Reprinted in Lehmann, 1967.

读元音与重读元音之间的辅音位置叫 midial（中间的）位置，处于这一位置中的辅音容易弱化（清辅音弱化为浊辅音），因而当辅音 T（p,t,k）处于一个非重读元音和一个重读元音之间时，即当它的前面是一个非重读元音而后面是一个重读元音时，从 p,t,k 变来的 f,θ,h 就弱化为 β,ð,ɣ，后来又变为 b,d,g。请比较"父亲"一词在下列语言中的表现形式：

原始印欧语	原始日耳曼语	后期原始日耳曼语	古北欧语	哥特语	古英语
[pəˈteːr]	[fəˈθeːr]	[fəˈðəːr]	[ˈfaðər]	[ˈfadar]	[ˈfɛder]

这就是说，在音变的初始阶段，所有的 T（p,t,k），除第一组例外的 T 以外，都毫无例外地一律变成原始日耳曼语的 A（f,θ,h），只是处于 midial 位置的辅音后来又进一步由清擦音弱化为浊擦音（后期原始日耳曼语、古北欧语），而后又进一步由浊擦音变为浊塞音（哥特语、古英语）。所以，格里姆定律的第三组例外是处于 midial 位置的辅音的二度音变的结果。

比较上列例子中的重音位置，从原始印欧语到日耳曼语，重音都在后面一个音节的元音上，而到古北欧语、哥特语和古英语，重音移到第一个音节，这就使研究日耳曼诸语言的语言学家不容易发现重音的位置对音变的影响。重音前移也是从原始印欧语发展到日耳曼诸语言时的一项重大的变化，我们今天甚至还可以依据重音的位置来鉴别哪些是英语的固有词，哪些是外来词。请比较：

ˈglad（本族词），ˈgladly，ˈgladden，ˈgladness，ˈgladsome

ˈtransit（拉丁语借词），ˌtranˈsition，ˈtransitive，ˌtransiˈtivity

格里姆定律揭示了从原始印欧语到原始日耳曼语的发展的一种重要变化，而维尔纳则继格里姆之后又揭示出格里姆所没有发现的另一种变化，发现格里姆定律的第三组例外的原因，因而使印欧系语言的发展线索更明确、更清楚。

维尔纳的发现在语言学史上称为维尔纳定律（Verner's law），它解决了格里姆定律中的最后一组例外。维尔纳通过比较找出音变的条件，要人们在研究语言发展的时候不仅要注意元音、辅音的同化、异化等对音变的影响，而且要注意重音等超音段成分对音变的影响。维尔纳的发现使音变条件的分析更明确，更全面，因而推进了历史比较研究的发展。

5.3.5　格里姆定律及其三组例外的解释，概括起来就是对音变条件的解释。从原始印欧语到原始日耳曼语，阻塞音的发展大体如下图：

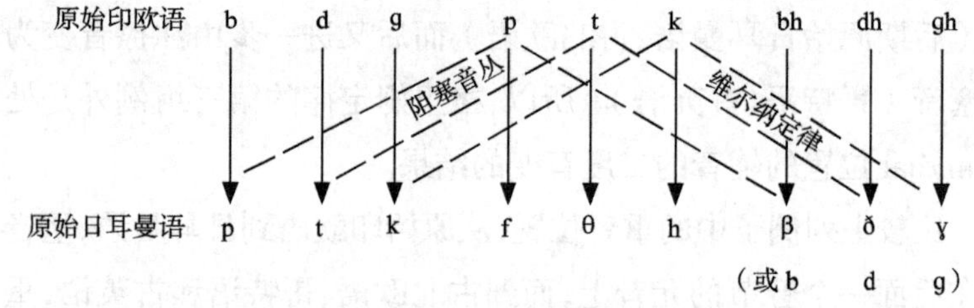

音变有地域的限制（在日耳曼地区发生的音变而在其他地区不一定发生类似的音变）和时间的限制（前希腊语的浊音清化在前，因异化作用而使第一个音节的送气音丢失送气成分在后，等等），这类问题，前人也说过；而对音变条件的解释，则是拉斯克、格里姆、格拉斯曼、维尔纳等语言学家的功劳。他们进行了半个多世纪的艰苦研究才对音变的条件提出明确的解释。这样，语言学家在寻找语音对应规律时就可以自觉地注意音变的条件，而不致被一些表面现象所迷惑。如果说格里姆定律为历史比较语言学奠定了科学的基础，那么维尔纳定律就标志着历史比较语言学已进入成熟的阶段。维尔纳在例外的音变中找出了毫厘不爽的条件和规律，不仅使那些主张语音规律说的人欢欣鼓舞，而且也使那些反对语音规律说的人瞠目结舌。所以，对音变条件的圆满解释开创了历史比较语言学的一个新时期。

5.4 “音变规律无例外”和青年语法学派的音变理论

5.4.1 音变规律条件的圆满解释大大地鼓舞了一批年轻的语言学家，使他们坚信语音的发展是有规律的。薛勒（Wilhelm Scherer）在《德语史》中说：“我们在语言的历史文献里所见到的语音演变是依照固定的规律进行的，这些规律不容许任何纷扰，除非其他规律同时发生作用”。维尔纳在一封信里建议把老的提法“没有一个规律是没有例外的”改为“没有一个例外是没有规律的”，“那就是说，曾支配一个语言的规律倘有任何例外的话，这例外一定另有原因”。[①] 雷斯金（August Leskien）以更简捷的话语于1876年提出“语音规律无例外”的著名论断。[②] 这个口号可以代表当时历史语言学的时代精神。主张和维护这一口号的主要语言学家当时年纪都很轻，只有三十岁上下，所以

① 据裴特生的《十九世纪欧洲语言学史》第291页。科学出版社1958年。

② 雷斯金的原话英译为“Sound laws admit of no exception”（直译应为“语音规律不允许有例外”），据 Raimo Anttila, An Introduction to Historical and Comparative Linguistics, p. 291, New York, 1972. 又，sound change takes place according to laws that admit no exceptton. 据 W. P. Lehmann, Historical Linguistics, An Introduction, Second Edition. p. 87, 1973.

被那些轻视年轻人，对语音规律说持怀疑态度的老年人讥称为青年语法学派或新语法学派（Neogrammarian）。而这些青年人则欣然接受这种讥称，以后就自称为青年语法学派或新语法学派。

在19世纪的历史比较语言学的发展中，1870年是一个分界线，主要的标志是对比较在语言研究中的作用和音变规律的认识。德·索绪尔在谈到这一点的时候指出："只有到了1870年左右，人们才开始提出疑问：语言生命的条件究竟是什么。他们于是看出，语言间的对应只是语言现象的一个方面，比较只是一种手段，一种重建事实的方法。"① 在1870年以前，当时的大语言学家施莱哈尔认为语言的生命可以分为史前时期和有史时期，前者是语言的发展时期，表现为语音和形态方面的规律；后者是语言的退化时期，表现为语音和形态方面的衰落，产生许多杂乱无章的新因素。古尔替乌斯（Georg Curtius）也有类似的看法，认为"语言的声音总有一天会消失的，就是说，丧失了发音的力量和全部的音响"，语音有可能发生偶然的、不受任何规律支配的变化。② 在1870年以前，这些都是有代表性的观点。这些说法归结到一点，就是：语言的发展并不都是有规律的，随着语言的退化必然会产生很多不合规律的现象。随着音变规律的各种例外逐步得到圆满的解释，青年语法学派就猛烈地抨击施莱哈尔关于语言生命的分期的说法，认为语言的发展是有规律的，要求用不允许有例外的语音演变规律来解释语言的发展。青年语法学派的一些代表人物如雷斯金、奥斯托夫（Hermann Osthoff）、勃鲁格曼（Karl

① 德·索绪尔《普通语言学教程》第23页，商务印书馆1980年。

② 请参看裴特生《十九世纪欧洲语言学史》第7章，科学出版社1958年。

Brugmann）等人都坚持音变规律的绝对性，并把自己的研究基点置于音变规律的基础上，认为“只有严密地注意语音规律——我们这门科学的主要基础——在进行自己的研究时才有稳固的立脚点”。[①] 这个论断无疑是正确的，它把语言的历史比较研究推向一个新的历史时期。

5.4.2 关于音变规律的实现方式，青年语法学派也提出了自己明确的解释。他们认为，语音的变化是渐进的，连续的，而变化在词汇中的反映却是突然的，离散的。关天语音的渐变性，自青年语法学派以来很多语言学家都持这样的看法，其中讲得最具体的恐怕首推斯卫特（Henry Sweet）。他说，从 [i] 变成 [ai]（即英语高元音 [i] 的复元音化）要经过很多中间的过渡阶段：[iː]，[ɪi]，[ei]，[εi][ɛ̃i]，[ai]，这里没有同时发生的变化，而只有连续发生的变化；同样，一个 [m] 变为 [ɸ]，也不可能同时既是擦的又是清的，而必须经过 [m]，[β̃]，[β]，[ɸ] 这样一些连续的阶段。[②] 但是，这种变化的每一种形式在词汇中的反映却是同时的、突然的，只要条件相同，某一形式（如上述的 [m] 或 [β̃]……）就会机械地、盲目地、同时突然地发生变化，即包含这一音位的全部语素的读音都发生变化，表现出音变规律无例外的特点。奥斯托夫和勃鲁格曼的下述论断实际上是对这一音变理论的概括说明：“……每个语音变化，由于它是机械地出现的，所以它都按规律发生，不允许有任何例外。这就是说，语音转移的方向，对于一个语言社会的所有成员总是相同的，除非出现了方言的分化；所有在相同关系中发生了语

---

① H. Osthoff and K. Brugmann, Preface to Morphological Investigations in the Sphere of the Indo-European Languages. Reprinted in Lehmann, 1967, p. 205.

② H. Sweet, History of English Sounds, 1888, Oxford.

音变化的词，都没有例外地受这种变化的影响。”奥斯托夫和勃鲁格曼认为这是青年语法学派两条最重要的原则之中的第一条重要原则。[①] 如果用汉语的中古“见”母 /k/ 在 /i/、/y/ 前变成 /tɕ/ 的事实为这段话作注解，那就是：凡是符合这一语音组合条件的所有的语素的语音形式都毫无例外地同时发生变化。所以，语音的渐变性和这种变化在词汇中的反映的突变性就成为青年语法学派所总结的音变方式的一个重要特点，我们下面称它为连续式音变。

关于语音的渐变性，丹麦的著名语言学家叶斯丕森（Otto Jespersen）曾对此作了一个有趣的比喻：像锯木头一样，如你想把每块木头都锯得一样长，每次都用锯下来的木头比着去锯下一块木头，只要稍不小心，开头的和最后的两块木头的长短就可能差得很远。叶斯丕森认为音变的情况与此类似，每次差一点，但积累几十年、几百年，差别就会非常显著。

确实，语音的渐变性是语音演变的一种重要方式，青年语法学派强调这一点，也是对历史语言学的一个贡献。

5.4.3 由于音变规律的条件性和音变的方式都得到了明确而有效的解释，因而青年语法学派的语言学家从中得到了很大的鼓舞，认为历史语言学不能只是简单地记录和描写变化，而且还要发现这种变化的原因，并对它进行可以验证的而不是哲学的解释。青年语法学派大体上从生理和心理两方面来解释演变的原因。语音规律起作用的条件实际上有利于生理的解释，前面的分析都是从生理的角度提出问题来的。这有其科学的根据，现在的实验语音学也已经为语音变化的生理原因作出了有说服力的证

---

① H. Osthoff and K. Brugmann, Preface to Morphological Investigation in the Sphere of the Indo-European Language. Reprinted in Lehmann, 1967, p. 204.

明。比方说，为什么辅音的清浊跟声调的高低有密切的关系？这与喉咙的部位和气流的速度有关。一般的情形，清辅音与高调相联系，浊辅音与低调相联系。从生理学的观点来看，这是可以理解的，因为为了发浊音，喉头上下必须有个压力的差，否则气流就不会通过声带，因而也没有浊音。所以为了发浊音，必须在上喉腔有一种反压力，这就要降低喉头，维持反压力，上喉腔的体积增大，使声带处于适当的位置。所以，如果喉头是低的，你听到的是低调。这个情形在看别人唱歌的时候就可以看得很清楚：如果唱高调，喉头是高的，如果唱低调，喉头是低的。发浊辅音时，喉头必须降下才能发出浊音；正因为喉头降下，声调就比较低。在语音实验室中可以发现这样的情况。

腭化也可以清楚地说明生理条件在音变中的作用。/t/ 变成 /tʃ/ 或 /tɕ/，或者 /k/ 变成 /tʃ/ 或 /tɕ/，很多语言都有这种类型的音变。英语的“what”后面跟着一个“you”，两个词连在一起就不是“what you” [hwɔt juː]，而是 [hwɔtʃuː]。汉语的 /k/ 在 /i/、/y/ 前变成 /tɕ/ 也是这种类型的音变。为什么一个单纯的塞音会变成塞擦音？这个“擦”是从哪里来的？这可以从简单的生理观点来考察：硬腭是相当低的，后面的软腭也是相当低的，但是当中，即软腭之前、齿龈之后，有一片相当大的弓起的地方，所以舌头向上形成阻塞的时候，一般在前后容易“塞”，当中就不容易“塞”。这有两个原因，一个是硬腭当中那块弓起的地方太高，因而需要“塞”的面积太大；另一个是像 [i][y] 这些音在发音的时候，舌头当中是凹下去的，像一个槽。这个槽要跟硬腭的那块很大的体积接触，就使塞音变成了塞擦音。

所以，现代的实验语音学为青年语法学派的音变的生理解释提供了实验的根据。王士元在谈到这一点时说："我们觉得 19 世纪很多人的说法倒反而是对的，比方勃鲁格曼、舒哈尔德，不止是青年语法学派，他们都说语言在变的时候，在很多情形下是有它的生理基础的……我们现在又回到传统的看法，即语言的很多变化是有它生理的、发音的原因的。从这方面来看，无论是中国人、印度人、南美人、意大利人……生理上的发音器官都是大同小异的，所以语言的演变依照着同样的原则起变化。"①

5.4.4 青年语法学派从生理的角度解释音变的条件，为一系列音变的例外作出了科学的解释。但是有一些例外的音变无法用生理上的音变条件来解释。请比较下列两个语言第一人称单数现在时的动词的语音形式：

希腊语	phérō（我携带）	ei-mi（我走）	dídō-mi（我给）
梵 语	bhárā-mi	é-mi	dádā-mi

除希腊语的"我携带"的动词词尾为 -o 外，其他各个动词第一人称的词尾都是 -mi。为什么有这种不一致的形式？青年语法学派用概念的联想产生类推（analogy）来解释，也就是用心理的原因来解释新的语言形式的产生。奥斯托夫和勃鲁格曼在前面提到过的那篇文章中说，形式的联想，即通过类推产生语言新形式在语言往后的发展中起了非常重要的作用。他们把这一原则与"语音规律无例外"的原则并列，称为青年语法学派两条最重要的原则中的第二条重要原则。凡是不能用"语音规律无例外"的原则来说明的语言事实就用这第二条最重要的原则"类推"来解释。因此，像希腊语和梵语的第一人称单数现在时的动词形式的不一致就可

① 参看《美国语言学家谈历史语言学》（徐通锵整理），《语言学论丛》第 13 辑第 256—257 页。

以用“类推”来解释，认为原始印欧语的动词第一人称单数现在时的词尾有 -o 和 -mi 两个形式，后来 -mi 在发展中通过类推扩大了自己的使用范围，逐步代替了 -o；梵语已经完成了代替的过程，因而这类动词的词尾都是 -mi，而在希腊语里还有 -o 的残留形式。

5.4.5 类推是语言中的一种重要现象，它可以用这样的公式来表述：

A：B = c：x

sow：sows = cow：x

x = cows（sow 母猪，cow 母牛）

类推一般分类推拉平和类推创新两种类型。所谓类推拉平就是用一种规则化的结构模式去削平不规则的旧山头，以期建立整齐、划一的规则。例如英语形容词有级的变化，原级取形容词的原形，比较级在原形的词干上加 -er，最高级则在原形的词干上加 -est。这是英语形容词三个级的结构的一般模式。但是，有一些形容词的级有不规则的变化，例如表示“老”的意思的三个级是 old，elder，eldest，与一般的结构模式不符。在英语的发展中早就在进行类推与反类推的较量，想用一般的结构格式去铲平不规则的变化。在 20 世纪的 20 年代，萨丕尔的《语言论》就已经以 older、oldest 为例具体地描写了这种类推拉平的变化。一般语言都有这种类型的类推。汉语的“薛”原为薛韵字，按音变的规律，应与“别、列、泄、杰”等语素同韵，北京话应念 [ˊɕiɛ]，但实际上念撮口韵 [ˊɕyɛ]。这种例外的音变可能是由于“雪”的类推的影响，因为“雪”是常用字，在交际中的使用频率高，而“薛”字很少用，只用于姓氏，容易被类化、拉平。《红楼梦》中有“丰年好大雪，珍珠如土金如铁”之句，用“雪”来影射“薛”。

类推创新的情况与类推拉平不同，它是根据某一种结构模式去创造语言中不曾有过的新形式。这在一些主要采用派生构词法构词的语言中更为明显。实际上，新词的创造就是靠这种类推创新的方法来实现的。英语用加后缀 /-əbl/（-able，eble）的办法创造形容词就是这种类推创新的一个很好的例子。中古英语从法语中借来 measurable，reasonable，acceptable，agreeable，comfortable 等，由于无后缀 -able 的词干也是借来的，既可以作为名词（measure，reason），也可以作为动词（accept，agree），或者兼作名词或动词（comfort，profit），因而 -able 就被抽象出来作为一个语素，表示"能……"之类的意思。现在在词干之后加 -able 创造新词是英语中特别能产的构词手段，特别是用动词构成形容词，如 eatable，drinkable……

5.4.6 类推固然可以解释一些特殊的音变现象，但青年语法学派在这里似已偷偷地把音变的研究转向另外一个特殊的领域。类推，这主要是一种语法现象，"指在语言的某种其他规则模式的影响下语法和词汇形式发生变化的过程或结果。如用 hisn 代表 his，可看作是从 my：mine 这个模式类推出来的……这种类推变更，往往会导致产生语言的一些规则形式，而这些规则形式常常和语音定律相抵触。"① 布龙菲尔德在《语言论》中曾对此有很多具体的分析。所以，音变与类推其实是两种不同的现象，相互间有重要的区别：青年语法学派所说的音变的单位是音位或音位变体，而类推的单位是语素、词、构词模式或语法格式（如从"I feel well"类推创造出"I feel badly"）；青年语法学派所说的语音

---

① R. R. K. 哈特曼等《语言与语言学词典》第 19 页，上海辞书出版社 1981 年。

变化大体上是音位的渐进性转移（§5.4.2），而类推则是词或语素等的突发性交替。固然，类推可以产生出例外的音变，但这不是主流。青年语法学派用类推来解释例外的音变，说明在它的音变理论中还隐含着一些严重的弱点。

音变规律以语音条件为转移，没有例外，这自然有其正确的一面，但是青年语法学派把它绝对化，看成为音变的唯一形式，那无异于作茧自缚，使它无法处理某些它称为“例外”的现象。用类推来解释音变规律的例外，实际上已经背离了“音变规律以语音条件为转移”的信条。连续式音变研究的只是音位或音位变体的变化。这仅仅是音变的一种方式。语言中还有其他好几种重要的音变方式（§10，§11，§13，§15），还有语法结构的变化对音变规律的干扰（§14），等等。这些音变与青年语法学派的连续式音变都有重要的区别，无法简单地用音位环境的生理条件来解释。这就不能不使“语音规律无例外”的音变理论陷入重重矛盾之中。真理都有一定的界限，超越这一界限，它就会变成谬误。青年语法学派的音变理论的悲剧就在这里，想用以音位为单位的连续式音变来解释语言中的一切音变现象，那最后只能使自己陷入各种“例外”的包围和反对。所以，后来扩散学派对它展开的猛烈冲击不是没有道理的（§10，§11）。

5.5 例 外

5.5.1 青年语法学派的音变理论对后世有很大的影响，人们习惯于用连续式的音变特点来解释语言中的音变，把凡是不符合这一音变特点的所有语音现象统统列入“例外”。这样做自然无可非议，但缺点是对例外缺乏具体的分析。比方说，宁波方言的“降”（“降落伞”）多数人读 [tsɔ̃]，这种异于规律的读音与语音的分布条件无关，因而不能看成为连续式音变的例外（§11.5.3）。

例外，这是语言研究的一个难点，因为它涉及到语言演变的原因。不同的原因会产生不同的例外。每一个例外差不多都需要进行特殊的研究。具体问题具体分析，这是研究例外的最重要的原则。例外的研究虽然难度大，但却非常重要，因为“在今后几年，我想历史语言学将越来越多地开展关于因果性、原因方面的研究。有意思的将不是原始事实的发现，而是什么东西引起了变化”。① 例外的研究可以成为观察语言演变因果关系的一个窗口，有重要的方法论价值（§14）。

5.5.2　例外的原因是多方面的，我们这里以李荣的《语音演变规律的例外》一文为基础作一些举例性的说明。

连读音变可能是引起例外的音变的一个原因。北京话的“鸡蛋”叫“木犀”[mu˒ ˓ɕy]，“犀”字《广韵》平声齐韵先稽切，应与“西”同音，北京话的“木犀”[mu˒ ˓ɕy] 中的 [-y]，可能是 [-i] 这个展唇元音受了前面的合口元音 [u] 的影响而变成圆唇元音 [-y]。“女婿”的“婿”本音是霁韵苏计切，应与“细”同音，元音应为 [-i]，也可能是受了前面一个音节的圆唇元音 [-y] 的影响而被同化成圆唇元音。在各地方言中都可以发现这种类型的例外的音变。例如，浙江宁海一带把“衣厨”（衣柜）叫 [˓y˓̱dzɥ]，“衣”[˓i] 也可能是受了后一音节的圆唇元音的同化而变成 [˓y]。

① 《美国语言学家谈历史语言学》（徐通锵整理），《语言学论丛》第 13 辑第 212 页。

心理上的原因也可能引起例外的音变。“死”是人们忌讳的一个字眼,平常总要设法回避。如不计声调,止摄开口三等的支韵字“斯厮撕,玺徙,赐”同韵,脂韵的“私,死,四肆”同韵,之韵的“司丝思,枲葸,伺思”同韵,根据音变规律,它们在今天的北京话中的韵母都应该念 [ɿ],但实际的音变现象并非如此,大体上分两类,平、去声字的韵母今天一律读 [-ɿ]([sɿ]),而上声字的“玺徙,死,枲葸”的读音没有合流,“死”读 [ˤsɿ],韵母与平、去声字一样,而“玺徙”和“枲葸”的韵母为 [i],读 [ˤɕi],表现出音变的例外,因而“死”在今天的北京话中没有同音字。这可能是由于心理上想回避“死”而引起的音变的例外。

青年语法学派所说的类推,自然也可能引起例外的音变。比方说人称代词“我,你,他”,“我”与“你”是上声字,“他”字是平声,在有些方言中,“他”字的声调可能由于“我、你”的上声调的类推影响也念成上声调。例如河北的石家庄,河南的郑州、开封,山东的济南、菏泽等地,“他”都念上声。广州话的“我”[ˤŋɔ]、“你”[ˤnei]、“佢”[ˤkøy]都读阳上调,原因与前述的情况相同。“我”“你”读阳上,符合音变规律;“佢”是《集韵》平声“倮”字,求於切,按音变规律应读阳平,今读阳上大概也是由于“我”“你”的声调的影响。

在汉语中还可能有一种特殊的原因引起例外的音变,这就是汉字对语言的影响。方块汉字大多为形声字,有些字人们往往“望文生义,望声读字”,积久成习,便脱离连续式音变的轨道而成为一种例外的音变。有一种俗称风疹块的皮肤病,学名叫“荨麻疹”。这个“荨”有人读“潜”,但更多的人读“寻”。究竟读哪一个音对?荨麻本是生长在云、贵、川一带的一种野草,墙根篱畔,沟沿道旁,都可以见到这种植物,当地人称它为“荨 [ˍtɕˤiɛn] 麻”。杜甫曾做过一首《除草》诗,自注“去蔹草也”。“蔹”音“潜”。《集韵》平声盐韵“蔹”字音滋盐切,与“潜”同音。所以无论从哪一个方面来说,“荨”应读“潜”,现在人们读“寻”,这是由于汉字声符的影响。又如“矿”字,本是《广韵》上声梗韵,古猛切,照规律应读[ᶜkoŋ],但现在一般都念[k'uaŋᵓ],可能也是受文字的影响而出现的例外的音变。汉字对语言发展的影响,这是汉语发展中的一个重要问题。外国语言学家对此很重视,认为汉字对汉语是促进发展,还是延缓发展?抑或与汉语发展和谐?值得进行深入的探讨。① 不过这方面的研究现在还鲜有成果,有待于我们的努力。

总之,引起例外的音变的原因是多方面的,需要根据具体的情况进行具体的分析。

5.5.3 例外与规律总是联系在一起的,没有规律,也就无所谓例外。“例外考验规律。通过例外的分析研究,可以帮助我们进一步掌握规律。”②

“例外”的研究是音变规律研究中的一个难点,但只有当例外得到了合理的解释,规律才能得到确立。有时候,有些例外现象从现有的比较材料中难以得到说明,这就需要寻找一些间接的证据。例如,彝语表“十”的音与表“二”“七”的音组合而成“二十”“七十”的时候,“十”有特殊的音变,声母由送气变成不送气。例如:

二十 ṇ^{11} + tshɪ^{33} → ṇ^{11} tsɪ^{44}

七十 sż^{11} + tshɪ^{33} → sz̊^{11} tsɪ^{33}

---

① 《美国语言学家谈历史语言学》(徐通锵整理),见《语言学论丛》第13辑第209—210页。

② 李荣《语音演变规律的例外》,《音韵存稿》第107页。商务印书馆1982年。

在“三十”“五十”“六十”等的组合中“十”就没有这种音变。为什么在“二十”“七十”中会出现这种特殊的音变？从现有的材料中我们找不到合理的解释。这时候我们需要扩大比较的范围，看看从亲属语言中能不能找到一点别的线索。彝语的元音有松紧的对立，而与彝语有亲属关系的语言如藏、缅、阿昌、景颇、载佤、独龙等元音没有松紧的对立，但却有丰富的辅音尾 -m，-n，-ŋ，-b，-d，-g，-p，-t，-k 等；这些带辅音尾的词与彝语支许多开音节词的元音的松紧对立有同源对应关系：带紧元音的韵母与同系属的其他语言带塞音尾的韵母对应，带松元音的韵母与其他语言非塞音韵尾的韵母对应。“二”“七”这两个词在同系属的其他语言中还有辅音韵尾，例如“二”收 -t、-k：

缅语	n̥it^{55}，niʔ^{55}
阿昌语	sak^{55}
浪速语	ʃɪk^{55}
……	……

汉藏系语言的韵尾塞音只闭不破，不像印欧系语言那样带送气成分（请比较英语的 cat）。可以设想，古彝语的“二”也收“-t”一类的韵尾，这种不送气塞音尾同“十”[tshɪ^{33}]这个送气音结合时产生同化作用，使“十”的声母由送气变成不送气。[①] 这样，例外得到了解释，规律就不容置疑了。可见，研究例外，目的仍然是解释规律。

① 马学良《彝语“二十”“七十”的音变》，《民族语文》1980 年第 1 期第 12—21 页。

6. 历史比较法（下）：空间和时间

6.1 时空结合的原则和书面文献资料的运用

6.1.1 语言的空间差异反映语言的时间发展（§4.4.5），说明语言的发展同时表现在空间和时间两个方面。语言发展中的时间是无形的，一发即逝，难以捕捉，而语言的空间差异则是有形的，是听得见、看得清（把实际的音值记下来）的，是时间留在语言中的痕迹，可以成为观察已经消失的时间的窗口。所以，从语言的空间差异探索语言的时间发展就成为历史比较法的一条重要原则。历史比较语言学的成就主要就是依据这一方法论原则而取得的。

6.1.2 一个语言如果有碑刻铭文、文字文献之类的资料，那么人们也可以从中窥知语言发展的时间痕迹。这样，语言的空间差异和书面文献资料都可以成为观察语言演变的时间窗口，因而在实际的研究工作中可以把这两者结合起来去探索语言发展的线索和规律。这比只凭语言的空间差异去研究语言的发展更有效。在印欧系语言的历史比较研究中，罗曼系语言的研究占有优越的地位，因为它有拉丁语的文献。汉语有丰富、浩繁的各个时期的文字文献材料，有各个时期的韵书、韵表；即使没有韵书、韵表,也有各个时期的诗歌,可以从中归纳韵部。这些都为汉语史的研究提供了大量的时间信息。由于记录汉语的不是拼音文字,不能直接反映语音发展的状况,因而在这种时间的信息中仍旧包含着大量未知的因素。要把这种未知转化为可知,就得求助于空间差异的比较,也就是要求在汉语史的研究中把空间的因素与时间的因素结合起来,用空间的差异来注释方块汉字所不能反映的时间的发展序列。

6.1.3 语言的演变表现在时间和空间两方面,我们的先人早就知道了。明朝的陈第说过:“时有古今,地有南北,字有更革,音有转移,亦势所必至”;[①]又说,“一群之内,声有不同,系乎地者也;百年之中,语有递变,系乎时者也”。[②]这具体地说明语言的语音会随着时间和空间的不同而发生变迁。这种语言的发展观在当时是难能可贵的,可以说这是后来古音研究的一种理论基础。

我们的先辈虽然在语言的发展中分出时间和空间两方面,但是并没有意识到这两个方面的内在联系,不认识语言的地域差异在语言史研究中的价值。因此,传统的音韵研究只注意书面材料,想从这些材料的分析中清理出语音发展的历史。由顾炎武开始的清代古音学利用《诗经》的用韵和汉字的谐声分析先秦的古音,归纳出《诗经》的韵部,整理出谐声的系列,弄清了从上古到中古的韵类分合的演变情况,达到当时可能达到的最高成就,所以夏炘在《诗古韵表二十二部集说》中根据顾炎武、江永、段玉裁、王念孙、江有诰五家的韵部分立指出:“窃意增之无可复增,

① 陈第《毛诗古音考自序》。
② 陈第《读诗拙言》。

减之亦不能复减，凡自别于五先生之说者，皆异说也。”近人王国维也表达了同样的意思：“古韵之学，自崐山顾氏……而歙县江氏，作者不过七人，然古韵二十二部之目遂令后世无可增损。故训诂名物文字之学有待于将来者甚多，至古韵之学，谓之前无古人，后无来者可也。”[①] 但是，这种“前无古人，后无来者”的最高成就只能整理出韵部系统，无法对它进行具体的语音学的描写。这说明，语言史的研究只局限于时间的方面，终究有一天要走到尽头，陷入危机，无法继续前进。章炳麟已经意识到这一点，开始用汉字去描写古韵部的音值，企图找出一条新的路子。但是，这种新的路子并不“新”，因为它没有摆脱汉字等书面材料的束缚，仍旧局限于时间的方面，不认识语言的地域差异在语言史研究中的价值，因而仍旧找不到继续前进的道路。

关于切韵系统的韵书的研究与先秦古音的研究类似，也只局限于时间的方面。编纂韵书的目的主要是为了做诗押韵，大体上根据当时通用的语音编纂而成。清潘耒曾因这种编纂没有顾及古音而大为惋惜：“齐梁之时去古未远，三代两汉之音独可考见；而作谱者一切不问，仅就当日通用之音编次成书，遂使古音荡然无存，致烦千载而下，好古之士，多方考求，仅得十之三四。”[②] 而且，韵书是按韵编排的，并不直接反映声母的情况；一个韵可能包含若干个韵母，韵母的类并没有明确分开。这些都难以清楚地记述当时真实的语音状况。宋元时期相继出现的等韵图是声和韵的配合表，并且用“等”“呼”之类的差别暗示韵母的差别，这比韵书的编排自然有所前进，但还没有摆脱音类描写的格局，说不

① 王国维《观堂集林》（卷 8）第二册，第 394 页。中华书局 1984 年。

② 潘耒《类音·古今音论》。

清每一个音类所代表的具体的音值。这也说明音韵学家还没有认识到语言的空间差异在语言史研究中的价值。如果说,先秦古音距离现代汉语的时间过于久远,今天的方言差异难以清楚地反映先秦汉语的语音面貌,那么切韵音系的研究,如果不参照现代方言的差异,就无法进行具体的语音描写。切韵音系的研究由于只局限于时间的因素,因而到"五·四"前后也出现了危机,"等韵图的编制,至劳乃宣已走到穷途;宋元等韵的解释,至黄季刚亦陷入绝境"。[①]

6.1.4 汉语音韵的研究长期来只局限于时间方面的因素与汉民族的文化传统有密切的关系。古代的音韵学家尊经崇道,他们研究音韵的主要目的是分立韵部,为训诂服务,替读通先秦的典籍做铺路工作,即所谓"训诂声音明而小学明,小学明而经学明";[②]韵书的编纂主要是为了做诗押韵,编制韵图也在于"顿无读书难字过之累"。[③]这些因素使音韵的研究只着眼于书面材料,局限于时间的方面,而忽略空间的因素。这种研究形成一种强大的传统,左右着人们的研究方向。即使是一些为数不多的语言地域差异的分析,也往往以古为是,以古为准,是古非今,以古正今。不少人以《广韵》为标准定当时方音的正误。明陆容认为"天下音韵多谬","如吴语'黄''王'不辨","京师人以'步'为'布',以'谢'为'卸',以'郑'为'正',以'道'为'到',皆谬也","非聪明特达,常用心于韵书者,不能自拔于流俗也"。[④]

---

① 赵荫棠《等韵源流》第315页。商务印书馆1957年。

② 王念孙《说文解字注·序》。

③ 《切韵指掌图·原序》。

④ 《菽园杂记》卷四。

潘耒是一位有影响的学者，他也有此类议论，认为“五方之民，风土不同，气禀各异，其发于声也，不能无偏，偏则于本然之音必有所不尽。彼能尽与不能尽者遇，常相非笑……乃北人诋南为鴃舌之音，南人诋北为荒伧之调；北人哂南人‘知’‘之’不分，‘王’‘黄’不别，南人笑北人‘屋’‘乌’同音，‘遇’‘喻’同读；是则然矣，亦知其各有所短各有所长呼……倘能平心静气两相质正，舍己之短，从人之长；取人之长，益己之短；则讹者可正，缺者可完，而本有之音毕出矣”。[①] 这些学者已注意到方言的差异，但不知道这些差异是语言发展的结果；已模糊地意识到可以“取长补短”以“毕出”“本有之音”，即综合南北方言的差异以窥视古音的面貌，但并没有明确地看到方言的差异在语言史研究中的价值，因而这些议论与历史比较研究无关。说到底，旧时的语言学家还不认识方言的差异反映着语言发展的序列，因而在具体的语言研究中无法把这两种因素辩证地结合起来，这就不能不使语言史的研究受到一定的影响。

6.1.5　语言史研究中只考虑时间的因素，不考虑空间的差异，这反映方法论上的片面性。方法论的片面性必然会影响语言研究的实践。汉语音韵研究到“五·四”前夕出现危机，一时里不知如何前进，这不是偶然的，是方法论的片面性必然造成的一个结果。旧方法的危机促使人们去探索新路。他们放眼欧美各国的研究，发现历史比较法可以用来改进、改革汉语的音韵研究，看到过去的成就“只能使我们约略地知道古今变迁的大齐，不能使我们明白声韵发展的程序。这实由于他们所根据的材料，读音不能古

① 潘耒《类音》卷一。

于《广韵》,参证不外乎谐声,音训,韵文,异文等类的缘故。讲到这里,我们可感着比较语言学的需要了”。[①] 所谓“比较语言学的需要”,就是要在方言的差异中研究语言的发展序列,把空间的因素与时间的因素结合起来,对旧的方法进行一次重大的改革。

6.2 时间与空间在汉语音韵研究中的运用

6.2.1 比较汉语方言的差异研究汉语的历史,即把空间的因素和时间的因素结合起来研究汉语的发展而取得显著成就、产生广泛影响的第一部语言学著作是瑞典汉学家高本汉的《中国音韵学研究》。这本书里有一卷专门研究“现代方言的描写语音学”,为的是“要能用它作成中国音韵的历史的研究”。[②] 由于他在汉语史的研究中把语言在空间上的差异和时间上的发展结合起来,因而突破了传统的音韵研究的格局。他以《切韵》为枢纽,下联今天的方音,上推先秦古音,为汉语语音的历史发展勾画出一个清楚的轮廓。

历史比较法起源于印欧系语言的研究。印欧系语言多采用拼音文字。不同时期文字的拼写法以及现代语言的语音状态与拼写法所反映的语音的矛盾(例如英语 light 中的 -gh-[x] 现在不发音),大体上可以反映语言的变迁。不过这只能涉及语言的有史时期,要探索史前时期的语言史,还得比较现存的方言或亲属

---

① 潘尊行《原始中国语初探》,见《国学季刊》第 1 卷第 3 期第 422 页。

② 高本汉《中国音韵学研究》第 142 页。商务印书馆 1948 年。

语言之间的差别，对语言的发展进行以今证古的“回顾”的研究（0.3.2）。汉语是有悠久历史的语言，有浩繁的书面文献。这自然是研究有史时期的汉语史的宝贵财富。但是，由于方块汉字不反映具体的语音面貌，因此，即使是有史时期的汉语史研究，只根据文字、文献资料的年代先后顺序而进行从古到今的“前瞻”的研究，也还不能对汉语的发展进行具体的语音学的描写；只有结合“回顾”的研究路子，才能使汉语史的研究别开生面，从“五·四”前夕的“山重水复疑无路”中找出“柳暗花明又一村”的新路。高本汉的《中国音韵学研究》就起了这样的作用。

6.2.2 《切韵》是高本汉研究汉语语音史的枢纽。他认为《切韵》的音系是现代汉语各个方言的原始“母语”，现代的方言都是从它发展出来的。至于《切韵》以前的汉语，现代的方言就及不到了，只能另想办法去研究。因此，要研究《切韵》以后的汉语语音的发展，高本汉认为必须把方言与《切韵》等的历史材料结合起来，使所拟测的古音“跟这个语言的历史上的旧材料相合”，而且“还要能够把中国全部方言（不只一两处方言），解释到一种可信的程度”（着重号是原有的，下同）[①]。这就是说，研究《切韵》以后的语音史要抓住两头，一头是《切韵》（古材料），一头是现代汉语的各个方言，用音理把这两头贯串起来，以解释从《切韵》到现代汉语方言的变化。

韵书是按韵编排的，不能反映整个音系的面貌。高本汉抓住和《切韵》“同是一回事”[②]的《广韵》的反切，比较切字“互相系联的关系，把同切字一套一套的求出来”，最后找出二百九十个上

---

① 高本汉《中国音韵学研究》第 4 页。商务印书馆 1948 年。

② 同上书，第 20 页。

下的韵母和四十七个声母，[①] 制成“古音字类表”，用以代表《切韵》的音系。这里可以以声母中的“见”母为例说明字类表的大致情形：

声 母 表

1. 见

单纯：一等切字：古、公、工、（沽）

二等切字：古、佳、（革）

四等切字：古、过

j 化：三等切字：居、举、九、吉、纪、俱

（括号中的切字只见于《康熙字典》，不见于《广韵》本书）

高本汉发现三等的反切上字和一、二、四等的不同，因而把它们分为两类，推断三等字的声母是 j 化（yodisé）的，其他一、二、四等的声母是不 j 化的纯声母。于是他把见、溪、疑、晓、影、喻、照、穿、床、审、来、非、敷、并、明这 15 个声母各分为纯声母和 j 化声母两套，再加上只有一、二、四等的匣、泥和一、四等的端、透、定、精、清、从、心、只有四等的邪以及只有三等的 j 化声母的群、知、彻、澄、娘、禅、日七母，共计 47 个声类。根据反切把 j 化全部归属于三等字，这是高本汉拟测汉语中古音声母的一个特点，但也是他的一个弱点（§6.3.2）。

这是根据“历史上的旧材料”整理出来的、适用于历史比较研究的音类框架。在这种框架中只有音类，没有音值。而要进行音值的描写，就要参照现代汉语各个方言之间的差异和借词的语音表现，即“把所研究的方言的全体的音类（声母跟韵母）检查一道，看每种音类的见次……看哪些音跟中古音的什么什么声母

① 高本汉《中国音韵学研究》第 59 页。商务印书馆 1948 年。

韵母相当”[①]，从中选择某些既与旧材料相合，又能说明现代方言的语音变化的语音形式，“把古代音类表里所有的那些 x、y 的类名用确切的音值代出来”。[②] 例如“端”母在各地方言中的读音如下表：

	一 等	四 等
高 丽	t	č
日 本	t, ts	t, tɕ[③]
安 南	ɖ	
温 州	t（d）[④]	
其他方言	t	

高本汉据此把“端”母拟测为 t。声母系统的音值都是根据这样的办法拟测出来的。韵母在等、呼、收尾辅音方面有共同的因素，对于他们可作总的拟测。比方所谓“合口”，就是韵母有 -u-（或 -w-）介音；所谓“开口”，就是没有这样的介音。三等有辅音性的介音 i（写作 i̯），四等有元音性的介音 i；一、二等没有这样的介音，它们之间的差别在好些韵里是元音音色的细微不同，例如一等的“a”是后 [ɑ]，二等的“a”是前 [a]。音节的收尾辅音有 -p，-t，-k 和 -m，-n，-ŋ 两套。这些共同的特点测定以后，剩下的就是主要元音的拟测。这时还可考虑整个韵母在音系中所属的摄，以及主要元音在组合中所处的地位（例如前面有没有介音，有什么样的介音等等）对元音音值的制约作用。

这样，高本汉根据“历史上的旧材料”定音类，比较方言的语音差异定音值，从而对切韵音系进行语音学的描写。

---

① 高本汉《中国音韵学研究》第 162 页。商务印书馆 1948 年。

② 同上书，第 452 页。

③ ts 出现在 u 前，tɕ 出现在 i 前。

④ 据 Parker 的材料，说明 t 有发 d 的趋向。

6.2.3 把方言的语音表现同“历史上的旧材料”结合起来，在有史时期的语言史的研究中，这自然是一条正确的方法论原则。用历史比较法研究语言的发展大体上要经过 §4 中所分析的四个步骤：1. 收集材料；2. 根据语音对应规律确定同源关系；3. 确定所比较的材料的先后年代顺序；4. 拟测原始形式。这些步骤隐含着两个难以克服的严重缺点。第一，拟测的结果决定于材料所提供的线索，如果古代语言的一些特点在现存的方言或亲属语言中消失了，我们就无法收集到这些材料，因而也就无法从现存的语言状态中推知古代已经消失了的语言特点。第二，所拟测的原始形式属于什么时代，我们无法确定。在汉语史的研究中，根据方言的差异而拟测的古音要和“历史上的旧材料相合”的原则，如果处理得好，可以克服历史比较法的这些缺点，因为反切、韵书等“历史上的旧材料”都有确切的年代，大体上都能反映当时的语言状态。高本汉的确想用这一原则来克服历史比较法用于汉语研究时可能出现的这种缺点。他既然把《切韵》看成为现代方言的原始母语，那就可以放心地从《切韵》出发来解释现代方言的变化，既不用考虑所拟测的原始形式的年代，也不用担心方言材料的遗漏。因此，关于音类的分合，高本汉严格地以“历史上的旧材料”为标准，然后用方言的差异来说明这种分合的理由并拟测相应的原始形式，即为“历史上的旧材料”拟测具体的音值；这个音值，一要和“历史上的旧材料”相合，二要能解释从《切韵》到现代汉语各个方言的语音演变，三要符合音理。这是汉语音韵研究中的一个重大的突破。虽然他对《切韵》和现代汉语的各个方言的关系的认识有些简单化（§6.3.3，§6.3.4），但把《切韵》作为汉语史研究中联系古今的一个作业框架，这是合理的，有价值的。有了这样一个音系，现代汉语的方言大体上就有了一个汇聚点，或者说，为解释汉语语音的历史演变找到了一个比较方便的、有效的参照点，可以通过《切韵》说明汉语发展的过程和规律。这是传统的音韵研究无法达到的一个成就，或者说，这是时空结合的方法论原则优于单纯研究时间的方法论的地方。

6.2.4 高本汉为汉语的音韵研究开辟了一条新的路子。这种新路也就是在欧洲兴起的历史比较法和传统的汉语音韵研究的结合，或者说，是语言的空间差异与时间的发展序列的结合。传统的汉语音韵研究的成就为高本汉进行时空结合的研究奠定了良好的基础。高本汉自己说过，他在汉语音韵研究中碰到过两次好运气：研究切韵音系的时候有《切韵》系统的各种韵书、韵图和日、朝、越等各种借音材料；研究上古音的时候有诗韵和汉字的谐声，使他“有可能拟测周初王都的发音的主要特征”。[1]这一说法是符合他的研究的实际情况的。高本汉的实践说明，把语言的空间差异和时间的发展结合起来研究汉语的历史，无论从目的、材料、方法等各个方面来说，都大大地开阔了人们的视野，克服了“五·四”前后汉语音韵研究中所面临的危机，从而使汉语史的研究进入一个新的阶段。

6.3 材料的欠缺对语言史研究的影响

6.3.1 语言史研究中把空间和时间结合起来是一项复杂的

① 参看 B. Karlgren, Grammata Serica recensa, 1940。

工作，材料不全、研究不细、推理不密，都会给历史比较研究带来不同程度的影响。高本汉用历史比较法来研究汉语的发展，如上所述，基本上是抓两头，利用汉语方言的差异给“历史上的旧材料”进行音值的描写。这种研究的成效主要决定于材料的准确性和音理串释的合理性。如果方言材料或者“历史上的旧材料”有了疏漏，就会直接影响历史比较研究的成果。所谓三等字声母的j化说实际上就是对“历史上的旧材料”理解有误所造成的结果。

6.3.2 高本汉为历史比较研究而准备的音类框架是根据《广韵》的反切整理出来的，但是他所根据的反切不是整部《广韵》的反切，而只包括三千一百多个常用字。这个范围对于方言音系的调查可以说是够了，但是要建立以反切为基础的音系显然会遗漏一些重要的线索。总的说，高本汉的三等字声母的j化说缺乏根据，引起了学术界的批评。

j化说有两个问题：高本汉没有把这一标准贯彻到底，因而在理论体系上有矛盾；有没有j化？

高本汉根据反切上字的分组趋势分为单纯与j化两套声母，但是，精、清、从、心四母的反切上字也有分组的趋势，高本汉并没有据此分为两套声母。这是由于高本汉为了迁就自己的理论体系，既然把章、昌、船、书拟测为tś（tç）等，就不能再把精组各母分为单纯的ts和j化的tsj两类了。曾运乾同样根据反切，把《广韵》的声类分为51[1]，原因就在于此。高本汉创立j化说，结果在自己的理论体系里留下一个漏洞。

---

① 曾运乾《切韵五声五十一纽考》，见《东北大学季刊》第1期（1927）。

究竟有没有 j 化声母？陆志韦首先提出否定的意见，认为“三四等之分别断不在乎辅音之真正化为腭音与否”，“高氏之说只可以证明三等与一、二等之分别，而于三等喻化（j 化）与否实风马牛不相及”。他分析朝、日、越三种语言的汉语借音和汉语的方言材料，指出隋唐音在整体上没有 j 化的痕迹。[①] 对这个问题进行全面考察的是李荣的《切韵音系》。作者对《广韵》的反切材料进行了全面的考察，发现“反切上字是有分组的趋势，一二四等是一组，三等是一组。可是，事实并不像他所说的那么简单……一二四等字也有拿三等字做反切上字的，三等字也有拿一二四等做反切上字的”。[②] 例如：一等字“蒲、补、火”、二等字“下”可以做三等字的反切上字，而三等字的“方、牛、许”等也可以做一等字的反切上字。[③] 所以李荣认为把《切韵》的声母分成单纯与 j 化两类是没有根据的。他把高本汉的 j 化声母全部并入相应的单纯声母，云 j 并入匣 ɣ，从而把高本汉的 47 个声类简化为 36 个。[④]

反切上字为什么有分组的趋势？李荣同意赵元任的意见，认为是为了求介音的和谐，而不是三等字声母的 j 化。赵元任说：“关于高本汉的纯声母和 j 化声母，我们用介音和谐的概念来代替 j 化的概念。原则是这样的：韵母以闭 i 开始的字，它的反切上字的韵母也趋于以闭 i 开始，韵母以开 i 或其他元音开始的字，它的反切上字的韵母也趋于以开 i 或其他元音开始。”[⑤] 这个解释可

---

① 陆志韦《三四等与所谓喻化》，《燕京学报》第 26 期第 144 页。

② 李荣《切韵音系》第 109 页，科学出版社 1956 年。

③ 同上书，第 83—87 页。

④ 同上书，第 128 页。

⑤ 赵元任 Distinction within Ancient Chinese，见哈佛燕京学报（HJAS）第 5 卷第 2 期第 214 页。

能比较符合反切的实际情况。在反切语（民间的秘密语）里有介音属声属韵的问题，有些反切语的 i 介音两属，即反切上下字都要求有 i 介音，有些反切语的 i 介音属声，有些属韵。[①] 李荣检查了切字不同等的情况，发现情况与此类似。[②] 这就纠正了高本汉在理解旧材料时的一个重大疏漏，使汉语的历史比较研究建立在更可靠的基础上。高本汉在 1954 年回顾自己的研究时仍坚持旧说，[③] 不过他没有就文献上的反证作出解释。

6.3.3 方言或亲属语言的差异的比较是语言历史比较研究的基础，拟测的准确性决定于材料的丰富性、可靠性的程度。高本汉在拟测切韵音系的时候收集了三十三种方言（包括日译吴音、日译汉音、高丽译音、越南译音等四种域外方言，即借音），其中二十四种是他实地调查得来的。一般说来，三十三种方言材料应该说还是比较丰富的，但是，这些方言的代表性有些问题：一是过于集中于北方方言，约占三分之二；二是对南方的一些重要方言如吴、闽、粤、客家等注意不够，而经过高本汉自己"审核过"的只有上海、广州、福州三个点；三是没有湘、赣这两个重要方言的材料，因而对于拟测如此复杂的汉语方言的原始形式并且要使拟测"能够把中国的全部方言（不只一两处方言），解释到一种可信的程度"来说，这些方言材料就显得不够了。方言材料的这种欠缺与高本汉的认识有关。他认为《切韵》代表长安方言，是现代汉语各个方言的原始祖先，可以"把一切方言都直接跟《切

① 赵元任《反切语八种》，史语集刊，二本三分。

② 李荣《切韵音系》第 101、102、110 页。科学出版社 1956 年。

③ B. Karlgren, Compendium of Phonetics in Ancient and Archaic Chinese, MFEA, No. 26, Stockholm, 1954.

韵》的语言连接起来”，用《切韵》来解释现代方言的歧异。[①] 后来他说得更明确：“几乎所有现在分歧巨大的方言都能一个个合理地、系统地从《切韵》导出。”[②] 基于这种认识，高本汉在研究中以《切韵》为起点，追溯现代方言的演变，而不是反过来，根据现代方言的分歧去分析它们与《切韵》的关系。因此，方言材料的使用在高本汉的历史比较研究中只是被动地处于陪衬的地位，只替《切韵》的音类作注释，能够用方言材料解释《切韵》音类的分合，他就满足了；他不想用分歧的现代方言的差异去检验他的《切韵》“母语”说的可靠性。高本汉使用方言材料的片面性，即过分重视北方方言，轻视甚至忽视南方的一些重要方言，这是其中的一个重要原因。

6.3.4 把历史比较法用于汉语有史时期的研究有很多有利的条件，除了有各种“历史上的旧材料”以外，方块汉字也有一定的价值。在印欧系语言的历史比较研究中确定同源成分有很大的困难。汉语使用方块汉字，尽管方言的分歧超过一些印欧系语言之间的分歧，但确定同源成分，除了那些有音无字的土语成分有待于查考本字外，一般没有多大的困难，因为汉字的相同的书写形式已经清楚地说明了哪些是同源成分。由于语言发展的不平衡性，这些同源成分在不同的方言中有不同的语音表现形式，使各方言之间呈现出相互看得懂、但是听不懂的奇怪现象。在这种情况下，只要对分歧的方言进行全面的、谨慎的分析，再参照“历史上的旧材料”，就可以从方言的差异中整理出语言发展

① 高本汉《中国音韵学研究》第 528 页。商务印书馆 1948 年。

② B. Karlgren: The Chinese Language, New York, 1949.

的线索。汉语从《诗经》的语言到现代的方言，将近三千年。要完全利用方言的差异整理出三千年的汉语史，这是困难的。高本汉选择《切韵》作为联系古今的枢纽和汉语史研究的作业框架，这是无可非议的，而且应该承认，这是他高明的地方。但是，把它说成是现代方言的"母语"，现在有巨大分歧的方言都能直接"从《切韵》导出"，这就把复杂的语言现象简单化了。由于语言发展的不平衡性，不同方言的发展速度有快有慢，因而在不同的方言中都可能保留一些代表不同发展阶段的语言现象。在这些现象中，有些（可能是多数）可能与《切韵》的语言有密切的关系，也有一些可能还保留着《切韵》以前的语言状态，因而需要对方言的差异和"历史上的旧材料"的关系进行具体的分析，不能一刀切。高本汉用《切韵》这把"刀"把汉语史一切为二，认为现代的方言只能跟《切韵》联系，而与《切韵》以前的汉语无关。这就不能不与实际的语言现象发生冲突，而且也必然会影响高本汉对汉语史的研究。实际上，有些方言的有些特点很难从《切韵》中得到合理的解释。例如赣方言的知、章、端三母同读 t-，徹、昌、透三母同读 t'-；厦门话的舌头舌上不分，齿头正齿不分等。[①] 这些现象在《切韵》音系的研究中可能难以利用，但对《切韵》以前的汉语的研究，却有重大的参考价值。知从端中分出来，同读 t- 没有什么奇怪；章母的上古音高本汉拟测为 ȶ-，李方桂等拟测为 t-，都是塞音。赣方言保留塞音的读法可以直接溯源于《切韵》以前，为上古读塞音的拟测提供一个有力的佐证，而且也可以与上古章、昌、船与端、透、定互相谐声的现象相互相证。

① 请参看罗常培的《临川音系》和《厦门音系》。

6.3.5 在语言史的研究中，有《切韵》那样的韵书，自然是一个有利的条件，但是不要因此而影响方言材料的运用和严格的历史比较研究的进行。高本汉后来也感到他对现代方言与《切韵》的关系的解释有点毛病，稍稍作了一点补正，认为“只有少数南部沿海的方言，如厦门话、汕头话，具有不能从《切韵》得到解释的特点，而提示《切韵》以前的语言情况。”[①] 不过他没有根据这些新的认识而对原来的拟测作一些必要的修正。

6.4 对《切韵》性质的认识与汉语史研究的理论框架

6.4.1 汉语有方言分歧，自古而然，不能设想在古时候没有方言分歧，而在《切韵》以后才有方言的差异。因此在语言史的研究中不仅以今证古的“回顾”的路子要把空间的差异和时间的发展序列结合起来，而且在运用“历史上的旧材料”的时候也不能忘记汉语有方言的差异，同样需要把时间的因素和空间的因素结合起来。具体地说，在运用历史上留存下来的文字、文献材料的时候脑子里也要有语言发展的观念，注意文献资料中所隐含的方言差异，不然有可能把语言的发展线索简单化。

6.4.2 关于《切韵》性质问题的争论，实际上涉及到语言史研究中空间和时间的关系问题的理解。

关于《切韵》的性质大体上有两种对立的看法。一种认为它代表一时一地的语音系统，一种认为它是一种综合音系，包含

---

① B. Karlgren, The Chinese Language, New York, 1949.

“南北是非,古今通塞”。当然,每一种认识内部也还有分歧的意见。例如,在《切韵》代表一时一地的语音系统的认识中,高本汉认为《切韵》代表长安音系,陈寅恪认为“《切韵》所怀之标准者,乃东晋南渡以前,洛阳京畿旧音之系统,而非杨隋开皇仁寿之世长安都城行用之方言也”,[①] 李荣宗陈说,认为《切韵》代表洛阳音系。[②] 我们不想讨论这些意见的是非曲直,只想谈谈这种认识与汉语史研究的关系。高本汉根据对他《切韵》性质的认识,为汉语的发展勾画出一个完整的轮廓,提出汉语史研究的一个理论框架。

说《切韵》代表六七世纪时的长安音系,从时间和空间的关系来说,就是它只有时间的因素,不包含空间的成分。以这一认识为基础,就是认为《切韵》是联系上古汉语和现代方言的枢纽:对上,它是先秦时期的上古汉语(《诗经》的语言)的直接继承;对下,它是现代汉语各个方言的母语;从《切韵》到现代方言,音系经历了简化,各个时期的韵图代表该时期简化了的音系。所以,汉语发展的图式是:上古汉语——以《切韵》为代表的中古汉语——韵图的语言——现代方言。整个汉语的发展是直线式的发展。高本汉的理论体系就建立在这一认识的基础上,因而采取§6.2 所述的方法研究切韵音系,而在研究上古音的时候又进一步利用切韵音系的空格(slot)推断某些音类的音值(§9.2.2)。

说《切韵》是一种综合音系,从时间和空间的关系来看,就是它不仅包含时间的因素,而且还包括空间的差异。国内持这种

---

① 陈寅恪《从史实论切韵》,《岭南学报》第 9 卷第 2 期,1949 年 6 月。
② 李荣《陆法言的〈切韵〉》,《音韵存稿》第 30—31 页,商务印书馆 1982 年。

看法的人不少，但这种认识与汉语史研究的关系如何，似还没有具体化。近些年来，情况好像发生了一些变化。王力在他的晚年写了一部《汉语语音史》，认为《切韵》是一种反映"南北是非，古今通塞"的综合音系，不能把它看成为隋唐音系的代表，因而在汉语语音史的研究中没有特殊的价值，不能像高本汉那样把它看成为联系古今音系的一个枢纽。美籍华裔学者张琨关于《切韵》性质的看法与王力相同，但采取的态度却截然有别。他根据《切韵》兼有时间和空间两方面因素的特点为汉语语音史的研究提出了一个新的理论框架。这些新框架的价值需要进行具体的探索。

6.4.3 王力在《汉语语音史》中提出的关于汉语语音史研究的理论框架是对他早年追随高本汉进行汉语音韵研究的一次自我否定。他于30年代写成的《汉语音韵学》（1957年中华书局重印）在理论框架上与高本汉的相同，以《广韵》为基础，上推古音，下联今音。1958年出版的《汉语史稿》（上册）、1963年出版的《汉语音韵》在理论上已经有了一些变化，但就理论体系的总体来说，似还没有摆脱高本汉的理论框架的影响。《汉语语音史》是王力晚年的力作，在《汉语史》（上册）关于语音史研究的基础上提出了一个新的理论框架。他完全抛开《切韵》，根据历史的时间顺序把汉语史分为先秦、汉代、魏晋南北朝、隋—中唐、晚唐—五代、宋代、元代、明清和现代九个时期，在每一个时期中大体上选择一、两个有代表性的作家，根据他们的韵书、韵文或反切材料整理出各个时期的音系，而后比较各个时期音系的异同，整理出语音发展的规律。这种理论框架与高本汉的框架有许多重要的区别，比方说，《切韵》已失去它联系先秦古音与现代方言的枢纽地位,认为它"并不代表一时一地之音",应该"以陆德明《经典释文》和玄应《一切经音义》的反切为根据,考证隋唐音系"。[1]由于认识上的这一区别,因而在汉语史分期、现代方言与《切韵》的关系以及汉语史研究的方法论方面的一系列重要问题上王力与高本汉都产生了不同的看法。这对语言史的研究来说无疑具有重要的促进作用。

王力的理论框架不是从天上掉下来的,而是对近几十年来汉语音韵研究的一次理论总结。高本汉以后,汉语语音的断代研究取得了重要的进展。李方桂、王力、董同龢、严学窘等关于上古音系的研究纠正了高本汉的一些疏漏,罗常培、周祖谟关于《汉魏晋南北朝韵部演变研究》第一分册两汉部分的音系研究、台湾丁邦新的《魏晋音韵研究》(台湾中研院史语所)都对三个不同时期的音系进行了具体的考释和描写,为汉语语音史的研究作出了重要的贡献;特别是罗、周合著的《汉魏晋南北朝韵部演变研究》一书,材料丰富,方法严谨,分析详密、具体、深入,具有更重要的价值。南北朝之后,周法高的《玄应反切考》(史语所集刊 20 本(上),1948)和《从玄应音义考察唐初的语音》(《学原》2 卷 3 期,1948)、张世禄的《朱翱反切考》(《说文月刊》4 卷,1944)和《朱翱反切声类考》(中山大学研究院文科研究所集刊 1 期,1943)等也为隋—中唐音系、晚唐—五代音系的描写奠定了良好的基础。至于《中原音韵》等韵书的研究,我国的很多学者早就取得了重要的成果,自不待说。这些研究都为汉语语音的断代描写奠定了良好的基础。王力的《汉语语音史》总结了这些研究成果,并加

① 王力《汉语语音史》第 164 页。中国社会科学出版社 1985 年。

以前后贯穿，理出汉语语音的发展脉络，从而为汉语语音史的研究建立起一个新的理论框架。这种框架有它的特点，与我国的一些语言学家关于汉语史研究的看法比较一致。1983 年在山西召开的语言学学科规划会议提出“选出专书若干种，作比较详尽的语言学研究，写出专书词典或专书语法”，例如，“郑玄死于公元二百年。朱熹死于公元一千二百年。分别研究两人的著作，可以看出当时若干语言现象。对比起来，就可以看出这一千年中间某些语言现象的演变”。[①] 王力的《汉语语音史》在这方面先走了一步。

王力的框架比起高本汉的研究，在书面文献资料的运用方面前进了一大步，但在方言材料的运用方面则后退了一步，因为它只根据书面材料整理各个时期的音系，而没有考虑复杂的汉语方言在语言史研究中的价值。也就是说，王力在汉语史的研究中抛开空间的差异而单纯地追求时间的线索。“导论”第三章“方言”说到：“我们研究汉语语音史，应该先大致了解现代汉语的方音。因为语音史的研究，要求我们讲述汉语语音经过多少次的变革，成为今天的样子。”（第 11 页）这是把方言作为汉语语音发展的归宿点，这自然不错，但是另一方面，汉语方言的差异也应该是汉语语音史研究的始发点，从方言差异的比较中去探索语音的发展，并设法把这种研究与有关的历史文献资料结合起来，以便尽可能对历史上“死”的书面材料作出“活”的解释。王力的理论框架缺乏这方面的内容，恐怕难以满足今天读者的要求。

6.4.4　张琨是研究汉藏系语言的著名专家。1963 年他因接替赵元任的工作而去美国加州大学柏克莱分校讲授汉语，研究汉

① 请参看《语文研究》1983 年第 2 期第 11、10 页。

语音韵学。如果说王力因《切韵》代表一种综合音系而在语音史研究中把它放在一边,不予置理的话,那么张琨则正好相反,他充分利用《切韵》反映"南北是非,古今通塞"的特点而去清理语音发展的线索,为汉语语音史的研究提出一个新的理论框架。1972年,张琨和他的夫人张谢蓓蒂合写了一本名为《上古汉语的韵母系统和〈切韵〉》(The Proto-Chinese Final System and the Chíeh-Yün,台湾中央研究院历史语言研究所单刊甲种第二十六本)的著作,为这种新框架勾画出一个大致的轮廓。这种框架的基本精神可以概括为:

1.《切韵》以南朝、特别是齐、梁、陈时期的诗韵为基础编纂而成,反映了很多南方方言的特点。《切韵》包含各地方言("南北是非")的特点,由于方言的差异反映时间的序列,因而《切韵》本身就反映汉语的发展,可以说,它代表一部汉语的音韵史。

2.《诗经》的语言代表黄河中游地区的北方方言,它与《切韵》没有直接的继承关系,因而不能以《切韵》为基础上推上古汉语,而应该利用《切韵》建立原始汉语;这个原始汉语的时期要比上古汉语早一些,系统也要复杂一些,因而认为高本汉把汉语的发展理解为一种直线式的演变不符合实际的语言事实。

3.既然《切韵》包含各地方言的特点,那么在研究它与现代汉语各个方言的关系时就不应笼统地把它看成为母语,而需要根据不同方言的特点把《切韵》的音类简化;也就是说,在研究甲方言与《切韵》的关系时,要剔除《切韵》这一综合音系中不属于甲方言的因素,为原始甲方言建立一个音类框架,而后比较该方言的内部分歧为每一个音类拟测具体的音值,建立原始方言音系,而后再进而比较各个原始方言之间的差别去建立原始汉语。

所以在汉语史的研究中既不能抛开《切韵》，也不能像高本汉那样完全拘泥于《切韵》。

4. 汉语史的研究不要分期，不要划线，而要集中精力研究十几二十个重要的音韵变化，例如鼻韵尾的发展、塞韵尾的发展等等，然后再用合理的办法分析这些变化的前后时代关系。[①]

这种理论框架的基本精神与高本汉的框架是对立的。我们如果要追究形成这种对立的原因，那么可以说它决定于语言史研究中时间和空间关系的理解。高本汉的汉语史研究，虽然他第一次有效地把汉语方言的空间差异与古代文献的时间因素联系起来，但是他没有把这一原则贯穿到底，也就是对古代文献的观察，对中古汉语的研究没有运用时、空结合的原则。张琨的框架比高本汉前进了一步，认为汉语方言的分歧，不仅现在有，古代也有，语言史研究中时空关系的原则应该贯穿于整个汉语史研究的始终。

6.4.5 确实，汉语在上古时期就有方言的分歧，[②]所不同的是，北方地区的汉语有书面文献的记载，而南方的汉语方言则缺乏书面文献的记载，所以在语言史的研究中往往把北方地区的汉语当作整个汉语的代表。其实，早在周、秦、汉时期的文献记录里，已经可以见到代表南方方言系统的楚语和淮南地区的方言材料。南北方言的差异在汉语音韵史的研究中应该得到正确的描写。张琨在这方面进行了富有成效的探索，提出了一些有启示性的假设，认为汉语方言的差异"是南北平行发展的

---

① 参看《美国语言学家谈历史语言学》（徐通锵整理），《语言学论丛》第13辑第238—250页。

② 参看陈登原《国史旧闻·古音随地不同》条，第一分册第90—92页。

结果”。[①]例如在《诗经》时代,元韵字已与一部分仙韵字合流,并且常跟低元音一等的寒韵字(*ân)相押;月韵与一部分薛韵字合流,并且常跟一等低元音的末韵字(*ât)相押。可是在南朝的诗歌里,元与仙、月与薛划然分居,元韵只跟一等的痕(*ən)、魂(*wən)相押,薛只跟没(*wət)相押。《切韵》根据南方方言的特点,把元韵放到真、臻、文、殷(欣)之后魂、痕之前,月韵放在质、物、栉、迄与没的中间。这些现象反映了《诗经》不曾反映的一些南方方言的特点。今天有些南方方言如福州话和源自南方方言的日译吴音都还有反映。福州话和吴音还保存着元、月的独立韵类的地位,它们的韵母都包含有一个圆唇元音,与展唇的仙、薛有别:

韵类	例字	福州	吴音
仙	愆	khieŋ	ken
	乾	kieŋ	gen
薛	杰	kiek	ketši
元	建	kioŋ	kon
	言	ŋioŋ	gon
月	歇	kiok	kotši

这些从《诗经》中无法得到解释的现象可以上推到原始汉语。[②]类似的现象还有很多(例如清$_{三}$/庚$_{三}$在南北方言的不同表现等),张琨认为这都可以说明“方言差异可以说是南北平行发展的结果”。

① 张琨《汉语音韵史中的方言差异》,见台湾史语集刊第46本第613—635页。另见《汉语音韵史论文集》,台湾联经出版事业公司,1987年。

② Kun Chang and Betty Shefts Chang, The Proto Chinese Final System and the Ch'ieh-Yün, pp. 5—12, Taipei, 1976.

张琨强调汉语史研究中的方言分歧，也就是设法把时间和空间结合的原则贯串于语言史研究的始终。这一点是非常正确的，它可以显示语言发展的真实性和复杂性，避免简单化。虽然他的理论还有一些地方值得商榷（例如汉语史研究不要分期等），但其总原则是无可非议的。

6.5 《切韵》与方言的研究

6.5.1 《切韵》与现代汉语方言的关系，不同的认识也给方言的研究带来了不同的影响。高本汉认为《切韵》是现代各个方言的原始母语，那自然就可以从《切韵》出发来研究汉语方言，并且可以用现代方言的材料为《切韵》的每一个音类注出它的音值（§6.2.2）。以这种认识为基础，汉语方言的研究主要着眼于描写性的调查与分析，以便为描写《切韵》的音类提供可供选择的可靠方言材料，而不必着力于方言差异的比较去重建原始语。高本汉的《中国音韵学研究》只有“现代方言的描写语音学”而没有现代方言的比较语音学，这不是偶然的。第四卷“方言字汇”虽可用来进行历史比较，但高本汉主要还只是用来为古音类注释音值：“现在还得做两件事情。一件是细查现代方言当中各韵母跟古音的韵母怎么配法；还有一件是把我们这3125个字编成一个字汇好用来查任何字在所记录的任何方言中的读音”，至于读音的选择，是“把古音的某韵母在某系的声母的字全部查一道，如果多数是一种读法，这就是这个方言对于这韵在这系的规则的读法”。①

① 高本汉《中国音韵学研究》第538、539页。商务印书馆1948年。

所以高本汉的汉语音韵研究对汉语方言研究的影响主要是描写性的，罗常培的《临川音系》《厦门音系》、赵元任的《钟祥方言记》、董同龢的《华阳凉水井客家话记音》以及赵元任、丁声树等的《湖北方言调查报告》、袁家骅的《汉语方言概要》等，基本上都是这一类型的描写性著作，想为汉语音韵的研究扩大方言的基础。赵元任的《现代吴语的研究》情况稍异。从所述的方言现象来看，它是一部现代吴方言的描写比较语音学的著作，但实际上已隐含着方言差异的比较与重建原始吴方言之间的内在联系。所谓“所用材料范围甚小，对于吴语的事实虽多所发现，而对于空间与时间上的远处的推测没有什末发明”，[①]已暗示可以通过方言差异的比较去作“空间与时间上远处的推测”。有些语言学家从中得到了启发，设法通过方言内部差异的比较去重建原始方言。[②]但就总体来看，《现代吴语的研究》还是一种描写比较语音学。所以，对汉语的音韵研究发生过重大影响的高本汉的《中国音韵学研究》出版之后，汉语方言的研究大多都是描写性的，如何通过方言差异的比较以弥补书面文献材料之不足，似还没有引起人们的充分重视。

张琨不同意高本汉关于《切韵》是现代方言的原始母语说。如 §6.4.2 所述，《切韵》是一种综合音系，反映各地方言的特点，因而在考虑《切韵》与现代方言的关系时要根据方言的特点简化《切韵》音系，为原始方言建立起一个音类框架。这一理论国

---

① 赵元任《现代吴语的研究》第 3 页。科学出版社 1956 年。

② 原始闽语的创始人、美国语言学家罗杰瑞（Jerry Norman）告诉我（1985 年 9 月），他的原始闽语的设想是从赵元任的《现代吴语的研究》中得到启发的；赵虽然没有说“原始吴语”，但已隐含有这个意思。

内了解的人还不太多，因而在实际的汉语方言研究中还没有什么影响。张琨自己在不懈地进行这方面的探索，著有《温州方言的音韵历史》（台湾民族学研究所集刊第 32 期）、《论比较闽方言》（台湾中央研究院史语集刊第 55 本第 3 分）[①]等。这一理论的特点是既要注意方言的差异，又要注意《切韵》等书面文献材料，还要对两者进行比较，以便根据方言的特点简化《切韵》音系。例如在拟测闽南方言的文读系统时张琨把《切韵》的“庚$_{三}$清青蒸”“寒删山”“覃谈咸衔”……各自合并为一个音类，目的是“希望用另外一种方法，从简化的《切韵》系统出发，同时考虑文白异读”，去研究从《切韵》到现代方言的发展。[②]这是一种值得重视的研究途径，但其对汉语方言研究的关系还有待于来日的探索。

美国语言学家罗杰瑞根据对闽方言的研究，认为用《切韵》音系作历史依据来比较闽语方言是不合适的：“闽北方言的声母和声调，用《切韵》音系去解释，是非常困难的。人们就要去想，闽北方言最古老的层次，可能保留有一套和《切韵》系统韵书不同的声母。”[③]因此他以及国外的一些汉学家认为汉语史的研究可以不管《切韵》等书面材料，而应该严格地运用历史比较法，先比较方言内部的差异以重建原始方言，如原始闽语、原始粤语、原始吴语……而后再比较各原始方言的差异去重建原始汉语。罗杰瑞严格地根据这种方法去研究闽方言，写有《闽方言声调的发展》（1973）、《原始闽语的声母》（1974）、《原始闽语的韵母》

---

① 《语言研究》1985 年第 1 期已转载此文。

② 张琨《论比较闽方言》，台湾史语集刊第 55 本第 3 分第 424—427 页和 416 页。

③ 罗杰瑞《闽北方言的第三套清塞音和清塞擦音》，《中国语文》1986 年第 1 期第 38 页。

（1981）等文章，对原始闽语进行了全面的拟测。这种原始语与《切韵》之类的书面材料无关，完全是根据方言差异的比较拟测出来的。比方说，《切韵》的并母 b- 在现代闽方言中的语音表现是：

	切韵	福州	厦门	建阳	邵武
爬	ba	pa^{2}	pe^{2}	pa^{2}	p‘a^{2}
病	biɐng-	paŋ^{6}	pĩ^{6}	paŋ^{6}	p‘iaŋ^{6}
白	bak	pa^{8}	peʔ^{8}	pa^{8}	p‘a^{8}
皮	bjię̯	p‘ui^{2}	p‘e^{2}	p‘u^{2}	p‘ei^{7}
被	bjię̯:	p‘ui^{6}	p‘e^{6}	p‘ui^{6}	p‘ei^{3}
鼻	bi-	p‘ei^{5}	p‘ĩ^{6}	p‘oi^{6}	p‘i^{5}
雹	båk	p‘oi^{8}	p‘auʔ^{8}	p‘o^{8}	p‘au^{7}
瓶	bieng	piŋ^{2}	pan^{2}	vaiŋ^{9}	p‘en^{2}
步	buo-	puo^{6}	pɔ^{6}	vo^{6}	p‘u^{6}
薄	pâk	po^{8}	pɔʔ^{8}	vɔ^{8}	p‘o^{6}

《切韵》的一个 b-（并）在闽方言中有三种对应形式，说明闽方言的研究不能以《切韵》为根据，而只能通过方言内部差异的比较去探索闽方言的发展。因此，他认为原始闽语有三套不同的浊塞音：

b	d	g
bh	dh	gh
-b	-d	-g

在往后的发展中，b>p（爬病白）、bh>ph（皮被鼻雹）、-b>v（瓶步薄），这第三套声母可能是前面有浊音前缀的浊塞音，后弱化为 v。同理，浊塞擦音和清塞音、清塞擦音也有三套。罗杰瑞假设这第三套声母的目的是为了解释闽方言的所谓“第九调”（例如建阳的“瓶” vaiŋ^{9}），因为他认为《切韵》解释不了这种现象。[①] 罗

① Jerry Norman, Tonal development in Min, Journal of Chinese Linguistics, 1973, 1, 2, pp. 222—238.

杰瑞通过这种办法建立起他的原始闽语的系统。

从上面的叙述中可以看到，对《切韵》与现代汉语方言的关系的不同认识在语言史的研究中产生了三种不同的途径和方法，给汉语方言的研究也带来了不同的影响。

6.5.2　从时间和空间的关系来说，不同的认识把《切韵》放在不同的时、空关系点上。把《切韵》看成为一时一地的音系，那就是说，《切韵》只代表时间。把《切韵》看成为反映"南北是非，古今通塞"的综合音系，那就是说，《切韵》既代表时间，也代表空间；王力由于只从时间的角度研究汉语史，因而在他的音韵史研究中只能撇开《切韵》。罗杰瑞对《切韵》采取不理睬的态度，那就是说，在他看来，在方言差异的历史比较研究中《切韵》既不代表时间，也不代表空间。王力与罗杰瑞，一个只研究书面材料，一个只比较研究方言的差异，但在处理《切韵》在汉语史研究中的地位时，他们走到一起，结成了"同盟"。

高本汉、王力、张琨的汉语史理论，我们前面已经进行了具体的分析。至于罗杰瑞的理论，我们似乎还需要在这里进行一些讨论。这种理论的优点是重视现实的方言分歧，从歧异中探索语言的发展。这正是我们在语言史研究中的一个薄弱环节。自高本汉开始的汉语音韵研究，虽然已注意到方言的重要性，但还只处于为《切韵》的音类作音值注释的陪衬地位上（§6.3.3）。罗杰瑞及其他一些语言学家的研究，正好弥补了我们研究中的这一方面的不足。但是，我们不能因此而无视罗杰瑞理论中的弱点。这主要表现在两方面：第一，对闽方言内部差异的复杂性缺乏具体的分析，特别是文白异读在语言史研究中的特殊地位和价值没有给以特别的研究，因而有些结论站不住（我们将在§16.2.5中再讨论);第二,无视书面材料的印证。

在方言差异的比较研究中不管《切韵》等书面资料,这好像又走入另外一个极端。高本汉把《切韵》看成为汉语各个方言的始发点——原始语,这是一个极端,但并不是说其中没有合理的内核,可以彻底否定。在语言史的研究中把《切韵》作为联系古今的一个环节和作业框架,这是合理的。《切韵》可以而且应该成为我们解释音变的一个参照点,不能置之不理。这犹如我们研究音变的规律和例外的情形那样,我们可以先根据规律的标准表现形式分析一批语言现象,而后再来逐一分析不符合规律的剩余形式,作出因果性的解释。在汉语史的研究中,我们可以先把现代的方言与《切韵》联系起来,凡是能用《切韵》来解释的,我们应该尽量利用这种书面材料,这可以得到事半功倍的效果,何乐而不为;用《切韵》解释不了的,我们再逐一研究,具体分析,作出理论的说明。任何语言系统都是长期发展的结果,共时的差异反映历时的发展(§4.4.5,§13.2—13.3)。把《切韵》作为解释音变的参照点,而不是现代各个方言的始发点,这就可以根据各个方言的不同特点对具体的问题进行具体的分析,避免极端化。张琨认为:"建立原始方言需要根据现代方言的内部分歧,运用历史比较法等方法,为简化了的《切韵》、即原始方言的音类框架拟测出具体的音值。所以,运用现代的方言材料研究汉语史一定要参照《切韵》,但是又不能完全拘泥于《切韵》。完全抛开《切韵》是不对的。罗杰瑞写了一篇原始闽语的韵母系统的文章,完全不管《切韵》,忽略闽语中的文白异读,这是不对的。重建原始方言的目的是为了研究汉语史,为了充分利用现代汉语方言的丰富材料,同历史上留下来的可以参考的书面文献结合起来，使汉语史的研究建立在更扎实、更科学的基础上。如果完全不管文献材料，完全不管《切韵》，那建立起来的各个原始方言如原始北方话、原始吴语、原始闽语、原始粤语等等，相互之间可能风马牛不相及，那怎么能进一步弄清汉语的历史发展呢？所以，完全抛开《切韵》，一定会把汉语的历史搞乱，甚至会得出现代汉语的各个方言历史上不同源的荒谬结论。"[①] 这一论断，我们认为是正确的，在汉语史的研究中应该把方言的差异和《切韵》等书面材料结合起来；不管方言的差异，或者不管《切韵》之类的书面材料，在方法论上都是片面的。

6.5.3 在汉语史的研究中我们主张把方言的差异同历史上留下来的文献材料结合起来，还由于文献材料是"死"的，而方言材料却是"活"的，如何把"死"的材料作"活"的解释，离开现代方言或亲属语言的差异的比较，就无法实现这个目标。汉语史中有很多争论的问题，没有方言差异的比较是难以弄清楚的。例如，《切韵》音系的四等韵有没有介音的问题就是这方面的一个很好的例子。高本汉认为三等韵有一个辅音性的介音 i̯，四等韵有一个元音性的介音 i。李荣不同意这种拟测，认为：根据反切上字的分组趋势，一二四等一组，三等一组，一二等没有介音，而说四等有 i 介音，于理不合；从声韵配合关系来说，带有弱的 i̯ 介音的三甲等韵能与章（tɕ）组配合，而带强的 i 介音的四丙等却不能与章组声母配合，于理不通。因此，李荣主张取消高本汉所拟测的四等韵的 i 介音，而只保留主要

① 《美国语言学家谈历史语言学》（徐通锵整理），《语言学论丛》第 13 辑第 247 页。

元音 e。[①] 这种看法主要是根据书面文献材料和音理作出的推断，而当时还没有方言材料的根据。周法高根据三、四等韵在现代方言中的语音表现，认为《切韵》的四等韵还是有 i 介音的，[②] 看法与高本汉同。这一解释与现代多数方言的语音表现比较合拍，但不符合反切所提供的线索。出现这种情况的一个重要原因，主要是对汉语方言还缺乏全面的调查研究，还不大了解《切韵》的三、四等韵在今天的方言中有哪些歧异的语音表现形式。金有景发现浙江义乌方言里的端、泥、精三组声母的三、四等字读音有别，三等字读 -ie，四等字读 -iɛ。[③] 但这只能说明三、四等有区别，而难以说明四等字有无介音的问题。随着方言研究的发展，有些我们过去不了解的现象日有发现，因而可以为《切韵》四等韵的拟测提供一些新的线索。李如龙根据闽方言的材料，认为《切韵》的四等韵没有 -i- 介音。[④] 请比较四等韵的开口字的语音表现：（见 168 页）

台湾的张贤豹根据闽方言的材料把《切韵》纯四等韵拟测为 *-ai，也没有 -i- 介音，[⑤] 结论与李如龙相同。这些材料比较有说服力，不仅可以为李荣的推断提供一个强有力的根据，而且也可以说明在闽方言的研究中《切韵》仍然不失为一种解释音变的参照点。

---

① 李荣《切韵音系》第 111—115 页。科学出版社 1956 年。

② 周法高《古音中的三等韵兼论古音的写法》，史语集刊第 19 本第 216 页。

③ 金有景《义乌话里咸山两摄三四等字的分别》，见《中国语文》1964 年第 1 期第 61 页。又见《语言研究》（1982 年第 1 期）的《关于浙江方言中咸山两摄三四等字的分别》。

④ 李如龙《自闽方言证四等韵无 -i- 说》，见《音韵学研究》第 414—422 页。中华书局 1984 年。

⑤ 张贤豹《〈切韵〉纯四等韵的主要元音及相关问题》《语言研究》1985 年第 2 期。

	福州	宁德	建瓯	永安	莆田	厦门	汕头
齐	ε（a） 〈ai〉	ε 〈œ〉〈ai〉	〈ε〉 ai	e 〈a〉	e 〈ai〉	e ue 〈ai〉	oi 〈ai〉
萧	〈εu（au）〉	〈εu〉	〈au〉	〈o〉		〈au〉	
添	εiŋ（aiŋ）	em	〈aŋ〉	eŋ	〈e〉		
帖	〈aiʔ〉	εp	〈a〉	e	〈eʔ〉	〈aʔ〉	〈aʔ〉
先	ɛiŋ（aiŋ）	en	aiŋ	eŋ	ɐŋ e 〈œŋ〉	〈ãi〉	ōi 〈aŋ〉
屑	〈eiʔ（aiʔ）〉	et	〈ai〉 〈o〉	e 〈a〉	εʔ 〈œʔ〉〈eʔ〉	〈at〉〈ueʔ〉	oiʔ 〈ak〉
青	〈aŋ〉	eŋ〈aŋ〉	aiŋ aŋ 〈eiŋ〉	〈ã〉〈õ〉 〈am〉	eŋ a	〈an〉	eŋ ẽ
锡	εiʔ	ek	〈ε〉	a 〈e〉	εʔ	〈at〉〈aʔ〉	ek eʔ 〈ak〉

〔说明：表中未加〈 〉者是基本对应，加〈 〉者是部分字的读法，下加＿＿是文读音，下加＿＿是白读音，（ ）内是福州话去声的变韵〕

6.5.4 把语言的空间差异同“历史上的旧材料”结合起来探索语言的历史发展，前景是广阔的。现在已不是高本汉写作《中国音韵学研究》的时代，那时候的汉语方言除了一些传教士的不大高明的调查以外，鲜有研究。新中国成立以后，我们对汉语的方言已经作了相当广泛的调查，虽然质量不平衡，但比高本汉开始研究汉语音韵的时代要好得多了，这就为比较研究奠定了一定的基础。《方言》编辑部为这种比较研究提出四条共同的要求，指出“方言比较不怕资料少，就怕各地的资料对不起来，为方言比较积累资料起见，这类文章最好有共同的要求，一致的调查表格”。①

① 《〈方言〉两年》，见《方言》1981年第1期第2页。

这说明对汉语方言的比较研究已经提到日程上来了，我们可以在现有材料的基础上进行比较研究，而在比较研究中进一步促进、指导调查研究的深入展开，进而促使语言史、现代汉语乃至语言理论的研究向纵深的方向发展。总之，把语言的空间差异和语言发展的时间序列结合起来，定能在语言研究中取得一些突破性的进展。

7. 结构分析法（上）：结构与音变

7.1 语言系统的学说和音变理论的发展

7.1.1 结构主义语言学在本世纪的上半世纪居统治地位，它在理论、原则、方法等方面都对语言学的发展作出了积极的贡献。它原来只研究语言的共时系统，但随着语言研究的深入发展，有些语言学家运用结构分析的方法去研究语言史，从而创造了一种与青年语法学派的理论模式不同的新模式，推进了语言的历时研究。这是本世纪历史语言学的一个新发展，也是结构分析法对语言史研究所作出的一个重要贡献。

7.1.2 结构分析法的理论基础是德·索绪尔的语言系统说。德·索绪尔认为言语活动是异质的（heterogeneous），而语言却是同质的（homogeneous）系统。[①] 所谓“同质的”，就是说，语言符号的能指和所指都是心理的，生理、物理、社会方面的因素都属于言语的范围；语言是由语言符号所组成的一种系统，语言符号的每一种要素都“由它与语言中其他要素的关系和差别构

---

① 德·索绪尔《普通语言学教程》第 36 页。商务印书馆 1980 年。

成”，[①]“语言中只有差别”，“语言系统是一系列声音差别和一系列观念差别的结合”，[②]因而是一种“纯粹价值的系统”；[③]语言系统是共时的，不是历时的，其内部是纯一的，没有变异性（§12.1.1），等等。这种语言观与青年语法学派有很大的区别，它着眼于语言结构的系统性，要求把每一种现象都放到语言系统中去考察，从它与其他现象之间的相互关系中去把握它的实质，而反对孤立地去考察一种现象。青年语法学派虽然强调音变规律的绝对性，但缺乏系统的观念，还不能从一种要素与其他要素之间的关系中去考察它的实质，因此被结构学派讥为原子主义。被认为是反映青年语法学派的最高成就的保罗（Hermann Paul）的《语言史原理》虽然已分出集体的语言习惯（language custom）和个人的语言两个方面，但语言习惯只看成为个人语言的一种平均数（average）。这种划分对德·索绪尔划分语言（社会的）与言语（个人的）可能有影响，但平均数还不等于系统，所以德·索绪尔关于语言系统的学说一直被认为是语言研究的一次“革命”。结构学派继承了这一“革命”的成果，并把这一成果用之于语言史的研究，从而使语言演变理论的研究产生了一些突破性的进展。

7.1.3 结构语言学在语言研究中首先要确定语言中的单位。音位（phoneme）和语素（morpheme）是语言系统中的两个最基本的单位。-eme（phoneme，morpheme，lexeme，tagmeme，theme...）是语言学家运用结构分析法找出来的各级语言单位。语言的分析由于以“位”（-eme）为单位，因而首先需要根据分

---

① 德·索绪尔《普通语言学教程》第164页。商务印书馆1980年。

② 同上书，第167页。

③ 同上书，第157页。

布的原则把各种 allo-（“素”，如 allophone，allomorph...）归纳为 -eme（“位”）。这种共时分析的原则运用于语言史的研究就表现为结构语言学家对音变的一些特殊的理解，认为音变必须以音位为单位，只有音位之间的关系发生了变化，亦即影响到音系的变化才能认为是音变。雅科布逊把“每一种变化（modification）都必须看成为它所属的那个系统的一种功能”称为历史音系学（historical phonology）的第一条原则，认为“只有能够说明它在语言系统中的作用才能看成为音系的变化（phonological change）”。①这种看法比起德·索绪尔的理论来已经向前发展了一大步。德·索绪尔认为“变化永远不会涉及整个系统，而只涉及它的这个或那个要素，只能在系统之外进行研究。毫无疑问，每个变化都会对系统有反响，但是原始事实却只能影响到一点；原始事实和它对整个系统可能产生的后果没有任何内在的关系”。②在这方面，雅科布逊是对的，不能认为变化与系统无关。从“只能在系统之外进行研究”到“每一种变化都必须看成为它所属的那个系统的一种功能”，这是语言史研究的方法论的一次重大的突破。

音变既然以音位为单位，那些变体性的、过渡性的变化自然就排除在音变的领域之外。所以，结构学派的很多语言学家在谈到音变的时候不用 change（变化）一词，而用 mutation。change 和 mutation 的意义是不同的，change 包含过渡性的变化，而 mutation 是“可能影响到一种语言从一个历史发展阶段到下一

---

① R. Jakobson, Principles of Historical Phonology, Reprinted in Baldi and Werth, 1978, p. 103.

② 德·索绪尔《普通语言学教程》第 127 页。商务印书馆 1980 年。

个发展阶段的整个语音系统”[①] 的演变。雅科布逊在谈到这一点的时候强调指出：“我们用 mutation 这个术语就是为了强调音系变化是跳跃式地发生的”，而语音变化（phonetic change）则可看成为音系变化的中介（vehicle）。[②] 他为了说明音变的这种特点还举了一个俄语南部方言的例子，说非重读的 o 与 a 合流，其间可能存在一些过渡性的阶段：o 先变成一个开（o^a），然后变成 a^o，最后失去圆唇成分而变成 a。但是从音系的观点来看，这里只有两个阶段：与 a 对立的 o（o^a，a^o）实现为不再与 a 对立的 o，即 o 与 a 合流为一个音位。这就是说，中介性的变化（o^a，a^o）与音位的变化无关，而只有跳跃性的变化（mutation）才能使一个音位消失或形成一个新的音位，使音系发生某种程度的变化。

青年语法学派认为语音是渐变的，而结构学派把语音的变化分为中介性的变化和跳跃性的变化两种类型，目的就是要集中研究跳跃性的突变，而把中介性的渐变只作为研究跳跃性变化的一种手段。结构学派的后期代表人物霍盖特（Charles F.Hockett）的一段话是相当典型的。他在为他的专著《现代语言学教程》（A Course in Modern Linguistics）的中译本写的序言中说：“在历史语言学方面，唯一重要的更正是该把语音演变（sound change）和语音顿变（sound shift）分辨得更清楚一点；通过语音演变的手段，一个语言的音位系统可能会突然组成新的结构，这就是语音顿变。”[③] 语音顿变（sound shift）和 mutation 的含义是一样的，

---

① 哈特曼等《语言与语言学词典》第 224 页。上海辞书出版社 1981 年。

② R. Jakobson, Principles of Historical Phonology, Reprinted in Baldi and Werth, 1978, p. 105.

③ 霍盖特《〈现代语言学教程〉中译本序》，见《语文研究》1985 年第 4 期第 3 页。

都是指跳跃性的变化，不过现在多用语音顿变。

7.1.4 语音系统如何实现跳跃性的顿变？结构分析法只能从结构中寻找答案，因为是音系的结构为顿变提供了一种活动的舞台。

7.2 音系的结构

7.2.1 在语言的各个结构层面中，语音结构的系统性最为明显。

根据德·索绪尔和而后出现的结构语言学的语言理论，语言中的聚合关系和组合关系构成语言的系统。语音系统的最小单位是音位。音位由一束区别特征构成。有某一共同区别特征的音位可以构成一个聚合群，例如北京话的 /p//p'//m/ 可以构成一个"双唇"聚合群。[①] 聚合群是音系结构的基础。在聚合群中，各个单位相互处于对立关系中，每一个单位的价值主要取决于它与其他单位的关系。音位与音位的组合构成音位的组合关系。音位组合的最小结构是音节。在音节中，音位与音位的组合由于彼此间的相互影响而可能改变其中的一些音值，因而出现音位对立的中和（neutralization）与音位变体。这些都可能为语音的演变提供一些具体的条件。

语音系统与词汇系统、语义系统不同，它是封闭的，不是开放的。封闭性是语音系统的一个重要特点。这主要表现在：构成系统的成员（音位）有限，每种语言一般只有几十个音位；由这些

① 从音系的观点来看，/f/ 也属于这一聚合群，这里为简化分析，暂不列 /f/。

音位的组合而构成的最小的结构——音节的结构格局也有限；这些有限的音位又可以根据其共同的区别特征而把它们归成各种聚合群，以便进一步研究聚合群中各个音位之间的相互关系和聚合群之间的相互关系，揭示语音结构的规律性。在这样的封闭系统中进行研究比较容易见成效。而词汇和语义，由于它们都是开放的系统，因而研究起来相当困难。

语音系统的另一个特点是它的结构对称性。一个音位包含有几个区别特征，就可以同时包含在几个不同的聚合群中。比方说，北京话的 /p/ 音位同时处于两个聚合群中：按部位，它是"唇音"这一聚合群 /p p‘ m/ 的成员；按发音方法，它是"－送气"（不送气）塞音聚合群 /p t k/ 的成员：

p	t	k
p‘	o	o
m	o	o

竖行是"双唇"的聚合，横行是（－送气）"塞音"的聚合，/p/ 处于双向（部位的和方法的）聚合中。处于这种聚合群中的音位，结构上具有对称性的特点：/p/ 的"双唇"聚合群既然有送气的塞音 /p‘/、鼻音 /m/ 与之对立，那么 /t/ /k/ 两行肯定也会有相应的送气塞音 /t‘/ /k‘/、鼻音 /n/ /ŋ/ 与之对立，相互间呈现出平行的、对称的系列。这样，上表中的"o"就可以用 /t‘/ /n/ 和 /k‘/ /ŋ/ 去填补，成为：

p	t	k
p‘	t‘	k‘
m	n	ŋ

纵行与纵行平行、对称，横行与横行平行、对称。聚合群之间的这种平行的、对称的特点是音位结构系统性的具体表现。我们知道

了聚合群中某一个音位的特点，也就可以据此推知与它处于同一聚合群中的其他音位的特点了。如果在这种对立—对称的结构中缺了一个成员（例如在北京话的声母系统中没有 /ŋ/），那就构成结构的空格（slot），可以成为观察音变的一个窗口（§9.2）。

7.2.2 双向的聚合是音位系统的主流，因而平行、对称也就成为音位系统的一个重要的特点。音位系统中也还有一小部分音位，它只和某些同部位的音位聚合，而在发音方法上离群索居，说明它只有单向的聚合。请看北京话的塞擦音和擦音的系列：

ts	tsʻ	s	
tʂ	tʂʻ	ʂ	ʐ
tɕ	tɕʻ	ɕ	

/ʐ/ 在发音方法上没有与它同系列的音位，形单影只，与此类似的还有一个 /l/。这种音位在音位系统中的地位引起了人们的兴趣和讨论。有人认为 /ʐ/ 这个音位是 /ʂ/ 的浊音，这样在北京话的音位系统里就出现了孤零零的一对清浊对立的区别特征，于音位的系统性不协调。有人认为这个音是摩擦成分较弱的半元音 /ɹ/。究竟怎么分析，人们意见不一。汉语拼音方案把它与儿化韵的“儿尾”（元音的卷舌作用）合并为一个音位，不失为一个好的办法。

7.2.3 元音系统的结构也可以分双向对立和单向对立，这在下面有关的部分再分析。

区分双向的聚合和单向的聚合，有利于分析音位的系统性，也有利于说明语音的演变。一般说来，处于双向聚合中的音位发生演变时会引起同一聚合群中其他音位的演变，具有整体性、系列性的特点，而处于单向聚合中的音位的变化，一般不会涉及其他的音位，具有它自己的特点。

7.3 双向对立和音位演变的系列性

7.3.1 处于双向对立中的音位，如果某一个区别特征或音位的组合关系发生了变化，往往会波及到聚合群中的所有的音位，使音变具有系列性的特点。在这方面，中古汉语浊辅音的清化在汉语北方方言中的反映恐怕是一个典型的例子。根据比较拟测，中古音的声母系统大体如下表：

p	pʻ	b	m			
t	tʻ	d	n			l
ȶ	ȶʻ	ȡ				
ts	tsʻ	dz		s	z	
tʂ	tʂʻ	dʐ		ʂ	ʐ	
tɕ	tɕʻ	dʑ	ȵ	ɕ	ʑ	
k	kʻ	g	ŋ	x	ɣ	
ʔ						
o						

方框中的音位都是浊辅音，在语言发展中由于“浊音”这个区别特征的消失，所有以“浊音”为区别特征的音位在北方方言区都变成相应的清音：浊擦音并入相应的清擦音；浊塞音和浊塞擦音依声调的平仄并入相应的送气或不送气清音：

b	仄：p	步	部	备	抱
	平：pʻ	蒲	菩	爬	皮
d	仄：t	杜	道	豆	但
	平：tʻ	徒	桃	头	谈
g	仄：k	共	柜		
	平：kʻ	狂	逵		

…………

从浊辅音音位来说，演变表现为音位的消失和分化；从清辅音音位来说，演变表现为音位的合并。这种因浊音这一区别特征的消失而产生的音位的分化和合并都是成系列的，它们使汉语的语音系统产生重大的变动：辅音系统的三系列的对立关系变成两系列的对立关系；浊音与清音的相关关系（correlation）消失，只剩下送气与不送气的相关关系。

7.3.2 双向聚合中音位变化的系列性同样也表现在音位的组合关系中。

同一聚合群中的音位，根据音系结构的系统性、封闭性、对称性特点，往往也具有相同的组合关系。比方说，北京话的塞音和塞擦音分属于"－送气"（不送气）和"＋送气"两个聚合群，韵母可以粗略地分为阳声韵（以 -n、-ŋ 收尾）和阴声韵两类。"－送气"和"＋送气"这两个聚合群中的音位与阳声韵的组合关系（能组合的举一个字做代表，不能组合的画一个"○"）[①] 是：

"－送气"音位		"＋送气"音位	
阴平	阳平	阴平	阳平
般	○	潘	盘
奔	○	喷	盆
边	○	篇	便（～宜）
宾	○	拼	贫
单	○	滩	檀
颠	○	天	田
当	○	汤	堂
登	○	熥（～馒头）	腾

① 例引丁声树《谈谈语音构造和语言演变的规律》，《中国语文》1952 年创刊号。

东	○	通	同
丁	○	听	亭
端	○	湍	团
敦	○	吞	屯
光	○	筐	狂
坚	○	牵	虔
今	○	钦	琴
精	○	清	晴
将	○	枪	墙
瞻	○	搀	蟾
真	○	嗔	陈
张	○	昌	长
征	○	称	程
中	○	冲	虫
尊	○	村	存
宗	○	葱	从

所有的"-送气"聚合群中的音位都没有阳平字,只有"+送气"聚合群中的音位才有阳平字。可见同一聚合群中的音位在组合上也具有一些共同的特点。

7.3.3 以上分析的都是北京话语音系统的一些共时结构规律。但是,这种共时结构规律不是从天上掉下来的,而是语音发展的结果,是双向对立的音位在演变中具有系列性特点的一种具体表现。我们在§7.3.1说过,由于"浊音"这一区别特征的消失,中古的浊音都变成相应的清音,其中的浊塞音和浊塞擦音依声调的平仄而分为送气和不送气两类。阳声韵中的平声字的浊塞音和浊塞擦音,因为其声调是"平"的,而不是"仄"的,因而在今天的北京话中都变成送气音。这样,"-送气"聚合群中的音位与阳声韵组合的时候就不可能有阳平字。阴声韵的情况与阳声韵不同，北京话"－送气"聚合群中的音位有阳平字，因为那是另一条语音发展规律"入派三声"的结果。例如：

"－送气"音位		"＋送气"音位	
阴平	阳平	阴平	阳平
巴	拔	趴	爬
逋	醭	铺	蒲，仆
掰	白	拍	牌
包	薄	抛	袍
低	笛	梯	题
都	读	秃	图
多	夺	拖	驼；橐
歌	格	科	咳（～嗽）
基	极	欺	旗
居	局	区	渠
焦	嚼	锹	樵
知	直	痴	迟
渣	煠（油～）	叉	茶；察
斋	宅	钗	柴
周	轴	抽	稠
遭	凿	操	曹

仔细考察"－送气"音位中的阳平字全部来自原来的入声字，因为入声字的声调是"仄"的。因此，入声字在"入派三声"的时候在今天的北京话中大多变成"－送气"音，只有少数几个字流入"＋送气"声母（仆、橐、嗽、察）。这样，我们就可以用规律的形式来说明音位演变的系列性特点：北京话里凡是从古平声来的阳平字没有"－送气"声母，只有从古入声来的阳平字才有"－送气"声母。[①]

---

① 请参看丁声树《谈谈语音构造和语音演变的规律》，《中国语文》1952年创刊号第15—17页。

7.3.4 语音演变的系列性特点为我们运用内部拟测法重建有规则的原始结构、探索语言演变的规律提供了必要的语言理论的基础（§9）。

7.4 单向对立和音位演变的特殊性

7.4.1 处于单向对立中的音位的演变一般不会波及到其他的音位，因而缺乏系列性的特点。法语小舌颤音 /R/ 在有些地区变成舌尖颤音 /r/，别的音位并不因此而受到影响。这种类型的音位一般可以向两个方向演变：一是失去自己的区别性特征，并入其他的音位系列，从而使音系中处于单向对立的音位或消失，或改变单向对立的位置；一是促使其他的音位系列也产生新的、能和它配对的音位，从而使音系中出现新的双向对立的结构。究竟向哪一个方向演变，大致上决定于当时起作用的音变力量。

7.4.2 音系中因处于单向对立而产生特殊的演变，汉语的日母是一个典型的例子。在古代，它的音值是什么？语言学家很伤脑筋。高本汉认为"拟测古代汉语的声母系统，日母是最危险的暗礁之一"，因为它在现代方言里的表现形式太复杂，"很难找出一个音来把所有近代的音都能推本到它"。[①] 陆志韦有鉴于这个声母的特殊性，在《释中原音韵》一文中把它拟测为"ʐ̗"，认为它"并不是 ʂ 的浊音 ʐ，也不是 ɕ 的浊音 ʑ，所以加上"̗"号。它的性质介乎'软音'mouille 跟'硬音'dur 之间，也许较近乎 ʐ̗"。[②]

① 高本汉《中国音韵学研究》第 338 页。商务印书馆 1948 年。

② 陆志韦《释中原音韵》，《燕京学报》第 31 期，1946 年。

我们在 §7.3.1 的声母表中日母拟作 ȵ,好像处于双向对立中,但从语言演变的情况看,它肯定也不是一个地道的 ȵ,因为它的演变方式与同一聚合群中的其他音位不一样。比方说北方方言,日母的演变就很特殊。先请比较武汉、济南两地日母字的语音反映形式：

	绕	染	人	日	乳	软	绒	（锐）
武汉	˓nau	˓nan	˛nən	˛ɯ	˓y	˓yɛn	˛ion	ɹuei˒
济南	˓ʐau	˓ʐæ̃	˛ʐẽ	ʐʅ˒	˓lu	˓luæ̃	˛luŋ	luei˒

日母在武汉话中已经丧失它的独立性：开口韵前与泥母（n-）合流,其他情况下大都为零声母,“锐”为以母字,ɹ- 可以看成为它在演变时合流于日母的过程中留存下来的一点痕迹。济南话没有像武汉话那样彻底,日母只在合口韵前变成 l,与来母合流,但毕竟已开始了它的特殊演变过程。北京、太原等地的情况与武汉话完全不同,日母在音系中的地位“岿然不动”,反而要求唇音系列产生一个新音位 v,以与它一起构成一个浊擦音聚合群。根据北京大学中文系汉语专业师生的北京方言的调查,北京话合口呼零声母的音节可以分 wu（wu、wo）和 wen（wen、wan、wa、wai、wei、wang）两组,它们在言语社团中的发音,wu 组以零声母为主,而 wen 组在多数人的发音中都有一个声母 v,[①] 只不过摩擦成分比较轻而已。钱玄同早在 1927 年就已经注意到这一点,认为“至于万（v）,北京音倒不是没有,合口诸韵母在单用时,其起首之 w 多有变为 v 的（不过这个 v 比英法的 v 用力较轻些,吐气较少些）。例如‘蛙、为、稳、望’,读 va、vei、ven、vanq,而不读 wa、wei、wen、wanq。但‘乌’‘我’则不变,仍读 wu、woo,而不读 vu、

① 请参看沈炯《北京话合口呼零声母的语音分歧》,《中国语文》1987 年第 5 期。

voo”。[①] 为什么新产生的声母 v- 的摩擦成分会比较轻？这是因为它是因 ʐ- 的结构需要而产生的，ʐ- 本身的摩擦成分就比较轻，是不是浊擦音，学界都有争论（§7.2.2），和它配成浊擦音系列的新音位 v，它的摩擦成分自然不会强于 ʐ。山西太原等地的日母字读 z-，摩擦成分很强，因而合口呼零声母产生的新音位 v- 也就有很强的摩擦成分。这是语言结构系统性特点的一种具体表现。

日母在演变中表现出来的特点可以比较清楚地说明处于单向对立中的音位的演变特殊性。

7.4.3 北京话的元音音位系统一般认为是：

i y u

e o

ə

a

在这个系统中，/y/ 处于一种单向对立的聚合中，因为用“圆唇”这一特征而与其他音位相区别的只有 /y/ 一个音位。照理，这个音位是很容易发生变化的，但实际上它却有相当大的稳定性。这恐怕与音位的组合关系有关。开、齐、合、撮是汉语的音位组合起来构成音节的结构模式。结构模式会制约音位的变化，使之尽可能地维持模式结构的要求。/y/ 的相对稳定性可能正是它作为撮口韵的代表而符合这种模式化要求的缘故。[②] 这或许可以和英语的 /θ/ 和 /ð/ 的对立相比拟。英语中 /θ/ 和 /ð/ 的对立的功能负荷量是很低的，依靠它们来区别词形的没有几个词，音系中似无立

① 钱玄同《关于国语罗马字字母的选用及其他》，见《新生》周刊 1 卷 8 期，1927 年。

② 在某些圆唇后元音前它似有被异化为展唇元音的趋向，例如“窘”，有些人读为[tɕioŋ]。

足的余地，但是由于它们各自处于双向对立的聚合中，是清与浊相关系列中的一对成员，因而结构的系统性使它们保持着稳定的对立，绝对不会轻易地发生变化。北京话的 /ɣ/ 虽然与英语的 /θ/ /ð/ 的对立情况不同，但受系统性的制约，这一点可能是类似的。

在这种三角构型（configuration）的元音系统中，/a/ 似乎也是一种单向对立，但实际上它是一种隐形的双向对立，因为前 / 后的对立在 /a/ 中合而为一。这与前述的 /ʐ/ 或 /ɣ/ 的音韵地位有重要的区别。所以在三角构型的元音系统中 /a/ 可以跟着前元音变，如英语（§8.2.3），也可以跟着后元音变，如宁波方言（麻韵的 *a 高化为 o，§8.2.5）。这些只能根据不同的情况进行具体的分析。

7.4.4　处于单向对立的音位如果在语言发展中取得某种强有力的音变力量的支持，那么它就不仅可以抵制原系统对它施加的影响，而且可以反过来改造原系统的结构，使有关的系列增加新的音位成员，从而构成新的双向对立。满语在汉语影响下的发展在这方面提供了一个典型的例子。①

满文源自蒙文，是根据“以蒙古字协我国语音，联属为句，因文以见义”（《清史稿 · 达海传》）的原则制定的，受蒙文的影响比较大，而对满语本身的特点考虑不够，因而有些地方不能准确地标写满语：“十二字头无识别，上下字相同。幼学习之，寻常言语，犹易通晓；若人姓名及山川、土地，无文义可寻，必且舛误”（同上），因而清太宗命达海“酌加圈点”，以利于准确地书写满语。满语后来与蒙语的关系逐渐疏远，而与汉语日益接近，因而在这一过程中其文

---

① 有关满语的材料，除注明出处的以外都引自我当时的研究生赵杰同志（汉语专业 84 级，满族）的毕业论文《汉语对满语的影响和满语的连锁式演变》，该文的研究成果大多已见于他的专著《现代满语研究》。民族出版社 1989 年。

字的书写形式也进一步考虑到和汉语的关系："又以国书与汉字对音，补所未备，谓：'旧有十二字头为正字，新补为外字。犹不能尽协，则以两字合音为一字，较汉文翻切尤精当。' 国书始大备。"（同上）根据这种"国书始大备"的清满语的材料，满语的辅音系统为：

p	p‘	m	f	v		
t	t‘	n			l	r
k	k‘	ŋ	x			
tʂ（tɕ）	tʂ‘（tɕ‘）		s（ɕ）			
			ʂ			
					j	

一共 19 个辅音音位，其中 /v/ /l/ /r/ /ʂ/ /j/ 都处于单向对立的聚合中，呈现出一些参差、不对称的特点。但是，三百年来，满语在汉语的影响下发生了重大的变化，处于单向对立中的音位差不多每一个都成为接受汉语的影响，改进满语音系的基础，形成新的音位对立的系列，使原来单向对立的音位变为双向对立，不整齐、不对称的音系结构变为一种新的、整齐的、与汉语的北方方言的音系比较接近的新音系。

首先，专门创制一个新的字母来标写音位 /ʐ/，用以转写汉语的借词。例如 ʐəpən（日本）、ʐənɔ（热闹，戏）。由于汉语借词在满语中占有重要的地位，在交际的时候需要经常运用，因而这个 /ʐ/ 也就逐渐渗入满语的音系。这样，/v/ 就不再是一个处于单向对立的音位了。

其次，/tʂ tʂ‘ s/ 在与 /i/ 相拼（/ʂ/ 后的 /i/ 是后起的，所以不与 tʂ tʂ‘ 配列）时，词首音节的清满语要读成腭化音 [tɕ tɕ‘ ɕ]，而在词的中间或末尾位置上的 /tʂ tʂ‘ s/ 则不变，仍读 [tʂ tʂ‘ s]。但是到了清末和现代的满语，/i/ 前的 /tʂ tʂ‘ s/，不管处于什么样的位置上，

都统统读成 [tɕ tɕ‘ ɕ]。请比较黑龙江黑河的满语方言：

	词首	词中	词末
/tʂ/：	tʂixa > tɕixa（钱）	atʂikə > atɕikə（小）	jamtʂi > jamtɕi（晚上）
/tʂ‘：	tʂ‘ixə > tɕ‘iɣə（虱子）	t‘atʂ‘ik‘u > t‘atɕ‘ik‘u（学校）	tʂaitʂ‘i > tɕietɕ‘i（第二）
/s/：	siŋli > ɕiŋli（行李）	usin > uɕin（田地）	

这些情况就使音位变体 [tɕ tɕ‘ ɕ] 上升为独立的音位迈出了决定性的一步；同时，语言中存在的大量以 tɕ- tɕ‘- ɕ 为声母的汉语借词，例如 tɕiou（就），tɕ‘iau（桥），ɕiaŋ（香）等，也促使 [tɕ tɕ‘ ɕ] 向独立的音位转化。这两种音变力量的结合就使变体 [tɕ tɕ‘ ɕ] 上升为独立的音位变成语言发展中一种不可逆转的变化。当然，人们在理论上也可以把它们看成为音位 /tʂ tʂ‘ s/ 的一种条件变体，因为它们只出现在高元音 /i/ 的前面。但是互补分布并不是确立音位的唯一条件，汉语的 /tɕ tɕ‘ ɕ/ 与 /tʂ tʂ‘ ʂ/ 或 /ts ts‘ s/ 也都有互补关系，但人们并不把它们看成为一组音位的两种变体。满语的 /tɕ tɕ‘ ɕ/ 应该看成为一组独立的音位。

第三，/s/ 在清满语中是作为擦音与 /tʂ tʂ‘/ 配对的，而 /ʂ/ 却被置于另一系列。这可能是由于 /ʂ/ 后开始时无 /i/ 音位，而 /s/ 在词首音节的 /i/ 前却要读成腭化音 [ɕ]，变化的原理与 /tʂ tʂ‘/ 相同的缘故。撇开这些共同性的变化，我们不难发现 /s/ 实际上是一个处于单向对立中的音位，可以以此为基点分析它的演变。

满语是在汉语的影响下发展的。汉语的塞擦音、擦音的音位有三组：

tʂ	tʂ‘	ʂ
tɕ	tɕ‘	ɕ
ts	ts‘	s

这三组音位的结构是平行、对称的，这种结构格局有利于满语以单向对立的音位 /s/ 为基础发展出 /ts tsʻ s/ 的音位系列来。另外，就满语本身来说，它也有发展出 /ts tsʻ s/ 这种音位系列的结构基础。首先，/tɕ tɕʻ ɕ/ 已上升为独立的音位系列，这就使 /s/ 在音系的结构中更孤立。这有利于 /s/ 的变化。其次，更重要的是 /s/ 本身就具有分化为 /ts tsʻ s/ 的基础。根据李德启的《满洲文字之来源及其演变》（见《北平图书馆刊》第 5 卷第 6 期）的介绍，清初满文 [s] [z] 不分，只用一个字母表示。而 [z] 与汉语的 [ts] 相似，因而满文多用 /s/ 转写汉语的借词 /ts/："罪" [sui]，"蝎子" [xiyese]。随着汉语对满语的影响的加深，懂得汉语的人越来越多，知道 [s] 与 [ts] 不同，因而另造一个新的字母代表 [ts]，以转写汉语的借词。这样，在汉语借词的支持下，满语的 /s/ 逐渐分化为 /s/ 和 /ts/，在语言中出现了替代现象。例如：

以 pʻutsɿ （铺子） 替代 pʻusəli
metsɿ （麦子） 替代 maisə
lytsɿ （驴子） 替代 liusə

/s/ 的这种变化似乎还有系统内部的原因，这可能与 /ʂ/ 的发展有关。本来，清满语的 /ʂ/ 后无 /i/，因而 /s/ 才能与 /tʂ tʂʻ/ 相配。但在语言的发展中 /ʂ/ 后的元音也高化为 /i/，例如，ʂanjan > ɕiɛnŋin（白），因而它也要和 /tʂ tʂʻ/ 一样发生变化，变成 /ɕ/，这就对 /s/ 产生"挤"与"推"的压力，迫使 /i/ 前的 /ɕ < s/ 向别的方向转化，以便取而代之。这样，来自 /s/ 的 /ɕ/ 除了一些极为常用的词（如"你" [ɕi < si] 等）之外，大部分也都变成 /ts/（元音也跟着发生相应的变化）。例如：

uɕin > utsɿn（田地）	toɕimpi > totsɿm（进）
kuɕin > kuotsɿn（三十）	aiɕilampi > ɛtsɿlmi（帮助）
aiɕin > ɛtsɿn（金）	……

有了 /ts/ 和 /s/，/ts‘/ 就成为一个聚合的空格，更容易接受汉语的影响。例如，汉语的 paitsɛ（白菜）、ts‘un（寸）、xuo ts‘ai（火柴）、ts‘op‘atsɿ（草虫）等借词进入满语以后，/ts‘/ 音位的运用范围就逐步扩大。这有利于 /ts‘/ 音位的产生。在这种背景下，连满语固有词的某些 /s/ 也向 /ts‘/ 转化。例如：

mursa > mʊlts‘a（萝卜）　　səʈʂən > ts‘ɿtsən（车）
saman > ts‘amən（萨满）　　sapk‘a > ts‘apk‘ə（筷子）

这样，新的音位系列 /ts ts‘ s/ 就形成了：

ts‘ol（土匪）≠ sol（胡子）
tsɛ（再）≠ ts‘ɛ（选择疑问式）

原来单向对立的音位 /s/ 现在转化为双向对立。

第四，满语原为黏着语，有元音和谐律，但在汉语的影响下这种和谐律受到破坏，词中的元音首先受到影响，使某些位置中的 /o/ /a/ /ə/ 变成 /u/；而后，/u/ 前的辅音 /f/ /p/ /x/ 等由于语音的同化作用而变成半元音 /w/。例如：

oforo > owul(ə)（鼻子）　　ʈʂuxə > ʈʂuwuo（冰）
təpərən > təwulə（崽子）　　səfu > ts‘owuo（师傅）
foxolon > fɔwulo（短）　　xatufun > xatouwuo（镰刀）
ʈʂafampi > ʈʂawumi（抓）　　intaxuun > intawuo（狗）

（右边四个词的“uo”是由汉语的影响而增加的复元音）这样在辅音系统中就增加了一个半元音音位 /w/，使它与原有的半元音音位 /j/ 配对。

此外，/r/ /l/ 原来是两个独立的音位。/r/ 出现在词中或词尾，现在词中间的 /r/ 大多已读成 /l/。如：

tara > talə（腰）　　tərə > təl（ə）（脸）
mərə > məl（ə）（荞麦）　　surə > sul（ə）（聪明）

在有些情况下 /r/ /l/ 可以自由变读，如：

ərə ~ ələ（这个）　　　　t‘ɛrmi ~ t‘ɛlmi（播种）

这种变化也使满语向汉语靠近了一步。

总之，满语在汉语的影响下整个语音系统发生了一次重大的变化（元音系统也发生了类似的变化），使原来单向对立的音位转化为双向对立（除 /l/ 外）的音位，原来不对称的结构变为对称的结构：

p	p‘	m	f	v		
t	t‘	n			l（r）	
k	k‘	ŋ	x	[ɣ]		w
tʂ	tʂ‘		ʂ	ʐ		
tɕ	tɕ‘		ɕ			j
ts	ts‘		s			

方框中的音位都是在汉语的影响下新形成的双向对立的音位系列。经过这样的调整，这个语言的辅音音位的聚合系统与汉语的北方话的语音系统就异常相近，其中 [ɣ] 现在还是一个音位变体，随着时间的推移，它也可能会上升为一个独立的音位。

7.4.5 满语的例子生动地说明，处于单向对立中的音位在一定条件下可以转化为双向的对立，使音系的结构得到该系统所允许的改造。这种广泛而深刻的改造一般与一种外语的强有力的影响、居民中普遍出现双语制的现象有密切的关系。单靠本语言自发的演变，恐怕缺乏这种变化所需要的力量。满族入关以后掌握汉语的人越来越多，满语的语气、句法受汉语的影响也日益加深，在这种情况下满语的黏着语的结构类型日益解体，冗长的音节结构趋向简化，固定重音向自由重音的方向转化，元音和谐律解体，[①] 等等，满语音

① 请参看赵杰《现代满语研究》。民族出版社 1989 年。

系的改造就是这种大变动中的一个小插曲。只有联系语言发展的这种总背景，才能比较有效地了解语音变化的一些前因后果。

单向对立的音位既然在一定的条件下可以转化为双向对立，那么双向对立的音位在某些条件下自然也可以转化为单向的对立。§4.4.3 所分析的宋时河南一带的汉语方言只有以 -p 收尾的入声韵，就是一个音位在组合上从双向对立转化为单向对立的一个例子。联系音位的组合探索音位的单向对立和双向对立的相互转化，是研究音系演变的一条重要途径。

7.5 发音器官发音能力的不平衡和音系中的不对称结构

7.5.1 音系中的单向对立和双向对立的相互转化，似乎应该能建立起一种理想的、对称的、内部和谐一致的音系，但是实际情况却不是这样，音系中总有一些不对称的现象，"破坏"了结构的系统性。这种"破坏"在语音的演变中却有重要的作用。

7.5.2 语音是发音器官以一定方式协同动作的结果，这种协同动作就是一般所说的发音习惯。语音的变化就是这种发音习惯的变化。

发音器官各部分的协同由于受到一些生理条件的限制，其协同发音的能力是不一样的，有些强，有些弱。"破坏"音系结构的对称性特点的，恐怕与这种发音的生理能力的不平衡、不对称有关。比方说，有些发音部位能够发出的音素比较多，例如双唇、舌尖前、舌根等，而有些发音部位由于受到发音器官相互配合的生理限制，能发出来的音素比较少；前元音的发音空间大于后元音；前元音易发成不圆唇元音，而后元音则易发成圆唇元音，如果出现相反的情况，音系中就可能出现单向对立的音位；前高元音可能比较容易产生圆唇元音（哪怕是单向对立的），而前低元音就难以产生圆唇元音，因为嘴一张大，圆唇似有困难，因而元音 [œ] 的出现频率比较低，而 [y] 则比较高，等等。在元辅音的配合关系中，发音部位偏前的辅音（如双唇、舌尖）与元音的组合能力比较强，不管元音的高低前后，差不多都能组合，而发音部位偏后的辅音（如舌根音）相对地说要弱一些，它易于与开元音与后元音组合，而不易与前高元音组合，因而在前高元音前容易发生腭化作用，这几乎已经成了语音发展中的一种普遍现象。[1] 同部位的辅音，例如舌尖前，塞音、塞擦音、擦音在与前高元音组合时，塞擦音与擦音在这种条件下易于腭化。在汉语带有鼻韵尾的音节中，-m 最易消失，-n 次之，而 -ŋ 较为稳固（至少对汉语的多数方言来说是这样的）；即使是这个 -ŋ，也是在低元音后易于丢失而使其前面的元音鼻化，而高元音后的鼻韵尾 -ŋ 则易于保持。凡此等等，都说明发音的生理能力的不平衡性、不对称性有可能使对立—对称的音系出现一些不对称的现象。

发音的生理能力的上述种种不平衡性、不对称性的表现是从语言现象中概括出来的，大多是一种“量”的统计，而不是“质”的规定。这就是说，有些发音器官的协同动作比较“易”，而有些则比较“难”，但是“难”并不等于“不能”。例如，舌根音“难”以与前高元音组合，因为一前一后、一高一低，矛盾的部位难以协同动作，但绝不是说“不能”协同动作；如果是“不能”，也就不会有腭化之类的音变了。所以，发音的生理能力尽管有这种“难”

---

① 请参看梅耶《历史语言学中的比较方法》第 71—72 页。科学出版社 1957 年。

与“易”的不平衡性和不对称性,但仍有可能在高低前后和语音组合方面建立起大体上平衡、对称的结构。这就是说,音系的结构虽然以双向对立的音位为主流,具有对称性的特点,但却是以发音的生理能力、即发音器官的协同动作的能力的不平衡性、不对称性为基础的。这种矛盾的状态实际上体现出语言交际的辩证统一:发音的生理能力的不平衡性、不对称性是发音的客观基础,而音系结构的平衡性、对称性则是人们对语言交际工具的主观要求,设法使不很平衡、对称的发音器官的协同配合纳入平衡、对称的框架之中,以便有效地为交际服务。

7.5.3 语言是交际的工具。交际的需要是无限的,而语言则尽可能地用最简明、最经济、最有效的办法去实现这种交际的需要。如何经济地实现交际的需要,恐怕是语言发展所必须遵循的一条总规律。

经济、简明的办法来自有条理的组织。如果现实世界中的每一种现象都需要有一个独特的音去表达,每一个句子都需要有一个独特的结构规则,那么语言表达的方法就谈不上任何经济性和简明性,人的大脑也根本没有办法去承担这种无穷无尽的记忆任务。幸运的是,我们的祖先给我们留下来的宝贵遗产——语言却是一种有严密组织的结构,人们可以用规则的形式去驾驭复杂的现象,使之条理化、系统化。音系结构的封闭性、对称性是使复杂的现象条理化、系统化的一种结构,而由双向对立引起的音位的系列性变化则是在这种结构的基础上产生的一种经济的、简明的变化,因为人们用一条规则就可以记住一系列音位以及它们的变化。由单向对立引起的音位系统的调整也是一种经济性的表现,因为它尽可能使零散的、孤立的音位纳入音位的双向对立,使之规则化，这样就可以用最经济的办法去有效地利用语言的结构空间，借以满足交际的需要。像满语那样，一些处于单向对立的音位在汉语影响下最后都纳入新的双向对立的结构（§7.4.4），似乎增加了音位的数量，与经济的原则矛盾，但实际的情况恐怕不是这样。一个单向对立的音位就需要一条单独的规则，这是很不经济的，而把它纳入双向的对立，由于处于双向对立中的音位大体上接受相同规则的支配，因而并不增加记忆的负担，所使用的规则的数量与单向对立的音位的规则数量是一样的。应该说，这是用最经济的办法去满足最大限度的交际需要的一种有效的表现方式。这些情况说明，音系结构的封闭性、对称性、系统性都是交际的主观要求的具体体现，以便人们能够用最少量的规则、最小的精力去组织最大数量的语言材料，有效地为交际服务。

音系结构的这种平衡、对称的特点是建立在发音的生理能力的不平衡、不对称的基础上的。由于结构的平衡、对称的要求，音系中可能会出现一些比较"难"的发音器官的协同配合，在语言的发展中，如果言语社团要避"难"就"易"，或者使"难"变"易"，那么音系的结构就会发生变化，使音位的聚合关系或组合关系的结构对称性发生一些调整。

7.5.4 音位聚合关系和组合关系的结构对称性的调整有时候可能会出现矛盾的情况，就是说，伴随着新的、对称的聚合结构的产生，而在组合关系方面却可能出现不对称的现象，反之亦然。我们可以用汉语史中的一些现象来分析这个问题。

双唇、舌尖、舌根是三个发音能力最强的部位，由它们所组成的聚合系列在《切韵》稍前的《经典释文》的时代是整齐的、对称的，如借用守温三十字母的名称，它们的双向聚合群是：

不　芳　并　明
端　透　定　泥
见　溪　群　疑

它们与四个等的配合也是整齐的、对称的：

声组＼等	一	二	三	四
不	+	+	+	+
端	+	+	+	+
见[①]	+	+	+	+

大概到了唐代中期，[②]端组声组发生了分化，一四等为端、透、定，二、三等为知、彻、澄。这样就形成了新的双向对立的聚合系统：

不　芳　并　明
端　透　定　泥
知　彻　澄　（娘?）
见　溪　群　疑

但在组合中却出现了不对称：

声组＼等	一	二	三	四
不	+	+	+	+
端	+	−	−	+
知	−	+	+	−
见	+	+	+	+

不（帮）组中分出非组，情形同此。舌头和舌上、轻唇和重唇的

① "群"母据李荣的《从现代方言论古群母有一、二、四等》，见《音韵存稿》，商务印书馆 1982 年。

② 据《切韵》，端、知已分两组。这里据王力《汉语语音史》第 164—173 页。中国社会科学出版社 1985 年。

分化是汉语声母系统的两次大的变化，给汉语的音系结构带来了重大的影响。这或许可以与格里姆所揭示的第一次日耳曼语辅音大转移的规律（§5.2.1—5.2.2）相比拟。闽方言没有经历这两次变化，因而其声母系统与其他方言有很大的差别。

7.5.5 由于以音位的双向对立为基础的音系结构的对称性是以生理的发音能力的不对称性为基础的，因而在语言中总免不了有一些不对称的现象。保持某种平衡状态的音系结构的对称性在语言的历史发展长河中是暂时的，而发音器官协同动作的发音能力的不平衡性、不对称性则是永恒的。这两方面的相互作用也就使音系的结构永远在这种对称与不对称、平衡与不平衡的矛盾运动中发展，因而音系中总有一些不对称的因素，好像有填不完的空格（§9.2）、削不平的单向对立的旧山头；即使旧的山头削平了，新的山头也会产生。有的语言学家因此认为，人的交际和表达的需要与人在生理上（体力上）和精神上（智力上）的自然惰性之间的基本冲突是引起语言的运动和发展的力量；而这两方面因素相互冲突的结果就会使语言处于经常发展的状态中，并且在保证语言实现交际功能的前提下人们能自觉或不自觉地对言语活动中力量的消耗作出合乎经济要求的安排。[①]这种论述是有它的道理的，至少比布龙菲尔德说的音变原因不可知的论断（§12.2.2）前进了一步。

7.6 对立的中和

7.6.1 音位与音位组合起来构成音节时由于发音器官的配

① A. Martinet: Function, Structure and Sound Change, Reprinted in Baldi and Werth, 1978, p. 150.

合有“难”与“易”的不平衡，因而音位之间可能会产生相互影响而使音值发生一些变异，形成各种各样的变体。有的时候，两个音位在某一位置中一起变成“非此非彼”的第三个音位，或者是其中的一个音位在某一位置中因受其他音位的影响或其所处的非重读的位置而失去自己的区别性，语音上变得和另一个音位一样，这就产生了音位对立的中和（neutralization）。中和是实现音位的合并，使音系的结构出现一些非对称性的变化的另一种重要的途径。

每一种语言都可能有一定数量的中和的音位。最简单的例子就是俄语的浊辅音在词末的位置上或在清辅音之前变成相应的清音。英语的 /i/ 和 /ɪ/ 是对立的（请比较 beat[biːt]，“打”；bit[bɪt]，“一点儿”），但 beer（“啤酒”）中的 -ee- 既不是 /iː/，也不是 /ɪ/，而与两者都处于互补关系中。应该归入哪一个音位？很难说；加以任意的处理，不合适，一般都把它解释为 /i/ 和 /ɪ/ 在“-r”前的中和。英语中的“-r”位置是一个重要的中和环境或位置，可以使不同的音位失去自己的区别特征，以致 Mary，merry 和 marry 可为同音词。汉语中也有与此类似的现象，在卷舌元音的前面（儿化）不同的音位会产生对立的中和。北京话的“鸡”[꜀tɕi] 和“今”[꜀tɕin] 不同音，但“鸡儿＝今儿”，对立的音位（这里是音类）产生了中和。“小褂儿＝小罐儿”也是儿化后对立中和的结果。四川荣昌方言所有的韵母在儿化以后都合并为四个：-ɜr，-iɜr，-uɜr，-yɜr。[①]

中和是一种重要的语素音位现象，它高于音位。中和位置上的那个音位隐含着两个或几个音位，所以有人称对立中和的那个

① 参看李荣《汉语方言调查手册》第 138 页。科学出版社 1957 年。

音位为大音位（archiphoneme）。[①]

7.6.2 对立的中和可能是语音发展中的一个过渡阶段，即对立的单位通过中和而走向合并。库利洛维奇（J.Kuryłowicz）在《论内部拟测法》一文中谈到格里姆定律的时候说，清浊的对立（如 t：d）在某些位置里中和为清音。他推测有标记的音位 M（b,d,g）通过这种中和的途径变成无标记的音位 T（p,t,k），而原来无标记的音位 T（p,t,k）于同时或于此前转化为有标记的送气音 A（f,θ,h），浊送气音（bh,dh,gh）失去送气的成分而变成 M（b,d,g）。[②] 这系逻辑上的推论，难以证明。我们还是研究一些汉语中因对立中和而引起语音演变的情形比较实际。中古音“见”（k-）和“精”（ts-）在 -i，-y 前变成 tɕ-，大概是对立中和的结果。在现实的方言中通过对立的中和而产生音类的合并或变化的实例就更多了。我们这里可以作一些举例性的分析。

7.6.3 汉语里的一个“字”代表一个音节，包含声韵调三个部分。在语言的发展中声调的分化和合并大多都是通过对立中和的途径来实现的。上海郊县崇明话的单字有八个声调，平上去入，各分阴阳：

调类	阴平	阳平	阴上	阳上	阴去	阳去	阴入	阳入
调值	55	24	435	241	33	213	<u>55</u>	<u>23</u>
例字	诗	时	水	是	四	自	识	食

这些相互对立的声调在连读变调中往往会发生对立的中和，使原来不同的声调在某一个位置中变成相同的声调，出现调类的

① N. S. Truhetskoy, Principles of Phonology.

② 参看 Курилович, Е., О мегодах внутренней реконструкции, Новое в лингвистике, вып. iv. стр. 403. M.

合并。在两字组的连读变调中，“前字合并时，阴调类和阳调类不相混淆：阴调类的阴上和阴去合并，阴去有时候又并入阴平；阳调类的阳上和阳去合并，阳上阳去有时候又并入阳平。后字合并时，阴调类和阳调类相混合：阳平并入阴平，阳入并入阴入，上声去声并为阴去或轻声，但上声去声不与平声相混”。[①] 这种通过对立中和而实现的合并可以用同音比字的办法来检验。例如（调类用代码表示，即 1,2,3,4,5,6,7,8 分别代表阴平、阳平、阴上、阳上、阴去、阳去、阴入、阳入）：

（一）后字阳平并入阴平。

32 [˧˨˧˦　˩˧˥] ＝31 [˧˨˧˦　˥˥]　　好盐＝好烟 [hɔ ʔie]
52 [˧˦˥　˩˧˥] ＝51 [˧˦˥　˥˥]　　晒盐＝晒烟 [so ʔie]
42 [˨˧˧˦　˩˧˥] ＝41 [˨˧˧˦　˥˥]　　买羊＝买秧 [ɦmɑ ʔiã]
62 [˨˩˧˦　˩˧˥] ＝61 [˨˩˧˦　˥˥]　　卖盐＝卖烟 [ɦmɑ ʔie]
82 [ʔ˧　˩˧˥] ＝81 [ʔ˧　˥˥]　　拔还＝拔弯 [baʔ ʔʋa]

（二）后字阳入并入阴入。

38 [˧˨˧˦　ʔ˨˧˥]＝37 [˧˨˧˦　ʔ˥]　　小匣＝小鸭 [ɕiɔ ʔaʔ]
58 [˧˦˥　ʔ˨˧˥]＝57 [˧˦˥　ʔ˥]　　教学＝教育 [tɕiɔ ʔyoʔ]
78 [ʔ˥　ʔ˨˧˥]＝77 [ʔ˥　ʔ˥]　　弗滑＝弗挖 [fəʔ ʔʋaʔ]
28 [˩˧　ʔ˨˧˥]＝27 [˩˧　ʔ˥]　　调药＝条约 [diɔ ʔiɑʔ]
88 [ʔ˧　ʔ˨˧˥]＝87 [ʔ˧　ʔ˥]　　绿叶＝六一 [ɦloʔ ʔiəʔ]

在连读变调的后字位置上阴调类和阳调类实现对立的中和，这在吴方言中带有一定的普遍性，苏州、宁波等地都有这方面的特点。这是一种很重要而且很有意思的现象，因为它最终可能与浊音清化的问题有关。中古浊声母各纽在汉语的多数方言中已经清化，而吴方言还保持着浊音的读法，但这个“浊”已经不是

---

① 张惠英《崇明方言的连读变调》。《方言》1979 年第 4 期第 291 页。

典型的带音辅音。根据现代实验语音学的研究，它“在单念或作为连读上字时，其声母跟相对应的清母字的一样，是真正的清辅音；在作为连读下字时，其声母才是真正的浊辅音”。[①]这就是说，吴方言的“浊”只保留在连读的下字中。§5.4.3 说过，清浊与声调的高低有联系，现在，浊声母字作为连读变调的下字，它的声调已经合并于相应的阴调类，失去与低调相联系的特征，这说明连读变调不仅已经实现阴、阳两调的对立中和，而且还为浊音清化准备好了结构的框架；这就是说，阴、阳两调对立的中和已为浊音清化铺平了前进的道路。

声、韵母通过对立的中和而产生的音变，在方言中也比较普遍。浙江温州的有些郊县，古端、透、定三母在齐、撮口韵前不读 t-，t‘-，d-，而读舌面音 tɕ-，tɕ‘-，dʑ-，和相应的知、章组字合流。这大概也是 t-，t‘-，d- 在舌面高元音前因腭化而变成舌面音，和知、章组字实现了对立的中和。请比较：

音值 地区 \ 例字 条件	刁	招	典	展	店	占	头	绸
	萧端	宵章	先端	仙知	添端	盐章	侯定	尤澄
市　区	꜀tɛ	꜀tɕɛ	꜂ti	꜂tɕi	ti꜄	tɕi꜄	꜁dɤu	꜁dʑiu
效　区	꜀tɕye	꜀tɕye	꜂tɕi	꜂tɕi	tɕi꜄	tɕi꜄	꜁dʑiu	꜁dʑiu

在市区，古端、透、定仍读 t-，t‘-，d-，没有和知、章组发生对立的中和，而在郊区，端、透、定三母在齐、撮呼前与相应的知、章组 tɕ，

① 曹剑芬《常阴沙话古全浊声母的发音特点》。《中国语文》1982 年第 4 期第 275 页。

tɕʻ-，dʑ- 中和，使音系中的音类发生了一些重要的变化。[1]汉语中音位的合流很多都是通过这种对立中和的途径完成的。

① 参看傅佐之、黄敬旺《温州方言端透定三母的腭化现象》，见《方言》1980 年第 4 期第 263—266 页。

8. 结构分析法（中）：音位的链移和音系的演变

8.1 音变和音移

8.1.1 在现代的音变理论中一般分音变和音移（sound drift）两个概念。结构语言学把音变看成为一种影响音系结构的跳跃性变化，用“顿变”这个概念来表示这种变化，这已见于前述（§7.1.3）。至于音移这个概念我们还需要进行具体的讨论。

8.1.2 “drift”这个概念是美国语言学家萨丕尔（E. Sapir）在《语言论》里首先提出来的，指的是不由人们的意志所控制的语言演变的过程、趋向和力量，“语言不是一件只在空间里延展的东西，不是没有时间性的景象在各人头脑中形成的一系列反映。语言自成为一个潮流，在时间里滚滚而来。它有它的沿流（drift 这个词在这里译为‘沿流’——笔者）”“语言的沿流是有方向的。或者说，只有按一定方向流动的个人变异才体现或带动语言的沿流，正像海湾里只有某些波浪的移动才勾画出潮流的轮廓”“每一个词、每一个语法成分、每一种说法、每一种声音和重音，都是一个慢慢变化着的结构，由看不见的、不以人意为转移的沿流模铸着，这正是语言的生命”。[①] 这里的实质是只从时间的

① 萨丕尔《语言论》第 134、138、154 页。商务印书馆 1985 年。

角度来考察语言的渐进演变。由 M. 贝和 F. 盖诺（Mario Pei and Frank Gaynor）主编的《语言学词典》(1954）基本上沿用萨丕尔的说法，认为“drift”是“语言模式中的一种连贯的历时变化，即语言自己所形成、顺着时间运动的潮流，结果因特殊的语音趋向而分化成方言”（第 60 页）。由哈特曼等人编著的《语言与语言学词典》的理解比较宽泛，指“某种方言在历史发展中连续的变化，包括音变（sound shift）、借用（borrowing）及其他变化。”（第 110 页）这种解释已与萨丕尔的说法相去甚远。现在语言学中所讲的音移（sound drift）大体上继承了萨丕尔的思想，但作了一点小小的修正，指一个音位随着时间的推移从这一位置到那一位置的移动，就是说，音位的物质载体发生了变化，但音系中音位的成员并没有增减；语素（或词）的读音发生了变化，但没有引起音位类别的分化或混同，使不同音的语素变成同音语素，或者反过来，使同音的语素变成不同音的语素。例如格里姆定律所揭示的第一次日耳曼语辅音转移规律就可以把它看成为一种音移，因为它既没有发生音位成员的增减，也没有发生音位类别的变化，只是 T.M.A 三者发生了一次循环的变化（§5.2.2）。

8.1.3 在传统的语言研究中，语言要素的性质由它本身的特点规定，例如 [p]，只要说明它的生理—物理特征（双唇、闭塞、不送气、清音）就行了，而结构学派的语言系统说，如前所述，认为语言要素的性质与其本身的物质载体的特点无关，而由它与其他要素的相互关系决定，因为“重要的不是声音本身，而是使这个词区别于其他一切词的声音上的差别，因为带有意义的正是这些差别”。[1] 所以这

[1] 德·索绪尔《普通语言学教程》第 164 页。商务印书馆 1980 年。

一派的有些语言学家认为音位之间的结构关系变了才能认为是音变，而其物质载体是不是有什么变化，则与音变无关。例如：

$$\begin{vmatrix} t & & d \\ & \theta & \end{vmatrix} > \begin{vmatrix} d & & ð \\ & h & \end{vmatrix}$$

从左边的三个音位到右边的三个音位，在语音上发生了明显的变化，但是音位的分合关系没有变化：变化前后都是三个音位，变化后的音位与变化前的音位一一对应，与结构无关（...irrelevant to structure），因而有些结构学派的语言学家[1]认为这种现象不属于音变的范畴。如果根据这样的理解，那么 § 5.2.2 所说的格里姆定律所揭示的日耳曼语辅音转移规律也不是音变，因为变化前后的音位的分合关系没有发生什么变化。对音变的这种理解，从结构学派的语言理论来说是能自圆其说的，但是违背常理，所以拉波夫等人称为"奇怪的结论"。[2]

8.1.4 音移算不算音变的范畴？从音位作为能区分词形的最小语音单位来说，不易看出它的结构关系的变化。如果我们把音位分解为区别特征或标记（marker），它的音变的性质就会清楚地表现出来。我们可以用格里姆定律所揭示的音变为例来说明音移的音变性质。请比较下面的两个图（见 204 页）[3]。

在印欧语中，/p/ 与 /b/ 是"－浊"与"+浊"的对立，/p/ 与 /bh/ 是"－送气"与"+送气"的对立，/b/ 与 /bh/ 也是"－送气"与"+送气"的对立。而在日耳曼语中，/p/ 与 /f/ 是"－擦"与

① A. A. Hill, Phonetic and Phonemic Change, Language 12. 15—22.

② U. Weinreich, W. Labov 等：Empirical Foundations for a Theory of Language Change, Reprinted in Lehmann and Malkiel, 1968, p. 141.

③ 请参看 J. Lyons：Introduction to Theoretical Linguistics, p. 124. Cambridge Univ. Press, 1977.

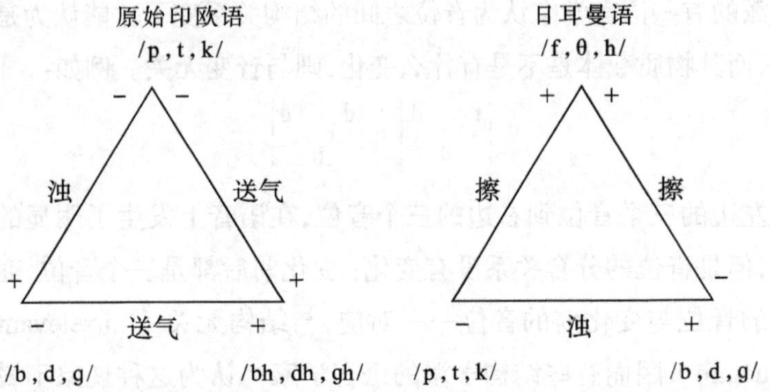

"+擦"的对立，/p/ 与 /b/ 是"-浊"与"+浊"的对立。送气的有无是原始印欧语的区别特征，而日耳曼语没有这一特征；擦音的有无是日耳曼语的区别特征，而在原始印欧语中不是。这里没有谈到唇、齿、软腭这三个区别特征，因为这些特征在上述的两个发展阶段中价值未变。根据这个分析，格里姆定律可以用三条作用于区别特征的"规则"来陈述：

1. -浊 > +擦；

2. +浊 > -浊；

3. +送气 > -送气。

所以，从区别特征的变化的情况来看，日耳曼语的辅音转移规律自然属于音变的范畴。

"标记"是与区别特征有关的一个结构语言学的概念，指一对成分中带区别特征的那个成分。例如 /p/ : /b/, /b/ 的浊音就是有标记的成分。

"标记"这个概念最初是布拉格学派提出来的。雅科布逊在他的著作《儿童语言、失语症和语音普遍现象》（Child Language, Aphasia and Phonological Universals）中曾用这个概念分析一些问题，从而使它广为传播，成为现代语言学中的一个基本概念。雅科布逊在这篇文章中认为，小孩儿一般先掌握无标记的音位要素；另一方面，如果说话人由于大脑受伤而失去对音位要素的控制，首先受到影响的是有标记的成员。各种语言中差不多都有 r 和 l 两个音位，雅科布逊认为这是儿童最后掌握的两个音位，也是失语症者最先丧失的两个音位。一切语言都有这种现象，猜测它与支配音系结构的原则有关，因而称它为“普遍特征”（universals）。这个概念后来在结构语言学中得到了广泛的运用。①

在音位系统中，标记的消失往往会引起音位系统的重大变动，§7.3.1 所说的汉语的浊音清化所引起的语音系统的变动就是一个很好的例子。日耳曼语辅音转移规律实际上就是由标记所体现的音位相关关系的重新调整：

p,t,k	> f,θ,h	无标记 > 有标记（送气）
b,d,g	> p,t,k	有标记 > 无标记
bh,dh,gh	> b,d,g	丢失送气的标记而以新的浊音的标记而与 p,t,k 构成相关关系

这说明，音位的相关关系发生了变动，这自然属于音变的范畴。

雅科布逊鉴于这些复杂的情况，提出重新音位化（rephonologization）的概念，用来说明音位的对立关系保持不变而实现对立的方法发生了变化的那种现象。② 这就名正言顺地把音移纳入音变的范畴。

---

① 请参看《国外语言学》1981 年第 3 期第 56—59 页。

② R. Jakobson: Principles of Historical Phonology, Reprinted in Baldi and Werth, 1978, p. 109.

8.1.5 音移是音变规律的一种重要表现方式。这种方式的形成与由双向对立、单向对立所引起的音变规律一样，恐怕都与语言的经济原则有关。交际的需要不断地刺激语言，使之发生变化，音移一方面是满足语言的“变”的要求，另一方面则是用数量“不变”的经济办法去实现这种“变”。这种演变方式可以解释音系中一系列重要的变化。

8.2 拉链和推链

8.2.1 通过音移的方式而产生的音变在语音系统中可能会引起一系列的连锁反应，使音系的结构发生重大的变化。

青年语法学派认为语音规律无例外，只要有相同的语音条件，音变的规律就会机械地、盲目地起作用，与人们交际的需要没有什么关系。结构学派的历史语言学家如雅科布逊、马尔丁内（A. Martinet）等人不同意这种看法，认为音变是有目的的，就是说，音变规律的作用要服从人们交际的需要，“决定音变方向、甚至音变面貌的因素之一是通过保护有效的音位对立来保证相互理解的基本需要”。[1] 假定有 A、B、C 三个音位，其中 B 向着 C 的方向演变，那么这三个音位的相互关系是：

A　　B → C

如果音变的规律是盲目地起作用的，那么 B 必然会与 C 合并。如果 B 与 C 的合并不影响人们的交际，那么这两个音位就会合并成

---

① A. Martinet, Function, Structure and Sound Change, Reprinted in Baldi and Werth, 1978, p. 126.

一个音位。但是,如果由于B与C的合并而造成语言中大量的同音现象,因而使交际发生困难和混乱,那么就必然会产生如下的情况:C被迫向着同一方向转移,即:

A　B → C →

或者,B与C合并,但产生某种新的补偿手段以保持语言单位的区别性,使交际得以顺利进行。例如,汉语在其历史发展过程中由于浊音清化而产生的声调分阴阳,复音词的增加,儿化、轻音、连词变调等现象的产生等;[1] 藏语因浊音清化而产生声调也是由音变而产生的一种补偿手段(§3.3.4)。如果在A、B、C这三个音位中,A与C也像B一样有同样的发展方向,那么就会呈现出:

A → B → C →

这样,在语音的发展中就会呈现出一环扣一环的链条状的发展状态,以保证交际的顺利进行。这种链条状的发展状态就是一般所说的推链(push chain)和拉链(drag chain)。这是音变的一种重要方式。

8.2.2　推链与拉链是音变中两种相反的变化方式,在:

A → B → C →

这个公式中,如果是C先变,比方说,先变成D,留下空档,然后吸引B变成C,再进而吸引A变成B,这种一个拉一个的变化方式称为拉链;我们前面在 §5.2.3 中所讲的格里姆定律所揭示的日耳曼语辅音转移的音变次序就是用拉链的概念和方法来解释的。如果A、B、C三个音位的变化方式反过来,即A先向B的方向演变,B为了避免被A合并,就向C的方向转移,C为了同样的

---

① 参看叶蜚声、徐通锵《语言学纲要》第190页。北京大学出版社1984年。

理由，避免与B合并，就向其他的方向（例如D）转移，那么在音变中就会出现一个推一个的推链的方式。推链和拉链是音变中的两种重要方式，一般说来，拉链的方式比较普遍，推链的方式比较少见。拉链与推链式的音变使语音的演变呈现出整齐的系统性。

8.2.3 拉链是语音演变中可以经常见到的一种音变方式，其中最有名的例子还是英语长元音的大转移。先请比较下面的三个图（参看 N. Chomsky and M.Halle，The Sound Pattern of English，p.187）：①

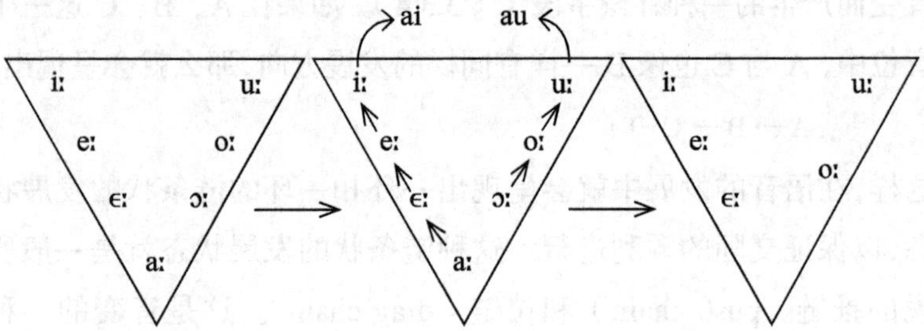

转移前的元音系统　　　　转移后的元音系统

在这一长元音系统的转移中，/iː/ 和 /uː/ 首先复元音化，留下高元音的空档，而后依次 /eː/ 高化为 /iː/，/ɛː/ 高化为 /eː/，/aː/ 高化为 /ɛː/，后元音也发生了与此对称的高化。文字的拼写法比较保守，还保留着转移前的元音的痕迹。请比较：

divine [di'vain]（神的）　divinity [di'viniti]（神性）
keep [kiːp]（保持，现在时）　kept [kept]（保持，过去时）

这里的 /i/ 和 /e/ 都保留有转移前的旧读法。布龙菲尔德曾对这一

① 具体的分析还可参看 James M. Anderson: Structural Aspects of Language Change, pp. 138—141（English Vowel Shift）. Univ. of Calgary, Longman, 1973.

转移规律作了如下的总结:“古英语和中古英语的长元音 [iː,uː],如 [wiːn], [huːs],在早期的现代英语里由于复元音化的倾向被剔除了,变成今天的 wine [wajn],house [haws]。可是差不多在同一时期,古英语和中古英语 [geːs,goːs] 中的长中元音给提高了,以至于 18 世纪的英语里在 geese,goose 这些词里又有了 [iː,uː] 类型。新的 [iː,uː] 来得太晚了,没有赶得上中古英语高元音转化为 [aj,aw] 的演变过程。”①

8.2.4 推链是与拉链相对应的一种音变方式,不过在语言的演变中似较少见。在上世纪末本世纪初的几十年里,宁波音系的元音高化是一种典型的推链式音变。

1876 年,睦里逊(W.T.Morrison)出版了《宁波方言字语汇解》(An Anglo-Chinese Vocabulary of the Ningpo Dialect,1876,上海,以下简称《汇解》)一书,大体上可以反映 1860 年以后的宁波方言的状态。②1901 年,宁波海关的一个德国官员莫棱道夫(P. G. von Möllendoff)出版了他的《宁波方言的音节》(The Ningpo Syllabary,1901,上海,以下简称《音节》。莫棱道夫还写了一本《宁波方言手册》The Ningpo Colloquial Handbook,1910,宁波,其音系与《音节》同,在分析中略)。1928 年,赵元任出版了他的《现代吴语的研究》(以下简称《研究》),其中有宁波音系的材料。比较现代宁波音系和这些历史上留传下来的宁波音系的异同,可以发现现代宁波音系与《研究》基本相同,《音节》与《汇解》

---

① 布龙菲尔德《语言论》第 456 页。商务印书馆 1980 年。

② 《汇解》的作者对语言事实的态度比较严肃,记音大体可信,至少音类的区分是可靠的。音标据《汇解》,只是把 æ 改为 ε(据《音节》描写,æ 的发音是 ä,这是 [ε] 的转写符号),ô 改为 ɔ,ky 改为 tɕ,'□改为 ɦ。

相同，而两者之间却存在着明显的差异，我们可以从中发现宁波音系的元音高化规律。《汇解》中与元音高化有关的主要有以下的几个韵类（例字下有“____”为白读的语音形式，“____”为文读形式）：

1. a 带拜太	ia 借且茄	ua 怪快坏	
2. ɛ 拜改开带	iɛ 者且也	uɛ 怪快坏	
3. e 悲推追		ue 贵亏危	
4. ɛn 班赞	iɛn 念验	uɛn 关患	
5. en 干男汉	in 边田尖	un 官宽欢	yn 捐专
6. o 波多火			
7. ɔ 巴朵茶		uɔ 挂花蛙	
8. ao 包刀	iao 表招刁		

头五组属前元音系列，后三组属后元音。宁波方言元音高化的第一个动力是鼻韵尾 -n 的消失。在《汇解》《音节》的时代，-n 韵尾已经弱化，而其前面的元音鼻化；-n 韵尾已经“几乎听不到”（hardly audible），[①] 但还不是完全听不到。所以那时候带 -n 韵尾的韵母（4、5 两列）还能维持独立韵类的地位。1922 年，-n 韵尾已经完全消失，但元音仍有鼻化成分，因为相当于《汇解》的 en，in，un，yn 这些韵母的，宁波话仍为“阳音”，气流要“放一半从鼻孔中出来”，还需要为它们设计专门的注音符号。[②] 而到了《研究》，除了《汇解》中的 -un 念成 -ũ（“半”[pũ]）外，第 4、5 两列韵母的鼻音成分全部消失。而到了现代宁波方言，《研究》中的 -ũ 的鼻化成分也已消失，与 -u 韵合并（半 = 布）。-n 韵尾的消失引起了语音系统的一次重大调整。先请比较下列三个时期的语言状态：

① P. G. Von Möllendoff, The Ningpo Syllabary · Introduction，p. 7, 8.

② 请参看寒涛《宁波方音与国音比较的札记》，见《中华教育界》第 11 卷第 2 期。

《汇解》《音节》	《研究》	现 代
扮 pɛn ≠ 拜$_{文}$pɛ 拜$_{白}$pa	扮 pɛ ≠ 拜 pa①	扮 pɛ ≠ 拜 pa
嵌 k‘ɛn ≠ 开 k‘ɛ	嵌 k‘ɛ ≠ 开 k‘e	嵌 k‘ɛ ≠ 开 k‘e
贪 t‘en ≠ 推 t‘e	贪 t‘ᴇɪ = 推 t‘ᴇɪ	贪 t‘ɛɪ = 推 t‘ɛɪ
颠 tin ≠ 低 ti	颠 ti = 低 ti	颠 ti = 低 ti
捐 tɕyn ≠ 居 tɕy	捐 tɕy = 居 tɕy	捐 tɕy = 居 tɕy
半 pun ≠ 布 pu	半 pũ ≠ 布 pu	半 pu = 布 pu

比较三个时期语音状态的异同,可以看到元音系统已发生了重大的变化。变化的状况大体如下表:

例字	条件	《汇解》	《研究》	现代	变化方向
单嵌	咸、山开口一、二等非见系	-ɛn	-ɛ	-ɛ	ɛn > ɛ
灾开	蟹开一咍、泰	-ɛ	-e	-e	ɛ > e
甘看	咸、山开口一等见组	-en	-ɪ	-i	en > i
探南	咸开一覃端系	-en	-ᴇɪ	-ɛɪ	en > ɛɪ
堆悲	蟹泰帮,灰帮、端,止帮	-e	-ᴇɪ	-ɛɪ	e > ɛɪ

从“变化方向”栏中可以看到元音系统的变动过程大体是:

第一步,-ɛn 韵由于 -n 的消失而变成 -ɛ,与第二列的“灾、开”类字的 -ɛ 和“拜”类字的文读形式 -ɛ 发生冲突,相互展开竞争。由于 -n 韵尾的消失所产生的音变力量大,因而一方面阻止了“拜”类字通过文读形式向 -ɛ 转化(§15.2.4),另一方面“驱逐”-ɛ 而占领之。-ɛ 由于无力“抵抗”-ɛn > -ɛ 这一音变力量的“入侵”,因而,

第二步,-ɛ 只能迁移,向 -e 高化,以求自存。但是,这就与表中第 3、4 列的“甘”“探”(因鼻韵尾 -n 的消失而变成 -e)和

---

① 《研究》时皆、佳两韵(赅上去)的字仍有文白异读,但读音都记为 [a,ɛ,e],未见明确区分。

第5列的“堆”类字的韵母 -e 冲突，因而又迫使 -e 韵迁移。

第三步，不过 -e 韵的运气没有 -ε 那么好，它后有“入侵”的追兵，而前有强大的 -i 韵字的“堵截”（由于原咸、山摄三、四等字和相当一部分的见系二等字变成 -i，因而语言系统中 -i 韵字特别多。同音字过多会引起交际的麻烦，这自然会阻止 -e 的高化），只有 -i 前的见组声母 k-，k‘- 等由于已腭化为 tɕ-，tɕ‘（如“基”“欺”等），在语言系统中早已没有 ki，k‘i 这样的音组，即在 k-，k‘- 之后无 -i“把守堵截”，是一个缺口，有利于 -e 的高化“突破”。这样，-e 依条件的不同分两路迁移：k-，k‘- 之后的 -e（< -en）高化为 -i，其他情况下的 -e 复元音化为 -ɛɪ。宁波方言中 k-，k‘- 能与 -i 组合，这是语音发展的结果，不是中古语音结构的遗留。高元音复元音化是语音演变中的一种普遍现象，前述的英语高元音的复元音化就是这方面的一个例子，宁波方言所不同的，只是 -e 在还没有高化到 -i 之前就复元音化，这反映了不同语言的具体语音结构的特点。用马尔丁内的话来说，是由交际的需要决定的。

元音的这种逐级高化的过程到《研究》的时候已经完成。这就是说，宁波方言的元音高化过程是从《汇解》《音节》到《研究》这几十年中完成的。

宁波方言的这种元音高化规律是整齐的，只要条件相同，大体上都以同样的方式演变。但是也有例外，例如《汇解》见母后的 -e（< -en）韵都高化为 -i（“感甘柑泔敢干肝竿桿擀幹乾程”都读 ki），但溪母字仅“看”一字读 k‘i，其他读 k‘ε。这涉及另一类型的语音变化，到 §11.5.2 再分析。

8.2.5　宁波方言前元音的高化都是由于 -ɛn 等的 -n 韵尾的消失引起的逐级推移，是音变中的一种推链方式。语音的结构有很强的系统性，每一种音变总是以这样或那样的方式与其他的音变相联系。现在我们把视野再放得开阔一点，即不仅注意前元音之间的关系，而且同时考察前元音与后元音之间的关系，那我们就会发现前、后元音之间还存在着一种平行的、对称的变化。前述的英语由于前后高元音的复元音化而引起元音的逐级高化，前后元音的变化就是平行的，对称的。前后元音的这种对称的、平行的变化有它的生理的语音基础，因为口腔开合的发音习惯前后是一致的，前元音舌位的高低或前后的变化会使相应的后元音也发生同样的变化，反之亦然。所以有人说，“前后的对称性是语音演变中的一种近乎普遍特征的条件”。[①] 宁波方言的元音音位的推移也具体地说明了这种“近乎普遍特征”的前后元音音位的平行的、对称的变化，就是说，前元音音位的逐级高化以及由此而引起的半高元音的复元音化，在后元音系列中也引起了同样的变化。先请比较下列现象（平赅上去）：

例字	条件	《汇解》	《研究》	现代	变化方向
胞	豪，肴	pao	pɔ˥	pɔ	ao > ɔ
标	宵，萧	piao	piə˧	pio	iao > io
巴	麻开	pɔ	po⊥	po	ɔ > o
瓜	麻合	kuɔ	kuo⊥ 多 ko 少	kuo，ko	uɔ > uo，ɔ > o
波	歌，戈	po	pɜ̃ʊ	pə̩ʊ	o > ɔʊ

这个表所显示的后元音音位的转移（ɑo > ɔ，ɔ > o，o > ɔʊ），与前元音的 -ɛn > -ɛ，-ɛ > -e，-e > -ɛɪ，完全是平行的。这种对称式的演

① W. Labov 等，Emperical Foundations for a Theory of Language Change. Reprinted in Lehmann and Malkiel, 1968, p. 175。

变方式是语音结构的系统性、发展的规律性的具体体现。

8.2.6　宁波方言元音系统的变动是由于 -n 韵尾的消失引起的。牵一发动全身。-n 韵尾的消失是引起元音系统大变动的第一个巨大的推动力。

综合前面的分析，宁波方言的元音音位的推移规律可以用下图表示：

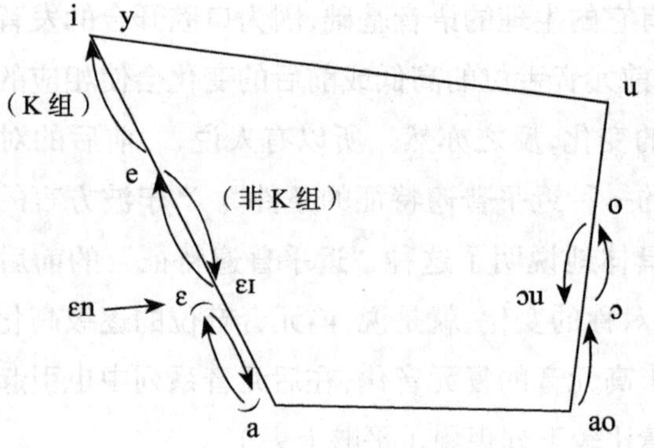

a > ɛ 是通过文白异读表现出来的元音交替，它不是元音的高化，但与 -n 韵尾的消失所引起的音变有关（ §15.2.4），因而仍图示于上，只是用括号括起来，以示它与其他的音变方式不同。

8.3　循环的变化

8.3.1　语言演变中这种或推或拉的变化就有可能使音变出现某种循环的变化。语言是人们的交际工具，变化要服从交际的需要。明晰性、经济性、区别性是语言交际的基本要求，如果语音的演变使有些表达手段混同，因而难以清楚地、有区别地把不同的现象区别开来，那么，语言表达的明晰性、区别性的要求就会促使语言产生某种补偿的表达手段。以语音来说，发音的全部范围都在一个小小的口腔中，舌头的活动范围，从理论上说，虽然可以是无限的，但是语言交际的明晰性、经济性和区别性的要求又限制了它的活动范围，因而语音变化的方式，无论就其发音部位和发音方法来说，都是有限的，常见的也只有几十种，如腭化、唇化、清化、浊化、高化、低化、复元音化、单元音化等等。在语言的长期发展中，由于推链式或拉链式的变化而出现一些循环的现象，这不是没有可能的。格里姆定律所揭示的日耳曼语辅音转移的音变现象就是语音系统中一种局部的循环变化；上述宁波方言因推链式的音变而产生的半高元音的复元音化也是一种循环的变化。根据学者们的研究，中古蟹、效、流诸摄都为复元音，其中蟹摄一二等韵为 -ɑi 和 ai，效摄一二等韵为 -ɑu 和 -au。这些复元音在宁波方言的发展中已经单元音化，因而在音系中本来不该再有这些复元音。但由于音变中的推与拉，某些音因“无处安身”而返回复元音因单元音化而留出来的空档，因而在语音系统中重新出现上述 -ɛɪ，-ɔʊ 这些复元音。当然，循环不是简单的重复，而是说由于音变而使已经消失了的现象重新复活。

8.3.2 山西祁县（城关）方言有两个新的韵尾：-m 和 -β。[①]-m 尾不是中古咸、深摄字的延续，而是来自臻、曾、梗、通四摄的合口字。例如（平声不分阴阳）：

昆	均	弘	兄	琼	锋	东
˛k'ʊm	˛tɕiʊm	˛xʊm	˛ɕiʊm	˛tɕ'iʊm	˛xʊm	˛tʊm

① 这两个韵尾有很多变异的形式，这里只以音位为单位来分析它在音韵史中的地位。详细情况参看 §13.2.4 和 §13.4.3。这里的语音据范俊（56 岁，教员）的发音。

-β 韵尾来自中古的遇摄字，大体上北京话念 -u 韵的字在祁县（城关）念 -ᵊuß。例如：

铺	租	姑	初	夫	牡
꜀pʻᵊuβ	꜀tsᵊuβ	꜀kᵊuβ	꜀tsʻᵊuβ	꜀xᵊuβ	꜀mᵊuβ

-ᵊuβ 中的 -ə- 是一个过渡音，发音很短促，说明 -u 正在向复元音化的方向转化（ § 13.2.4）。

-m 和 -β 这两个新韵尾的产生已经使祁县方言的音系结构发生了一些重大的变化，而变化的特点之一就是有点儿“复古”，说明它们可能是语音向着一定的方向、目标演变而出现的一种循环的变化。

8.3.3 汉语音节结构的特点是阴、阳、入三分。在《诗经》和汉字谐声的时代，阴声韵和入声韵可以押韵或谐声，一般的情形是：凡中古有 -k 尾的入声字，只跟之幽宵侯鱼佳诸部的阴声字押韵或谐声；凡中古有 -t 尾的入声字只跟祭微脂诸部的阴声字押韵或谐声。[①] 所以，很多学者认为与 -k 尾押韵或谐声的阴声韵收 -g 尾，与 -t 尾押韵或谐声的收 -d 尾。-b 尾到《诗经》的时代已经消失，[②]“谐声字表现的现象，一般比诗韵表现的要早，所以我们说 *-b 尾只存在于谐声时代，到《诗经》时代变为 *-d”。[③] 这种阴、阳、入三分的音节结构在汉语的音韵系统上是整齐的、对称的：

---

① 请参看董同龢《汉语音韵学》第 266—267 页。台湾广文书局 1970 年版。

② 关于上古阴声韵有没有辅音韵尾的问题，学者们的看法不一致。王力先生认为上古阴声韵的结构与《切韵》差不多，没有辅音韵尾，但这样就得承认没有辅音韵尾的韵可以和有辅音韵尾的韵押韵。这与我国诗歌押韵的传统不符。从文献资料所提供的线索来看，说阴声韵有辅音韵尾的说法是可信的。至于阴声韵韵尾的具体音值，有人认为是 -b、-d、-g，有人认为是 -β、-ð、-ɣ。一般的意见认为可暂拟为 -b、-d、-g。

③ 董同龢《汉语音韵学》第 269 页。

阴声	阳声	入声
（-b）	-m	-p
-d	-n	-t
-g	-ŋ	-k

这样的一种音韵系统在汉语的发展中发生了变化。首先是阴声韵的韵尾 *-b“退”出了这种结构格局，而后 *-d、*-g 也随之消失。所以到《切韵》时的阴声韵已经没有辅音韵尾了，但阳声韵、入声韵相配的格局没有什么变化。阳声韵后来发展的情况与阴声韵有类似之处，就是双唇音 -m 首先消失，一般的情形是合并于 -n，而在山西方言中这个 -n 后来又合并于 -ŋ，而后这个 -ŋ 又由弱化而消失，但使其前面的元音鼻化，直至在某种特殊的条件下产生新的韵尾 -m。[①] 入声韵 -p、-t、-k 在山西方言中的消失过程，我们现在还不清楚。不过在现在的山西方言中这三个入声韵的韵尾已合并为喉塞音 -ʔ，而这个 -ʔ 现在也已成为强弩之末，趋向于消失。[②]

---

① 参看拙作《山西祁县方言的新韵尾 -m 和 -β》，《语文研究》1984 年第 3 期第 2—3 页。

② 晋中方言的入声调有如下的几个特点：第一，单念的时候喉塞成分相当轻微，但在连读中仍比较清楚；第二，发音不很短促，这一点与汉语的其他方言的入声调不很一样；第三，调值和舒声调中的某一调类接近，大体的情况是：阴入调与平声调近似，阳入调与上声调近似（因入声还有喉塞尾，因而调值前冠以ʔ）：

调值 方言点 / 调类	榆次	太谷	祁县	榆社	平遥	介休	灵石	孝义
平声	21	32	33	21	33	33	42	21
阴入	ʔ21	ʔ22	ʔ33	ʔ21	ʔ23	ʔ44	ʔ52	ʔ21
上声	53	213	324	42	512	423	313	423
阴入	ʔ42	ʔ312	ʔ213	ʔ42	ʔ512	ʔ412	ʔ213	ʔ312

类似 324 与 213 之类的调值差异实际上是人为的区分，以便把两个调类区分开来。可以预见，晋中方言的声调循着这种方向发展的结果，必将是上述各个方言点的阴入、阳入分别与平声、上声合并。

这种种现象说明阴、阳、入三分的音韵系统在山西方言中已经发生了重大的变化，原来的结构格局已经消失，或者说，趋向于消失。现在，祁县方言出现新的韵尾 -m 和 -β，使汉语史中已经消失了的音韵结构重新复活，说明语音系统中确实出现了某种循环的变化。从音系的结构格局来看，这种变化所表现出来的特点与已经消失的音韵结构也有类同之处。第一，双唇配双唇，在韵尾系统中呈现出一种新的对称性。第二，历史上的阴声韵、阳声韵的双唇音韵尾最先消失，而在祁县方言中这种最先消失的音韵结构最先复活。这可能是一种偶然的巧合，但是，如果我们仔细考察发音的生理—物理基础和音系的结构，也就不难发现产生这种循环变化的原因。

8.3.4 两个新韵尾 -m 和 -ß 都是双唇音，它们的出现有一个共同的特点，即原来都是合口字，而且韵母中的主要元音的舌位都比较高。所谓合口，就是有一个 -u- 介音或只有一个 -u 元音，看来 -u- 是产生新韵尾的一个重要条件。

[u] 是一个后、高、圆唇元音，它的发音特点是舌根和双唇同时起作用。比较 §8.3.1 的例字的语音表现，我们发现祁县音系已经出现了一个重要的变化，这就是：合口呼向开口呼转化，撮口呼向齐齿呼转化。合口韵在向开口韵转化过程中，-u 的舌根作用消退，而双唇作用加强，就是说，-u 向唇音化的方向演变。新韵尾 -m 和 -ß 的出现与发音部位的这种前移有紧密的联系。

但是，光是发音部位的前移并不能产生像 -β 这样的摩擦音韵尾。-ß 的产生说明在发音方法上还出现了擦化的成分。我们从祁县方言与它周围地区的方言差异中还可以看到这种擦化成分的产生过程。[1] 请比较：

方言点＼音值＼例字	租	树	姑
榆次	$-u_v$	$-u_v$	$-u_v$
太谷	$-u_v$	$-u_v$	$-u_v$
祁县	$-^{ə}uß$	$-^{ə}uß$	$-^{ə}uß$
榆社	$-u_w$	$-u_w$	$-u_w$
灵石	-u	-u	-u
孝义	-u	-u	-u
平遥	-ɤu	-ʮ	-u

首先是随着 u 的唇音作用的加强而伴随出现轻微的摩擦成分 -ω（榆社）或 -v（榆次、太谷），而后舌根下降，出现过渡音 -ə-，而双唇作用加强，出现 -β。所以，从发音的生理基础来说，-m 和 -β 的出现是 [u] 的唇化作用的加强和发音方法的擦化的结果。-m 韵尾不是摩擦音，那是双唇接触和原韵母中的鼻音成分融为一体的结果，因为气流已从鼻腔中出来，双唇自然不会有摩擦。

我们在 § 8.2.5 说过，前后元音之间的平行的、对称的变化“是语音演变中的一种近乎普遍特征的条件”，新韵尾 -m 和 -β 的出现只与后高元音 [u] 有关系，如果前高元音 [i][y] 也有与 [u] 相对

---

① 各方言点的发音人是（根据 1964 年的调查）：

榆次（麻地沟），杨云枝，女，22 岁，学生。

太谷（城关），王传义，男，18 岁，学生。

榆社（南河底），王铁钢，男，18 岁，学生。

灵石（柳树村），李姣香，女，20 岁，学生。

孝义（禅房头），任宝宁，男，21 岁，学生。

平遥（岳壁），雷通贤，男，22 岁，学生。

应的变化，即同样具有发音部位的前化和发音方法的擦化，那么我们前面所考察的由 [u] 所引起的变化及其原因的解释就可以得到进一步的证明。一点不错，晋中地区的前、后高元音之间完全具有平行的、对称的变化，如果说，一定条件下的后高元音 [u] 的发音部位的前化表现为唇音化，那么前高元音的发音部位的前化则表现为舌尖化，即 i > ɿ，y > ʮ。我们只要把祁县方言与其周围的一些方言点的语音加以比较，就可以看到这种发展趋向。

	榆次	祁县	榆社	介休
妻西鸡弥泥	-i	-i～-i$_{ɿ}$	-ɿ$_{i}$	-ɿ
吕取须居女	-y	-y^{u}	-ʮ$_{y}$	-ʮ

这些现象说明，晋中的有些地区已经完成了舌面前高元音舌尖化的过程（介休），有的地方还处于转化的过程中（祁县、榆社）。

与发音部位前化的同时，在发音方法上也出现擦音化趋向。这种趋向因条件的不同而有不同的表现。如果前面的声母是一个送气音，那么这种送气成分被强化为摩擦成分，例如榆次的“批”读 [꜀p^{ɕ}i]，太谷的“条”读 [꜀t^{ɕ}iʊ] 等；如为鼻音声母，则带有同部位的摩擦成分，例如榆社的“牛”读 [꜀ȵʑiɤu]；如 -i，-y 已转化为 -ɿ，-ʮ，则明显地带有一个同部位的浊擦音 [z]，例如榆社、平遥、介休、孝义等方言中的 -ɿ、-ʮ 如与 p p‘ m t t‘ l 组合时都伴随有 [z] 的成分，如榆社的“梯”读 [꜀t‘^{z}ɿ]（或记为 [꜀t‘ɿ$_{z}$]），祁县的某些居民的语音也有这种特点（§13.2.1）。这种浊擦成分也可能会随着语言的进一步的发展而强化为声母的一部分，从而像产生新韵尾 -m、-ß 那样，产生如 pz、tz 之类的复辅音声母。当然，这仅仅是一种推断，但也不是没有可能，零声母字出现新的声母 z-（如汾阳、沁县、离石等地的“于”“鱼”和“衣”“医”

分别读为 [꜀zɥ] 和 [꜀zʅ]）可以看成为这方面的一个预兆。

8.3.5 所以，高元音发音部位的前移和发音方法因元音高化（§13.4.2）而出现的紧化（增加摩擦成分）已经影响到声、韵母音值的变化。我们了解了这样一种背景，就比较容易了解新韵尾 -m 和 -β 的产生原因了。有些古音学家看到这种新出现的音韵结构特点颇为鼓舞，认为这可以给古音的拟测提供一点线索。周法高在参加 1983 年在美国西雅图召开的第 16 届国际汉藏语言学会议后写过一篇文章，说："西门华德（Water Simon）提出了上古阴声字有辅音韵尾的说法，高本汉、董同龢、李方桂先生等都假定和阳声韵 -m，-n，-ŋ 相配的阴声字为 -b，-d，-g（韵尾 -b 失落的时间较早，可能在东周以前）。我假定阴声韵的收尾是 -ß，-r，-ɣ。现在从现代方言中找到的双唇浊擦音韵尾说明了其在上古音中实际存在的可能。不过它只是双唇浊塞音声母 b 的条件变体，因为在上古音中双唇浊塞音出现在声母部位，而双唇浊擦音只出现在韵尾部位，因此二者可合并为一个音位。"[①] 方言的研究确实可以为音韵的研究提供一些有启示性的线索。

① 周法高《参加国际中国古文字学研讨会和国际汉藏语言学会议的心得》，台湾《大陆杂志》第 67 卷第 6 期。

9. 结构分析法（下）：内部拟测

9.1 德·索绪尔关于原始印欧语喉音的拟测和内部拟测法的雏形

9.1.1 前两章着重讨论如何用结构分析法去探索语言的发展，这一章集中研究原始结构的拟测。

结构学派用来拟测原始结构的方法，一般称为内部拟测法（internal reconstruction）。“内部拟测法”的“内”是相对于“外部比较”即历史比较法的“外”来说的，因为历史的比较总需要比较几个方言或亲属语言的差异，从中找出语音对应关系，并进一步探索语音的发展规律，而内部拟测法则完全限制在一个语言系统之内，从语言结构的系统性着眼，利用异常的分布、空格、不规则的形态变化等去探索语音的发展及其所从出的始原结构。

9.1.2 “内部拟测”这个术语是研究印欧系语言的一些语言学家如比萨尼（V. Pisani），[①] 候尼希斯瓦尔特（H. M. Hoenisgswald）、[②] 蓬芳特（G. Bonfonte）[③] 等学者在本世纪的 30—40 年代作为工作术语提出来的，目的是想从语言材料的共时分析中得

① 《Paleontologia Linguistica》p. 32, 1938.

② 《Studies in Linguistics》1944, No. 4, p. 78.

③ 《Word》, 1945 p. 13.

出历时的结论,即以系统中的不系统的因素为突破口去探索语言的发展,重建已经消失了的原始结构。1961 年,著名的结构语言学家 J. 库利洛维奇向在奥斯洛召开的第九届国际语言学家会议提交了《论内部拟测法》的论文。他以原始印欧语的拟测为目标,对内部拟测法进行了全面的讨论。他认为内部拟测法的运用就是要从语言系统的事实本身、也就是要从语言要素的相互关系本身去探索语言的发展规律,而排除一切诸如社会变动、移民、战争、发音等非语言的要素:"被研究的因素之间的内部关系的变化才是唯一有关的事实。变化的外部动因与音位系统的变化是没有任何关系的","语言研究的范围看来正应该限制在所研究因素的语言的方面,也就是变化前后的实际状况。变化应该作为系统的变化而加以分析和说明,因此,应该首先注意中和、并合和新的音位对立的产生"。[①] 所以,从广义上说,我们在前面两章中讨论的方法都可以叫做内部拟测法,因为它没有求助于外部的比较,也没有求助于文字、文献资料,而完全着眼于语言系统中的事实。不过,从重建原始结构来说,内部拟测法比较关注的是结构中的空格(slot)和不规则的形态交替,其中特别强调不规则的形态交替,因为它认为不规则的形态交替是由有规律的条件音变造成的,因而可以通过不规则的形态交替去探索规则的语音变化:"根据共时形态交替的个别例证进行历时音系规则(phonological rules)的拟测称为内部拟测法"。[②] 无论是哪一种理解,都是通过系统中的不符合系统的结构要素为窗口去观察语言的演变。

---

① 见《Новое в лингвистике》, вып. IV, М. стр. 404.

② T. Bynon: Historical Linguistics, p. 90. Cambridge University Press, Cambridge, 1979.

9.1.3 德·索绪尔是现代语言学关于语言系统学说的创始人，也是运用内部拟测法研究语言史的先驱。他早在1878年（比提出“内部拟测”这个概念要早半个世纪左右）就用内部拟测法的精神去研究原始印欧语的结构。他提出一个著名的假设：原始印欧语的长元音是从短元音加响音成分（sonant coefficients，即m，n，r，l，i，u）发展来的。这个假设后来在赫梯语（Hittite）发现后得到了证实。德·索绪尔还根据原始印欧语词根（root）的语音结构模式而对消失了的辅音的拟测也取得了卓越的成果。他发现原始印欧语以e为元音的多数词根的语音结构是CeC（C代表辅音），例如：bher-（bear，承担），g^wem-（come，来），sed（sit，坐）。但是，有些很普通的词根的语音结构却只有一个辅音，例如，ag-（lead，领导），dhe-（place 地方），es-（be，是）等。德·索绪尔认为这些只有一个辅音的词根的语音结构早期也与CeC的结构平行，只是其中的一个C（辅音）后来消失了。这个消失了的辅音大概是一个喉头音（laryngeals）。德·索绪尔的这个假设当时未被人们接受，直到1927年库利洛维奇在研究希底特语时发现赫梯语用[ḫ]来拼写的辅音在一些同源成分中与德·索绪尔完全根据形态结构模型（patterns）的音位分析而提出来的那个消失了的辅音有对应关系，[1] 因此后来的历史语言学家把只有一个辅音的词根的语音仍拟测为CeC。这样，原始印欧语用heg- 代替 ag-，用dheʔ- 代替 dhe-，用 ˀes- 代替 es-。德·索绪尔用内部拟测法去拟测原始印欧语是高度成功的，所以布龙菲尔德说德·索绪尔在印欧语的历史研究中作出了伟大的贡献。[2]

---

① F. de Saussure: Mémoire on the Primitive System of Vowels in the Indo-European Languages, Reprinted in Lehmann, 1967, pp. 217—224.

② L. Bloomfield: Review of Saussure (1923), Reprinted in Hockett, 1970.

9.1.4 德·索绪尔关于原始印欧语的拟测是语言研究将要发生方向性转折的一个信号。19世纪70年代是青年语法学派的全盛时期。索绪尔是青年语法学派的一个成员。1876年,雷斯金提出"语音规律无例外"。1878年,德·索绪尔就用一种不同于历史比较法的新方法去拟测原始印欧语的某些结构。这好像是两种完全不同的方法,但实际上却存在着内在的联系。德·索绪尔所以能够对印欧语词根的那个消失了的喉音作出有价值的推断,其理论基础就是那个"语音规律无例外""没有一个例外是没有规律的"的论断,只是从语言的结构差异、而不是解释格里姆定律的例外那样从发音条件去解释罢了。这就是说,德·索绪尔从语言中异于规律的现象入手,为"没有一个例外是没有规律的"的信条进行语言结构理论的解释。语言是一种结构系统的构想已经可以在这里看到模糊的雏形。

结构语言学批评青年语法学派的语言研究是原子主义,但在对语言的看法上它们实际上有异曲同工之妙,这就是都把语言看成为一种严密的结构,只是强调的侧面、重点和程度有所不同而已。青年语法学派只是强调音变规律无例外,即音变规律的绝对性,而结构学派则强调语言共时结构的系统性。从原则上说,规律,实际上就是一种历时的结构;而系统则是一种共时的规律,所以现在有些语言学家往往把这两派相提并论,[①]恐怕不是没有原因的。德·索绪尔关于原始印欧语的拟测可以看成是青年语法学派到结构学派的过渡的桥梁,因为这篇文章既含有青年语法学派

---

① U. Weinreich, W. Labov and M. I. Herzog: Empirical Foundations for a Theory of Language Change, Reprinted in Lehmann and Malkiel, 1968, p. 129.

的理论精华,也含有结构学派关于语言系统学说的一些合理内核。德·索绪尔是19、20世纪之交的一个承前启后的杰出语言学家。

内部拟测法在德·索绪尔的研究中已经呈现出它的雏形。

9.2 空　格

9.2.1　空格（slot）是封闭的对称系统中出现的一种不对称现象,它可以成为我们观察音变的一个有价值的窗口。上述德·索绪尔关于原始印欧语的喉音的拟测实际上就是通过这个窗口而观察到它的影子的。

9.2.2　“空格”在语言史的研究中作为结构分析法的一个专门术语是比较晚的事情,而在实际的研究工作中早就在运用这种方法了。

在汉语史的研究中第一个运用空格的方法探索语音发展的,恐怕要算瑞典汉学家高本汉。他认为汉语上古音的研究方法有四个：1. 汉藏系语言的历史比较研究；2.《诗》韵；3. 汉字的谐声；4. 填补《切韵》音系的空格。第一种方法虽然重要,但当时的条件不成熟；第二、第三两种方法只能整理出上古音系的音类,而无法定音值；要对上古音系进行具体的语音学的描写，“古音（即《切韵》）系统里的空格给我们许多要紧的暗示”。[①] 例如,开口与合口相配是《切韵》音系的一个重要特点,比方以 -n 收尾的山摄,开、合的分布很整齐,可是与它相近的以 -m 收尾的咸摄,除

① 高本汉《上古中国音当中的几个问题》,见史语集刊一本三分第245页。原文译的“空档”本文改用“空格”。

了三等凡韵以外就没有合口字,在分布上留下了一个大空格。高本汉认为这是语音发展的结果。他推断咸摄各等在上古也有合口,由于 -m 和前面的介音 -u- 或 -w- 都是唇音, -m 被异化为 -n,和山摄合口字合并,以致在《切韵》音系里出现这种不对称、不整齐的大空格。高本汉还在今天的汕头方言中找到一些收 -m 尾的"唤""患"等山摄字作为上述立论的佐证。因此他认为在拟测上古音的时候可以拟测一套带 -m 尾的合口韵以填补上述的空格。高本汉很重视《切韵》音系的空格,称它为研究上古音的基本方法之一。[①] 他从语音的系统性着眼,努力挖掘《切韵》音系的空格。例如,他根据自己拟测的《切韵》音系,发现声母系统中的清塞音和清塞擦音有不送气和送气两个系列,而浊塞音和浊塞擦音只有送气的系列,没有不送气的系列,因而推断这里存在着不送气浊塞音、浊塞擦音的空格。他根据韵图,发现《切韵》音系的帮组和见、溪、疑三母四等俱全,可是端组只有一、四等,知组只有二、三等,端与知互补;精组只有一、四等,庄组只有二等,章组只有三等,这三组互补;群母只有三等,匣母只有一二四等,群匣也呈互补。这些互补的各类音可以相互填补对方的空格,它们在上古有可能同出一源。高本汉找出的这些空格,虽然都是有待于进一步证明的假设,却是传统的语文学的方法所不能企及的。

9.2.3 空格、互补等异常的分布只能提供诱人的线索,上古音系的基本间架还要根据文献资料、主要是汉字的谐声系列和《诗经》的用韵去建立。谐声和《诗》韵是两套不同性质的材料,

---

① 高本汉《上古中国音当中的几个问题》,见史语集刊一本三分第 245 页。原文译的"空档"本文改用"空格"。

归纳的方法也不同，但反映的音系的情况却大致相同，可以互为佐证。不过谐声字所反映的特点稍早于《诗》韵，因而两者也有一些出入的地方。清儒利用这两种材料研究了上古的韵部，但没有注意利用谐声系列去系统地研究上古的声母和韵尾。高本汉充分意识到谐声字在这方面的价值，因而对它们重新作了归纳研究。他从《康熙字典》中挑选出比较常用的一万二千字作为考察谐声条理的材料，用《切韵》音系的音值把这批字拼写出来，发现谐声系列中大概有五分之四的字，其声母、主要元音和韵尾辅音三部分都和声符相同或相近；如果谐声字的声母、韵尾与声符有出入，那么发音部位至少是相同的，如"般"和"盘"，"古"和"苦"等。高本汉发现了这个谐声原则，就按照它去拟测上古声母、韵尾的音值。在碰到声符与谐声字在语音上有重大的差异时，他就从语音结构的系统性着眼，推断分歧的原因，据以拟测上古的音值。现在举两组谐声字的例子来说明高本汉如何综合考虑各种因素来拟测声母：

甲：余 i̯wo—	除 d̂i̯wo	叙 zi̯wo	途 dhuo
	涂 dhuo	荼 dhuo	稌 thuo
乙：为 jwię—	妫 kjwię	伪 ngjwię	㧑 xjwię

这两组例字，粗看起来，与上述的谐声原则不一致：声符无声母，被谐字有声母。高本汉具体分析声符与被谐字之间的矛盾，认为这是声符的声母因消失而造成的结果。甲组被谐字的声母都是齿音（舌尖前），乙组被谐字的声母都是舌根音，说明这两组的声符在上古也是有声母的，即甲为齿音，乙为舌根音，这样才能解释上古的谐声系列。辅音有清有浊，塞音和塞擦音还有送气与不送气的区别，那么失去的辅音属于哪一类？高本汉认为上述甲、乙

两组的声符在《切韵》系统中都是喻母字（或喻母三等，如“为”，或喻母四等，如“余”），它们在从中古到现代方言的发展中都是阳调字，而这正是浊声母在声调分化中所具备的特征，因而确定消失的声母都是浊音。齿音系列中的浊音可能是塞音 d 和擦音 z（例如“羊”是“详”“祥”等的声符，它的声母在发展中也脱落了），舌根音系列中的浊音可能是塞音 g 和擦音 ɣ，究竟又是哪一个呢？高本汉根据塞擦音、擦音 ts，tsh，dzh，s，z 一般不和塞音 t th dh 谐声，推断甲组失去的声母不可能是擦音，而必定是浊塞音 d，这正好补上《切韵》齿音系列中不送气浊塞音的一个空格。他又根据中古“群”（gh）和“匣”（ɣ）互补，前者出现于三等，后者出现于一、二、四等，推断它们在上古同出一源；又根据舌根音 k 很少与清擦音 x 谐声（像“干”“罕”相谐的例子很少），却常与浊擦音 ɣ 谐声（如“古”与“胡”等），推断 ɣ 来自 gh 才有可能有这样的谐声关系（就是说塞音与塞音谐声，而不与擦音谐声），而乙组的喻母字又都为三等字，与“群”母的分布相同，因而推断乙组声符所失去的声母必定为不送气浊塞音 g。他的这个推断又补上了《切韵》舌根音系列中的一个不送气浊塞音的空格。[①] 高本汉依据这些办法填满了前面提到的那些《切韵》音系的空格。

9.2.4　不错，空格在语言史的研究中是有诱惑力的，它往往能成为人们观察语音发展的一个窗口，并从中找出语音发展的线索。历史比较法只能根据有形的语音差异才能探索语音的演变，

① 请参看高本汉的 Analytic Dictionary...（1923）和 Compendium of Phonetics in Ancient and Archaic Chinese（1954）。

而空格却可以在系统的排比中根据无形的缺位去探测语音的演变。所以，从这方面来说，它可以弥补历史比较法的某些不足；只要有材料的根据，运用得当，在语言史的研究中就可以取得有价值的成果。高本汉关于汉语上古音的某些研究（如拟测喻$_{四}$为 *d 等），已为这方面提供了一些富有启示性的例证。但是，空格、互补等异常的分布情况比较复杂，如果没有充分而可靠的材料作根据，填补空格，处理互补等，就可能会犯形式主义的错误。例如，高本汉根据“群”（出现在三等韵前）和“匣”（出现在一、二、四等韵前）互补，推断它们同出一源，认为“匣”（ɣ）来自上古的 gh。这是没有什么根据的。曾运乾、罗常培、葛毅卿都曾经各自研究过这个问题，各自根据确凿的书面文献资料，都认为匣母与群母无关，而与喻$_{三}$的关系比较密切，分布也呈互补，在 6 世纪初本为一体。① 李荣从另一个角度，根据现在的方言材料，证明古群母也有一、二、四等，② 这就是说，“群”与“匣”在分布上没有互补关系，这就从根本上推翻了高本汉关于“群”、“匣”同源的结论。可见光从形式上去填补空格，处理互补关系，是容易出问题的。董同龢特别强调这一点，指出空格尽管有吸引力，但如果缺乏材料的根据，就不要勉强去填补空格，在拟测中不一定要把所有的空格都填满。③

所以，空格的分析在语言史的研究中有它的价值，但在运用

① 曾运乾《“喻”母古读考》（《东北大学季刊》第 2 期）；罗常培《经典释文和原本玉篇反切中匣于两纽》（见《罗常培语言学论文选集》）；葛毅卿 On the Consonantal Value of 喻——Class Words（《通报》，1932 年）及《喻$_{三}$入匣再证》（史语集刊八本一分）。

② 李荣《从现代方言论古群母有一、二、四等》，见《音韵存稿》第 119—126 页。

③ 参看董同龢《上古音韵表稿》，《史语集刊》第 18 本第 19 页。

的时候必须谨慎,力求有材料的根据,避免主观臆断。

9.3 不规则的形态交替和内部拟测

9.3.1 语言中不规则的形态变化是引导结构语言学家去进行内部拟测的重要向导。这里隐含着一个重要的理论假设:现在不规则的形态变化原来都是有规则的,只是由于以语音条件为前提的连续性音变的结果才使它成为留存在语言中的一些残存现象。因此,什么样的语音条件使原来有规则的结构变成今天不规则的变化,自然也就成为语言学家首先关心的问题。

9.3.2 产生不规则的形态变化的原因很多, ablaut 和 umlaut 是其中的两种特殊类型。

ablaut 和 umlaut 这两个概念是格里姆提出来的。他把它们作为专题来研究,被人们认为是格里姆对语言研究的"巨大功绩之一"。[①]

ablaut 一般译为"元音变换"或"元音互换",是研究原始印欧语的元音的一个热门话题。自格里姆之后,像施莱哈尔、勃鲁格曼、德·索绪尔这样一些有影响的大语言学家都对此进行过深入的研究,想以此解决印欧语元音变换中的一些重要问题。德·索绪尔关于原始印欧语长元音的形成的分析(§9.1.3),目的就是要解决这种元音变换(ablaut)中的问题。这个问题很复杂,涉及到一系列印欧系语言的元音变化问题,我们没有必要在这里进行详细的讨论。跟我们所要研究的问题直接

① 参看裴特生《十九世纪欧洲语言学史》第 39 页。科学出版社 1958 年。

有关的是，这种元音变换（ablaut）可以在语言系统中留下一些不规则的形态变化，例如英语的 begin/began/begun。现代语言学一般就根据语言中的这种不规则的变化去简释 ablaut。例如，哈特曼等的《语言与语言学词典》是这样解释的："通过变化词干中的元音，表示词的不同功能的一种手段，如英语中许多不规则动词的三个主要部分（sing/sang/sung）（唱）"（1 页，383 页）。类似这种 i~a~u 的元音变换现象正是历史比较语言学所讨论的原始印欧语的 ablaut 在英语中的残留。这就是说，这些在原始印欧语中有规则的元音变换由于语音演变的结果而只在一些常用的词里保留下来，成为一种不规则的形态变化。

umlaut 一般译为"元音变移"或"元音变化"，指的是一个元音受到后面一个音节里的元音、特别是 i 或 j、u 或 w 的影响而产生的变化，所以有的书把它叫做 imlaut 或 i-umlaut。布龙菲尔德在《语言论》里曾引用过不少这方面的例子。例如：

	前英语	古英语	现代英语	汉义
1.	*[gold]	gold	gold	（金子）
2.	*['guldjan][①]	gyldan	gild	（镀金）
3.	*[mu:s]	mus[mu:s]	mouse	（老鼠）
4.	*[mu:si]	mys[my:s]	mice	（老鼠，复数）
5.	*[fo:t]	fot[fo:t]	foot	（脚）
6.	*[fo:ti]	fet[fe:t]	feet	（脚，复数）
7.	*[gans]	gos[go:s]	goose	（鹅）
8.	*['gansi]	ges[ge:s]	geese	（鹅，复数）

① 这一形式中的 [u] 是由于更早的同化作用，[o] 受后面 [j] 的影响变作高元音的舌位。——原注

9.	*[drank]	dranc[drank]	drank	（喝了）
10.	*[ˈdrankjan]	drencean[ˈdrenkan]	drench	（浸，泡）

这些例子两个一组，从比较中可以看出，双号例字的第一个音节的元音都受后一音节元音的影响而发生变化。实际上这是一种语音的同化作用，只不过是一种特殊类型的同化作用，因而需要用一个特殊的术语去标示。

ablaut 和 umlaut 是印欧语中构成语言共时状态的不规则语音交替的两种重要现象，说明语言中不规则的语音交替原来也是有规则的，成系统的，因而可以成为追溯语言演变的向导，借以重建有规则的原始结构。

9.3.3　在印欧语系的语言里，如英语，不规则的形态交替俯拾皆是。这是外族人学习这种语言的一个难点，但是对于语言史的研究来说，它却是一笔重要的财富。梅耶早就注意到这一点，认为原始共同语的拟测应该较多地考虑例外和不规则的变化，因为“例外的形式是最适于用来确定一种‘共同语’的形式。”[①] 我们可以用英语的一些不规则变化来说明这方面的问题。先请比较下面两组英语名词的复数词尾：

一		二	
单数	复数	单数	复数
book	books	wife/waif/	wives/waivz/
cat	cats	mouth/mauθ/	mouths/mauðz/
stamp	stamps	house/haus/	houses/hauzɪz/

第一、第二两组的名词复数词尾不一样。第一组是清音 -s，第二组是浊音 -z、-ɪz。根据现代英语名词复数的变化规则，清辅音之

① 梅耶《历史语言学中的比较方法》第 23 页。科学出版社 1957 年。

后念 -s，浊辅音和元音之后念 -z，咝音（s，z，ʃ，ʒ，tʃ，dʒ）之后念 -ɪz。第一组名词的单复数的变化是符合现代英语的音变规则的，而第二组名词的复数词尾念成浊音与文字的拼写法所反映的语音状态矛盾：单数名词词干的最后一个辅音明明是清音，在变为复数时它为什么要念成浊音？共时音系中的这种不符合规则的语音交替可能是语音发展规律的一种曲折的反映。以 wife 这个词的单复数形式为例，词干末尾的辅音 "f" "v" 的区别只在于前者是清音，后者是浊音，其他如发音部位、发音方法都一样。这种不规则的语音交替是引导语言学家进入语言史的腹地、探索发展规律的重要向导，我们可以联系有关的现象对这种不规则的变化进行一些具体的探索。

英语的名词和从名词中派生出来的动词，语音上也有类似 wife~wives 的那种 f/v 交替的特点。请比较：

a mouth/mauθ/（嘴）	to mouth/mauð/（说出）
a house/haus/（房子）	to house/hauz/（给房子住）

这种同形的名词和动词的词末辅音的清浊交替与名词单复数的不规则语音交替形式一致。这种一致使我们有理由相信：词干末尾的清辅音念浊音可能是原来有规则的音变形式的残留。

英语的名词复数和动词的派生形式原来都是通过加后缀的办法构成的。这两种形式的词干末尾的清辅音都念浊音，可能与后缀有关。这可以启示我们去作进一步的探索。

古英语（公元 450—1050，从盎格罗—撒克逊入侵到诺曼王威廉征服英国）、中古英语（1050—1450）时期的名词复数后缀有两个：-es 和 -en，现代英语的多数名词的复数形式是前一种形式 -es 的发展（其中 -e-[-ə-] 在发展中消失），只有像 oxen， children 等词中的 -en 是后一种复数形式的保留。-es 和 -en 都是古英语时期的有规则的复数形式。在中古英语时期,复数的后缀通过类推的方式趋于简化: -es 不断地扩大自己的领域,而 -en 的运用范围日益缩小。像 house,eye 等词的复数后缀原来都是 -en,后来一一为 -es 所代替。对于前面所说的不规则的语音交替来说,问题还不在于这种代替,而是清浊的交替。这种交替可能是同一音位的分化。那么,分化前的原型音位是清音还是浊音? 在英语中,清擦音,特别是元音之间的清擦音的浊化,是一种常见的现象,而浊辅音的清化在英语中比较少见。因此,可以据此假定: 清辅音音位是两个不同交替形式的原型。这可以得到书面材料的印证。在中古英语时期,名词复数后缀的语音形式是 -es([-əs]),而到早期现代英语(1450—1700,以莎士比亚的著作为主要代表)时,它浊化成 -ez,而到近期现代英语(1700 以后),可能是由于语音的同化作用而出现如"books"的 -s 这类复数形式:

	中古英语		早期现代英语				现代英语
book	[boːkəs]	>	[buːkəz]	>	[bukz]	>	[buks]
dog	[dɔgəs]	>	[dɔgəz]	>	[dɔgz]	>	[dɔgz]
rose	[rɔːzəs]	>	[roːzəz]			>	[rozɪz]

这就是说,复数词尾念浊音 -z, -ɪz 是规则的形式,而 books 的 -s 之类的清音则是近期现代英语因受其前面清辅音的同化而产生的新形式。了解了这种背景,回头再去看前面第二组的不规则的复数形式,就可以知道它倒是一种规则的形式。因为它们都是一些常用词,因而在音变中比较顽固,不仅有强大的力量抗拒被别的语音同化,而且可以反过来去同化别的语音。像 mouths[mauðz] 之类的"不规则"形式,由于词尾维持浊音的特征,

因而它前面的清辅音倒被逆同化为相应的浊音。这样，语言共时状态中的不规则的语音交替就可以得到规则的解释，语言学家可以据此去拟测早期英语的规则的结构。

所以，从形态结构中的语音交替着眼，从不规则的变化中去探索规则的形式以及音变的轨迹，在语言研究的方法论上来说，是有它的价值的。

9.4 内部拟测法的成效和局限

9.4.1 内部拟测法着眼于规则系统中的不规则现象，实际上就是从语言系统中的结构差异入手来研究语言的发展。差异，这是语言史研究的客观基础。历史比较法比较同源成分在各方言或亲属语言中的成对应的语音差异去探索语言的发展，取得了重要的成就，但是，它没有考察音系结构内部的差异，因而无法利用语言史研究中的这一批宝贵的资料。在历史比较语言学的时代，找不到亲属语言的一种孤立的语言是无法研究其历史的，所以梅耶说："一种语言只要是孤立的，就没有历史可言……如果我们想不出办法把巴斯克语拿来和某种别的语言对比，那就永远没有建立这种语言的历史的希望。反过来说，如果马尔（Marr）和奥斯低尔（Oštir）这一方面，以及托龙伯低（Trombetti）那一方面，他们比较巴斯克语和地中海沿岸的一大组语言，尤其是高加索系的语言的那些尝试成功了，巴斯克语就不再是孤立的，而进到历史领域里来了"，梅耶由此得出结论，比较方法"是建立语言史的唯一方法"。[①]

① 梅耶《历史语言学中的比较方法》第 10、11 页。科学出版社 1957 年。

现在，有了内部拟测法，就可以通过对系统内部的那些不规则变化，空格、异常的分布等现象的考察去探索语言的发展和拟测它们的原始结构，使历史比较法难以发挥作用的领域现在也有了对付的办法。这就在一定程度上弥补了历史比较法的不足，推进了历史语言学的发展。所以，内部拟测法在语言史的研究中是有重要的价值的。

9.4.2　内部拟测法是根据德·索绪尔的语言系统同质说的理论，在印欧系语言的研究基础上诞生的。理论的不完善（§12.1.1）和语言材料的局限不能不给内部拟测法带来一些严重的影响。

内部拟测法着眼于语言系统中的结构差异，这一点是无可非议的，但是，它只着眼于以语音分布为条件的共时结构差异，这就显出它的严重缺点。语言中的差异是多种多样的，例如，现代宁波方言的“酒”在人们的读音中有 tɕiɵy、tɕiᶱʏ、tɕiʏ、tɕy（这时“酒”与“举”同音，现在还只限于少数年轻人）的差异，这与语音的分布条件无关，因而内部拟测法就无法利用音系中的这些差异。类似像汉语这样的语言，音系中存在着广泛的文白异读现象，这也是一些重要的差异，由于结构分析法只考虑同质的语言系统内部的差异，自然也就无法利用这些因方言的相互影响而产生的差异（§15）。这就迫使内部拟测法只能局限于一个狭窄的范围内，而不能利用系统中的各种变异现象去进行广泛的研究；也正由于此，内部拟测法也就只能从结构差异中去重建有规则的原始结构，即只能注意音变的“头”与“尾”，而无法利用各种变异现象清理出音变的具体过程和发展的时间层次。

内部拟测法的这些缺点与语言系统同质说的语言理论基础有关，因为同质说在方法论上不允许运用除语音分布条件为基础的结构差异以外的变异。要改进内部拟测法，必须改进它的理论基础。随着语言研究的深入发展，我们现在已经知道，语言不是一种同质的系统，而是一种有序异质的结构（orderly heterogeneous system），应该根据这一语言理论去拓宽内部拟测法的视野，运用各种变异现象去对内部拟测进行一些可能的补正。这些问题，我们将在讨论词汇扩散（§11.5.2）、语言变异（§12，§13，§14）时再进行具体的分析。

9.4.3 内部拟测法可以处理以语音的分布条件为转移的音位的分化，而无法处理音变中音位的合流。比方说，汉语中因浊音清化而引起的音位的合并（§7.3.1），只凭内部拟测法，是难以找到音变的线索的，因为我们很难从现代北方话的语音系统中找出原来清浊音的分布条件；即使是北京话的阴平与阳平，如果没有书面材料的提示和其他方言的佐证，我们也无法知道它与清浊音有关。中和，虽然它与音位的合流有关，但如果没有其他材料的参考，也很难从共时音系音位的对立中和中推知历史上音位对立的中和。所以，音变中的音位合并恐怕是内部拟测法难以逾越的鸿沟。

确实，音位的合并是进行内部拟测的一个难题，因为它缺乏差异的凭证。但是，如果我们开阔视野，考虑音系中的各种差异，那么也有可能对某些合并的现象作出合理的、有根据的分析。汉语的声调在它的发展中曾经发生过分化和合并；一旦合并，我们自然在共时音系中就难以发现原来某些调类之间的差异了。语言是用来说的，借以表达我们的思想。在说的时候，即在连续的言语中，单字声调可能会相互影响而产生连读变调现象，我们或许可以从这种变调中找到一些有价值的分合线索，也就是说，我们可以运用另一个结构层面的差异或变异去考察声调的分与合。浙江温岭方言的单字声调有七个：

阴平	33	阴上	42	阴去	55	阴入	55（短调）
阳平	31			阳去	13	阳入	11（短调）

从调类的分布看，无阳上，这是一个空格，我们可以据此推断温岭方言原来也应该有阳上字。但是，这些阳上字跑到哪里去了？我们无从知晓。但是，根据连读变调，我们或许可以从中得到一些启示：阳平调在连读变调中有两种不同的规律，而其他各调在连读中都遵循着一种统一的规律。阳平调的两种变调规律是：

1. 作为两字组连读变调的上字，在阴平前变35调，在阳平前变24调，在其他声调前变13调；作为下字，在阴去、阳去后不变，在其他声调后变51的降调。

2. 作为连读变调的上字，在阳平前变35调，在其他声调前不变；作为下字，一律不变调，仍读31的低降调。

阳平调在连读变调中表现出来的差异，说明它是由两种不同的声调合并而成的，可以从中分出一个阳上调，这正好填补上调类分布的空格。至于这两种变调规律中哪一种是原阳上字的遗留？由于汉语有书面文献，有方言可资比较，自然可以很容易地确定按第二种变调规律变调的是原来的阳上字。[①] 利用连读变调的差异去考察声调在发展中的分合，这是有重要的方法论意义的。它标志着汉语声调的研究已从孤立的单字调的分析进入运用中的活语言的研究，已经注意到连读变调等高层次的语言现象与语音结构的内在联系。侯精一的《平遥方言的连读变调》一

① 参看李荣《温岭方言的连读变调》，《方言》1979年第1期。

文还进一步联系语法结构格式和连读变调的关系探索声调的分合，这就把这方面问题的讨论又向前推进了一步，说明语法结构、连读变调、单字声调的分合之间也有可能存在着有机的联系。平遥方言的单字调不分阴阳平，但在偏正式、并列式、谓补式、名词叠字、儿尾名词等结构格式的连读变调中却可以分出阴平和阳平，而在其他情况下则都混而不分。[①] 这些情况都告诉我们，利用其他层次中的差异去探索语音的合流或其他变化，看来是有重要价值的，这或许可以给内部拟测法进行一些必要的补正。

① 参看侯精一《平遥方言的连读变调》，《方言》1980年第1期。

10. 语言的扩散（上）：地区扩散和方言地理学

10.1 语言的扩散和波浪说

10.1.1 “扩散”（diffusion）指语言演变的一种传播方式。如果说，前面讨论的“演变”指语言从前一阶段到后一阶段的变化，那么扩散则指语言演变从这一地区到那一地区的传播，或者说，系统中由少数词开始的变化逐步扩大范围，扩散到其他有关的词。当然，“传播”、“扩散”也是一种发展，不过着眼点不同。“变化”“演变”这些概念着眼于时间，而“扩散”着眼于空间。所以，从扩散的角度来研究语言的演变就会步入历史语言学的一个新的领域。

10.1.2 历史比较法的理论框架与谱系树理论（§1.2.4）有关，假设语言处于不断的分化过程中，在第一个分化点之前的时期的语言称为原始语或母语，从分化点分叉出来的分支称为子语或女儿语（daughter language），而后按照同样的方式不断分化，直至形成现在世界上多种多样的语言或方言。这种理论认为原始语的内部是统一的，没有方言分歧；方言或亲属语言的形成是一种语言的突然性分化的结果；语言在分化之后就各自顺着自己的方向发展，相互间没有联系，没有影响，犹如树枝从树干上分叉出来之后就各自顺着自己的发展方向发展一样。但是,实际的语言现象比这样的模式图要复杂得多,语言在发展中不仅有分化,也有统一；每个语言不仅有自己独立的发展,也有与其他语言的相互影响；不仅分化之后的语言相互间有差别,就是在分化之前语言内部也有方言的分歧；语言在其分化过程中不仅有突发性的分裂（例如盎格鲁—撒克逊人定居于不列颠而与大陆上的西日耳曼语分家；中世纪早期北方的斯拉夫人把罗马帝国切分为二,从而使罗马尼亚语与其他拉丁系语言分家而开始独立的发展；9世纪时匈牙利民族从东方迁徙到欧洲把斯拉夫语领域切断而使南斯拉夫语发生独立的演变,等等）,而更重要的还是缓慢的分化过程,凡此等等。总之,实际的语言现象很复杂,而历史比较法的设想把语言间的关系理想化、简单化了,因而不能不给语言的历史研究带来一些局限和不利的影响。布龙菲尔德在总结历史比较法的成效时指出:"比较法既不考虑母语内部存在分歧,也不考虑亲属语言间发生共同的变化,所以只能带领我们走很有限的一段路程。"[①] 由于这些方面的原因,有人提出与谱系树理论、历史比较法完全不同的新模式来处理语言演变中的一些问题,这就是一般所说的波浪理论（wave theory）。

10.1.3　波浪说的创始人是施密特（J. Schmidt）。他是谱系树理论的创始人施莱哈尔的学生。他发现印欧语系的某一语支和其他好几个语支往往有特殊的相似点,难以用谱系树理论来解释,因而他于1872年提出波浪说来解释这些现象。先请比较下面的两组例子：

---

① 布龙菲尔德《语言论》第393页。商务印书馆1980年。

一、

	哥特语	立陶宛语	古保加利亚语	梵语	爱尔兰语	拉丁语
工具格复数	ˈwulfam （给,被群狼）	naktiˈmis （夜夜）	noʃtɪmi （夜夜）	padˈbhih （用脚）	ˈferaʊ （被人们）	
与—夺格复数		vilˈkams （给群狼）	vḷkomʊ （给群狼）	padˈbhjah （到,从脚）		ˈpedibus （到,从脚）

二、

	梵语	阿维斯特语	立陶宛语	希腊语	拉丁语	古爱尔兰语
“百”	çaˈtam	satəm	ʃimtas	he-kaˈton	kentum	keːð

根据第一组例子,说明名词的有些词尾变化在日耳曼语和波罗的—斯拉夫语里有 m,而在梵语等其他印欧系语言里却是 bh,相互间没有平行的语音对应关系,据此就应该假设日耳曼语和波罗的—斯拉夫语在历史上曾经有过一个共同的发展时期,是从原始印欧语中分化出来的一个语族。但是,这一假设与第二组例子发生矛盾。这第二组的例子说明,立陶宛等波罗的—斯拉夫语与东部的梵语等语言有共同的相似点,传统称为 satem 语群,而与传统称为 centum 语群的日耳曼等语言无关,因而需要否定日耳曼语和波罗的—斯拉夫语有共同发展时期的假设。鉴于用谱系树理论无法说明这些矛盾的情况,施密特提出用波浪说来解释,认为原始印欧语还是一个整体的时候就存在着方言分歧;各方言的特点犹如石子投入池塘后形成的波浪那样扩散开去,从而使后来的不同语族、语支呈现出很多相互交叉的共同特点。请比较下图中的各种交叉现象（见 244 页）。

这个图形显示印欧系语言的一些语区一面和某一邻近的语言有着共同的特点,一面又和另一邻近的语言有共同的特点,各个语族（或语言）仿佛形成了一个连绵不断的锁链。在这个锁

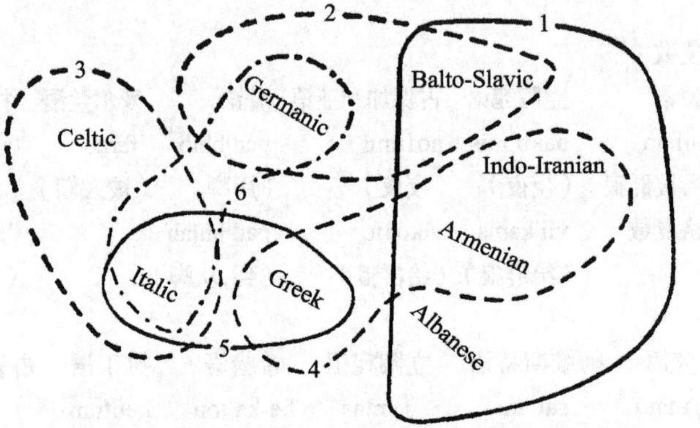

这是印欧语系诸语支之间类似特点相互重叠的示意图——摘自史莱德尔（Schrader）。

1. 某些词形中以咝音代替了软喉音。
2. 以 [m] 代替了 [bh] 的格尾形式。
3. 被动语态以 [r] 为词尾。
4. 过去时式加前缀 ['e-]。
5. 阴性名词用了阳性名词的后缀。
6. 完成时式用来表示一般过去时。

链里，有逐渐的过渡，也有截然分开的疆界，施密特认为这是由于锁链之间的某些媒介消失了。比方说，在一系列渐次过渡的方言a,b,c,d,e,f,g,h,i,j,k……里，其中一个方言，比方说f方言，由于经济、政治、文化等方面的原因而处于一种特殊的地位，其他方言区的人由于经济流通，文化学习等方面的需要而要掌握f方言，这样，f方言的特点就会像波浪一样扩散开去。首先受到影响的自然是与它邻近的方言e和g，其次是d和h，再次是c和i，直至碰到另一个经济、政治、文化、宗教等方面也有重要地位和影响的语言的扩散波的干扰，这一扩散的波浪才会被阻止；越是接近扩散波的中心（波源）的方言，其与中心方言的共同点就越多。如果f方言的扩散波一方面渐次淹没了e,d,c,b方言,另一方面渐次淹没了 g,h,i,j 等方言,这样就形成了新的方言系列 a,f,k,原来方言间渐进的过渡消失了,而呈现出 a,f,k 之间的显著的区别。这种理论后来在方言地理学中得到了进一步的发展。

10.1.4 语言本身没有生命,不会扩散;它的扩散完全是由人员的流动造成的,因而需要联系人民的迁徙、社会环境的改变来研究语言的扩散。

在汉语的研究中,近来有人主张用波浪说来分析汉语方言的形成。张琨认为汉语的方言绝对不会是通过一分二、二分四、四分八那种谱系树的方式形成的,而肯定是通过人口流动等波浪式的扩散产生的。[①] 这一假设的可靠性和价值怎样,尚待研究,但有些方言的形成确可为这一假设增添几分光彩。客家方言的形成与中原地区汉族居民的南迁有密切的关系,这是人所共知的事实。第一次大迁徙是由东晋到隋唐,由于匈奴等外族的入侵,迫使居住在并州(今山西太原地区)、司州(今河南汜水县西北地区)、豫州(也在今河南境内)等地的汉族居民南迁,远的到达江西中部,近的到达颍、汝、淮三水之间。第二次由唐末到宋,由于黄巢起义,战乱迭起,迫使居住在河南西南部、江西中部和北部、安徽南部的居民南迁到广东的循州、惠州、韶州以及福建的宁化、汀州、上杭等地。第三次由于元蒙南侵,迫使闽西、闽南的居民迁徙到广东的东部和北部。[②] 居民的这种大规模的迁徙和流动才形成了今天的汉语客家方言。客家方言的一些重要语音特点,例如

① 《美国语言学家谈历史语言学》(徐通锵整理),《语言学论丛》第 13 辑第 248 页。
② 请参看罗香林《客家研究导论》第二章。

中古全浊塞音、塞擦音声母一律读送气音，与反映宋西北方音特点的晋南方言的白读音（§15.3.2）一致；客家方言的某些地方中古浊去字读上声，也与晋南地区的某些方言相同（§10.4.3）。在地理上相距遥远的两个地区，各自保持着相似的声韵特征，这可能不是偶然的，或许可以成为探索客家方言的来源即语言扩散波的踪迹的一个重要线索。

北京方言的形成也可以为这种扩散的波浪说提供一个富有启示性的根据。比较北京及其附近各地的方言特点，我们可以发现一些有趣的现象：东面的顺义，其声调系统与北京话一致，而其旁边的平谷的阴平和阳平的调值却正好与北京相反。“墙上挂着一杆枪”，北京人听平谷人说话，好像是“枪上挂着一杆墙”，因为“枪”“墙”两字的声调调值两地正好相反。杨村离天津城区仅二、三十里路，但其声调系统与天津话不一样，却与二百多里外的北京话一致。再往远处延伸，北京话的声调与东北话相同或相似。我们可以设想，北京话的源头可能在东北，随着满族的入关，居民内迁，东北方言的扩散波扩及到北京及其附近地区，覆盖了原来的北京土话，使其成为底层。“古北京音本是和津浦线上从东南到西北的大河北方音挺像的。后来才让从山海关到保定这条圈地线冲开。”[①] 如果以声调的调值为标准，画一个语言的扩散波，就可以看到北京话的语区一直伸延到东北，看来北京话的语区不应该受“北京”这个地名的限制。请看下图（此图由林焘教授提供）：

---

① 俞敏《北京音系的成长和它受的周围影响》，《方言》1984年第4期第274页。“圈地线”指清贵族入关时的“跑马占地”的圈地活动，只要是“圈”过的地就成为他们的了。

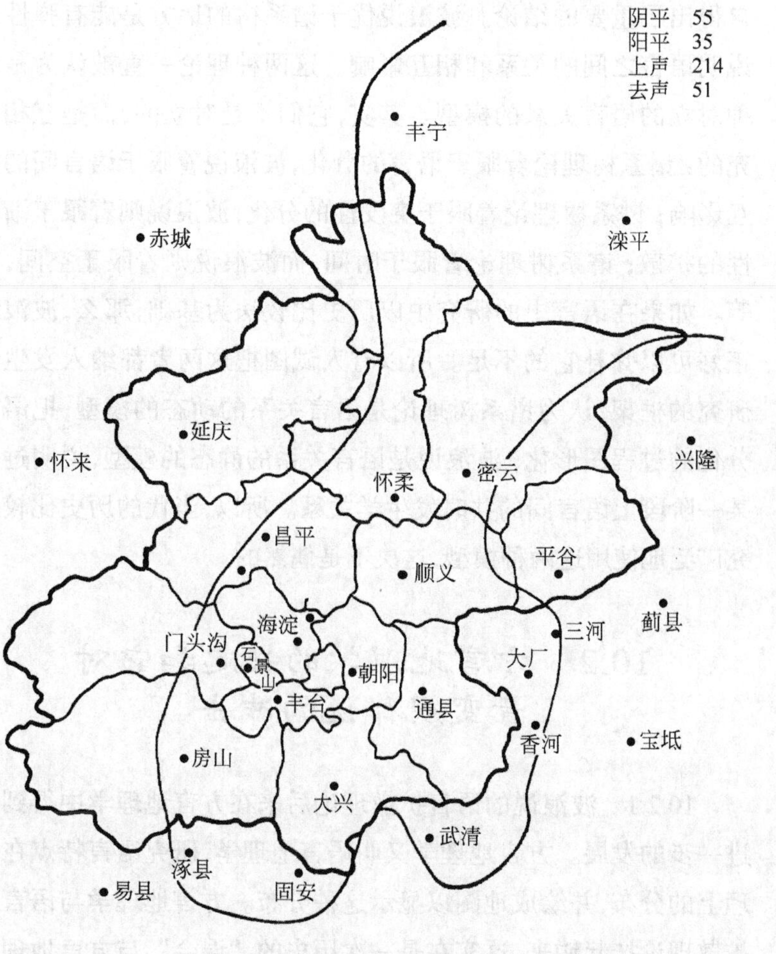

北京话声调调值分布区域图

用波浪说解释汉语方言的形成看来是有一定道理的,但各方言的形成过程还得参照社会发展的历史进行具体的探索。

10.1.5 所以波浪说的语言扩散图与谱系树理论的语言系谱图有很多重要的区别,两者从不同的侧面来研究语言的发展,各自得出了重要的结论。波浪说优于谱系树的地方是能有弹性地说明语言之间的关系和相互影响。这两种理论一直被认为是两种对立的语言关系的模型。其实，它们不是对立的，而是互相补充的：谱系树理论着眼于语言的分化，波浪说着眼于语言间的相互影响；谱系树理论着眼于突发性的分化，波浪说则着眼于渐进性的扩散；谱系树理论着眼于时间，而波浪说则着眼于空间，等等。如果在语言史的研究中以历史比较法为基础，那么，波浪说正好可以弥补它的不足。所以有人试图把这两者都纳入发生学研究的框架，认为谱系树理论是语言关系的动态的模型，把语言分化的过程图形化；波浪说是语言关系的静态的模型，说明过去某一阶段上语言间的共时发生学关系。所以，当代的历史比较研究广泛地使用这两种模型，这决不是偶然的。

10.2　方言地理学的兴起和它对音变规律说的冲击

10.2.1　波浪说的语言扩散理论后来在方言地理学中得到了进一步的发展。方言地理学又叫语言地理学，研究语言特点在地理上的分布，并绘成地图以显示这种分布。方言地理学与语言的扩散理论挂起钩来，这实在是一次历史的"误会"，与方言地理学的初衷完全相反。

10.2.2　19 世纪 70 年代，语音发展规律的研究取得了辉煌的成就，提出了语音规律无例外的论断（§5.4.1）。但是，在标准语中总还有一些成分表现出不规则性，于是人们推断：标准语是混合的，不是纯粹的，只有在偏僻乡村的方言中才有纯粹、单一的语言形式，可以为"语音规律无例外"的理论找到充分的材料根据。这就推进了对方言的调查与研究。

早期的方言地理学的研究，最有影响的是德国语言学家温克（Georg Wenker）的语言调查。温克是青年语法学派的热心支持者，他希望通过方言的研究去证实语音规律无例外的原理。就在雷斯金提出语音规律无例外的论点的同一年（1876），温克向莱茵河地区的所有小学教师寄去了一份包括大约三百个词组成的四十个短句的调查表，请他们用各自的方言译出这些句子，并用通行的字母标写出来。根据语音规律无例外的原理，温克设想高地德语和低地德语应有一条明确的分界线。但事与愿违，情况完全相反。

10.2.3 高地德语与低地德语的区分与第二次日耳曼语辅音转移的规律相联系。格里姆定律所揭示的语音规律（§5.2.1）世称第一次日耳曼语辅音转移规律，由于这一规律的作用使原始日耳曼语与印欧语系的其他语言分家。第二次日耳曼语辅音转移的规律时间要晚得多，大体是在有文字记录以前不久的时期发生在德国南部地区的一次音变。由于这一音变，就使德语分为南、北两大方言：南部方言称为高地德语，北部方言称为低地德语。这一音变涉及到塞音在词首、词中（音节之间）和词末的语音变化。英语由于随着盎格鲁—撒克逊人侵入英伦三岛，已与西日耳曼语族的各语言分家，因而没有受到这次音变的影响。比较英语与德语的语音差异，就可以发现第二次日耳曼语辅音转移的规律（表中的 z = [ts]，ph = [pf]，ʒʒ = [s]，(h)h，ch = [x]）：

西日耳曼语	现代英语	古低德语	古高德语	标准德语
*p	pipe	pīpa	phīfa	Pfeife

	apple	appul	aphul	Apfel
	sleep	slāpan	slāfan	schlafen
	ship	scip	scif	Schiff
	‘play’	spil	spil	Spiel
*t	two	twē	zwei	zwei
	heart	herta	herza	Herz
	eat	etan	eʒʒan	essen
	water	watar	waʒʒar	Wasser
	that	that	daʒ	das
	stone	stēn	stein	Stein
*k	break	brekan	brehhan	brechen
	I	ik	ih	ich
	shine	skīnan	skīnan	scheinen

通过第二次日耳曼语辅音转移的规律，德语形成高地德语和低地德语两大方言区。比较两大方言的语音差异，这一音变规律的主要内容可以归纳为：

低地德语（未变）	高地德语（已变）		
	日耳曼语擦音 */f/ */s/ */h/ 之后	词首；除擦音以外的其他辅音之后；重叠	元音之间；词末
/p/ /t/ /k/	/p/ /t/ /k/	/pf/ /ts/ [k][kx][x] （方言的歧异）	/f/ /s/ /x/

10.2.4　温克原来设想通过莱茵河地区的语言调查找出高地德语和低地德语的明确的分界线，但是，当他把调查的结果标写在地图上，把有相同特点的方言点连成线，马上就发现音变的规律在语词上的反映没有一条明确的分界线。这种有相同特点的语言线一般称为同语线或同言线、等语线（Isogloss）。例如（图选自 T. Bynon, Historical Linguistics, p. 176）：

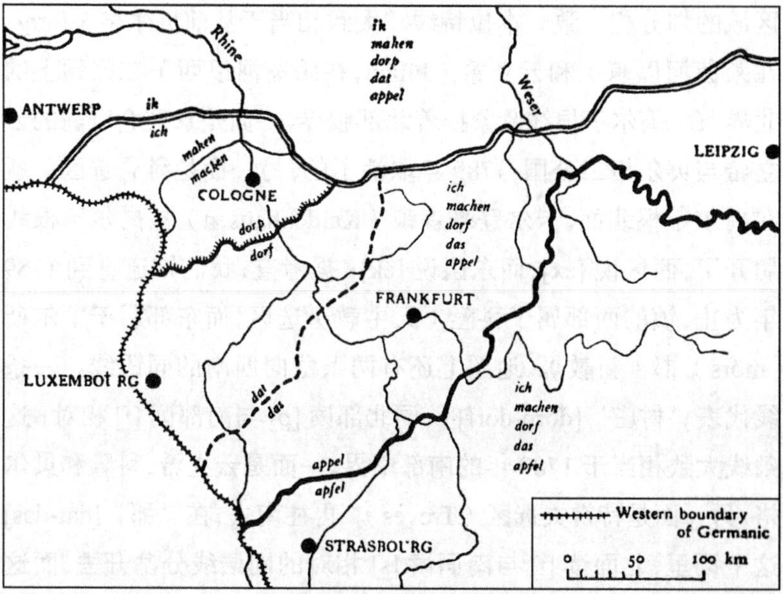

图中上面那条横贯东西的同语线是 maken/maxen 线,是区分高地德语和低地德语的一条重要的同语线。这条同语线向西延伸到莱茵河东约 40 公里的地方以扇形的形式向西北和西南展开,形成了所谓“莱茵扇”。从这个“扇”里我们可以看到,第二次日耳曼语辅音的转移规律没有一条一致的同语线。区分“ik”和“ich”的同语线叫禺尔丁根线(Ürdingen line),因为这条同语线在禺尔丁根村的北面横渡莱茵河;区分“maken”和“machen”(maxen)的同语线叫本拉特线(Benrath line),因为这条同语线在本拉特镇的北边横渡莱茵河。这两条标明“k”的变化的同语线就不一致,说明青年语法学派关于“一种语音变化会以同一方式影响所有的词”的论断没有考虑到音变的地区分布的复杂性。

这里以扇形的形式展开的不同的同语线大体上与政治行政

区域的划分相一致。本拉特线“大致相当于从前贝尔格（Berg，在莱茵河以东）和云立希（Jülich，在莱茵河以西）二区领土的北界”，“禺尔丁根线紧紧挨着北部疆界，一面是拿破仑以前的云立希与贝尔格二公国，1789 年取消了的，另一面是科仑选区。就在禺尔丁根北面，卡尔登毫森镇（Kaldenhausen）被禺尔丁根线切开了，西区说 [ex]，而东区说 [ek]；据考查，我们知道直到 1789 年为止，镇的西部属于科隆（天主教）选区，而东部属于牟尔斯（mörs）郡（新教）。地图上还有两条岔向西南的同语线。一条线代表‘村庄’[dorp-dorf] 一词北部读 [p] 与南部读 [f] 相对；这条线大致相当于 1789 年的南部疆界，一面是云立希，科隆和贝尔格，另一面是特雷夫选区（Treves）。再往南去，在‘那’[dat-das] 这个词里，北面读 [t] 与南面读 [s] 相对的同语线分岔开去，而这条线又大致符合从前特雷夫的选区和大主教管区的南面分界线”，“这一切都表明语言特征的分布依赖于社会条件”。[①]

温克所开创的工作是很有意义的，方言地图第一次揭示了青年语法学派的论断的片面性，展示了语言演变的另一个重要的方面。但是他的工作也有缺点，记音的人没有受过严格的语音训练，每个人都有自己的记音特点，无法改正，甚至无法确定。温克的计划适宜于调查语音，但是语音的研究特别欠缺，而且形态变异的材料也太少。后来，德国语言学家针对这些缺点做了很多工作，弥补了温克的不足。

10.2.5　继温克之后，在方言地理学方面占有重要地位和有重大影响的是法国语言地图的编纂者齐列龙（J. Gilliéron）。他

① 布龙菲尔德《语言论》第 428—429 页。商务印书馆 1980 年。

吸取了温克的教训，一开始就对一个名叫埃德蒙（Edmond）的人进行培训，由他去各地收集材料。埃德蒙的耳朵很灵，他骑着自行车到处跑，直接问人。他利用两千来个词和词组的调查手册，记录了很多准确可靠的材料，为齐列龙进行方言地理的研究奠定了良好的基础。

齐列龙是舒哈尔德（Hugo Schuchardt）的学生。舒哈尔德是青年语法学派的反对派。还在青年语法学派的全盛时期，舒哈尔德就反对语音规律说。他认为词与物（Wörter und Sachen）有紧密的联系，必须研究物才能研究词，熟悉社会环境（例如农民的习俗）才能研究与此环境相联系的语言；物与词各有自己的历史，而且这种历史各有自己的特点，难以用确定的规律来研究。舒哈尔德当时反对音变规律的学说被人们看成为“一个人单枪匹马地反对整个有力而强大的学派的堂吉诃德式的造反典型”。[①] 齐列龙受业于舒哈尔德，受了舒哈尔德的思想的很大影响。他在研究法国方言地理学的时候重点是词汇，埃德蒙的调查手册收有两千来个词和词组。齐列龙严格地确定每一个词的全部细节和它的历史，语音只是在有助于了解词的历史的情况下才加以考虑。他认为不存在独立的语音发展，而只有词的发展；语音规律只是一种虚构。他与马里奥·罗克（Mario Roques）合写的《语音幻想》（Mirages Phonétiques）一文就是为了抛弃这种虚构，而设法用外部影响来解释语音的变化。所以他在绘制方言地图的时候主要看词的特点在地理上的分布，结果发现语言的每一个特点差不多都有它自己的同语线，因而提出“每一个词都有它自己

① Y. Malkiel, Each Word Has a History of Its Own. “Revolution vs. Continuity in the Study of Language”, August 15—25, 1964.

的历史”的著名口号。这个口号的基本精神与舒哈尔德的理论是一脉相承的。语言中既然只有词的历史,“方言”“土语”之类的概念就没有存在的余地了:“我们的想法……足以摧毁被称之为土语的这一虚假的语言单位,这个概念指的不过是某个市镇的人或甚至某一群人忠实地保留了拉丁语的遗产而已……这就迫使我们抛弃作为科学活动基础的土语……从而把对词的研究同对土语的研究对立起来”。[①] 这样,齐列龙以“每一个词都有它自己的历史”的论断为基础,进一步否定了方言土语的存在和音变规律的学说,认为每个词的历史的研究必将代替方言史的研究。这就在理论上、实践上提出了一系列问题:语音的发展有没有规律?有没有方言土语?同语线在方言土语的划分中有什么作用?等等。这些问题都值得进行深入的探索。

10.3 同语线和方言区的划分

10.3.1 语言的扩散是渐进的,如果以词为单位,把有相同读音的词用线条连接起来,标示在地图上,那么在方言区的交界处就必然会呈现出不同方言特征的交错,划不出一条清清楚楚的分界线。过去有一个调查方言的人从法国的博尔多(Bordeaux)出发,想确定北部和南部高卢罗马土语之间的界线,结果无法实现预期的设想,工作没有做完就停止了。但是,这不能作为不能划分方言土语的根据。在各个方言的中心区,语言是比较统一的,而只是在边缘区,各种特征的同语线错综复杂地交织在一起,

---

① 齐列龙《语音词源学的破产》(La faillite de L'étymologie phonétique, 1919)。这里根据 B. Malmberg, 1979。

形成一个同语线的密集地区，我们可称之为同语线束；过了这个密集地区，就会进入另一个方言的中心地区。这种同语线束可称之为不同方言的交接地区或不同方言的分界线。所谓“莱茵扇”的各条同语线就是划分高地德语和低地德语的同语线束，南边属高地德语，北边属低地德语。这种同语线的密集地区正好可以用来说明语言的扩散过程，在语言史的研究中有重要的价值。

10.3.2 即使在同语线的密集地区，各条同语线在划分方言时的价值也是不一样的。比方说，吴方言与其他方言的接界地区的各种同语线，其中以浊音的同语线最重要。赵元任在《现代吴语的研究》中说：“广义的吴语包括江苏的东南部跟浙江的东北大半部。这吴语观念的定义或这观念的能否成立是要等详细研究过后才能够知道，现在暂定的‘工作的假设’就是暂以帮滂并，端透定，见溪群三级分法为吴语的特征。”[①] 确实，这三级分法是吴语的重要特征，北方的汉语方言和大部分南方的汉语方言的塞音和塞擦音都只有送气和不送气的二级区分，因此浊音的有无应该成为划分吴方言和其他方言的界线的一条关键的同语线。现在汉语的方言地图就是根据这一同语线来划分吴方言和其他方言的分界的。第256页的图（选自《方言》1984年第2期）表示吴方言北界的一个局部地区的状况。

所以，如果能找出这种关键性的同语线，也就找到了划分方言区的钥匙。

10.3.3 同语线是根据语言的标准划分出来的。但是，这语言的标准往往与社会的、文化的、甚至宗教的条件有密切的关系。

---

① 赵元任《现代吴语的研究》第1页。科学出版社1956年。

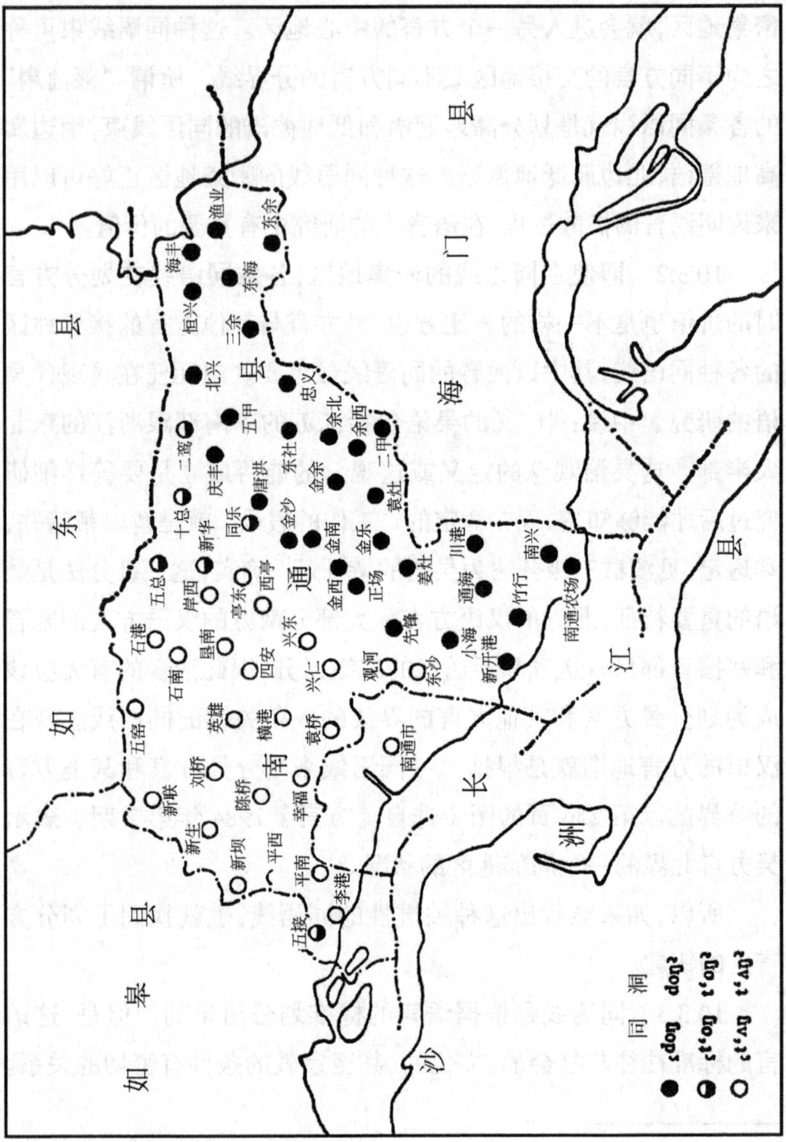
如东县
如皋县
南通县
海门县
长江
沙洲县
渔业
东余
海丰
东海
恒兴
三余
北兴
忠义
五甲
余北
余西
二甲
二窎
庆丰
东社
金余
唐洪
袁灶
十总
同乐
金沙
新华
金南
金乐
川港
五总
岸西
西亭
金西
正场
姜灶
通海
南兴
亭东
竹行
南通农场
石港
县南
兴东
先锋
小海
石南
四安
兴仁
观河
东沙
新开港
五窑
英雄
横港
袁桥
南通市
刘桥
新联
陈桥
幸福
新生
新坝
平西
平南
李港
五接
同 洞
doŋ²
t'oŋ²
t'ʌŋ²

§10.2.4 所分析的“莱茵扇”，其中每一条同语线都与社会政治、宗教等社会条件相联系。汉语的方言或次方言的划分也往往与社会经济条件有关。根据对苏南吴方言的研究，次方言的划分与明、清时期的“府”或“州”的设置有密切的关系。先请比较第 258 页的两张方言地图（选自《方言》1984 年第 1 期）：

图一有四条同语线，把上海和苏南地区的吴语划分为东西两区。第一条同语线表明歌、戈韵与模韵的读音的异同：线东“河＝湖”，线西“河≠湖”。第二条同语线表明侯韵字在线西今读 [ei]，线东读 [ɤ][œ][e] 等。第三条同语线指尤韵（知、照组和日母）线西今读 [ei]，线东读 [ɤ][œ][e] 等。第四条同语线指“慌、荒”在线西今读 [uaŋ] 或 [aŋ]，线东读 [ã] 或 [uã]。这四条同语线在划分方言界线的时候，哪一条重要一些？如果光从语言的标准来看，那很难说。如果在此基础上进一步参照社会历史的条件，那么就不难发现方音的差异与明、清时期的行政区域“府”或“州”有密切的关系。这一区域旧划松江（上海、莘庄、川沙、南汇、奉贤、金山、松江、青浦）、太仓（宝山、嘉定、太仓）、苏州（苏州、常熟、昆山、吴江）、常州（常州、无锡、江阴、沙州、宜兴）四个府。从语音的差异看，无锡接近苏州，宜兴、江阴、沙州更接近常州。据此，东西两区的次方言的分界线宜以第四条同语线为准，即定在常州、江阴、沙州—无锡、常熟之间。这样，西区大体上与旧常州府的辖区相符，而东区则与旧松江、太仓、苏州三府的辖区接近。如果在一个区域内再根据语音差异作进一步的区分，那么还可以分出更小的次方言。如图二所示，东区的次方言的划分与旧的府治的辖区大体一致。[①]

① 许宝华、游汝杰《苏南和上海吴语的内部分歧》，见《方言》1984 年第 1 期。

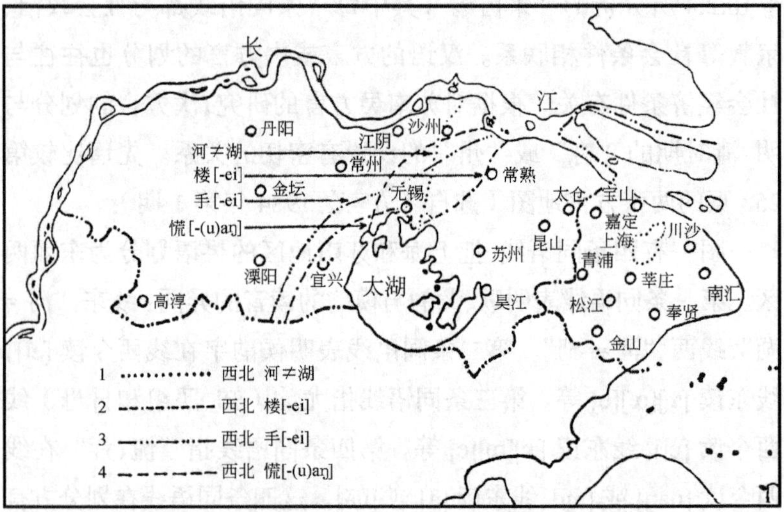

图一　上海、苏南吴语四种语音特征分界线

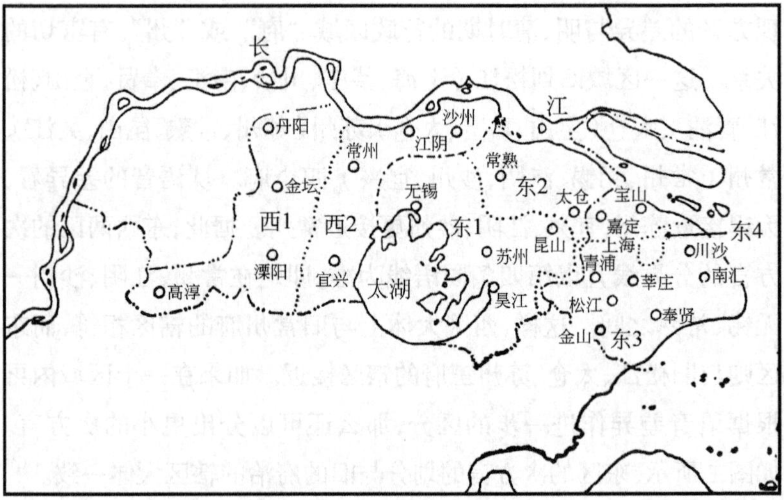

图二　上海、苏南地区吴语分区

上述的种种情况都说明，同语线不仅仅是语言的特征，而且还与社会政治、经济、文化、宗教的条件有密切的关系，因为这些条件会影响人们之间的交际密度。布龙菲尔德认为，“大致估计，在较古老的环境条件之下，政治疆界的改变在五十年以内会引起语言的某种分歧，而政治疆界已经取消之后，那些同悠久的政治界线相平行的同语线，会继续维持二百年光景而绝少变动。这似乎就是最基本的相互依赖关系。假使重要的同语线跟其他的文化分界线相符——例如在德国南部，跟农村房屋结构的差别相应——或者跟河流、山脉等地理障碍相符，那么这种符合仅仅是由于这些特点碰巧和政治分界一致罢了”。[①] 这一论断是很有道理的。

10.3.4 现在我们可以回过头来再讨论齐列龙提出来的一些问题。第一，有没有方言土语？能不能划分方言土语？回答是肯定的。我们需要花很大的力量去研究方言土语，而不能代之以单个词的历史的研究。所以，齐列龙的结论是不对的，但是他用方言地理的方法来研究词的历史是很好的，具有很大的价值。它把语言的差异展示在地图上，人们看了，一目了然。后来人们广泛地使用这种方法，决非偶然。

第二，齐列龙认为语音规律是一种幻想，一种虚构，应该抛弃，用“每一个词都有它自己的历史”去代替“语音规律无例外”的概念。显然，这一论断也是不对的。我们所以有可能划分出不同的方言区、在方言交杂地区所以能找出关键性的同语线，这些事实本身就可以清楚地说明语音的发展是有规律的，不是人们的幻想和虚构。

方言地理学派是反对青年语法学派的语言理论的，但是，有

---

① 布龙菲尔德《语言论》第428页。商务印书馆1980年。

意思的是,它的研究成果却可以用于历史比较研究,而且还具有很高的参考价值。梅耶在谈到这一点的时候指出:由于在历史比较研究中使用了地理方法,“比较方法得到了出乎我们意料之外的精密性、普遍性和便利性”,因为“研究各种对应系统的比较语法所要考察的,与其说是各种土语,不如说是从同一‘共同语’传下来的全体土语中的那些同类的事实”,而这些“同类的事实”由于有同语线表明,因而“第一次有了一整套可以拿来直接作比较的材料,分布在所研究的整个区域上,并且摆得清清楚楚的”,“用地理方法得到的结果是很惊人的”。① 这或许也是一次“历史的误会”,反对青年语法学派的理论却可以在青年语法学派的研究方法上开花。其实,这一点是用不着奇怪的,因为方言地理学研究的正是青年语法学派所忽视的一方面内容,因而它的研究成果自然可以弥补青年语法学派的某些不足。方法没有对错之分,只有好坏之别。只要采取客观的态度,就可以在别的理论和方法、哪怕是对立的理论和方法中汲取于己有用的因素。方言地理学和历史比较法之间的关系就是这方面的一个很好的例子。

第三,“每一个词都有它自己的历史”是方言地理学派的理论精华,要弄清楚方言地理学派的成就和局限,我们似乎还需要联系具体的语言事实对这一口号进行一些深入的、细致的讨论。

10.4 “每一个词都有它自己的历史”

10.4.1 “每一个词都有它自己的历史”是方言地理学派的

① 梅耶《历史语言学中的比较方法》,第 58、54 页。科学出版社 1957 年。

一个代表性口号，它以此与青年语法学派的“语音规律无例外”的著名口号相抗争。这是历史语言学中两个富有代表性、经典性的口号，代表两种不同的理论。“语音规律无例外”强调音变规律的绝对性，而“每一个词都有它自己的历史”则否定音变的规律性。这两个口号各有自己的拥护者，相互论争了百余年。如§5.4.4所述，“语音规律无例外”的理论有它的片面性，而“每一个词都有它自己的历史”的口号则从一个极端走向另一个极端，陷入另一种片面性。这个口号中的“词”这个概念是含糊的，而“每一个词都有它自己的历史”是不是一定意味着没有规律？则还需要作进一步的推敲；如果我们能够从中找出“每个词都有它自己的历史”的原因，那么这种原因也可以显示出规律。总之，每一个口号都需要作具体的分析。

10.4.2 “每一个词都有它自己的历史”这个口号是齐列龙提出来的。这一点，不管是他的朋友还是他的反对者都无异议。不过，齐列龙在实践上虽然是一个卓越的探索者，在法兰西方言地图中开展了方言地理的大规模的制图投射技术，对后来的语言研究产生了巨大的影响，但是他在理论上却不是一个优秀的研究工作者，在这方面他主要依据他的老师舒哈尔德的思想。[①] 所以说，齐列龙的“每一个词都有它自己的历史”的口号也是舒哈尔德反对青年语法学派的继续。

“每一个词都有它自己的历史”是一个口号，一个警句，一个格言，但不是一个科学的公式。“词”在语言研究中很难下定义，含义模糊；“历史”一词人们也可以对它作不同的理解，但这种语义的含

① 参看 Y. Malkiel, Each Word Has a History of Its Own. “Revolution vs. Continuity in the Study of Language”, August 15—25, 1964.

糊性或歧义性并不妨碍我们去理解“每一个词都有它自己的历史”这个口号，关键的问题是这个口号中没有出现的那个修饰语“独立的”，即这个口号的实际含义是“每一个词都有它自己独立的历史”。对“独立的”这个形容词作怎样的解释，似乎这才是问题的关键。

词本身没有生命，因而就其本身来说谈不上有什么“独立的历史”；词的生命在于人们的运用，因而它的“独立的历史”是人们赋予的，只有联系语言的使用情况才能有效地理解词的“独立的历史”，并弄清产生这种历史的原因。我们可以以山西闻喜方言的声调为例来讨论与此有关的一些问题。

10.4.3 闻喜方言的声调的最大特点就是“乱”，“乱”到不少人认为“诗、时、使、是、试、事、识”同音，“梯、题、体、弟、替、第、滴”同读；“乱”到有些闻喜人说“闻喜话没有声调”；“乱”到闻喜人只知变调而不知本调，如果一个字在不同的组合环境中有三种变调，发音人可能一会儿以变调 A 为该字本调，一会儿又以变调 B 或 C 为它的本调，呈现出单字无固定调值的状态。从这种“乱”的情况来看，确实有点像“每一个词都有它自己的历史”的样子。但是，如果我们对“乱”的情况进行一些深入的分析，就不难发现“乱”有因，“乱”中仍旧有规律。

闻喜县的面积不大，只有 1 166 平方公里，但在声调上却是一个多中心的方言区。从表面上看，闻喜（城关）话的声调系统很简单，只有四个声调：

阴平：31　　阳平：213（11）

上声：44　　去声：53

（阳平的调值内部有分歧，有些人是低平或低降 21，但闻喜人似不理会这些调值差异，都认为是同一调类的调值）。四个调类，全县各地都一样，但实际上相互却貌合神离，因为从调类所包含的例字的来源来看相互却有很大的区别。大体看来，闻喜话的声调有三个不同的类型：

1. 城关话；

2. 河底话；

3. 东镇话。

切韵系统的声调与这三种声调类型的关系大致如下表：

来源 调类 方言点	阴平	阳平	上声	去声
城　　关	清平	浊平，全浊上， 全浊去，全浊入	清上，次浊上	清去，次浊去 清入，次浊入
河　　底	清平	浊平，全浊入	清上，次浊上 全浊上，全浊去	清去，次浊去 清入，次浊入
东　　镇	清平	浊平，全浊入	清上，次浊上	清去，次浊去 全浊上，全浊去 清入，次浊入

城关话代表城关及其周围的西官庄、下阳、岭西东、郭家庄、柏林等乡的语言，北至峨眉岭山脉，山脉的北边为东镇型的畖底话；东南至鸣条岗丘陵地，丘陵地的东面为河底话，其中包括裴社及夏县北部的一部分地区；东北面为东镇话，包括除城关、河底两区以外的地区，如畖底、薛店、东镇、礼元、侯村、横水以及绛县、新绛、万荣等地。[①] 这三种声调类型的地理分布大体如 264 页图：

① 城关、河底、畖底、东镇、横水、项家沟、裴社的材料据我们的实地调查；闻喜境内其他各点据闻喜县县志的材料；四周各县据山西省方言调查指导组编写的《山西方言概况》（讨论稿），1961。

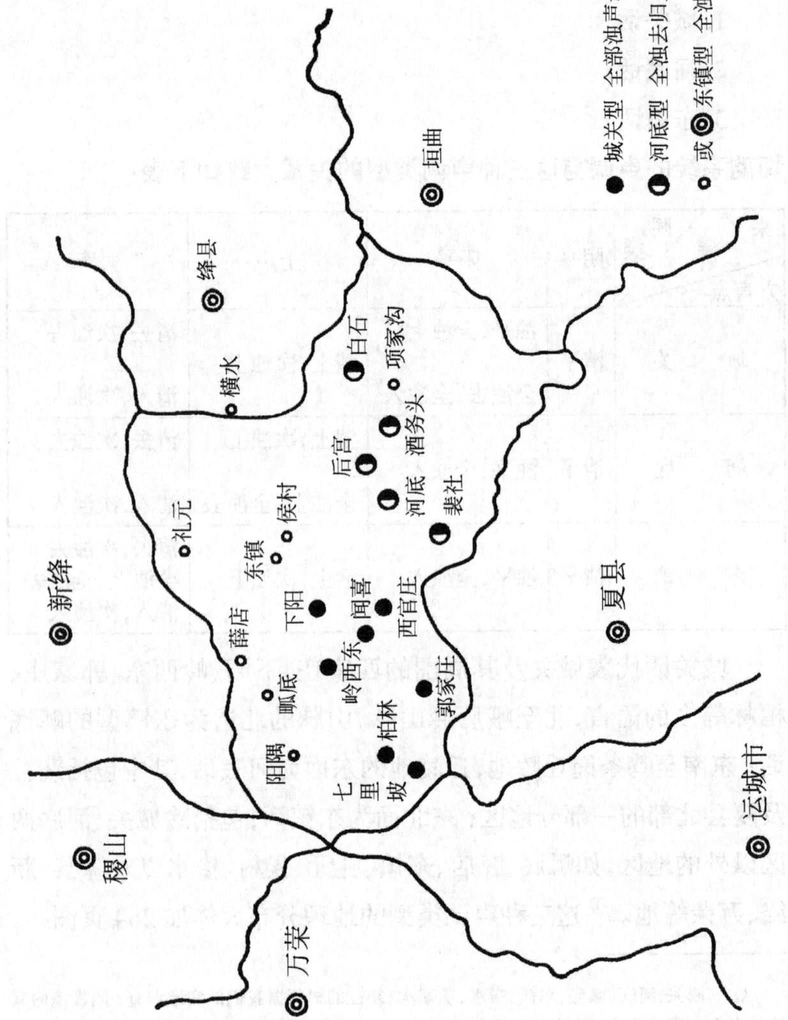
城关型 全部浊声母归阳平
河底型 全浊去归上
或 东镇型 全浊上归去
垣曲
绛县
新绛
横水
白石
项家沟
酒务头
后宫
礼元
侯村
河底
裴社
东镇
夏县
下阳
闻喜
西官庄
薛店
岭西东
郭家庄
柏林
阳隅
七里坡
运城市
稷山
万荣

东镇型声调的调类归字与大北方话系统比较一致,表现为阳上作去。城关、河底两个方言点的调类归字各有特点,除入声外,城关是浊上、浊去归阳平,而河底则是浊去归上。这种归字的方法在北方方言中均属少见。在一片小小的土地上聚集着三种声调类型,这就不能不发生语言扩散波的相互干扰。城关镇是全县的政治、经济、文化的中心,各机关、团体、学校都集中有很多来自各地的工作人员,再加上每月六天的集市贸易,因而河底型、东镇型的方言扩散波时时干扰着城关话的声调,最后不能不使整齐的声调系统发生某种纷乱。比方说,“奇”原是浊平字,“技”原为浊上字,“忌”原为浊去字,除“奇”字外,“技”“忌”两字在同一个方言点、甚至在同一个单位里就有几个不同的声调在相互“打架”:

声调 方言点 / 例字	城关	河底	东镇
奇	阳平 213	阳平 213	阳平 213
技	阳平 213	上声 44	去声 53
忌	阳平 213	上声 44	去声 53

同一个字,三种调值,相互影响,这自然会产生单字的窜调现象。我们选择了389个来自原浊声母的例字,看它们在不同的发音人[①]

① 我们在城关点选择了七个发音人,他们是:
王安清,男,57岁,教员。文中简称:城关(王)
陈可喜,男,58岁,干部。城关(陈)
任传家,男,65岁,退休教员。城关(任)
李喜庆,男,41岁,农民。城关(李)
任海红,女,19岁,农民。城关(红)
贾国辉,男,14岁,学生。城关(贾)
张旭东,男,15岁,学生。城关(张)
城关(王)和城关(陈)是基本发音人,同时调查。两人在声调上有点小的差异,城关(陈)的阳平调值为11。

中的声调表现,发现确有严重的窜调现象,其中尤以青年人最为明显。请比较下列例字的声调:

例字	语音	城关(王)	城关(任)	城关(李)	城关(红)
步	pʻu	阳平	去声	去声	去声
拒	tɕy	上声	上声	去声	去声
雉	tsʅ	上声	去声	上声	阳平
导	tʻao	上声	去声	上声	阳平
兆	tsao	上声	阳平	阳平	去声
段	tuæ	阳平	阳平,去声	上声	去声
蛋	tæ[①] tʻæ	阳平	阳平	阳平	去声
健	tɕiæ	阳平	去声	阳平	去声
笨	pẽi pʻẽi	阳平	阳平,去声	阳平,去声	阳平,去声
杖	tsʌŋ	上声	去声	上声	去声
狂	kʻuʌŋ	阳平	上声	上声	阳平
瞪	tʌŋ	阳平	阳平	上声	去声
病	piʌŋ tiɛ	阳平	阳平,去声	阳平,去声	阳平
并	piʌŋ	上声	去声	去声	上声
撞	pfʌŋ	上声	上声	上声	阳平
储	tsu	阴平	上声	阳平	阳平
自	tsʻʅ	上声	上声	阳平,上声	阳平
瀑	pu	去声	阳平	上声	阳平,去声

(声、韵母的记音据城关(王)的发音)

表中所列的现象清楚地说明,同一个字在不同的发音人中可念不同的声调;甚至同一个人在不同的时候也可以念成不同的声调,例如"蝶碟"两字,城关(红)第一次念去声,第二次念阳平。这种种状况不能不造成语言共时状态的纷乱。从"乱"的总的趋势看,城关话中来自原浊平、全浊上、全浊去的字最为纷乱,它们大部分归阳平调213,但也有不少字窜入阴平、上声和去声,其

① 下有一条横道的为白读音,两条横道的为文读音。下同。

中窜入去声的比例最大。窜调的大体情况如下表（表格中窜调字的数目分为两类：不带括号的包括原浊平、全浊上、全浊去、全浊入的字，带括号的仅指其中浊平来源的字）：

窜调字数 声调 / 发音人	阴平	上声	去声	总计	百分比
城关（王）	26（21）	16	67（1）	109	28%
城关（陈）	19（18）	17	70（1）	106	27.2%
城关（任）	21（15）	17（2）	108（2）	146	37.5%
城关（李）	6（3）	23（3）	119（13）	148	38%
城关（红）	5（4）	8（1）	132（13）	145	37.2%

从这个表中可以看到两个明显的趋势：第一，城关话来自浊声母的字（下面暂称为阳平字）窜入去声的最多，窜入阴平、上声的字较少。从老、中、青三代的差异来看，青年人话语中阳平窜入去声的比例大大增加，而窜入阴平和上声的字却有下降的趋势。第二，窜入去声和上声的原浊平字很少，绝大部分都是原浊上和浊去字，而窜入阴平调的情况正好倒过来，原浊平字占窜调字数的大部分。这两个趋势说明了两个问题：

第一，东镇型的调类归字与大北方话、特别是北京话的阳上作去的规律一致，因而其通过扩散波对城关话的每个字的“历史”的影响大，使很多原浊上、浊去字逐步与阳平分家，归入去声。而河底型的调类归字规律的分布地区窄，与普通话系统的阳上作去的规律不符，因而它的力量弱，对城关话的影响也要小一些，因而归入上声的字数不多。

第二，窜入阴平调的以原浊平字为主，这可能反映了另一个方言扩散波对闻喜城关话的影响。“城西南十里外缺浊平声，乃同亦读通，田亦读天，情亦读清”（据1919年的《闻喜县志》），大体上城关西南十里外与夏县交界的地方不分阴阳平。城关话可能受其影响致使一部分原浊平字归入阴平。

10.4.4　所以，方言扩散波的相互影响是造成闻喜（城关）话的声调纷乱的一个重要原因。此外，还有两个重要的原因使闻喜（城关）话的声调“乱”上加“乱”。一个是阴平与去声由于调型相同，调值接近（阴平的实际调值近乎42）而趋向于合并。例如城关（王）分为阴平、去声的两类字（用逗号“，”隔开），城关（陈）认为同音：

菠玻，钵拨博剥驳卜；
波颇坡，泼勃泊拍魄；
庄，桌捉；
科棵颗课，括阔廓扩；
遭糟澡皂灶朝$_{\text{今}\sim}$赵召招诏昭，罩笊$_{\sim\text{篱}}$照；
……

从例字所反映的情况看，去声与阴平混的似以原来的入声字居多。这可能是老年人的语言状况。青年人已经完全没有这类限制。我们曾选择25对“姑故”型的声、韵相同而调不同的字让两个二十左右的女同志辨认，她们只能区分其中的五对；其他20对，她们都认为是同音字。至于城关（红），她基本上已把两类字混同，能区分的字已经不多。

另一个原因是儿化变调。闻喜话的儿化变调的基本规律是：阴平字儿化后变上声，来自原浊平、浊入的阳平字儿化后变去声，而来自原浊上、浊去的阳平字儿化时不变调。例如：

尖＋儿　　tɕiæ^{31} + ɚ → tɕiɐr$^{\substack{31\\44}}$

花＋儿　　xua^{31} + ɚ → xuɐr$^{\substack{31\\44}}$

村 + 儿　　ts'uẽr^{31} + ɚ → ts'uěr$^{\substack{31\\44}}$

哥 + 儿　　kə^{31} + ɚ → kər$^{\substack{31\\44}}$

钩 + 儿　　kəu^{31} + ɚ → kəʊr$^{\substack{31\\44}}$

盘 + 儿　　p'æ^{213} + ɚ → p'ɐr$^{\substack{213\\53}}$

桃 + 儿　　t'ao^{213} + ɚ → t'ɑor$^{\substack{213\\53}}$

钱 + 儿　　tɕ'iæ^{213} + ɚ → tɕiɐr$^{\substack{213\\53}}$

虫 + 儿　　pf'ʌŋ^{213} + ɚ → pf'ə̃r$^{\substack{213\\53}}$

笛 + 儿　　t'i^{213} + ɚ → t'iər$^{\substack{213\\53}}$

（画 + 儿　　xua^{213} + ɚ → xuɐr^{213}）

（杏 + 儿　　xiɛ^{213} + ɚ → xiər^{213}）

这些儿化变调，使阴平与上声混，阳平与去声混，对造成声调的纷乱起了推波助澜的作用。特别是有些词经常用于儿化，因而有些人（特别是青年人）只知其儿化变调，而不会还原为本调。例如城关（贾）和城关（张）在念音系基础字的时候（我们只调查他们的音系）就有这种现象：

花　xua(r)^{44}　　　竿　kæ(r)^{44}

间　tɕiæ(r)^{44}

魂　xuə̃(r)^{53}　　　活　xuə(r)^{53}

成年人也有此类现象，如"轴""笛"等字从来不念不带"儿"的音，因而总念成去声，而不念阳平调。

10.4.5　单字调的纷乱不能不给连读变调带来严重的影响。如果根据阴平、阳平、上声、去声四个声调的相互配合，其变调的方式是相当乱的，每一种组合都有好几种变调方式。现在先把变调的方式列表于下：

上字	变调 例字 下字	阴平	阳平	上声	去声
阴平	24,31	阴天	青年	端午	
	24,213[①]		山洞		车票
	31,44		担任	风雨	阴历
	31,53		军队		相信
	53,31	飞机	中学		冬至
	53,44			伸手	
	53,213				工业
阳平	24,31	农村	皮球		墙壁
	24,213		羊毛		邮票
	53,31	镰刀	长城	皮袄	芹菜
	53,213		黄豆		麻雀
	31,44	牙膏	承认	红枣	煤矿
	31,53		煤球		咸菜
上声	24,31	手枪	酒瓶	老虎	野菜
	24,213		草鞋		眼镜
	53,44	指挥	旱稻		解放
去声	53,44	称钩	竹筒	报纸	铁锈
	53,31	背心			正式
	53,213		鸭蛋		
	24,31	细心	发扬	铁锁	庆祝
	24,213		证明		出嫁
	31,44	桂花	孝顺	懊悔	迫切
	31,53	救星	少年		炸药

① 后字的 213 调值有人念为 11。这是闻喜话阳平调所具有的调值。所以这个 213 的变调实已变入阳平。

从上述连读变调的调值来看，除24是连读变调“变”出来之外，其他的连读变调的调值仍然在31，213，44，53四种单字调的调值中打转转。这样，连读变调的纷乱和单字调的纷乱实处于一种相互干扰的“乱”性循环关系中：单字调的纷乱加强了连读变调的纷乱，而连读变调的纷乱的调类归字又反过来加强单字调的纷乱。几种力量（方言间的相互影响、因调值接近而产生的单字调的合并、儿化变调的干扰和连读变调的影响）相互交织在一起，互相影响，最终导致闻喜方言的声调的纷乱，出现类似“每一个词都有它自己（独立）的历史”之类的单字无定调的现象。

10.4.6 我们了解了闻喜方言的声调的“乱”的状态，就可以进一步讨论与“每一个词都有它自己的历史”有关的一些原则性问题。

第一，演变的单位是词还是词中的某一个特征？从闻喜方言的情况来看，“每一个词都有它自己的历史”中的“词”不是词，而是词中的某一个音类，就上文所讨论的范围来说，就是词的语音结构中的声调。这是一个有点儿“奇怪”的单位，它不是音位（调位），因为“步”等字在城关由阳平改读去声，阳平这个调位并没有因此而消失；它也不能简单地说是“音类”的演变，因为某些字的窜调对调类的数目没有产生影响。它是“词中的音类”，“词中的”三个词必不可少。所以，演变的单位既是“音类”，又是“词”，二者结合，就是说，它与音类和词两方面都有联系，现在还没有一个合适的术语以指明这种现象，我们不妨借用汉语的“字”来称呼。这种单位的演变方式与音位不同，音位如果发生变化，会同时涉及到含有这个音位的所有语素（词）（§5.4.2），而这个“词中的音类”或“字”在演变的时候却取扩散的方式，是一个一个地发生变化，确实有点像“每一个词都有它自己（独立）的历史”的样子，因而在演变过程完成之前呈现出零乱的、不规则的情形。固然，在绘制方言地图的时候可以以词为单位，[①]但从音变的角度来看，发生变化的只能是词中的某一个音类或特征（如某种形态变化），而不可能是整个的词。这一点，不管是汉语还是英语等西方语言，都是一样的。整个词只能是或消失，或产生，而不可能是整个地演变；能演变的只能是其中的某一个特征。所以“每一个词都有它自己（独立）的历史”中的“词”的含义需加以严格的限制，只能指其中的某一个特征。

第二，“每一个词都有它自己的历史”是作为“语音规律无例外”的对立的口号提出来的，目的是想否定音变的规律性。从闻喜方言的单字无定调的情况来看，声调系统的规律确实受到了干扰，表现出“每一个词都有它自己的历史”的样子。但是，如果据此说闻喜方言的声调没有规律，恐怕还不能下此断语，因为“乱”有原因，找出了这种原因也就找到了“乱”的规律。我们在§10.4.3—5中的分析就是设法在“乱”中找规律，因而可以从中窥察语言演变的线索。另一方面，语言是一种分层的结构，低一层的结构单位在受到高一层的结构规律支配的时候就可能变成相同的形式。例如北京话的“罐”和“褂”不同音，但受到儿化规律的支配的时候就变成了同音形式：小罐儿＝小褂儿；词汇单位是庞杂的，花、草、虫、鱼……都是不同的单位，但它们接受语法结构规律支配的时候就会变成相同的事实，即都是名词。同理，闻喜话的单字调是纷乱的，连读变调也是纷乱的，但是在这种

① 例如布龙菲尔德《语言论》第419页所引雅尔贝格的一张方言地图——拉丁语 fallit 的分布区。

纷乱的背后却隐含着一种能驾驭这种纷乱的简单规律。如果我们仔细地分析上述连读变调中的变调格式,就不难发现,这种变调的格式是相当简单的,变来变去,总跳不出下面几种格式。现在把上述的连读变调的形式重新加以整理,可以归纳出如下的七种变调格式:

一、24+31	阴天	青年	端午	农村
	皮球	墙壁	手枪	酒瓶
	老虎	野菜	细心	发扬
	铁锁	庆祝		
二、24+213	山洞	车票	羊毛	邮票
	草鞋	眼镜	证明	出嫁
三、31+44	担任	风雨	阴历	牙膏
	承认	红枣	煤矿	桂花
	孝顺	懊悔	迫切	
四、31+53	军队	相信	煤球	咸菜
	救星	少年	炸药	
五、53+31	飞机	中学	冬至	镰刀
	长城	皮袄	芹菜	背心
	正式			
六、53+44	伸手	指挥	早稻	解放
	称钩	竹筒	报纸	铁锈
七、53+213	工业	黄豆	麻雀	鸭蛋

这就是闻喜方言基本的变调格式。变调格式也就是语音规律,看来它是一种句法语音结构,在结构层面上高于语词的连读变调。纷乱的单字调和连读变调都受这种简单的变调格式的支配,这就保证了闻喜(城关)方言的内部一致性。所以,闻喜(城关)方言的声调在纷乱中隐含着条理,在变异中隐含着规律,不能简单地说“每一个词都有它自己的历史”就没有它自己的规律。

11. 语言的扩散（下）：词汇扩散

11.1 转换学派的理论弱点和词汇扩散理论的诞生

11.1.1 如果说 §10 所分析的扩散是语言的外部扩散或地区扩散的话，那么词汇扩散指的是语言系统内部词的变化的传播：先从少数特殊的词开始，而后扩及到整个有关的词语。这种理论的基本精神与青年语法学派所持的“语音规律无例外”的观点是不同的，而与方言地理学派的扩散理论则有明显的联系。所以我们可以说，词汇扩散理论是在新的历史条件下“每一个词都有它自己的历史”的口号的复苏。

11.1.2 新的理论口号往往是对流行的、颇有影响的旧理论的反动。“每一个词都有它自己的历史”的口号是对青年语法学派的“语音规律无例外”的反动，而词汇扩散理论则既是对“语音规律无例外”的再反动，也是对德·索绪尔以来的语言系统的同质、均匀学说的反动，所以只有联系语言研究思潮的发展才能理解新的理论的产生背景。

词汇扩散理论是美籍华裔学者王士元（William S-Y Wang）于 1969 年发表在美国《语言》（Language）杂志上的《相互竞争的变化产生剩余》（Competing Changes as a Cause of Residue）一

文提出来的。差不多与这篇文章发表的同时（1968），拉波夫等人也发表了《语言变化理论的经验基础》（Empirical Foundations for a Theory of Language Change），研究语言的变异（variation）。词汇扩散理论与语言变异理论从不同的侧面研究语言系统中的变异，强调长期被结构学派、生成学派所忽视的一些重要的语言现象以及它们在语言研究中的价值。在相互没有联系的情况下两种有影响的学说同时诞生，说明新学说的诞生的客观条件已经具备。王士元自己也说，这两篇文章“差不多是在同一年发表的。显然，语言学发展到那个时候，条件成熟了，这种思想才有可能形成和发展”。[①]

11.1.3 德·索绪尔的《普通语言学教程》出版后，语言学家一直把语言看成为一种同质的系统（homogeneous system），并据此设计语言研究的方法：结构学派强调替换（substitution），转换学派强调生成（generation）。转换学派认为“语言理论主要是研究纯粹同质的言语社团中理想的说话者和听话者”[②]的语言能力（competence）；依据一套语法规则，这种能力就能生成语言中全部符合语法的句子，犹如计算机依靠事先设计好的程序可以生成全部可能的技术数据一样。这样就把语言系统的同质说推进到了一个极端的地位，因而不能不在语言理论的研究中暴露出很多矛盾。第一，“纯粹同质的言语社团”是不存在的。言语社团本身是很复杂的，有阶级、阶层、年龄、性别、文化程度等等的区别，因而在语言的运用上也有种种不同的差异。要在这样复杂的

① 《美国语言学家谈历史语言学》（徐通锵整理），《语言学论丛》第13辑第251页。

② N. Chomsky, Aspects of the Theory of Syntax, p.3. Cambridge, Mass.: The M. I. T. Press. 1965.

环境中找出"理想的说话者和听话者"是不可能的,除非是持有这种观点的语言学家以他自己的发音为准。第二,要依据一套语言学家设计出来的语法规则就能生成语言中全部符合语法的句子,这是一种没有任何可能的奢望,因为语言的结构太复杂,它的规则不是计算机的程序设计所能比拟的,人们现在还没有能力从熟知的语言事实中窥知语言的全部结构规则。王士元在谈到这方面的问题时说,生成—转换学派在理论上有许多弱点,无法补救,"因为补一处,破十处,弱点反而越来越明显"。[①] 他根据自己在实践中的体验,对生成—转换学派的语言理论作了一次总结性的回顾:

> 应该承认,转换生成理论在句法和语音方面是有贡献的。但是必须指出:第一,这些贡献很多是继承了前人的成果,并不是他们首创的。第二,他们在理论上一个很基本的假定,就是能用一套完整的规则生成无限多的句子,这个目标是定得太高了。就我们现在对语言的认识来看,这是不可能达到的。第三,也许是最基本的一个弱点,就是用这样的观点去研究语言,必然会一步步走向抽象,和语言本身以至社会现实越来越脱节。比如有一些在麻省理工学院念书的学生,除了英语之外,连声学也不怎么学,成天关在屋子里画箭头,钻那些公式的牛角尖,结果当然钻不出什么东西来。又比如我自己,1957 年看到 Chomsky 的《句法结构》时,由于年轻,容易冲动,觉得这本书已经把语言学里的所有问题都解决了,于是用了许多年的功夫钻研它,并且把它译成了中文。但是,越是深入一步,就越是发现问题并不那么简单。语言是那么复杂的东西,跟人的生理和社会交际都有密切的关系。只抱着一本书在书房里,老是那么写公式,老是那么钻,是没有太大前途的。语言本来不是一个代数系统,它是活生生的东西,是经过几十万年演变而来的、非常奥妙的活生生的东西。语言比代数系统、逻辑系统要复杂得多。转换生成理论看不到这点,这就钻进了一个钻

---

① 王士元《近四十年来的美国语言学》,《语言学论丛》第 11 辑第 157 页。

不出来的牛角尖。大约从60年代后期开始,很多人对它感到失望,逐渐离开了它。[①]

王士元自己就在60年代后期由一个转换生成学派的忠实信徒转变为一个彻底的叛逆者,并转而研究汉语的方言,把北京大学中文系的《汉语方音字汇》以及中古音、日译吴音、日译汉音等近三十种方言材料送进计算机,进行以“词”为单位的音变方式的研究,提出了学术界颇有影响的词汇扩散理论(lexical diffusion theory),使“每一个词都有它自己的历史”的口号的基本精神重新复活。

11.2 词汇扩散理论的基本特点

11.2.1 词汇扩散理论的基本前提与青年语法学派的观点是相反的。青年语法学派认为语音的变化是连续的、渐变的,而这种变化在词汇中的实现却是离散的、突变的(§5.4.2)。而词汇扩散理论却正好反过来:语音的变化是突然的、离散的,而这种变化在词汇中的扩散却是渐变的、连续的。王士元把这两种理论的基本区别归纳为:

	词 汇	语 音
青年语法学派	突 变	渐 变
词汇扩散理论	渐 变	突 变

语音的突然变化,这在语言中是可以找到实例的。例如,汉语普通话的两个上声调相连,第一个音节的上声的调值由214变成35,与阳平相同,结果,“土改”的语音等于“涂改”,“粉笔”的

① 王士元《近四十年来的美国语言学》,《语言学论丛》第11辑第158页。

语音与“焚笔”完全相同。第一个音节上声调调值的变化是突然的，不可能细分为更小的变化阶段。又如英语的 know，古英语时期这个词的词首辅音的发音是 [kn-]，现在只发 [n-]（如果 [k] 前还有元音，[k] 仍要发音，如 acknowlege[əkn-]），k 消失了，但这个消失的过程也不能细分为几个不同的阶段，“k 要么就有，听得见；要么就没有，听不见。或是有，或是没有，不存在什么中间的道路。这样看来，变化就似乎应该是突然的，而不是逐渐的了”。[1]

所以，在词汇扩散理论看来，语音的变化是突然的、离散的，但这种突然的变化在词汇中的扩散却是逐渐的、连续的，即开始的时候可能只在某些词中有变化，而随着时间的推移，首先在少数词中发生的变化逐渐扩散到所有有关的其他词，而不是像青年语法学派所说的那样，是“所有在相同关系中发生了语音变化的词”都突然地、没有例外地同时受到这种变化的影响。这种渐变的、连续的扩散方式可以用下表来表示：

	未变	变化中	已变
w_1			$\bar{w}_1$
w_2		$w_2 \sim \bar{w}_2$	
w_3		$w_3 \sim \bar{w}_3$	
w_4	w_4		
…			

w 代表一个词，$\bar{w}$ 表示已经完成变化的词。表中的 w_1 已经完成了变化。w_2 和 w_3 还处于变化的过程中，所以有时候可以念未变时的语音形式，有时候可以念已经完成变化的语音形式。w_4 表

① 王士元《语言的演变》，《语言学论丛》第 11 辑第 119 页。

示还没有变化。例如英语的 /uː/（大多由双字母 -oo- 表示）现在正在进行扩散式的变化：有的读 /ʊ/，即音长变短，舌位低松，以 -k 收尾的词大体上已经完成了这种变化，如 book，took，look 等。以舌尖辅音 -s，-d，-l 结尾的词（拼写法所表示的词末的元音不发音）大体上没有发生变化，仍念 /uː/，例如 whose，zoos，shoes，mooed，wooed，cooed，choose，lose，loose，goose，noose，tool，pool，spool，drool 等等。以 -t 收尾的词，变化的三个阶段都有：如 boot，loot 的读音未变，元音仍为 /uː/；soot，root 处于变化的过程中，两种读法都可以；而 foot 则已完成了音变的过程，元音读 /ʊ/。以唇音结尾的大体上还是头两个阶段，未变的如 boom，loom，gloom，groom，spoof；处于变化过程中的有 roof，room，broom，coop 等等。这就是说，元音 /uː/ 变为 /ʊ/ 是突变的，而这种变化在词汇中的扩散却是渐变的。对音变方式的这种理解，是词汇扩散理论与青年语法学派的音变理论的一个重要区别。

11.2.2　词汇扩散理论既然着眼于音变在词汇中的渐进扩散，那它自然会把词看成为音变的单位。它认为，词汇的扩散犹如小孩儿学话，“儿童学话并不是一个音位一个音位学的，更不是一个区别特征一个区别特征学的，而是一个词一个词学的，学会了一部分词，然后再慢慢地摸索出词和词之间的关系来。音位和区别特征并不是儿童学习语音的基本单位……儿童学话的时候，记忆变动的单位是词。而‘词汇扩散’的最小单位也正是词”。[①] 词汇扩散理论在这一点上也与青年语法学派的音变理论

① 王士元《语言的演变》，《语言学论丛》第 11 辑第 125 页。

形成了尖锐的对立。固然，在青年语法学派时期还没有音位的概念，但是对音变的实际研究是以音位为单位的（§5.4）。这种对立的看法与前述的音变方式的不同理解（§11.2.1）是紧密地联系在一起的。音变如以音位为单位，就必须注意同一音位在不同条件下的变异，注意它在不同地区的表现形式，从而可以在语音的差异中看到音变的具体过程（§4.4.5）。音变如以"词"为单位，词的读音的变化非此即彼，自然是突变的；另一方面，词的读音的变化只能是一个个地进行，不可能突然地一起都变。所以，对音变单位的不同看法实际上是产生一系列对立看法的一个重要根源。

11.2.3　词汇扩散理论既然着眼于音变在词汇中的扩散，那它就自然看不到青年语法学派所说的那种语音规律，而只能看到音变在词汇中的扩散进程的参差性，看到中断的变化（thwarted changes）和因此而在语言系统中留下来的残存现象（residue）。[①] 这可能是词汇扩散理论的精华，但由此得出音变没有规律的结论则似欠斟酌。我们需对这些问题进行深入的讨论。

11.3　音变在词汇中的扩散和离散式音变

11.3.1　词汇扩散理论研究音变在词汇中的扩散。这是青年语法学派不曾研究过的一种音变现象，而且也是它的方法论原则无法容纳的一种音变现象。词汇扩散理论研究这种音变，提出音

---

① Wang, William S—Y, Competing Changes as a Cause of Residue, Language, 49. 9—25, 1969.

变在词汇中的渐进连续扩散，这就突破了青年语法学派音变理论的束缚，因而在实践中产生了一些积极的影响。王士元自己对这一点颇为满意，认为"过去，中国语言学只是影响到中国国内的语言研究，好像是自立门户，跟普通语言学没有太大的关系；或者说，有时候受到西洋语言学的一些影响，但很少影响到普通语言学。词汇扩散理论，据我所知，是中国语言学第一次影响到整个历史语言学，使历史语言学增添了一支新的生力军……词汇扩散理论已影响到很多方面的研究，例如语言的亲属关系问题，词的使用频率问题，而且影响到小孩学话的问题"。①

词汇扩散理论和方言地理学是反对青年语法学派的两种重要理论。方言地理学研究音变在系统之外、即地区上的扩散，而词汇扩散理论则研究音变在系统内的扩散。它们互相呼应，使青年语法学派的音变理论的弱点充分显现在人们面前。这无疑是对历史语言学的一次推进。但词汇扩散理论本身还有一些不完善的地方，需要补正。

11.3.2　词汇扩散理论研究音变在词汇中的扩散，从而把词看成为音变的单位。这是可以理解的，但却是不确切的。先请比较 282 页所列宁波方言"群""德"两类语素的读音的演变状况，另附"穷""答"两类词，以资比照。"群"由 dʑyŋ 改读为 dʑyoŋ，这是语素读音的变化。这种变化在语素中是一个一个地进行的，所以在言语社团中的读音相当参差。我们把这种音变方式叫做离散式音变。离散式音变与连续式音变（§5）不同，我们无法从音位的分布环境中去寻找演变的条件和进程，而只能看

① 《美国语言学家谈历史语言学》（徐通锵整理），《语言学论丛》第 13 辑第 254 页。

例字	条件	《汇解》	《研究》	当代 老年	当代 中年	当代 青少年
群	臻合三，见系	dʑyŋ	dʑʏŋ	dʑyŋ 多 dʑyoŋ 少	dʑyŋ～dʑyoŋ	dʑyoŋ
穷	梗合三庚 通合三 见	dʑyoŋ	dʑyoŋ	dʑyoŋ	dʑyoŋ	dʑyoŋ
德	没、德等	teʔ	tæʔ	taʔ	taʔ	taʔ
答	陌合麦等	taʔ	tæʔ	taʔ	taʔ	taʔ

到语素读音的零星的、参差的变化。以“群”类字[①]由 dʑyŋ 变读为 dʑyoŋ 为例，我们就可以从上表中看到参差的扩散式变化。在《汇解》《研究》的时代，“群”类字清清楚楚地与“穷”类字[②]有别，现在的老年人大体上还维持着这种相互有别的读音，只有个别的字如“匀”“云”“训”等可读 -yoŋ。[③]而到了四、五十岁的中年人，“群”类字的读音相当纷杂，有的人韵母以念 -yŋ 为主，[④]有的人以念 -yoŋ 为主；[⑤]即使是同一个人，有的字的读音也往往是 -yŋ 和 -yoŋ 两读。而到现在二、三十岁的青年人，“群”类字大都念 -yoŋ，说明在青少年中“群”类字已经完成了和“穷”类字的合并过程。从表面现象上来看，扩散的时候似以语素（词）为单位，是“群”类字一个一个地并入“穷”类字，但如加以仔细的推敲，就可以发现演变的单位既不是语素（词），也不是音位，而是词中的一个音类：韵母。“群”由 dʑyŋ 变读为 dʑyoŋ，声

① “群”类字有：均钧窘菌匀陨允尹君军群裙郡熏勋薰训熨云雲韵运晕。

② “穷”类字有：兄荣永泳咏穹穷熊融胸凶兇雍拥容镕庸甬勇涌用。

③ 发音人张明余，男，65 岁（调查时的年龄，下同），会计，已退休，家住城内。

④ 据何汉英（女，47，工程师，城内）、忻美英（女，51，教员，城内）的发音。

⑤ 据郑芳怀（男，46，教员，城内）、洪可尧（男，48，职员，城内）的发音。

母没有变，声调没有变，词的意义也没有变，甚至它的语词组合条件、语用环境也都没有变，起变化的只是词中的一个韵母。就是说，凡韵母为 -yŋ 的，都可以通过扩散的方式变为 -yoŋ；在这里，韵母（音类）是演变的单位。上表中两类入声字的情况也与此类似，不过合并的时间比这两个阳声韵的合并要早一点。据《汇解》的凡例记载，不少"德"类字韵母读 -eʔ还是读 aʔ？本地人的读法很分歧，[①] 说明这两个音类的合并在那时候就已经进展到相当的程度，只是还没有完成合并的全过程而已。到《研究》的时候这两个入声韵已经合二为一，所以赵元任说宁波话的入声"分得最妈呼"，浦东分成五个音类的，它只有一个 æ。[②]

这种种情况都说明，音变在词汇中的扩散的单位不是词，而是词中的一个音类。就汉语来说，就是音节中的声、韵、调。这一论断同样适用于英语等其他语言。例如 §11.2.2 所列举的一些英语词，起变化的也只是词中的某一个语音特征。王士元把他的音变理论叫做"词汇扩散"，说"扩散"是很精辟的，而说这种扩散是"词汇"的，则是不确切的，因为扩散的不是词，而是词中的一个音类或特征。扩散，这是语音演变的一种方式。

11.3.3 由于音变在词汇中的扩散以音类为单位，所以它的演变方式自然也就不同于青年语法学派的连续式音变。连续式音变的单位是音位，人们可以从语音分布的条件中去寻找音变及其例外的规律；而音类没有像音位那样的分布条件，它的变化只能通过词语读音的改变而零散地表现出来。由于音变单位的不

① W. T. Morrison, An Anglo-Chinese Vocabulary of the Ningpo Dialect, p. 16, 1876, 上海。

② 赵元任《现代吴语的研究》，第 71 页。科学出版社 1956 年。

同，因而在音变中表现出如 §11.2.1 所述的那种演变方式的差别。

词汇扩散理论提出语音的突变性和音变在词汇中的扩散的渐变性是有价值的，它使人们注意到为青年语法学派所忽视的那一部分音变。这应该是对青年语法学派音变理论的补充，而不是对它的否定，因为它们所研究的是两种不同类型的音变：青年语法学派研究的是以语音条件为转移的音位及其演变方式，而词汇扩散理论研究的是语素读音的零散变化，是语素音节中的音类和它的演变方式。音位和音类是两个不同的概念。它们的物质载体可能一样，例如，元音 [i]，在汉语方言中可能是一个音位 /i/，也可能是一个音类 -i（韵母），表面形式相同，但它们在演变中的身份是不一样的。如以音位的身份参加演变，它将是以语音分布条件为转移的青年语法学派式的音变方式——连续式音变；这样，音系中在某种语音条件下就不再有 /i/ 音位。而它如以音类的身份参加演变，则以历史音韵的分类为条件，取扩散的方式，即某些语素读音的变化并不影响音类 -i 在音系中的地位。例如山西闻喜方言蟹、止摄帮组声母后韵母为 -i（如"杯"[꜀pi]，"眉"[꜁mi]等），现在可能是由于普通话的影响，这类字中的有些字的韵母已读 -ei（如"倍""北"等），但这并没有影响音类 -i 的音韵地位，因为别的语素的韵母仍读 -i。至于汉语中的复合韵母与音位的区别，那是很明显的，比方说，宁波音系中消失了一个音类 -yŋ，这对组成该音类的两个音位 /y/、/ŋ/ 在音系中的独立地位不会产生任何影响。所以，音类和音位这两个概念是不同的，在音变的研究中应该把它们明确地区别开来。

正像青年语法学派的音变理论无法容纳词汇扩散式的音变那样，词汇扩散理论也难以容纳连续式的语音变化。词汇扩散理论的一个缺点是把语音的突变性和词汇扩散的渐变性的音变方式绝对化，因而像方言地理学那样陷入了另一个片面性，受到了一些语言学家的批评。其实，这两种音变的方式在历史上都是存在的，我们不能用这一种方式去否定、非议那一种方式（§13.3.5）。词汇扩散理论的创始人王士元后来在这个问题上的看法有点变化，认为："不过，在开始的时候，有一点我也许说得过火一些。我说，也许所有的音变都是通过词汇扩散的方式进行的。实际上，并不是每一个音变都走同样的道路，所以我在'语言变化的词汇透视'这篇文章中提到，不同的音变可能由于语音的性质、社会环境等的不同而走不同的路……我们下一步的任务是要弄清楚'不同的音变途径究竟是由哪些因素决定的'这么一个问题"，[①] 弄清楚"是什么原因引起了目前的词汇透视，而不是贬低新语法（学）派已经作出的扎实的贡献"。[②] 从这些情况看来，学术上的讨论和研究已在这一问题上取得了新的进展。

11.4 离散式音变中的时间层次和它的演变规律

11.4.1 词汇扩散理论研究离散式的语音变化，揭示音变过程的参差性，但似还没有充分利用这种参差性去探索音变过程中的一些复杂问题。差异，这是语言史研究的客观基础（§0.3.1，§9.4）。离散式音变过程的参差性是音系中的一种重要差异，我

---

① 《美国语言学家谈历史语言学》（徐通锵整理），《语言学论丛》第13辑第252—253页。

② 王士元《语言变化的词汇透视》，《语言研究》1982年第2期第44页。

们可以从这种差异中去研究语音演变的时间层次。这是结构学派的内部拟测法无法解决的一个难题（§9.4.2）。我们可以以宁波方言的声调为例来讨论这个问题。

11.4.2　现代宁波方言的声调相当复杂，单字的声调多的有七个（阴平、阳平、阴上、阳上、去声、阴入、阳入），而少的只有四个（原阴平、阴上、阴去合为一类，原阳平、阳上、阳去合为一类）。除了说四个声调的宁波人单字有定调以外，操五个（或六个、七个）声调的宁波人单字调的归类相当杂乱。

从下页表中可以看出宁波方言声调系统的内部差异。像方言或亲属语言间的差异被历史比较法用来考察语言发展的过程那样，这种系统内部的差异也可以用来说明音变的过程。首先，比较不同发音人之间的声调差异，我们可以作出推断，宁波方言的声调正处于从七个到四个的简化过程中，而且越接近城市中心区，调类似越简化。赵元任写作《现代吴语的研究》的时期宁波话也是七个声调，[①] 可以作为这一推断的一个旁证。其次，简化的途径不取诸如 -i，-y 前的 k-，k'-，x- 变成 tɕ-，tɕ'-，ɕ- 之类的整齐、划一的连续式音变方式，而是取离散的方式，除清浊、舒促的界线不混外，都是采取逐个归并的方式，即原清去、清上字一个一个地并入阴平，原浊上字也是一个一个地归入阳平。而且，总的趋势是，非常用字先变，常用字后变，每个发音人所保留的原调的残存字大都为常用字，即使是只有四个声调的宁波人，有些经常使用的字，如“走”“纸”等，也会不知不觉地念出 435 的调值。由于扩散的速度在不同的发音人中不一样，因而在音系中呈现出参差。即使是

① 赵元任《现代吴语的研究》第 76—77 页。科学出版社 1956 年。

调值＼发音人 调类	城内①	西门②	江东③	南门④	郊区⑤	例 字
阴 平	42（44,435）	42（44）	42（44）	42	42	诗高专
阳 平	24	24（313）	24（313）	24	24	时题陈
阴 上		435	435	435	435	纸走短
阳 上				313	313	在赵厚
去 声				（44）	44	盖正醉
阴 入	5	5	5	5	5	识滴急
阳 入	23	23	23	23	23	石笛月
调类总数	4	5	5	6（7?）	7	

同一个发音人，他在不同时候的发音状态也有差别。以江东点的材料为例，“死”字的第一次发音是阴平(42)，第二次是阴上(435)；“蒋奖”两字开始读阴平，只有“桨”字读上声，但后来又肯定这三个字同音，其调值都为435。所以，声调表附注中的统计数字只

---

① 发音人郑芳杯、何汉英等（见第282页注4、5）。有一小部分舒调阴去字偶尔也念44调值，原阴上字也有少数字可以念435调值，但没有规律。发音人已不计较这种调值差别，如认为可念435调值的“纸”和念42的“支”同音。为了可靠起见，笔者选择了“支、纸、至”“私、死、四”类型的“同音”字96组去考察发音人的反应，结果都是“同音”。

② 发音人王纲平，男，27岁，学生，住西门。原阴上字中仍有八十多个字可念435调值。原浊平、浊上、浊去已合为一类，但内部有两种调值，约有六十余个字的调值可为313，分布上没有什么条件。具体例字可参看拙著《百年来宁波音系的演变》(《语言学论丛》第16辑，下同)。

③ 发音人袁逸，男，28岁，学生，住江东。约有一百一十多个原阴上字念435调值；原阳调舒声字已合为一类，但有些字有两种调值，如“胃、伟、魏”念24或313均可。

④ 发音人沈亚萍，女，23岁，学生，住南门。阴去字多与阴平字合，但有一部分仍保留44调值。相当完整地保留阴上的调类，字表中大约有83%的阴上字念435调值，只有六十多个字归阴平。阳上是一种残留，在念313调值的34个字中有32个是原阳上字，占字表浊上字总数的11%。

⑤ 发音人荆逸民，男，23岁，学生，家住鄞东五乡碶，离宁波市约十公里。阴平、阴上、阴去字的调值经常互混，但还可勉强地分出三个独立的调类。阳去字大体上与阳平合为一类；念313调值的包括大部分的原阳上字和部分阳去字。

是根据其中的某一次发音，代表一个大致的趋向，不能绝对化。这些看来杂乱而没有规律的现象正是离散式音变的一些典型特点。第三，简化的步骤，去声似先并入平声（阴去归阴平，阳去归阳平），而后是上声字再逐一归入平声（阴上归阴平，阳上归阳平）。第四，根据声调表所提供的线索，宁波方言调类简化的始发点似没有阳去，与其他各调各分阴阳的结构格局不对称，说明它是结构上的一个空格，可以用内部拟测法重建阳去调（§9.2）。

这样，我们就可以从系统内部的离散式差异中找出宁波方言的声调从八个简化为四个的具体过程和先后的时间层次。

11.4.3 离散式音变的过程如此杂乱，那它有没有规律？讲扩散的人一般都否认音变的规律性，至少是不强调音变的规律性。我们认为，规律有不同的表现形式，如果用连续式音变的规律去衡量、考察音变在词汇中的扩散，那看起来是没有规律的，因为它太杂乱、参差，有点像"每一个词都有它自己的历史"的样子。但是，如果我们把观察的时间尺度放得长一点，着眼于音变的始终，从音变在词汇中的扩散过程、趋向直至最后的完成来考察，那我们就不难发现这种音变也是有规律的，只不过它所表现的形式与青年语法学派所说的音变规律不一样而已。如果说，宁波话的声调调类的简化因为还没有完成它的全过程，现在还不宜用它来作为离散式音变规律的例子，那么知、照系合并于精系的过程已经完成，可以用来说明离散式音变规律的特点。

中古知、照系字在宁波方言中合并于精系，看来经历了一个漫长的过程。据清乾隆五十三年（1788）的《鄞县志》记载："四明人齿音多不正，而精照、从床、心审诸母为混尤甚。如呼招为焦、张为将、震为晋、潮为谯、全为传、陈为秦、雪为湿、升为星、少为小、寿为就之类”（按：全传、雪湿两对例字的位置应颠倒一下），说明远在1788年以前就开始了这种合并的过程。不过那时还没有完成合并的过程，因为还是“齿音多不正”，而不是“全不正”；是“精照……诸母为混尤甚”，而不是各个相应的齿音都相混。所举的例子都是三等字，结合百年前《汇解》所反映的宁波音系的特点，说明二等庄组在《鄞县志》的时代已与精组合流，而三等字则还处于“为混尤甚”的合并过程中。过了一百年，到了《汇解》《音节》的时期，在-i介音前三等字的声母完全与精组字合流，读尖音。例如“脂＝姊”读[tsi]，“者＝借”读[tsia]，“张＝将”读[tsiaŋ]，等等。这与乾隆时《鄞县志》的记载相符，不过这时已不是“为混尤甚”，而是“全部相混”。但是在开口韵前，知、章组声母的音值大体上念舌叶音tʃ-（包括tʃ‘，dʒ，ʃ，ʒ，下同），仍保持自己独立的音类地位，但在有些韵母前（大多为原来的合口韵）明显地表现出向ts-转化的离散式音变的特点。《音节》的导言在描写这种舌叶音时说：在o前tʃ-听起来像ts-，dʒ听起来像dz。[①]《汇解》中有些语素的声母tʃ-，ts-两读的例子大都表现在韵母的元音有-o，-ɔ的音节上，说明《音节》作者的观察是可靠的。下面都是《汇解》中两读的例子：

粥	tʃoʔ～tsoʔ	掌	tʃɔŋ～tsɔŋ
嘱	tʃoʔ～tsoʔ	娼	tʃ‘ɔŋ～ts‘ɔŋ
终	tʃoŋ～tsoŋ	常	dʒɔŋ～dzɔŋ
中	tʃoŋ～tsoŋ	脏	dʒɔŋ～dzɔŋ
充	tʃ‘oŋ～ts‘oŋ	辱	ʒoʔ～zoʔ
章	tʃɔŋ～tsɔŋ	钻	tʃyn～tsøn

① The Ningpo Syllabary · Introduction, p. 10.

这些例子说明离散式的音变仍在进行中。大概到了“五·四”时期，这种离散式音变才完成了它的演变的全过程，因为在1922年发表的《宁波方音与国音比较的札记》一文的声母系统已与现代宁波方言一致，知、照系的三等字与精系字已无对立的痕迹。

结合《汇解》提供的线索，知、照系字合并于精系的过程和规律可大体归结如下：

1. 庄组字先变成ts-，ts‘-，dz-，s-，z-，与精组字合流。

2. -i介音前的知、章组变成ts-，读尖音，与来自见系的团音tɕ-对立（《汇解》还保存着明显的尖、团对立），而后尖音字腭化，与团音合流。[①]《研究》时已经完成了这种合流的过程。

3. 开元音前的合口介音在演变中被吞没，但在声母中似还有它的寄生痕迹，因为这部分字在《汇解》中大多读舌叶音tʃ-，这个tʃ-又通过离散式音变而变成今天的ts-。例字中有一小部分字原属开口，如“章、娼、常”（阳开三）等，这组字的声母读tʃ-，可能是由于韵母中的元音已转化为圆唇的后元音，与二等的“庄装”等相同。

4. 完成音变的过程，知、照系字全部并入精系，在音系中出现整齐的结构格局，表现出离散式音变的规律性。

所以，如果着眼于离散式音变的全过程，我们就会看到，音变在词汇中的扩散有它明确的方向和目标，不是漫无目的的胡乱扩散。究其原因，就在于离散式音变以音类为单位，这种音类在演变过程中一旦完成了扩散的全过程，那杂乱的痕迹就会全部消失，而有规律的结构格局开始形成。离散式音变有它自己的演变

---

① 参看拙著《百年来宁波音系的演变》，《语言学论丛》第16辑。

规律。

11.4.4 每一种类型的音变规律都有它自己的特点。连续式音变规律的特点是所谓“语音规律无例外”和“没有一个例外是没有规律的”（§5.4.1）。离散式音变规律的特点与此不同，主要是：第一，两头整齐中间乱，即变化前的阶段和变化完成后的阶段，其语言状态是整齐的，有规律的，但是在音变进行过程中却是杂乱的，好像没有规律，有点类似“每一个词都有它自己的历史”的样子。第二，这种音变所经历的时间很长，像宁波话的声调，差不多经历了一个世纪的时间也还没有完成它的全过程；知、照系合并于精系，从乾隆五十三年（1788）到“五·四”时期，前后经历了一百三、四十年，如果再加上乾隆五十三年以前的那段时间，这一音变过程的完成恐怕还不止二百年。所以，音变在词汇中的扩散过程实际上体现了一种中观的语言史（language meso-history），与反映几千年、几万年的宏观语言史（language macro-history）和考察正在进行中的音变的微观语言史（language micro-history）（§13）不全相同。

这种种现象说明，离散式音变也是有规律的，只是这种规律的实现方式与青年语法学派式的音变规律不一样。青年语法学派式的音变规律以语音的分布条件为转移，只要条件相同，音变在词汇中的体现就是同时的，整齐的，这犹如行进中的一列横队，所有的成员差不多同时到达目的地，在不长的时间内就会表现出整齐的规律性；而离散式音变规律的表现形式不一样，它在演变过程中虽然呈现出参差、杂乱的状态，但演变的方向是明确的，这犹如行进中的一列纵队，每个成员到达目的地的时间不一样，有先有后，只有经过相当长的时间才能看出它的演变的规律性。从两种音变方式的结果来看，可以说殊途同归，都会表现出音变的规律性。历史上已经完成的音变，是通过青年语法学派式的音变规律实现的，还是通过离散式的音变实现的？我们现在已经分辨不清楚。或许从没有完成的离散式音变所留存下来的一些残存现象中还可以看到一些离散式音变的痕迹。

11.5　中断的变化和音系中的不规则现象

11.5.1　离散式音变由于采取逐个推移的方式实现音变的过程，需要经过一定长度的时间，因而在演变过程中可能会发生变故。大体说来，音变经历的时间越长，发生这种变故的可能性就越大。如果个别的“落后分子”在纵队式的行进过程中走得太慢，脱离队伍太远，它就可能找不到自己的队伍而走错门，归错队，这样就会出现音变的例外。如果离散式音变在其演变过程中遇到另一种音变力量的干扰或别的原因，那么就有可能出现中断的变化。中断的变化是离散式音变过程中出现的一种重要现象。

11.5.2　音变在词汇中的扩散如果没有其他的音变力量的干扰，这种变化最后会表现出它的规律性；如果有两种或两种以上的变化同时对某一集语素起作用，那么，由于相互之间的干扰，语言中就会留下剩余形式或残存形式；音变所经历的时间越长，所能见到的相互竞争的变化就越多，因此“规律性的假设”必须加以修正以允许由相互竞争的变化所产生的剩余现象。[①]

---

① Wang, William S—Y, Competing Changes as a Cause of Residue, Language, 49. 9—25, 1969.

在语言的发展过程中一种变化向着某一方向演变,看来很有前途,可以扩及到所有有关的语素之上,但是由于另一种变化力量的干扰,迫使变化中断,即已经起了变化的音和还没有来得及发生变化的音从此分家,各不相涉,因而在音系中留下了异于规律的不规则现象,而不像前述的宁波话知、照系字合并于精系那样最后有一个整齐的结构格局。这是一种很有意思的现象,使我们有可能从一种新的角度去观察音系中的结构歧异。宁波方言的咸、山摄字在音变中是相当有规律的,但咸摄中的覃（赅上、去声,下同）韵字有一些异于规律的例外。先请比较覃、谈、寒三韵的端、精、见三组在宁波方言中的语音表现:

韵类/例字/音值	覃	谈	寒
-ɛ	耽 潭谭 婪（多数人） 参惨 堪龛坎砍勘	担胆 坍毯 谈痰淡 瞰	丹单旦 滩摊坦炭叹 擅坛弹诞但惮蛋 难 兰拦栏懒烂 餐灿 刊侃
-ɪɛ	贪探 南男 婪（少数人） 簪 蚕		
-i	感	甘柑泔敢	干肝竿乾~湿杆秆 赶幹看

谈、寒合流,没有问题,而覃韵字却显出参差的情况:有的与谈、寒韵合流,有的自成一类,内部不一致。如果把语言看成为一个静态的、同质的结构,这些有差异的音各自归入有关的韵类

（ε 都为谈、寒韵字，-ɛɪ 归入"杯梅……"等灰韵字，-i 归入"祭基……"之类的祭、之等韵字），就掩盖了系统内部应有的参差。由于汉语有韵书等书面材料，有其他方言可资比较，因而在音系中可以看到同源字的音类差异。这类现象的产生使语言学家感到惶惑。张琨在《汉语方言中鼻音韵尾的消失》一文中在分析覃韵字的内部差异时有一个脚注："黄岩、温岭方言中切韵覃韵舌头声母的字读 *an。宁波方言中读 -ɛi，究竟代表什么，不大明白。"[①] 根据"语音规律无例外"的连续式音变规律，这类现象确实很难解释。看来覃韵字在宁波方言中的读音参差不是连续式音变造成的，而是离散式音变中断的结果。覃、谈、寒三韵高本汉、张琨、李荣分别拟测为：[②]

拟音 韵类 / 作者	覃	谈	寒
高本汉	ạm	ɑm	ɑn
张　琨	əm	ɑm	ɑn
李　荣	êm	ɑm	ɑn

从这三韵在吴方言中的反映来看，张、李的拟音比较接近于语音的实际。由于 -m 韵尾在语言发展中并入 -n，因而谈与寒合流，而覃韵由于其元音与谈、寒有较大的差异，在古代宁波方言中仍保持它的独立性。根据《汇解》（1876）提供的线索，谈、寒韵字读 -ɛn，覃韵字有些读 -ɛn（"耽谭"等），有些字读 -en（如"探南感"等）。看来 -en 是韵尾 -m 并入 -n 之后覃韵字的读音，它来自 *-əm。

① 张琨《汉语方言中鼻音韵尾的消失》，台湾中央研究院史语集刊第 54 本第一分第 8 页脚注。文中有有关韵类的拟音。

② 请参看高本汉的《中国音韵学研究》和李荣的《切韵音系》。

音系中谈、寒韵字是字多势众，而 -en 韵却字数甚微，在音变中经不起别的音类的“推”与“拉”，因而以扩散的方式一个一个地并入音值比较接近、在历史上有联系（反映在其他方言中即为同韵字）的 -ɛn 韵。何时开始这种变化，无从查考，但在《汇解》的时代（1860—1876）这种变化似正处于进行过程中，一部分字已经读 -ɛn（“耽谭”等），一部分字仍读 -en（如“探男”等）。正当覃韵字进行这种离散式音变的时候，可能是由于鼻韵尾 -n 的消失（§ 8.2.4）迫使这种音变中断。这样，-ɛn 变成 -ɛ，而 -en 变成 -e；这个 -e 在音系中和“杯胚培梅堆推……悲丕眉”类字的韵母 -e 合流。这就改变了音系内部的结构格局。读 -ɛ（<-ɛn）的覃韵字由于已与谈、寒韵字合流，因而它们同命运，共变化；从 -en 韵变来的 -e 在共时音系中则与覃韵字的读音脱离关系，而随着它的“新朋友”-e（即“杯”类字的韵母）韵一起演变，不再受原来的离散式音变规律的支配，因而在音系中留下了异于规律的例外。随着宁波方言元音系统的高化，-e 在声母 k-，k‘- 之后高化为 -i，在其他声母之后复元音化为 -ɛɪ（§ 8.2.4）。这就是某些覃韵字读 -ɛɪ 韵的由来。

11.5.3 在离散式音变中由于某些成员的变化速度慢，在纵队行进式的音变中离开自己的队伍太远，掉了队，结果在变化的过程中走错门，归入一个本来与它不相干的音类中去，因而出现了音变的例外。在现代宁波方言中，-yɔ̃ 韵字只有一个“降”字，如“降落伞”“降旗”中的“降”可读 tɕyɔ̃。根据《宁波方言的音节》（1901）一书的材料，-yɔ̃（<-yɔŋ）韵字有“降讲江泽绛笁茳”。这些都是原来的江韵见母字，溪母的“腔”已读 tɕ‘iaŋ。在《研究》的时候这些字的读音仍维持《音节》的语音结构格

局，除"腔"读 -iã 外，其他字都读 -yõ。现在的宁波方言，除了"降"字以外，其他的字如"江讲"等早已发生音变，口语读 kõ，与唐韵字"刚"等合流；读书音念 tɕiã，与阳韵字的"疆"等合流。"降"字的读音很"顽固"，人们一直念 tɕyõ。但是，它在语言系统中只有一个字，势孤力单，经不起其他韵类的"推"与"拉"，结果被迫与其他韵类合并。但是它与"讲江"等的读音已经失去联系，因而没有跟着这些字的读音变，而是读成 tsõ。我们所调查的青年人，有的 tɕyõ～tsõ 两念，但以 tsõ 为常；多数人就只念 tsõ。中古的见母变成 ts-，在宁波方言中还没有第二个例子。像这种例外的音变，如不放入扩散式音变的框架中去考察，就无法理解。

11.5.4　中断的变化使音系内部出现参差，但却给了解语言发展的复杂性和例外现象的解释提供了一种重要的途径。中断的变化可以说是词汇扩散理论中的精华，因而得到学术界的积极肯定："最精彩的部分是处理中断的变化，即已经开始但还没有进行到底的那种变化"，这是 1969 年"发表于《语言》杂志上的王士元的论文中的最好的特点之一"。[①] 不错，中断的变化是离散式音变中的一种重要现象，可以使我们了解音系中的一些坎坷参差的成因，为探索音变的层次、过程提供一些新的线索。我们也可以据此对内部拟测法进行一些补正。（§12.3，§12.4）但是，王士元在处理中断的变化的时候也有他的弱点，因为他用的是文白异读的材料。文白异读反映的是不同系统之间的关系（§14），

---

① 参看《美国语言学家谈历史语言学》（徐通锵整理），《语言学论丛》第 13 辑第 208 页。

而词汇扩散理论研究的是音变在系统内部的扩散，两者是不同性质的问题。我们前面一再强调，不同的音变方式（连续式音变和离散式音变）有不同的特点，因而在研究中断的变化时也应该紧紧扣住离散式音变的特点，着眼于系统内部，不要使用不同性质的文白异读的材料。[①]

11.6 历史上已经完成的音变的扩散解释

11.6.1 离散式音变与连续式音变一样，是音系本身所具有的一种性质，不仅今天的语言有这类音变，历史上也应该有这种类型的音变。因此，我们在解释历史上已经完成的音变的时候就不要只局限于连续式音变一种类型，而需要根据音变的不同特点进行一些具体的考察；特别是对那些先杂乱后整齐的音变，就不能套用"语音规律无例外"或任何规律都会有例外的框框去解释。我们可以以上古汉语的声调为例来探索这方面的问题。

11.6.2 先秦时期的汉语有没有声调？有几个声调？从什么时候开始有平、上、去、入四个声调？从陈第、顾炎武以降，有各种不同的说法。有人根据《诗》韵的一些异调相押的情况说上古汉语没有声调；[②] 有人根据同调相押的情况说那时的汉语有声调，

① 我在撰写《百年来宁波音系的演变》的时候虽已分出音变的三个层次，但音变的方式仍认为只有连续式和离散式两种，因而在这一问题上与王士元一样，把文白两种形式的竞争和替代看成为音变的一种扩散方式，并用这种材料来说明中断的变化。现在看来，这是不合适的，应该根据 §11.5 和 §14.2 的分析予以修正。

② 例如陈第："四声之辨，古人未有……旧说必以平叶平，仄叶仄也，无亦以今泥古乎"（《毛诗古音考》）。江有诰："古无四声，确不可易"（《古韵凡例》。他后来在《唐韵四声正》中改变了这种看法）。

只是有不少例外而已。[①]这两种意见本身是对立的,但它们观察问题的方法论原则却是一致的,都是根据连续式音变的规律去解释那个时期的声调,因而难以驾驭那些杂乱的现象。用“例外”去解释《诗》韵异调相押的现象,有很多问题说不清楚。第一,“例外”的现象为什么那么多?根据张日昇的统计,《诗》韵异调相押的情况是:

	上	去	入
平	361	293	10
上		166	39
去			161

此外还有如平上去三调相押或平上去入四调相押的情况。[②]周祖谟根据新近出土的汉代竹书、帛书的通假字指出:“在《周易》帛书里甚至平上去之分也不严格”“在金文里也有很多这样的例子”。[③]这些情况很难用“例外”去解释。第二,如果是例外,那必有产生例外的条件和原因,即例外也有它的规律,但我们现在还没有看到人们对这种“例外”的原因作出理论上的解释,看来今后也难以作出这种解释。第三,如果是例外,那么这些例外的字调后来又为什么会分门别类地归入有关的声调,形成整齐、划一的平、上、去、入的声调系统?看来先秦时期的不很整齐的声调

---

① 例如董同龢:“按理说,韵语对声调的要求是不必如对韵母那样严的”(《汉语音韵学》第313页。台湾文史哲出版社1981年)。又如谢纪锋:“同调相押是《诗》韵的基本规律之一,但并不绝对排除例外,少数例外也不影响规律的存在”(《从〈说文〉读若看古音四声》。见《罗常培纪念论文集》第342页,商务印书馆1984年)。

② 这里据丁邦新的《汉语声调源于韵尾说之检讨》一文。台湾《国际汉学会议论文集》(语言文字组)第277—278页。

③ 周祖谟《汉代竹书和帛书中的通假字与古音的考订》,见《音韵学研究》第1辑第82页。中华书局1984年。

很难用连续式音变去解释。它好像是一种正在进行中的离散式音变，提示汉语的声调从无到有，从逐步形成到最后定型是通过离散式音变进行的；《周易》《诗》韵的时期由于还处于演变的过程中，因而显得杂乱而缺乏规律。可能在沈约等发现平上去入的声调系统以前不久的时期，汉语的声调系统才最后定型，完成了从杂乱到整齐的离散式音变的过程。周祖谟对这个问题的考察可能比较接近先秦时期汉语声调发展的实际状况。他认为“这应当跟文字发展的不同阶段和使用文字在记录语词时声音有没有变易转移有关系”“可以分别不同的历史阶段来认识”；汉语在周、秦时期的三个或四个声调“是经过长时期逐渐发展而形成的”“周秦时代不同韵部的调类多寡不同，也有一个发展的过程。阴声韵如之支鱼等部除平声外，先有上声，进一步发展有去声，阳声韵各部，冬蒸两部没有上去，阳侵真三部则有上而无去”，“去声成为一个调类，发展比较晚。去声所以由平上声或入声发展出来的原因应当是多方面的。有一部分可能是由于字义有引申而音有改变，有一部分可能是由于声母有变易或韵尾有变化甚至失落而产生另一种声调”。[①] 这种考察比较客观，摆脱了“语音规律无例外”、例外有例外的规律的信条的束缚，因而作者能正面面对事实，作出合乎情理的解释，而没有用“例外”之类的说法来回避一些难以解释的事实。这与我们从离散式音变的研究中得到的启示是一致的。

离散式音变的基本精神也应该像连续式音变的精神那样，好好地用之于语言史的研究。

---

① 周祖谟《汉代竹书和帛书中的通假字与古音的考订》，见《音韵学研究》第1辑第82页。中华书局1984年。

12. 语言的变异（上）：“有序异质”的语言理论和语言史研究的新领域

12.1 语言变异和“有序异质”的语言理论

12.1.1 语言的结构是一种同质的系统（homogeneous system），这是自德·索绪尔以来印在语言学家脑海里的一种根深蒂固的语言观。在这种语言观的指导下，经过结构语言学派、转换—生成语言学派的努力，语言的结构得到了比较清楚的、系统的描写。这是语言研究的一次飞跃。但随着时间的推移，其内部所隐含的弱点也日益表露，需要进行一些新的探索。

语言系统的同质说首先要求区分语言的“内”与“外”，把语言与社会联系之类的因素都排除在语言的“外”的领域，认为它不属于语言系统的研究范围。这样，语言研究的领域越来越狭窄，最后到转换—生成学派时就只研究“完全同质的言语社团中理想的说话者和听话者”的语言能力，从而把大批活生生的语言现象纳入“运用”（performance）而不予置理。这就不能不引起很多语言学家的不满（§11.1.2）。

其次,语言系统的同质说在语言研究中追求齐整性、对称性、规律性,害怕语言中的变异性,因为变异会破坏结构的系统性。德·索绪尔还承认语言共时状态中存在着变异,只是变化很小,不重要,因而可以略去不计。[①] 结构语言学的方法论的核心是替换(substitution),它想用替换的原则(分布)来控制语言中的变异,使之以变体(allo-)的面目出现。但是语言中的变异有多种形式,替换的原则无法分析各种变异。比方说,前面 §9.4.2 说到过的宁波方言的“酒”,除声调不计外,就有 tçiɵʏ、tçiᶿʏ、tçiʏ、tçy(酒＝举)等多种语音形式。这种变异给语言系统的同质说带来了很大的麻烦。要保证语言系统的纯一性和规律性,避免变异的干扰,就只能研究个人方言(idiolect),但是这样就陷入了所谓德·索绪尔式的矛盾:“研究语言与社会相关的一方面(语言 langue)时,只要观察任何个人就行,而研究语言与个人相关的一方面(话 parol)时,却要从社会环境中去考察。”[②] 个人方言这个“个别”虽然隐含着“一般”,可以从中考察语言结构的“一般”特点,但它毕竟不能包含所有的“一般”,因为“任何一般只是大致地包括一切个别事物。任何个别都不能完全地包括在一般之中。”[③] 从个人方言来考察语言系统的性质和特点是有它的局限性的。我们在实际的语言调查中发现,语言中充满着变异的形式,不同的人由于种种原因,其语言状态是有差异的;即使是同一个人,他的个人方言在不同的时间中也可能有不同的差异。语言系

① 参看德·索绪尔《普通语言学教程》第144,145页。商务印书馆1980年。

② 拉波夫《在社会环境里研究语言》,见《语言学译丛》第1辑第18页。中国社会科学出版社1979年。

③ 列宁《谈谈辩证法问题》,见《列宁选集》第2卷第713页,人民出版社1972年。

统的同质说从研究脱离社会的语言再进而到研究个人方言,这就使语言研究的途径很狭窄,自然不能不引起语言学家的不满。

第三,语言系统的同质说只着眼于语言的共时状态,绝对排除历时的干扰,"'共时'现象和'历时'现象毫无共同之处:一个是同时要素间的关系,一个是一个要素在时间上代替了另一个要素,是一种事件。"① 但是,语言系统如何从这一共时状态过渡到那一共时状态,我们从语言系统同质说的语言共时状态中找不到任何过渡的机制和原因。这样,语言只能是一种僵化的死系统,而缺乏交际中运转着的语言的活生生的具体内容。我们需要在语言的共时状态中找出起变(actuation)的原因和演变的途径,把共时和历时联系起来,这就需要把语言中的各种变异引入语言研究的领域,从变异中考察语言发展的机制并体察历史上已成音变的特点。

总之,语言系统的同质说所隐含的内在矛盾为语言变异理论的诞生准备了充分的条件。

12.1.2 语言的变异理论差不多是和词汇扩散理论同时诞生的(§11.1.2)。这是一种新的语言理论的模型。它认为语言不是一种同质的系统,而是一种有序异质的(orderly heterogeneous)结构。"有序异质",核心的问题是"有序"。语言中充斥着各种各样的变异,杂乱而无序,呈随机的分布。比方说,不同的人或一个人在不同的时候发一个元音 a 决不会是完全相同的;一个上海人说普通话,也决不会跟北京人说的一个样子。如果有些变异形式和非语言的异质要素(例如某一社会人群、某一种风格变体)

---

① 德·索绪尔《普通语言学教程》第 131 页,商务印书馆 1980 年。

或同质的语言结构要素有某种固定的联系,即可以由一定的条件来控制,那么这些变异形式就摆脱了无序的状态而进入有序的行列,开始了它的演变进程。变异是有序之源,而有序是使语言成为一种有生命力的活的交际工具的必要条件;语言只有在有序的变异中才能不断地改进自己的结构。所以,变异不是语言结构之外可以置之不顾的成分,而是语言结构本身所具有的特征,在语言研究中应该占有它的重要地位。

要找出变异的控制因素,首先需要把语言放到社会环境中去研究,看它与言语社团(speech community)的哪一些社会人群有联系。什么是“言语社团”?现在没有统一的认识。J. 甘伯兹(John J. Gumperz)认为“大多数持久的集团,不论是小到面对面交往的伙伴,还是大到尚可分为地区的现代国家,或是同业协会,地段团伙,只要表现出值得研究的语言特色,均可视为言语社团”。[①] 这种看法似乎太宽泛,很难有一个可以依循的客观标准。我们这里所说的“言语社团”指的是说某一种可称之为语言或方言的社会集团。集团内由于性别、年龄、社会分工和阶级等的不同而可分为不同的社会人群,每一社会人群的语言大体上都有一些自己的特点,我们平常所说的“官腔”“干部腔”“学生腔”等各种各样的“腔”实际上都是对这些共同特点的一些通俗的说法,因而也可以把它称为和某一社会人群相联系的语言变异。甘伯兹所说的“言语社团”与我们这里所说的“社会人群”大体相当。语言变异的研究应该和这些社会人群联系起来。

① 请参看 J. 甘伯兹《言语社团》,见《社会语言学译文集》第 36 页。北京大学出版社 1985 年。“Community”原文译为“共同体”,本书都译为“社团”。

12.1.3 “有序异质”的语言理论认为,每一个言语社团所说的语言可以分为若干个子系统(subsystem),这种子系统相当于德·索绪尔所说的语言系统。方言交界处的人们头脑中常常有两个子系统(A方言系统和B方言系统),来自方言区的人们大多有本方言和普通话两个子系统,受过教育的有文化的人们还可能有古、今语言的两个子系统……每个子系统都有自己的语音、词汇和语法体系,受共现(co-occurence)规则支配。比方说,一个在北京工作的上海人,在与同乡讲话时使用上海话的子系统,这时候他要同时使用上海话的语音、词汇和语法,即三个层面的规则是共现的;在其他情况下他使用普通话的子系统,这时候他就同时使用普通话的语音、词汇和语法。他根据交际的需要通过代码转换不断地更换两个不同的子系统,即把上海话的代码转换为普通话的代码,或者相反。一般说来,文化水平高、生活经历复杂、经常在外地跑码头的人,脑子里贮存的子系统比较多;相反,生活单纯、一辈子生活在一个封闭的小圈子里的人所掌握的子系统就少。子系统之间的关系不是互补的,而是相互竞争的,说话人可以根据不同的语境、不同的交际对象而选择某一个子系统进行交际。

12.1.4 在语言子系统中含有变异成分(variable)。一个上海人用普通话这个子系统进行交际时会带有一些上海话的因素,这是他的普通话子系统中的变异成分;而在用上海话这个子系统进行交际时同样也会带有一些普通话的要素,这是他的上海话子系统中的变异成分。这就是说,由于两种子系统在他的言语能力中共存,因而一个子系统的成分会进入另一个子系统而成为变异成分。如果某一变异成分在言语社团的某一社会人群中扩散、传播，那就意味着演变的开始；如果使用这种变异成分的社会人群在言语社团中具有某种特殊的地位，那么这种变异成分就可能会成为其他社会人群的仿效对象，从而使它从这一社会人群扩散到那一社会人群，完成演变的过程。所以，变异成分和某种控制因素（这里是非语言的异质要素）存在着一种共变（co-variation）关系，需要联系有关的控制因素去研究。

用来分析变异成分的是变异规则。变异规则的公式是：

$$A \rightarrow g[B]/X[_{\bar{z}}]Y$$
$$g[B] = f(C, D, E)$$

这个公式的意思是：A 在 $X_{\bar{z}}Y$ 的语言条件下变成 g[B]。g[B] 表示一组数值，具体表现为哪一个数值由控制因素 C，D，E 决定，即相互存在一种函数关系。常见的控制因素有风格、年龄、阶层等。[①] 比方说，在美国纽约市的英语中有一个变异成分 r，即 car，card，ear，four，fourth 等词中的 r，它在二次大战前一般是不发音的，而在二次大战后有些人发音，有些人不发音，而发不发音则与人群的社会地位、阶层划分有密切的关系，“假若纽约市本地人中有任何两个集团在社会分层的阶梯上处于高低不同的地位，那么他们在发 r 音上也会表现出相应的体现声望高低的差异”。[②] 如用变异规则来分析这个变异成分，则可表述为：

$$r \rightarrow g[r]/\text{—}\begin{Bmatrix} k \\ \# \end{Bmatrix}$$
$$g[r] = f(\text{风格、阶级、年龄})$$

① Uriel Weinreich, William Labov and Marvin I. Herzog, Empirical Foundations for a Theory of Language Change, Reprinted in Lehmann and Malkiel, 1968.

② 拉波夫《纽约市百货公司（r）的社会分层》，见《社会语言学译文集》第 121 页。北京大学出版社 1985 年。

这个公式的意思是: r 在辅音前或词末的位置上要发生变化; 具体地如何变化,由风格、年龄、阶级等因素决定。下图表示变异成分 r 在不同阶级、不同风格场合下的变异情况:

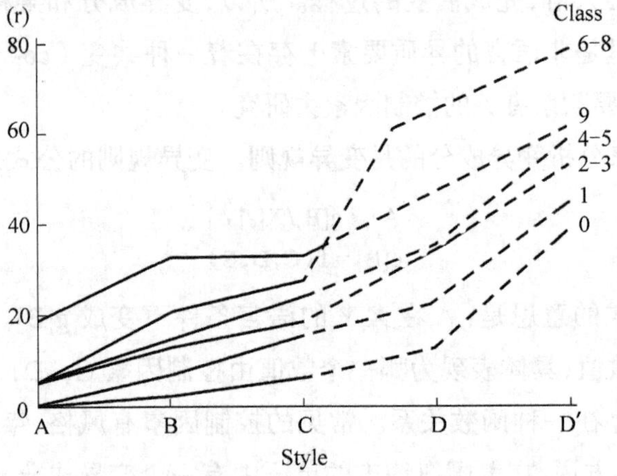

图中的纵轴表示 r 的指数,即 car, card, where, ear 等词中 r 出现的百分数,指数越高,表示 r 这个标准形式用得越多。横轴表示不同风格的阶: A,随便说话; B,留意说话; C,读书; D,念词表; D',最小对比(minimal pairs)。不同阶级的人在不同的风格中使用 r 的情况分别用曲线表示: 0 和 1 表下层阶级; 2—3 和 4—5 表工人阶级; 6—8 表下层中产阶级; 9 表上层中产阶级。从这里我们可以看出: 变异成分 r 的出现既受社会阶级的制约,也受风格因素的制约。在纽约英语中,变异成分 r 是一种威信特征,使用 r 被看成为社会地位高、有教养的一种标志,代表一种标准形式,因而不同阶级的人在说话时总要向这种标准形式看齐,越是在正式的场合, r 出现的指数越高。在这方面,各阶级之间大体上表现出平行的情况。值得注意的是下层中产阶级矫枉过正的现象,在正式的场合有两次超出上层中产阶级。这种矫枉过正的现象带有一定的普遍性，“是威信特征向下转移和完善语言变化的一种重要机制”。[①]

r 在用法上虽然有很大的差异，但是人们对 r 的主观反应（或主观评价）却是非常一致的。社会语言学有一条公理：和变异成分的有规律的层次分布（regular stratification）相关联的是人们对这个成分的主观反应（评价）的一致性。下面（a）（b）两个图表是纽约人关于 r 的语言行为和主观反应的比较：

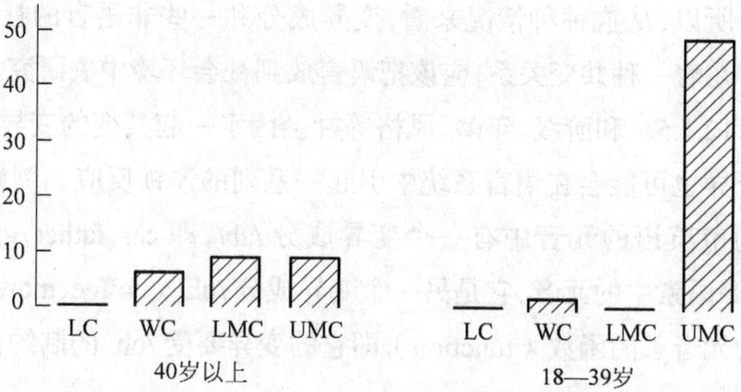

(a)

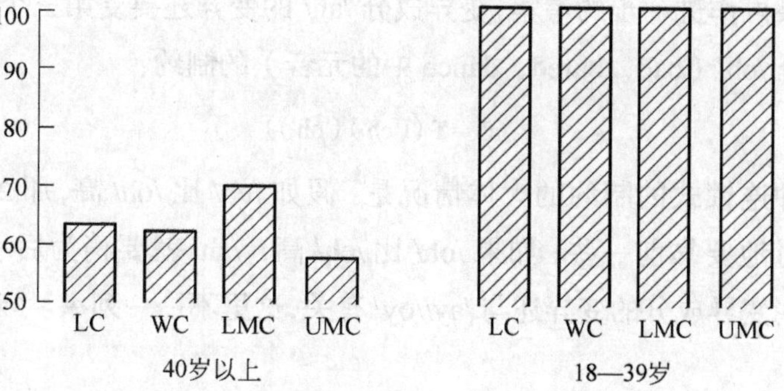

(b)

① 见 W. Labov 等的 Empirical Foundations for a Theory of Language Change, Reprinted in Lehmann and Malkiel, 1968, p. 181.

图 a 是各阶层[1]不同年龄的人在日常口语中的 r 的层次分布：在 40 岁以上的人群里，使用 r 的情况与社会阶层之间没有必然的联系，可是在 40 岁以下的人群里，上层中产阶级和其他阶层之间存在着明显的差别。图 b 表明 40 岁以上的人群对于 r 的主观反应的测试结果接近于随机水平（random level），可是在 18—39 岁之间的人群的主观反应则是完全一致的：42 个测试的对象全部都在无意识的反应中显示他们都把带 r 的读音看成为标准形式。

所以，从这种种情况来看，变异成分和一些非语言的社会因素存在着一种共变关系，应该把语言放到社会环境中去研究。

12.1.5　和阶级、年龄、风格等社会因素一起共变的变异成分的变异也可能会在语言系统中引起一系列的连锁反应。例如，在纽约市英语的元音中有一个变异成分 /ah/，即 car，father，guard，bar 等语素中的元音，它是另一个变异成分 /oh/（coffee，more，lost 中的元音）的函数（function），即它的变异要受 /oh/ 的制约：

$$ah = f(oh)$$

如果再作进一步的考察，变异成分 /ah/ 的变异还要受第三个变异成分 /eh/（bad，bared，dance 中的元音）的制约：

$$ah = f((eh)(oh))$$

这种连锁式的制约的大体情况是：假如 /eh/ 比 /oh/ 高，那么 /ah/ 相对地要靠前一些；如果 /oh/ 比 /eh/ 高，/ah/ 就要稍为后一些。这些变异成分的变异还与 /ay//oy/ 有关，这里不一一列举。[2]宏观、

① LC 指下层阶级；WC 指工人阶级；LMC 指下层中产阶级；UMC 指上层中产阶级。

② Labov 等，Empirical Foundations for a Theory of Language Change，见 Lehmann and Malkiel，1968，第 171—176 页。

中观音变中的推链（push chain）和拉链（drag chain）式的变化（§8.3）在这种微观的变异中就可以见到端倪，这是很有启示的，说明链移式音变的假设是有根据的，它与变异成分之间的连锁式变化的区别只在于：链移式音变的假设只着眼于语言本身的事实，而变异成分之间的相互函数关系，其第一个变异成分的变异和某种社会因素存在着一种共变关系，其他环节则只受语言内部的变异的制约。

11.1.6 变异成分和变异规则是语言有序异质理论的核心，我们可以通过它去考察语言演变的一些有关问题。

12.2 语言变异的研究和音变理论的新进展

12.2.1 语言的变异，这不是一个新概念，萨丕尔、布龙菲尔德等语言学家都曾对这种现象有过分析，[①] 但是把这种现象提高到至关重要的方法论地位上来认识，则是“有序异质”的语言理论（或简称为语言变异理论）的重要贡献，使我们可以由此进入语言史研究的一个新领域。

以前，音变的研究，不管是青年语法学派还是方言地理学派，抑或是以文字、文献资料为对象的汉语音韵学，面对的都是历史上已经完成的音变，而不是现实语言的变化，有点儿“厚古薄今”；即使是词汇扩散理论，面对的也是“从中古英语和汉语的中

---

① 请参看萨丕尔《语言论》第7章，商务印书馆1985年。布龙菲尔德《语言论》第18—21章，商务印书馆1980年。

古音,从几百年、一千多年的历史材料出发,也就是从中观语言史(meso-history)出发,达到扩散"。① 而语言变异的研究则着眼于正在进行中的音变,从而使我们进入一个微观的语言史(micro--history)领域。

以前,青年语法学派研究语言的历时变化,而结构语言学派则集中研究语言的共时结构。在他们各自的研究中,共时和历时是脱节的,人们弄不清楚语言的这一共时结构变到那一共时结构的机制、过程和原因,不知道语言是怎样起变(actuation)的。现在,人们可以用变异规则对语言中的变异进行具体的分析,这就为共时和历时架设起一座桥梁,使我们可以通过这座桥梁从微观的语言史走向中观、宏观的语言史,从语言的共时变异去考察语言是怎样开始它的变化的。此外,通过语言的变异,我们也可以看到语言与社会、变异与结构之间的紧密联系。这就开阔了语言研究的视野,把以前不予研究的变异现象纳入语言研究的领域,或者是把以前孤立地加以研究的某些语言现象联系起来,进行综合的考察。

12.2.2　语言的变化首先从变异成分的变异开始,而后逐步地从这一社会人群扩散到其他的社会人群而完成演变的过程。这种语言的发展观比起布龙菲尔德的语言演变理论来应该说是一个长足的进步。布龙菲尔德认为语言是一种僵硬的(rigid)系统,没有弹性,人们根本不知道语言怎么会从这一种状态变成那一种状态。他在评论叶斯丕森的《语法哲学》时曾说过:"语言的变化最终由于个人偏离僵硬的系统。但即使在这里,个人的

---

① 《美国语言学家谈历史语言学》(徐通锵整理),《语言学论丛》第13辑第252页。

变异也是无效的。要形成一个变化,必须是整群的说话者由于我们不知道的某种原因而都作同样的偏离。语言的变化并不反映个人的变异,似乎是群众的、一致的和逐渐的演变,它在任何时候都显得像别的时候那样那么僵硬。”[①] 说语言的变化必须是整群说话人同时偏离僵硬的系统,这是不可能的。语言是一种社会习惯,而不是社会契约,它的变化只能从少数人开始,而后为大多数人接受,形成为一种社会习惯而固定下来。布龙菲尔德的论断是从语言系统同质说中推断出来的,认为语言演变的规律总是绝对的,要么整群说话人恪守着僵硬的系统,没有变化,要么整群说话人同时偏离这种僵硬的系统,产生语言的变化,没有介于两者之间的可能。语言变异理论突破了这种理论的束缚,认为语言是一种有序异质的结构,存在着很多变异形式,和某一社会人群相联系的变异成分由于这个社会人群的社会地位而具有相应的社会价值,成为人们仿效的对象,因而它可以从这一社会人群传播到那一社会人群,迫使原来使用的旧形式逐步消退直至消失。语言的发展就是通过变异成分的扩散而逐渐地、缓慢地改进自己的结构,以便最有效地满足人们的交际需要。

12.2.3 在语言共时状态中存在着变异,而变异又体现了语言的变化,因而我们可以从变异中考察语言演变的具体过程。在语言系统同质说占支配地位的时期,语言是与社会隔离的一种自足的系统,只能是就语言来分析语言,而不能求助于非语言的异质要素,而且在共时分析中还必须排除历时因素的干扰和变异的捣乱,因而语言的变化就成为一种神秘的、不可观察的东西。布

---

① L. Bloomfield, Review of Jespersen's《philosophy of Grammar》, Reprinted in Hockett, 1970, pp. 141—142.

龙菲尔德在谈到这一点的时候曾经说过:“语言演变的过程是从来不能直接观察的;我们将会看出,纵使我们现在有了许多便利条件,这种观察还是难以想象的。”[①] 霍盖特继承了这种观点,认为音变本身是经常的、缓慢的,而不同音位的合并(例如早期现代英语带重音的 /æ/ 和 /ɔ/ 由于相互接近而合并为 /a/)则是突然的,这两种过程都是无法观察的。[②] 这样,研究语言的演变就只能被动地观察演变的结果,而不能主动地考察演变的起因和过程,无法从中悟察一些演变的机理。现在,我们通过变异规则去研究变异成分的变异,就可以从语言共时状态的变异中看到语言演变的机制和萌芽,看到语言的发展如何从量变走向质变的渐变过程,即变异成分如何通过渐进的变化而变成语言中不变的、稳定的成分,完成它的演变过程(§13)。这对语言史的研究来说自然不能不说是一种重要的进展。

12.3 用现在的变异解释过去的演变

12.3.1 语言的共时变异既然体现语言的变化,那么我们自然有可能通过微观的变异去研究中观、宏观的语言史,为历史上已经完成的音变作出一些新的、具体的解释。拉波夫的《根据现在的用法解释过去》(On the Use of the Present to Explain the Past)[③] 一文集中讨论了这方面的问题,想运用从语音的和社会语言的研

---

① 布龙菲尔德《语言论》第 432 页。商务印书馆 1980 年。

② C. F. Hockett, A Course in Modern Linguistics, pp. 456—457. The Macmillan Company, New York, 1958.

③ Reprinted in Baldi and Werth, 1978.

究中总结出来的一般原则去解决历史语言学中长期存在的问题。拉波夫提出来的最重要的一条原则是一致性原则（uniformitarian principle）：历史记载中曾经起过作用的音变力量和现在起作用的力量是相同的，因此我们可以根据现在已得到充分经验支持的原则为历史上已经完成的音变作出一些合理的解释，用现在去说明过去，正像我们能用过去来说明现在一样。拉波夫提出来的第二条原则，我们不妨称之为伴随性原则，即一组相互有联系的变化从这一群人扩展到那一群人的时候，不同的因素也会随之发生迅速的变化，从而使结构发生一定程度的变动。例如 /ay/ 高化为 [əⁱ] 的时候，/aw/ 也会随之央化为 [əᵘ]。拉波夫根据这两条原则用从正在进行的音变中发现的音变原理去平行地解释历史上已经完成的音变，为一些矛盾的现象作出新的解释。

12.3.2 在英语史中，拼写法上写作 ēa 的元音与长元音 ā 和 ē 都有纠缠：根据 1569、1582 年的某些书面材料的记载，这三个元音是不同的（meet ≠ meat ≠ mate），但据 1575、1580、1592 年的一些书面材料，ā 与 ēa 相同（mate = meat），但与 ē（meet）不同，而在莎士比亚（1564—1616）的著作中，ēa 和 ē 押韵，变成相同的元音，而与长元音 ā 却又分开了。这些相互矛盾的记载该作怎样的分析，单凭书面材料“用过去来说明现在”是难以作出正确的判断的，但如果对现在正在进行的音变进行一些具体的考察则可以从中得到有益的启示。语言的变化往往是从外地迁移来的某一社会人群开始的，而后逐步扩散到其他的社会人群。在英语长元音链移式的高化过程（§8.2.2）中由于高化处于领先地位的东南地区（Kent, Essex）的居民大批拥入伦敦而加速了这一变化的过程。16 和 17 世纪初期，ā 在两群居民中的发音是不同的,来自东南方言区的人把 kāpn(capon)说成 kēpn,在 17 世纪后期这个 ā 好像通过词汇扩散的方式向 ēa 转移,但还没有完成演变的过程。历史上的这一音变过程可以用现在 Norwich, England 地区正在进行的 e → ʌ/—l 的音变情况来说明。“el” 在语图上显示出老、中、青三代的语音有差异(纵轴代表第一共振峰,横轴代表第二共振峰)。请比较 285—286 页的三个图:图 a 显示的是 74 岁老年人 J. 维克斯的发音,“el” 在例词中有一半发前元音,其他的与 [ʌ] 的音域交错。图 b 显示的是 42 岁中年人 L. 勃兰森的发音,“el” 是整个地包括在 [ʌ] 的音域中。图 c 显示的是 15 岁少年 J. 萨弗林的发音,“el” 的舌位比 [ʌ] 还要低而后,有的还与 [a] 的音域交错。拉波夫认为,16 世纪时长 ā 与 ēa 的变化情况与此类似:在最容易见到这些变异形式的商人中,父辈的 ā 与

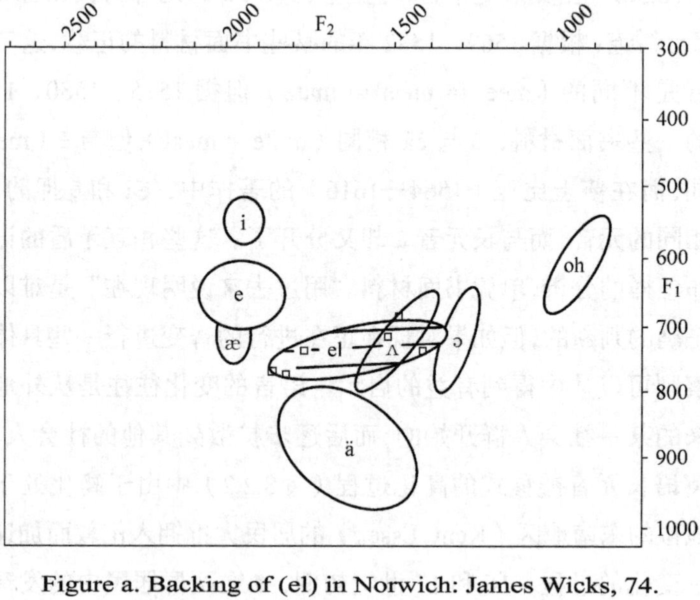

Figure a. Backing of (el) in Norwich: James Wicks, 74.

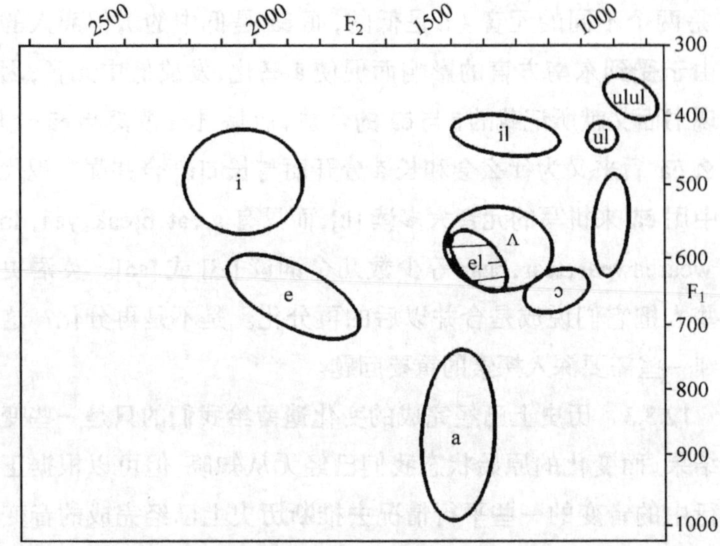

Figure b. Backing of (el) in Norwich: Les Branson, 42.

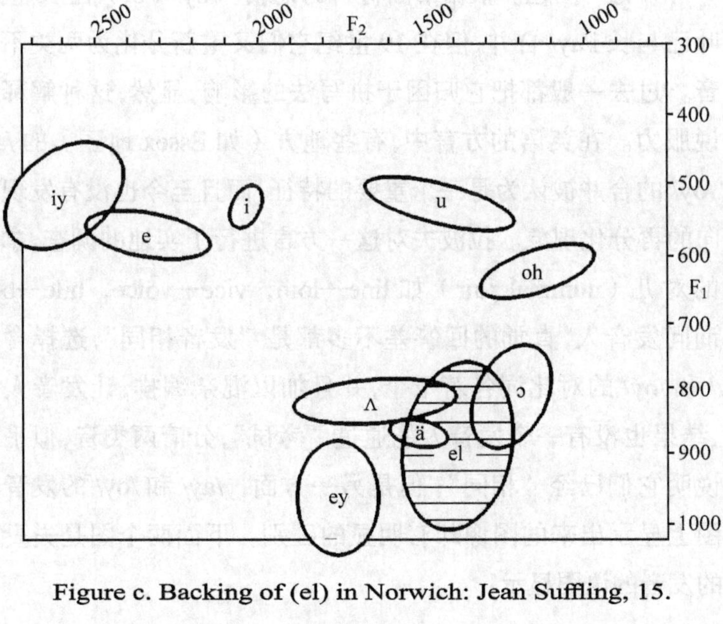

Figure c. Backing of (el) in Norwich: Jean Suffling, 15.

ēa 是两个不同的元音（ā 是低的,而 ēa 是低中的）,但商人的子辈由于受到东南方言的影响而促使 ā 高化,发成低中元音,因而出现书面文献所记载的 ā 与 ēa 的合并。但是,长 ā 既然与 ēa 合并,那么 ēa 后来又为什么会和长 ā 分开而与长 ē[iː] 合并呢？现代英语中用 ēa 来拼写的元音大多读 [iː],而只有 great,break,yea,drain 和 wear,swear,tear,bear 等少数几个词读 [ei] 或 [εə]。英语史上有些人把它们说成是合并以后的再分化。是不是再分化？这涉及到一些需要深入探索的重要问题。

12.3.3　历史上已经完成的变化遗留给我们的只是一些变化的结果,而变化的原始状态我们已经无从知晓,但可以根据正在进行中的音变的一些平行情况去推断历史上已经完成的音变的状况。拉波夫专门为此研究了 line 和 loin 的元音的所谓"合并"和"再分化"问题。根据书面材料的记载，/oy/（oi）在 18 世纪中叶已与长 i/ay/ 合并,但在 19 世纪它们又重新分化为两类不同的音。过去一般都把它归因于拼写法的影响,显然,这种解释缺乏说服力。在英语的方言中,有些地方（如 Essex 地区）的 /ay/ 和 /oy/ 的合并被认为是一个重要的特征,而且至今也没有发现有逆向的再分化现象。拉波夫对这一方言进行了实地的调查,拿最小的对儿（minimal pair）如 line—loin，vice—voice，bile—boil 去询问发音人,直觉的回答差不多都是"发音相同",选择含有 /ay/ 和 /oy/ 的对比词各若干个,并且加以混杂编排,让发音人分辨,结果也没有一个发音人能通过"考试",分清两类音,似乎确实说明它们已经"相同"；但是另一方面，/ay/ 和 /oy/ 的发音在语图上显示出来的图像却有明显的区别。下面两个图是夫妻两人的发音的语图显示：

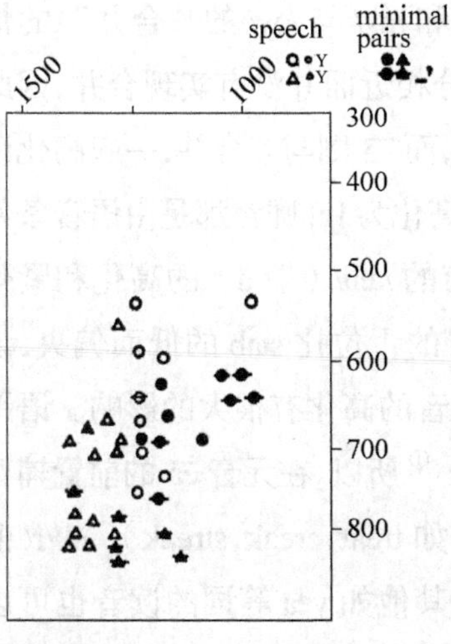

Figure 10a.
Distribution of /ay/ and /oy/ in the vowel system of Mrs. Leonard Raven, 69, Tillingham (Essex) England.

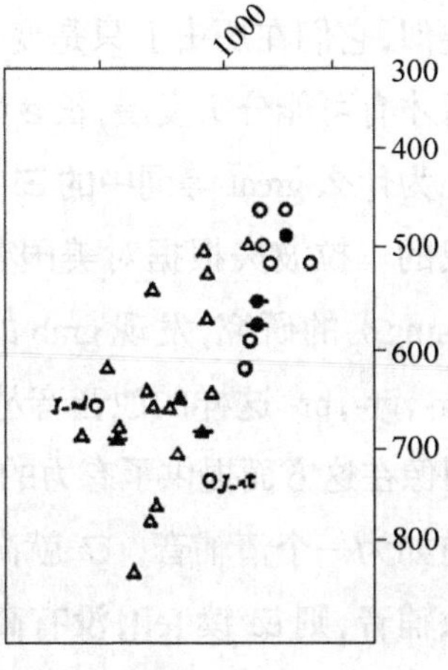

Figure 10b.
Distribution of /ay/ and /oy/ in the vowel system of Leonard Raven, 70, Tillingham (Essex) England.

“○”和“△”代表日常言语，“●”和“▲”是最小对比时的语音。不管是哪一种情况，生活在同一地区、同样环境中的两个老年人的语音都显示出明显的差异：/ay/ 偏低，而 /oy/ 偏高。作者由此得出结论：想（主观认定）和说（实际发音）之间有矛盾，“想的”相同，并不意味着“说的”也一定相同。这说明 /ay/ 和 /oy/ 在历史上从来没有合并过，它们只是变得十分相近以至于难以区分词形。因此，我们不能相信历史上正音学家关于 /ay/ 和 /oy/ 有过合并的记载。真正已经合并了的两个音类不可能发生逆转的再分化。这里涉及到语言理论的一些重要问题，说明发音人的直觉（intuition）是不可靠的，最小的对立对儿（pair）的测试也不一定完全有效。这两点实际上是对转换学派和结构学派的理论的补正。长 ā 和 ēa 的所谓"合并"的记载,拉波夫认为和 /ay/ 与 /oy/ 的"合并"的情况类似,它们在历史上只是变得十分相近而并没有实现合并,因此以后才有可能分头发展,长 ā 读 [ei],而 ēa 则与 ē 合并,一起高化读 [iː]。为什么 great 等词中的 ēa 没有高化为 [iː] 呢? 那是由语音条件造成的。拉波夫根据对美国各城市的 /æh/(短 ă)的高化和紧化(tensing)的研究,发现 grab 的元音的舌位比 stab 的低而偏央,说明 dr-,gr-,br- 这样的浊音音丛对元音的高化有很大的影响。语图的图像在这方面提供了有力的根据。[①] 所以,在元音 ēa 的前置辅音 /r/ 前如为一个清辅音, ēa 就高化(如 treat,creak,streak); 如 /r/ 前为浊辅音,则 ēa 读 [ei],没有高化。其他如 yea 等词的读音也可以找出具体的原因。总之,几乎在每一相关位置中的变化都可以用语音条件来说明,而历史语言学家过去对这种语音条件的作用估计不足。所以拉波夫认为在不规则的音变中隐含着规则性,这一事实本身就足以说明 ēa 高化为 [i] 不是它与 ā 合并后再分化的结果。

12.3.4 既然根据"一致性原则"可以用正在进行中的变化的"现在"去解释历史上已经完成的音变的"过去",那自然也可以根据微观的变异去考察语言史研究中的一些争论不休的问题,以便作出理论性的总结。这是一个重要问题,我们将在下一章(§13)进行具体的讨论。

12.4 无序和有序的相互转化与变异理论的改进

12.4.1 语言变异研究的价值不仅在于可以观察到语言共时

---

① 参看 Readings in Historical Phonology(Edited by P. Baldi and R. N. Werth)p. 293, 295.

状态中的一些细节以及它与社会因素之间的联系,而更重要的是在于它能为解决重大的语言理论问题开辟广阔的前景。比方说,连续和离散,任何科学都会与这一对哲学范畴发生这样或那样的联系。语言学以往只研究与离散性相联系的语言现象,排斥连续性的事实,认为语言系统“是由一些离散的单元组成的,它不允许与连续性有半点儿妥协”“凡是与连续性有关的一切,都得排除在语言的范围之外”[①]。语言变异理论把变异引入语言研究,也就把连续性引入语言学,并且提出相应的处理办法。这就使语言研究步入一个新的领域。

把连续性引入语言研究的方法论意义在于要求语言学家辩证地处理连续与离散的关系,把语言作为一种在时、空中运转的活体来研究,而不是解剖一具与时、空无关的完全静态的语言“僵尸”。连续和离散,它们在语言中起着不同的作用。离散性单位是语言结构的基础,相互之间有明确的界线,不能混淆,而连续性单位是一种连续的变异流,人们不会感觉到“流”中的单位有什么差异;它体现语言系统从这一种状态过渡到那一种状态的机制和过程。语言变异的研究,实质的问题就是探索连续性的单位如何通过变异转化为离散性的单位,改进语言的结构。因此,它需要引入有序、无序的概念去考察变异的产生、过程和它的演变方向,对语言系统进行动态性的研究。拉波夫以及其他一些语言学家已经对此进行了一些有价值的研究,取得了可喜的进展,但还存一些弱点,有待于人们的探索和补正。

12.4.2 说语言的演变由变异成分的变异开始,这一点是无

---

① 冯志伟《数理语言学》第60页。上海知识出版社1985年。

可非议的,但是这种变异如何引起语言结构系统的变化,似还没有进行很好的研究。拉波夫在《语言演变理论的经验基础》一文中虽然讨论了一些变异成分之间的相互函数关系,在《根据现在的用法解释过去》一文中也提到了伴随性原则,但似还没有涉及到英语音系结构格局的调整。实际上,变异成分的变异和音系结构的变化是有密切关系的。例如,宁波方言 -n 的消失引起了元音音位系统的调整(§8.2.4),山西祁县方言的高元音的变异引起了某些音类的开口与合口、齐齿与撮口之间的相互转化(§13.4)。这个问题涉及到杂乱的、无序的变异如何转化为有序的结构的重大问题。

语言的变异,就其本身的性质来说,是介于语言与非语言、语言中变与不变之间的一种边缘现象,在语言的共时状态中是无序的。根据目前科学思潮的发展,很多重要的理论(例如所谓“新三论”:耗散结构论、协同论、突变论)都精心地研究学科的边缘现象和学科之间的相互关系,从中讨论无序和有序之间的转化问题。这在当代科学的发展中已经产生了深远的影响。语言变异的研究似乎也应该纳入这种转化的轨道,探索无序的变异如何转化为有序的结构?在什么条件下转化?转化之后对系统的结构会带来什么样的影响?等等。有了这种转化的研究,变异才能纳入系统的视景,因而可以对语言的共时结构进行动态的分析,不然,每一种变异形式都只是一种孤立的事件,对语言的深入研究不会有多大的帮助。缺乏这种转化的研究不能不说是当前变异理论研究中的一个严重的弱点。作为一种语言观,变异理论的提出至今已有 20 年,但是它在语言研究中所产生的实际影响似还不够广泛、深刻,与青年语法学派的音变理论、德·索绪尔的语言系统学说、乔姆斯基的生成—转换理论在当时就很快地在学术界产生了广泛影响的情况有比较大的距离。造成这种情况的原因，恐怕是对变异的无序如何转化为结构的有序的问题缺乏应有的重视和必要的探索，因而无法从转化中发现一些重大的理论问题。由于研究的方向不够准确，因而人们比较容易满足于孤立的、零散的变异现象的描写，而不去研究转化中的一些重要问题。像拉波夫那样能够从变异中讨论一些重要的理论问题的，至今似还鲜有其人；多数研究语言变异的社会语言学家只是注意变异成分，甚至把主要的力量转向社会问题的考察，而对变异与结构的关系则缺乏必要的研究。不弄清语言变异中无序有序之间的转化及其因果关系，恐怕很难弄清楚语言变异研究的真正价值。①

12.4.3　拉波夫根据一致性原则用现在的变异去解释文献记录上已经合并的音类的“再分化”问题是有启示的，但它似没有很好地考虑音变分合的多种可能性。语音的变化往往是从外地迁移来的某一社会人群开始的，就是说，它可能是外方言影响的结果。这是拉波夫一再强调的一个问题。这种现象今天有，过去也有，根据一致性原则，合并的音位的再分化也可能是由这种原因引起的。我们不大清楚英语的情况，但汉语中有这一类现象。江西高安的筠阳话在一部分老派的发音人中似无撮口韵，北京话齐撮对立的字在那里都为同音字。例如：

妻 [꜀tɕ‘i] = 蛆 [꜀tɕ‘i]	犁 [꜁li] = 驴 [꜁li]
砌 [tɕ‘i꜄] = 脆白 [tɕ‘i꜄]	钱 [꜁tɕ‘iɛn] = 泉 [꜁tɕ‘iɛn]
信 [ɕin꜄] = 迅 [ɕin꜄]	列 [liɛt꜆] = 劣 [liɛt꜆]

① 拙作《变异中的时间和语言研究》曾对有序和无序的相互转化问题有过具体的研究，读者可以参看《中国语文》1989 年第 2 期该文的有关段落。

可能是由于受到普通话齐、撮对立的影响,现在新派的语音已开始出现撮口呼,使原来合并为一类的音重新分化,像“豫、举、居、区、虚”等字的韵母,他们都读 -y。这是外方言影响的结果,不是历史上貌似合并而实际上没有合并的语音现象的发展。这也是语言中有序无序之间的一种转化,我们在考察文献记录上已经合并的音位(或音类)的再分化问题时,应该把这一点作为一个重要的原因考虑进去。

12.4.4 拉波夫的音变理论还有一些值得商榷的问题,我们想在后面几章结合汉语的情况再进行一些具体的讨论。

语言变异的研究是语言研究的一个新领域,具有广阔的前景。我们如能把精力集中于无序有序之间的相互转化问题的研究,定会给今后语言理论的建设、语言发展的研究和语言研究方法的改进带来重大的影响。

13. 语言的变异（中）：变异的规律和音系结构格局的调整

13.1 音系中的变异层和它的结构

13.1.1 语言系统同质说的语言基本上以个人方言（idiolect）为基础，认为语言是一种由语言单位之间的关系构成的完全静态的结构。把语言看成为结构，从而为语言分析方法的形式化、精密化奠定语言理论的基础，使人们看到语言内部的组织和条理，这是语言系统同质说的重要贡献，但问题是它把语言结构的静态性绝对化了，把变异从语言系统中排除出去。变异理论强调语言系统的有序异质性，能合理地处理语言系统同质说所不能处理的一些语言现象，这是它比前人前进一步的表现，但它较多地注意变异成分的变异以及它与社会控制因素之间的联系，而对变异如何转化为结构，似还没有进行很好的研究。所以，这两种理论模型各有所长，我们可以从中吸取它们的合理内核，取长补短，办法是：调查若干个有代表性的个人方言，比较它们的异同，然后对相异的部分进行专题调查，并在此基础上对语言的结构进行动态的分析。语音一直被认为是一种系统性最强的严密结构，我们就想从这里入手，解剖一个麻雀——山西祁县方言音系，从中考察变异与系统、变异与发展的关系以及处于动态中的音系结构的特点。

13.1.2 祁县位于晋中，音系中含有很多令人感兴趣的语言变异现象。1985 年 5、6 两月，我们以城关镇为重点，辅以调查东观、城赵、古县、贾令、里村（原西村）、来远各乡（镇）的方言，有层次地调查了 21 个人的语言状态①，从中分析变异与发展、变异与规律的关系。各调查点的分布及其周围地区如下图：

---

①

地区	姓名	年龄	性别	职业	调查项目	文中简称
城关	阎沛章	72	男	教员	字表，变调	城关（阎）
	陈效祖	49	男	农民	字表	城关（陈）
	段达海	44	男	干部	音系*，四个专题**	城关（段）
	彭启新	35	女	教员	专题缩编***	城关（彭）
	武德云	28	男	农民	音系，专题缩编	城关（武）
	阎小全	15	男	学生	专题缩编	城关（全）
	柳铁平	16	男	学生	专题缩编	城关（平）
	武素强	16	男	学生	专题缩编	城关（强）
	阎红	18	女	学生	专题缩编	城关（红）
	柳瑞萍	15	女	学生	专题缩编	城关（萍）
	韩迎春	18	女	学生	专题缩编	城关（韩）
古县	范俊	61	男	教员	字表	古县（范）
东观	程殿元	64	男	农民	音系，四个专题	东观（程）
	王正爱	32	女	农民	音系，四个专题	东观（王）
	程晓鹏	12	女	学生	专题缩编	东观（鹏）
	程素萍	12	女	学生	专题缩编	东观（萍）
城赵	杨映沅	61	男	农民	音系，四个专题	城赵（杨）
	杨文艺	20	女	农民	音系，专题缩编	城赵（艺）
贾令	杜培功	52	男	教员	音系，专题缩编	贾令（杜）
里村	田庄	42	男	职员	音系	里村（田）
来远	张太平	27	男	教员	音系，专题缩编	来远（张）

* “音系”指《方言调查字表》的头三页声、韵、调。

** “四个专题”是：1. 山、臻、曾、梗、通诸摄合口韵韵尾调查；2. 遇摄字韵母特点调查；3. 舌面音元音 -i 及其有关问题调查；4. 白读音的音类分合调查。这几个专题的调查表包括有关韵摄的绝大部分例字。

*** 从四个专题中抽出 80 多个代表字进行音值异同的调查，故称“专题缩编”。

各点的调查对象都是土生土长的祁县人。每一个人的话都是典型的个人方言,音系完整、严密。但是,如果把这些不同的个人方言加以比较,就可以发现相互之间的差异,我们正可以从这些差异中去探索语言演变的过程和趋向。

13.1.3 下面是以城关(阎)的发音为基础再比较各发音人的语音状态而整理出来的声、韵、调系统。

一、声调,全县一致,共五个:

平声	33	诗梯高,时题陈
上声	324	使体古五女老
去声	45	世替汉,近柱是,共阵助
阴入	ʔ33	识滴急竹月麦
阳入	ʔ213	石食局合杂

(不分阴阳平。入声单念时音程较长,喉塞成分轻微;阴入的调值与平声同,阳入的调值与上声近,为区别计,故在调值前冠以一个喉塞成分)

二、声母

p	布步爬	p‘	怕盘爬	m	门母				
t	到道桃	t‘	太同桃	n	难女			l	兰吕
k	贵干	k‘	开跪	ŋ	案袄	x	飞灰冯红		
tɕ	精经穷	tɕ‘	秋丘穷全			ɕ	修休		
ts	糟祖主泉	ts‘	仓醋处全			s	散书师旋		
tʂ	招知蒸	tʂ‘	昌潮			ʂ	扇声	ʐ	日认
o	延言,午武,远元								

三、韵母

ʅ	资支生	i	地境	ᵊuᵝ	故赌	yᵘ	雨
ʅ	知声						
a	爬桑	ia	架枪	ua	花		
ɤᵚ	河帮ㄡ烧ㄡ			uɤᵚ	过		
		iɪ	姐耕			yɪ	靴
ʊᵘ	过帮烧光	iʊᵘ	条桥				
ei	倍盖	iei	介	uei	桂贵		
æɛ	开盖			uæɛ	怪帅		
aɔ	饱烧	iɑo	条桥				
əu	斗丑	iəu	流				
əŋ	盘竿			uəŋ	短官		
		iẽ	连年			yẽ	权元
ã	胆党	iã	间衔	uã	光关		
ə̃ʊ̃	根争	iɔʊŋ	精紧心	ʊm	红东	yʊm	云群

aʔ	色割	iaʔ	接铁	uaʔ	刮活	yaʔ	缺月
əʔ	木日	iəʔ	北急	uəʔ	鹿国	yəʔ	欲
l̩	耳而						
n̩	你						

音类中带有不同的标记。绝大部分音类没有任何附加的标记,表示它们是祁县方言音系的稳定的部分,祁县人,不管其年龄、性别、职业、阶层等的差别,发音时的音值都是差不多的,或者说,它们的差异呈无序的分布,与变化无关,所以我们可以把它们称为音系中的稳定层。其他的音类带有不同的附加标记,说明它们在音系中是有变异的,或者说,它们是音系中的变异成分。由于变异的特点不同,我们分为三个变异层:

1. 例字下有两条横道的(“ ══ ”)为文读形式,有一条横道的(“—”)为白读形式。文白异读是由于方言间的相互影响而在系统中产生的叠置(§15)。

2. 用虚线的方框划出来的音类,其变异的特点是词中音类的跳跃性、突发性的更替。

3. 用实线的方框划出来的音类,其变异的特点是音位音值的渐进变移。

第一类的文白异读是音系中的一种特殊类型的变异,我们将在 §15 中再讨论。不同发音人的语音差异主要表现在第二、第三两类的变异形式上,实际上,所谓“变异”,就是比较不同的发音人的语音差异而发现的与异质要素相联系的变异成分。这是对音系的结构进行动态的分析的一项宝贵资料,过去把它排除在语言研究的领域之外,自然就要丧失很多重要的信息和线索。

13.1.4 变异形式的分层特点说明,变异不仅是语言系统本身所固有的特征,而且是有规律的,可以依据一定的原则加以分析。§12.1.2 所说的语言是一种“异质”“有序”的结构,其基本含义也在于此。具体地分析语言的变异,可以使我们看到正在进行中的语音演变和它的规律,看到它对音系结构的具体影响以及社会因素在语言变异中的作用,看到语言在言语社团内部的变异和空间差异的内在联系;而且,具体地分析语言的变异,还可以使我们从语音的这种微观的演变中悟察历史上已经完成的音变的特点,从而可以进一步对历史上的一些争论不休的问题进行一些有益的探索。

13.2　音位的渐进变移和连续式音变

13.2.1　高元音系列的变异是祁县方言的一个重要特点。从空间的差异看,高元音 i,从东到西,逐步从 i 转化为 -ɿ。东面的东观镇,“鸡≠资”(꜀tɕi ≠ ꜀tsɿ);而在西面的城赵镇,多数人的发音是“鸡 = 资”,都读 ꜀tsɿ;而夹在中间的城关镇,则是有些人的发音“鸡 = 资”,有些人则否。如以“+”代表“鸡 = 资”,“–”代表“鸡≠资”,则情况大体是:

方言点 / 变异 / 例字	东观	城关	城赵	文水[①]
鸡 = 资	–	±	+(–)	+

文水县在祁县西边,其边界离城赵镇十余里。它的语音状态可以

① 据胡双宝的《文水方言志》,《语文研究》增刊(10),1984 年。

作为考察祁县方言高元音 i 的变异去向的一种背景材料。语言的空间差异具体地说明高元音 i 的变异的发展趋向。我们现在集中考察城关这一点的差异。先请比较下表中的语音现象：

语音 \ 例字 \ 发音人	批	梯	鸡	资	衣
城关（阎）	꜀pʻi$_{ɿ}$	꜀tʻi$_{ɿ}$	꜀tɕi$_{ɿ}$	꜀tsɿ	꜀ji$_{ɿ}$
城关（彭）	꜀pʻi$_{ɿ}$	꜀tʻi$_{ɿ}$	꜀tɕi$_{ɿ}$	꜀tsɿ	꜀ji$_{ɿ}$
城关（全）	꜀pʻi͡ɿ	꜀tʻi͡ɿ	꜀tɕi͡ɿ	꜀tsɿ	ji͡ɿ
城关（段）	꜀pʻi$_{ɿ}$	꜀tʻi͡ɿ	꜀tɕi$_{ɿ}$/꜀tsɿ①	꜀tsɿ	ji$_{(ɿ)}$
城关（武）	꜀pʻɿ～꜀pʻi$_{ɿ}$②	꜀tʻɿ～꜀tʻi$_{ɿ}$	꜀tɕi$_{ɿ}$～꜀ts$_{ɿ}$	꜀tsɿ	꜀ji$_{ɿ}$～꜀ɿ
城关（红）	꜀pʻɿ$_{i}$	꜀tɿ$_{i}$	꜀tsɿ$_{i}$	꜀tsɿ$_{i}$	꜀ɿ$_{i}$
城关（强）	꜀pʻɿ$_{i}$	꜀tʻɿ$_{i}$	꜀tsɿ$_{i}$	tsɿ$_{i}$	꜀ɿ$_{i}$
城关（王）③	꜀pʻɿ	꜀tʻɿ	꜀tsɿ	tsɿ	ɿz

城关方言 i 的共时变异像语言的空间差异一样，表现出语音的渐进变移：iɿ—i͡ɿ—ɿ$_{i}$—ɿ。每一个人取其中的哪一个音值，看来受年龄、职业、家庭环境的影响。阎、彭、全是一家祖孙三代，从老到少，音值上有点小小的变化，即第三代（全）发 -i 时所伴随的 ɿ 的色彩比上两代强一些。但年龄看来还不是制约变异的关键因素，因为同样是青少年，城关（全）、城关（红）、城关（强）三人的语音形式就不一致。阎家祖辈经商，只是从城关（阎）开始才弃商从文，在学校教书。这种家庭环境有助于维持 -i 音位的音值，

① c_1/c_2 表明有些字念 c_1，有些字念 c_2，在这里就是有些字念 tɕi$_{ɿ}$，有些字念 tsɿ。下同。

② "~" 表明两种形式自由变读，下同。

③ 据王艾录、杨述祖的《祁县方言志》，《语文研究》增刊（8），1984 年。我们听过王艾录本人的发音，发现他的语音是比别人变得快一些。他时年 39 岁，男，教员，世居城关。

以与威信方言一致，所以它的演变速度比较缓慢。但同样是教员，城关（王）的语音变化速度就比较快，-i 已经完成变为 -ɿ 的过程，因而“鸡”与“资”同音。这可能与他的家庭环境有关。他家是城市居民，母亲是基督教徒，其语言接近下层老百姓。他母亲时年 62 岁（1985），“鸡”类字已全部归入“资”类。所以家庭环境对音值的变异有很大的制约作用。我们在调查时曾碰到过四个女孩儿，问她们“鸡”与“资”是否同音？结果是二比二，两个说同音，两个说不同音，究其原因，与她们父母亲的语言状况有密切的关系。表中的城关（段）、城关（武）两人的两读现象反映普通话的影响，是另一类性质的问题，下面再讨论。所以语言共时状态中的变异往往受到很多非语言的社会因素的制约。

13.2.2　音值变异中的渐进变移，看来与语言环境、即音变条件也有密切关系，因为同一个人的发音（个人方言）在不同的语音条件下也有不同的变异。音变受一定的语音条件的限制，这是青年语法学派音变理论的一个重要观点；结构语言学的“变体”也着眼于语音条件，不过它只是分析共时的分布关系，而不说明变异的历时去向。从变异所反映的音变发展趋向来看，语音条件

语音条件	音值	例字	说　明
零声母之后	-i$_{(ɿ)}$	椅易	带有轻微的舌尖元音 -ɿ 的色彩，所以加上一个（　　）。
双唇音之后	-i$_{ɿ}$	皮米	伴随的 -ɿ 的色彩稍强于零声母后。
舌尖音 t 组声母后	-i͡ɿ	梯地	舌尖色彩较强，i 与 ɿ 交融在一起
ts/（tɕ）之后	-ɿ/（-i$_{ɿ}$）	鸡齐星	“鸡”类字 -ɿ/-i$_{ɿ}$ 两读，看来 -i$_{ɿ}$ 是普通话影响的结果，“星”的土话只读 ꜀sɿ（星宿），即是证明。

确实也是起作用的。在这方面，城关（段）的语音提供了一个具体的例证。请比较（见330页表）。

这些变异反映了渐进性的语音演变的具体过程。如果把这些变异形式同已经完成音变过程的城关（王）的语音作一比较，我们可以推知：首先，一个音位因其语音组合环境的不同而有不同的变异。其次，音变的范围逐步扩大，逐一完成其变化的过程。从城关（段）的语音到城关（王），大概是 tɕ-（包括 tɕʻ-，ɕ-，下同）之后的 -i 先变成 -ʅ，t- 之后的次之，p- 之后的又次之，最后扩及到零声母，完成音变的过程，统统以 -ʅ 的形式出现，表现出整齐的规律性。所以，这类变异以音位为单位，只要语音条件相同，含有该音位的语素的语音在同一个人的发音中就会以同样的方式和速度发生变化。而等到音变的过程全部完成之后，制约变异的社会因素全部退出变异的领域，因而只留下语音条件对音变的影响。青年语法学派研究已经完成的音变，所以只能看到语音条件的作用，而看不到语音演变过程中的一些活生生的具体内容。现实语言中这种正在进行着的音变为我们体察历史上已经完成的音变提供了一些有价值的启示。由于音位的渐进变移与语音的分布条件有关，与青年语法学派所说的音变没有性质上的差别，因而我们把连续式变异看成为连续式音变的微观体现。

13.2.3 音位的渐进变移反映音变的具体过程，这就是说，音变要经历一定的时间长度。如果音系中有两个不同的音位A和B，其中A通过变异向C的方向转移，但还没有完成演变的全过程，而这时候的B通过变异向A的方向演变，正好赶上A向C的方向转移，那么B与A就会合流，一起向C演变，反映时间在音变过程中的作用。这也是青年语法学派音变理论中的一个重要观点，认为音变只能在某一时段中起作用；如果没有赶上这一时段，即使处于同样的语音条件下也不会发生同样的音变。在祁县方言的高元音系列的变异中，我们有趣地看到 -y 如何赶上 -u 的演变而向着同一个方向变化，表现出音变的时间性和规律性。

13.2.4 北京话的 -u（遇摄一等模韵和三等鱼、虞两韵的知、照系字），祁县方言大体上都念 -^{ə}u^{β}，已经产生新的韵尾 -β。这在汉语方言中是一个罕见的新韵尾。从祁县方言的内部差异来看，它还处在形成过程中。请比较：

例字 / 语音 / 发音人	补	睹	猪	姑	胡	五
城关（阎）	꜂p$^{(ə)}$u^{β}	꜂t$^{(ə)}$u^{β}	꜀ts$^{(ə)}$u^{β}	꜀k$^{(ə)}$u^{β}	꜀x$^{(ə)}$u^{β}	꜂ʔ^{ə}u^{β}
城关（陈）	꜂p$^{(ə)}$u^{β}	꜂t$^{(ə)}$u^{β}	꜀ts$^{(ə)}$u^{β}	꜀k$^{(ə)}$u^{β}	꜀x$^{(ə)}$u^{β}	꜂ʔ^{ə}u^{β}
城关（彭）	꜂p$^{(ə)}$u^{β}	꜂t$^{(ə)}$u^{β}	꜀ts$^{(ə)}$u^{β}	꜀k$^{(ə)}$u^{β}	꜀x$^{(ə)}$u^{β}	꜂ʔ^{ə}u^{β}
城关（段）	꜂p^{ə}uβ	꜂t^{ə}uβ	꜀ts^{ə}uβ	꜀k^{ə}uβ	꜀x^{ə}uβ	꜂ʔ^{ə}uβ
城关（武）	꜂p^{ə}uβ	꜂t^{ə}uβ	꜀ts^{ə}uβ	꜀k^{ə}uβ	꜀x^{ə}uβ	꜂ʔ^{ə}uβ
城关（青少年）	꜂p^{ə}uβ	꜂t^{ə}uβ	꜀ts^{ə}uβ	꜀k^{ə}uβ	꜀x^{ə}uβ	꜂ʔ^{ə}uβ

老年城关（阎）和中年城关（陈、彭）的过渡音不甚清晰，因而我们用括号把过渡音"ə"括起来。在他们的发音中，-β 韵尾的音色虽然还比较弱，但已不是 -u 的附加色彩，因为它已占有发音的时间和空间，所以把它记在右上角。到了中年城关（段、武）和青少年，过渡音 -ə- 和韵尾 -β 都比较清楚，其中尤以青少年更为显著。看来 -β 韵尾的清晰度与过渡音 -ə- 的强弱成正比，即过渡音 -ə- 越强，-β 韵尾就越清楚。在同一个发音人中，不同的声母也与 -β 的清晰度有关，大体情况是：零声母字的 -β 最清楚，其他则随着发音部位的前移而逐渐减弱，即舌根音后次之，舌尖音

后又次之，双唇音后最弱。-u 向 -ᵊuβ 的转移是 u 的发音部位的前化和擦化的结果（§8.3.3）

13.2.5 y 本来是与 i，u 对立的独立的音位。在祁县周围的榆社、平遥、文水等方言点，后高元音 u 没有发生变化，遇摄字的 -u 仍处于稳定层，而在祁县，-u 向 -ᵊuß 转化，-i 向 -ɿ 转化，都处于变异层之中。语音的变化是一种发音习惯的变化（§5.1.2）。高元音 i，u 的变化必然会影响到同属高元音系列的 y 的变化，因为"高"的发音习惯把它们联系在一起。和 -i，-u 相比，-y 的变异的时间起点看来比较晚。它与 -i 共有"前"的特征，与 -u 共有"圆"的特征，变异时何去何从？跟着哪一种发音习惯变？看来决定于 -i，-u 在变异中的生命力。在祁县的周围地区，与 -i>-ɿ 的同时 -y 也向 -ʮ 转化，因为"前"的发音习惯把它们联系在一起，使它们共同发生舌面前高元音舌尖化的变化（§8.3.4）。而在祁县，可能是由于普通话的影响，-i 向 -ɿ 的转化进程看来已经受阻，已转化为 -ɿ 的字又开始出现念 -i 的趋势（§13.5.2），而 -u 向 -ᵊuß 的转化还处于活跃的状态中，因而"圆"的特征把 -y 和 -u 联在一起，使 -y 向着 -iuß 的方向演变。这种演变的过程现在仍在进行中，我们可从语言的变异（见 334 页的表）中看到它的演变过程：古县（范）只在 -y 的发音的末尾舌根有一个略往后收的动作，从而带出一个轻微的、似有似无的 -u 的色彩。如果不经仔细的比较，这种细微的发音特点很容易被忽略掉（80 年我们在调查古县（范）的音系时就没有注意到这一点），因而在 -y 的右上角加一个带括号的 u。古县（范）的发音可以认为是 -y 向 $-iu^{ß}$ 转化的初始阶段。城关（阎）等老年人，-y 韵中已能较明显地听到 -u 韵尾的音色，但不大强，因而把它记在右上角。随着年龄的推移，原来 -y

的音值逐渐消失而分裂为 -iu，向齐齿韵转化。城关（段）已开始滋生 i 的色彩，但主要的音色仍是 -y。而到城关（彭、王、青少年），-iu 的音色逐渐加强，其中的 -i- 成为介音，而 -u 成为主要元音。-iu 中的 -u 和 -u 属于同一音位，-u 向 -^{ə}uß 转化，-iu 中的 -u 也正好赶上这一转化的时间，因而在部分中年人和青少年中也增生了 -ß 韵尾。这是一个音位在演变过程中正好赶上另一音位的变化、从而一起演变的一个生动的活的例证。祁县南部山区来远的 -y 已变为 -iuß，这也可以为城关话的演变趋向提供一个有力的佐证。

语音＼例字＼发音人	女	举	去	虚	鱼
古县（范）	ᶜȵy$^{(u)}$①	ᶜtɕy$^{(u)}$	tɕʻy$^{(u)}$ᵓ	꜀ɕy$^{(u)}$	꜀ɥy$^{(u)}$
城关（阎）	ᶜȵy^{u}	ᶜtɕy^{u}	tɕʻy^{u}ᵓ	꜀ɕy^{u}	꜀ɥy^{u}
城关（段）	ȵ^{i}y^{u}	ᶜtɕ^{i}y^{u}	tɕʻ^{i}y^{u}ᵓ	꜀ɕ^{i}y^{u}	ɥ^{i}y^{u}
城关（彭）	ᶜȵi^{y}u	ᶜtɕi^{y}u	tɕʻi^{y}uᵓ	꜀ɕi^{y}u	꜀ji^{y}u
城关（王）	ᶜȵiu^{β}	ᶜtɕiu^{β}	tɕʻiu^{β}ᵓ	꜀ɕiu^{β}	꜀jiu^{β}
城关（青少年）	ᶜȵiu^{β}	ᶜtɕiu^{β}	tɕʻiu^{β}ᵓ	꜀ɕiu^{β}	꜀jiu^{β}

13.2.6　上述的语言变异现象说明，语言共时状态中充满着变异的因素，而这些因素又受到各种语言的或非语言的要素的制约，可以从中清理出条理和线索，因而是异质的，又是有序的，有规律的，是系统中的结构成分。这种类型的变异与语音的共时组合条件有关，具有青年语法学派式的音变规律的特点，即音变在一定条件下进行，在某一地区、某一时段完成。它们的区别只在于：一个研究微观的、正在进行中的音变，能看到年龄、职业等非

① [ȵ] 的实际音值为 [ȵ^{z}]。

语言的社会因素在音变中的作用；另一个研究历史上已经完成的音变，在音变中曾经起过作用的非语言的社会因素早就退出历史舞台，只留下音变的条件。青年语法学派把音变条件绝对化，把它看成为音变中唯一起作用的因素，这实在是一种特定历史条件下的产物。所以，正在进行中的音变与已成音变之间没有不可逾越的鸿沟，已成音变的特点可以从正在进行的音变中得到启示。变异是联系共时和历时的桥梁。

13.3 词中音类的更替和离散式音变

13.3.1 方言地理学和词汇扩散理论认为音变以词为单位，而“每一个词都有它自己的历史”，因而音变没有规律。我们已经于 §10、§11 两章中讨论过这个问题，但讨论的由于是已成的音变，有些方面不免仍需凭借推理。现在考察正在进行中的音变，§13.1.3 虚线方框中的音类变异会告诉我们，这种类型的变异仍有它的规律，只是不同于青年语法学派式的连续式音变而已。这就是说，音变的微观研究可以澄清宏观研究中的某些模糊，使历史语言学增添新的光彩。

13.3.2 有没有 tʂ- 类声母？哪些字读 tʂ- 类声母？这在祁县方言中的差异很大。城关（阎）有 tʂ- 类声母，但其所辖的例字与北京话不全相同。中古的知、照系字北京话都念 tʂ- 类声母，而在祁县，凡中古知、照系的合口字都读 ts-，不读 tʂ-；开口字中知组二等和照组二等（庄组）都读 ts-；止摄开口三等的章组也读 ts-，所以祁县方言中只有一部分开口三等字可读 tʂ- 类声母。开口韵中知、庄、章三组的这种分合关系与《中原音韵》完全一致。在现存的 tʂ- 类声母字中，其多与寡、有与无，在不同的发音人中有很大的差异。先请比较下表所示的空间差异：

发音人 / 声母 / 例字	城关（阎）	古县（范）	东观（程）	城赵（杨）	里村（田）	贾令（杜）	来远（张）
知[①]	tʂ-	tʂ-	ts-	tʂ-	tʂ-	ts-	ts-
蒸$_{白}$	tʂ-	tʂ-	ts-	tʂ-	tʂ-	ts-	ts-
招	tʂ-	ts-	ts-	tʂ-	tʂ-	ts-	ts-
烧$_{白}$	tʂ-	ts-	ts-	tʂ-	tʂ-	ts-	ts-

七个方言点，城关、城赵、里村三点 tʂ- 类声母的分布一致；古县只有“知”“蒸$_{白}$”两类例字读 tʂ-，即只有在舌尖元音的条件下才有 tʂ/ts- 的对立；其他各点（东观、贾令、来远）tʂ 类声母已经全部消失，并入 ts-。现存的语言事实和空间的差异大体上可以使我们看到 tʂ- 类卷舌声母走向消失的步骤：

1. 合口韵前的 tʂ- 变为 ts-；

2. 开口韵中的二等字声母变为 ts-；

3. 止摄开口三等的章组变为 ts；

4. 舌面元音前的 tʂ- 变为 ts-（古县）；

5. 舌尖元音前的 tʂ- 变为 ts-（东观、贾令、来远）。

这些都是从已成的音变事实中归纳出来的音变过程。我们的兴趣还在于现在正在进行中的音变。

13.3.3　tʂ- 类声母在祁县的空间差异及其所反映出来的演变趋向实际上也就是祁县城关方言 tʂ- 类声母演变的缩影。城关老、

---

① 这些都是代表字，代表文白异读中两类不同的韵母条件。“知”“蒸$_{白}$”的韵母为 -ʅ 或 -ɿ，“招”“烧$_{白}$”的韵母为开口韵。

中、青三代的音类变异状况如下表：

声母＼发音人 例字	城关（阎）	城关（段）	城关（陈）	城关（彭）	城关（武）	城关（青少年）
知	tʂ-	tʂ-	tʂ-	ts-	ts-	ts-[1]
蒸$_{白}$	tʂ-	tʂ-	tʂ-	ts-	ts-	ts-
招	tʂ-	tʂ-	ts-	ts-	ts-	ts-
烧$_{白}$	tʂ-	tʂ-	ts-	ts-	ts-	ts-

城关点的变异状态与空间的差异完全相同。这种变异看来与年龄的关系比较密切，老年人，特别是从事教育、经商和与外地接触比较频繁的老年人，[2]tʂ-/ts- 从分，青少年从合，tʂ- 都变为 ts-；中年人承前启后，分合较为参差。这种差异表明，tʂ- 类声母正在向消失的方向演变。

13.3.4 比较上表中的语音现象，我们可以看到，tʂ- 类声母消失的过程和方式与 § 13.2 所分析的连续式音变有所不同。我们在变异的形式中找不到 tʂ->ts- 发音部位逐渐前化的序列，例如“招”的读音只有两种，非 ꜀tʂaɔ 即 ꜀tsaɔ，没有中间的过渡形式。这说明 tʂ->ts- 的演变不是通过发音部位的逐渐前化实现的，而是通过词中声母 tʂ-/ts- 的突发性更替完成的。由这种变异所体现的是一种新的音变方式，我们称之为离散式音变，因为它的特点与“词汇”扩散的方式类似。和连续式音变一样，离散式音变也要受非语言的社会因素的制约，但在制约音变的语言因素方面两种音变

① 在我们所接触的青少年中，只有城关（红）一人有个别字（知、绳$_{文}$、正$_{白}$）保留卷舌声母的读法，看不出音韵条件的限制。

② 我们还询及一个 77 岁的老人何春仁，他的 tʂ-/ts- 分合与城关（阎）相同。他在中青年时曾在外地经商，1949 年以后辍商回祁县。

方式有原则的区别。第一，音变的单位不同。连续式音变的单位是语音层面的音位，而离散式音变的单位，其表现形式比较复杂，从实质上说，它以音类为单位，即音系中的声类、韵类和调类的变化，但这种单位的变化只有在演变完成时才能显现出来，而在演变过程中只表现为语素（词）的语音形式的改变。如城赵（艺）的"招"由 ˛tʂaɔ 变读为 ˛tsaɔ，而 tʂ- 这个音类并没有从音系中消失，因为音系中的其他字如"潮""蛇"等仍旧读 -tʂ 类声母。

第二，在汉语中音位和音类这两种现象有时候是交叉的，例如 tʂ，它在祁县方言里既是一个音位，也是一个音类，在词的语音形式中充当声母。音位 /tʂ/ 和声母 tʂ- 的物质形式虽然一样，但身份是不一样的。/tʂ/ 作为一个音位是语音层面的一个单位，制约它的变异的因素除了前述的职业、年龄等社会因素外，还决定于它的共时语音分布条件，因而同一个音位在相同的语音条件下个人方言必有其相同的变异形式，在音变的时候会同时涉及含有这个音位的全部词汇条目，表现出音变的齐整性和同时性，即连续式音变的特点。而 tʂ- 作为一个音类，情况就不同了，它是作为词（语素）的语音形式的一个结构成分——声母出现的，因而它的变异与共时的语音分布条件无关，而受历时音韵条件的控制。例如"招"这个语素在声母位置上 tʂ-/ts- 的更替，从已成的音变看，与历时音韵条件有关（合口韵前念 ts-，开口二等韵前念 ts-，止摄开口三等的章组念 ts-）；从现实的音变来看，并不是某一共时音韵条件下的 tʂ- 统统念为 ts-，而是有些词念 tʂ-，有些字念 ts-，好像音变以词（语素）为单位，不受音韵条件的限制，是含有这一音类的词的语音形式一个一个地发生变化，积少成多，逐步推移，表现出参差不齐的特点。在这方面，城赵（艺）的发音是一个典型。在“招”“烧$_{白}$”两类字中，城赵（艺）有的读 ts- 类声母，如：招、张$_{白}$、张$_{文}$、昌、扇、蒸$_{文}$、声$_{文}$、绳$_{文}$、丑、蛇$_{白}$；有的读 tʂ- 类声母，如：潮$_{文}$、少$_{文}$、正$_{文}$、蛇$_{文}$、赊、直、舍、惹、收、潮$_{白}$、烧$_{白}$、少$_{白}$，其中“潮$_{文}$、潮$_{白}$、烧$_{文}$”等也可以读 ts- 类声母，即可以两读。这正是离散式音变的特点。但城赵（艺）的 tʂ->ts- 的变化不涉及“知”“蒸$_{白}$”两类字，即舌尖元音 -ʅ 前的 tʂ- 全部保留，无一变化，这似又体现出音韵条件的限制，说明音类的更替只限于舌面开口韵前的 tʂ-。这种现象则又表现出明显的暗示：离散式音变在音变进行过程中其音韵条件是隐蔽的，人们不易觉察是在某种音韵条件下进行的；只有当音变过程完成之后，隐蔽的音韵条件才能表层化。

第三，连续式音变是某一音位的音值在某一音韵条件下一起发生变化。这种变化，从音位平面看，它会影响到音系中各成员间的高、低、前、后的变化，造成音移（sound drift）和音系结构格局的调整（§13.4）；而从语素音位平面看，连续式音变只要没有造成音类的合并或分化，那么词的读音就只有音值的变化（例如“姑”之由 ꜀ku 改读为 ꜀k^{ə}u^{β}），而没有音类界限的变动，不会使不同音的词同音。离散式音变与此不同，它在音变过程完成之前，在语音平面上发生更替的两个音类（例如 tʂ/ts-）仍然存在，而且在系统中的音韵地位也没有变化，因而对音系结构格局不发生影响。但在语素音位平面上词的读音却发生了音类的跳跃性的更替，使原来不同音的词变成同音词或者使原来同音的词变得不同音，打乱了词中音类的原有的分布关系。只有当音变的过程完成之后，离散式音变才能对音系产生影响（例如 tʂ- 类声母在音系中消失）。

综上所述，两类音变方式的差别可归纳如下：

	连续式音变	离散式音变
音变单位	音　　位	词中的音类
音变条件	共　　时	历　　时
音变方式	渐进性变移	突发性更替
词汇体现	整齐地突变	参差地渐变
对音系的影响	能较快地得到反应	在音变过程中无反应

13.3.5　有人说，离散式音变以词为单位，而每个词都有它自己的历史，因而它不受音韵条件的限制，没有规律。这个说法是不确切的。第一，音变的单位从表面现象来看是词，是词的语音发生了变化，但实际上不是词，而是词中的某一个音类的变化。进一步从音类来看，包含这一音类的各个词，其更替的变异方式是相同的，例如祁县方言只有 tʂ-/ts- 的更替，而没有 tʂ-/k- 或 tʂ-/p- 的更替；而且在这类更替中总是某个音类的读法逐渐减少，另一音类的读法逐渐增多，显示出音变的方向性和目的性。在祁县方言中 tʂ- 的演变方向是并入 ts- 类。如果是以词为单位，而每个词又都有它自己的历史，音变就不会有这种方向性和目的性。第二，由于音变的单位是词中的音类，因而在演变的时候仍然要受一定的历时音韵条件的制约，只是它隐蔽于音类更替的方向性和目的性之中而还没有表层化而已。音变的方向性和目的性也就是音变的规律，只是它是一种"纵队行进式的音变，每一个成员不是同时到达目的地"的那种规律（参看 §11.4.4）。

13.3.6　连续式音变和离散式音变代表音变的两个层面和两种方式，各有自己的特点。所谓"语音规律无例外"的论断只适用于连续式音变，而"每一个词都有它自己的历史"的论断只部分地适用于离散式音变，各有自己的适用范围和条件。严格地区分这两个不同的音变层面和音变方式是一个重要的问题，不然就会搞乱音变的规律，使人陷入迷途。这里的关键是要弄清楚音变的单位。我们从 §10 开始就一再强调区分音位和音类这两个概念的重要性，因为它们是发生两种不同音变方式的语言基础。在汉语中，弄清楚音位和音类这两个概念虽有困难，但还算容易分辨，因为汉语语素的声、韵、调的语音结构为辨认音类提供了极为方便的准则；特别是韵母，它与音位的区别是很明显的。我们只要能忠实于语言事实，弄清音位和音类的活动方式，就可以比较清楚地分清两种不同的音变层面和音变方式。而在英语等印欧系语言中，音位和音类的物质载体完全一样，例如英语用双字母 -oo- 表示的元音 [uː] [ʊ] 之类的音（§11.2.1），究竟是音位？还是音类？形式上实在难以区分。这种表面上一致的语音现象在演变的时候有的取连续式，这就为“语音规律无例外”提供了充分的材料；而有的取离散式，为“每一个词都有它自己的历史”提供了足够的根据。因此，区分两个不同的音变层面的必要性和重要性不易引起人们的注意，每一个口号的适用范围和条件自然也就无法弄清楚，结果是一些语言学家往往用这一个口号去否定那一个口号，致使两个口号的论争持续了一百多年（从舒哈尔德反对青年语法学派的理论算起），一直得不到有效的解决。1981 年第 1 期的美国《语言》杂志发表了拉波夫的《解决青年语法学派的争论》一文，为解决这一争论提出了一种富有启示性的办法。他以语言的有序异质性为理论基础分析了一些具体的语言现象，得出了几点重要的结论。第一，以音位为单位的青年语法学派式的音变和以词为单位的离散式音变都是音变过程中实际存在的音变方式，不过以青年语法学派式的音变方式为主。第二，两种音变分属于不同的音变层次：青年语法学派式的音变是低层次输出规则的变化，在字典的入口处仍旧是一个单位，没有分化，不涉及底层音位；而词汇扩散式的离散性音变属于高层次的变化，在字典的入口处已分裂为二，涉及到底层音位的变化。第三，青年语法学派式的音变是单维向（dimension）的，元音的高/低、前/后和辅音发音方法的变化属于这种音变；而词汇扩散式的音变是多维向的，伴随有高/低、前/后变化的元音松/紧和辅音发音部位的变化属于这种类型的音变。①

这是一篇重要的论文，对我们的研究有启发，但在一些具体问题的认识上我们与拉波夫仍有重要的分歧。第一，演变的单位不是词，而是词中的一个音类或特征。这一点对汉语来说是比较清楚的，对英语等西方语言来说，情况虽然麻烦一些，但仍需坚持"音类"或词的某一特征为离散式音变的演变单位，因为由 -oo- 所表示的语素读音的变化（§11.2.1）只涉及词中的元音；动词 afˈfix 用作名词时改变重音的位置读 áffix，只涉及词中的重音，而没有涉及词的其他的特点；幼儿学话时学会"baby""book""box"这些词的"词汇扩散"现象只涉及辅音"b"。②正由于此，人们才能理出 -oo- 的扩散的语音痕迹（§11.3.1），弄清音变的方向和目标。把词看成为音变的单位实在与语言事实相悖。

第二，把青年语法学派式的音变和词汇扩散式的音变看成为两个不同的音变层面，这是非常正确的。但是，反对语言系统同质说的变异理论却采用极端同质说的理论框架和术语（转换学

---

① W. Labov, Resolving the Neogrammarian Controversy, Language, 1981, No. 1, pp. 267—305。

② 王士元《语言的发展》，《语言学论丛》第 11 辑第 121—126 页。

派）来分析，必要性实在不大，有些问题反而难以说清楚。比方说，字典入口处，顾名思义，它自然是词的问题，但我们仔细推敲拉波夫文章中所举费城 a 的分化：æ（sad，dad……的元音）和 eːᵊ（mad，bad，glad……的元音），实在是语音的问题，不是词的问题，我们可以从中找出语音的条件：辅音 -d 前的 a 的紧化（前接辅音在这种紧化中不起作用），有一部分语素的读音已经完成了变化的过程，读 eːᵊ，有一部分语素的读音未变，仍读 æ，音位上分裂为两个。这与知、照系字在祁县方言中一部分读未变的 tʂ-，一部分读已变的 ts-，意思是一样的。所以，所谓"字典入口处的分化"，实际上是一种没有完成的离散式音变，使音系中有些同音的语素变成不同音的语素，或者不同音的语素变成同音的语素。这种比较明白的意思冠之以转换学派的术语"底层音位的分化"，反而显得模糊了。著名历史语言学家马尔基耶尔对王士元用转换语法的框架去分析词汇扩散现象的批评（王士元虚心地接受了这一批评），① 同样适用于拉波夫。

第三，诸如辅音发音部位的变化属离散式、发音方法的变化属青年语法学派式之类的说法太绝对化了，实际的语言现象不是这个样子的。例如，辅音发音部位的变化不一定是离散式的音变，即使以拉波夫自己所引的统计材料为例，在七项发音部位的变化中就有五项是没有词汇条件的青年语法学派式的音变，只有两项属于有词汇条件的离散式音变。所以在发音部位的变化中两种音变方式都存在，例如就祁县方言来说，tʂ->ts- 是离散式的变化，而 tɕ->ts-（在 i 逐步转化为 ɿ 的条件下）则是青年语法学派式的

---

① 参看《美国语言学家谈历史语言学》（徐通锵整理），见《语言学论丛》第 13 辑第 208—209 页。

变化。

在这些不同的认识中关键是关于音变单位的不同理解。这可能是由不同的理论背景和语言背景造成的。我们根据汉语的材料对这个历史上争论不休的问题进行了一些具体的考察（§11、§12、§13），并在理论上作了一些必要的阐释，以便从争论的迷雾中走出来。区分不同的音变单位和音变层面是一个非常重要的音变理论问题，这方面的探讨现在还仅仅是开始。

13.4　变异和音系结构格局的调整

13.4.1　语言中的各层变异是促使语音系统的结构发生局部调整的机制和途径。各种变异虽然各有自己的特点，但都服从于结构格局的调整，因而相互之间存在着或明或暗的联系。与结构格局的调整无关的变异在少数人的语言中也可能会产生并在狭窄的范围内流行，但由于它与语言演变的趋向不合符节，因而随着时间的推移或社会条件的变化也就销声匿迹。

13.4.2　祁县方言的韵母系统的变异及与之相联系的连续式音变为什么集中在高元音 i、u、y 和鼻韵尾 -m、擦韵尾 -ß 有关的音类上？这可能与元音的高化有关。文白异读反映语言发展的不同层次，白读代表本方言的土语（§15）。我们如果把祁县方言的白读的语音形式与中古的切韵音系比较一下，就可以看到元音系统经历了一次高化的过程。先请比较下表中的语音现象（见 345 页）。

双线“＝”前反映阳声韵中前元音系列的演变。从现代方言留存下来的迹象来看，梗、曾两摄先丢失鼻韵尾，从而使梗开二

例字	条件（语音方言点）	切韵[①]	祁县 白	祁县 文
耕	梗开二　耕	-ɛŋ	-iɪ	-ɔ̃ʊ̃
杏	梗开二　庚	-ɐŋ	-iɪ	-iɔʊŋ
镜	梗开三　庚	-iɐŋ	-i,（-ʅ）[②]	-iɔʊŋ
睛	梗开三　清	-iɛŋ	-i,（-ʅ）	-iɔʊŋ
听	梗开四　青	-eŋ	-i,（-ʅ）	-iɔʊŋ
蝇	曾开三　蒸	-iəŋ	-i,（-ʅ）	-iɔʊŋ
桑	宕开一　唐	-ɑŋ	-a	-ã
香	宕开三　阳	-iaŋ	-ia	-iã
讲	江开二　江见系	-ɔŋ	-ia	-iã
荒	宕开一　唐,合三阳	-uɑŋ,-iuɑŋ	-ʊ^{u}	-uã
窗	江开二　江知系	-ɔŋ	-ʊ^{u}	-uã

的白读音与假开三的麻韵 *-ia 合流,三等字与有关的韵摄（蟹开三、四等和部分止摄开口韵）合流,而后各自随着麻$_{三}$和蟹、止摄的有关韵类一起变化：麻$_{三}$和耕、庚$_{二}$一起高化为 -iɪ（*-ia>-iɪ,麻$_{三}$如“写”读 [ˋɕiɪ],“爹”读 [ˏtiɪ] 等）,庚$_{三}$、清、青、蒸和蟹、止摄的有关韵类高化为 -i,在有一部分人的语音中这个 -i 又进一步转化为 -ʅ。这些歧异的形式大体上可以反映前元音高化的进程。但这还只是理论上的一个推断,如果求助于方言差异的比较,就可以为这种推断找到直接的根据,因为方言的差异反映语言发展的进程。文水和太谷是祁县的西、东两个邻县。七十年前,高本汉

① 据李荣的《切韵音系》。表中的平赅上、去。

② 大部分人读 -i,有一部分人读 -ʅ。

在《中国音韵学研究》中对这两个县的方言有过调查。比较现代文水话、太谷话与七十年前的差异以及现代文水、祁县、太谷方言间的差异，就可以看到元音高化的直接轨迹。请比较（斜线前为文读形式，可以不考虑）：

方言点 / 语音条件 / 例字		文水		祁县	太谷	
		《研究》	现代		《研究》	现代
刀 / 高	效开一	ɑu/ɯ	ɑɯ/ɯ	ɑɔ/ʊ^{u}	ɔ/o	ɑɯ/uo
宵乔 / 挑	效开三、四	ieɯ/eɯ	i	iʊ^{u}	ye	io
借　邪	假开三	ie	i	iɪ	iɛ	ie
批　地	蟹开三、四止三	i	ʅ	i，（ʅ）	i	i

（表中“宵”“借”两类字不包括知照系；“地”（止）类字不包括精、知照系）

从空间的排列来看，越是往西，元音的高化似乎越快。东边的太谷七十年来没有多大的变化，[①] 而西边的文水，元音已经经历了一次拉链或推链式的转移：蟹摄的三四等和止摄字的 -i 前化为 -ʅ，留出空格，吸引麻$_{三}$的 -ie 高化为 -i；效开三四的宵、萧韵字在七十年前还是一个带韵尾 -ɯ 的复元音，后失去韵尾与麻$_{三}$的 ie 合并，并一起高化为现代的 -i。祁县的元音高化进程介于文水和太谷之间，-i 只有一部分人读 -ʅ，一般还维持 -i 的旧读，因而 -iɪ 也就没有可能高化为 -i。这就是说，麻$_{三}$与蟹、止摄的有关韵类总保持着一定的距离，以维持音类的对立，表现出音变中音类间的相互

① 太谷音据杨述祖的《太谷方言志》（《语文研究》增刊 3），下同。从高本汉和杨述祖所用的音标来看，语音似有高化，但实际上差别不大。《太谷方言志》韵母表的说明对下列音位的音值作了这样的描述：[io][uo] 中的 [o] 舌位较关，唇特圆，[io] 在 [tɕ] 组声母后略有 [y] 的成分；[ie][ye] 中的 [e] 较开，近 [ɛ]。

制约关系。

和前元音的高化相呼应，后元音也相应地发生了变化。这主要是通过宕、效摄字的白读音反映出来的。白读的语音形式一般是音系中的残存现象，字数不会太多。效摄一等豪韵的白读为 -ʊ^{u}，现在只有"高膏鳌蒿"数字，另外三等宵韵的知、照系字如"赵潮烧少饶绕"等也读 -ʊ^{u}。三、四等的宵、萧韵的白读为 -iʊ^{u}，如"瞟瓢苗调挑撩浇桥消腰……"。这个语音形式所辖的例字比较多，约占字表中宵、萧韵字的 40%。宕摄合口字的白读在丢掉鼻韵尾后和豪韵字的白读合流，同读 -ʊ^{u}，所以光$_{白}$ = 高$_{白}$。白读的形式一般将随着文白之间的竞争而逐渐退出交际的领域，最后直至消失（§15.2.2）。它在语言的发展中一般没有多大的生命力。但是，这里所说的 -ʊ^{u} 和 -iʊ^{u} 的情况有些特殊，它们在音系中原属开口韵和齐齿韵，而现在却在向合口韵和撮口韵的地位转化，并且迫使有关的合口韵和撮口韵让位，从而巩固了它们在音系中的地位，避免了一般白读音的消亡命运。

果摄字在祁县（城关）方言的读音，开口字为 -ɤ^{ɯ}，内部没有分歧；合口字有一部分人（主要是老年人）读 -uɤ^{ɯ}，①绝大部分人（主要是中青年）读 -ʊ^{u}，如"锅"，城关（阎）读 ꜀kuɤ^{ɯ}，其他人读 ꜀kʊ^{u}；不过在读 -uɤ^{ɯ} 的老年人中，有些合口字也往往 -uɤ^{ɯ}/-ʊ^{u} 两读。这些情况说明，-uɤ^{ɯ} 韵正在以扩散的方式退出祁县方言音系，而让位于 -ʊ^{u}。中青年已经完成了这种演变的过程。这就是说，-ʊ^{u} 在音韵地位上已发生了性质上的变化，由开口韵转化

---

① 1964 年，我们对祁县东观大贾村的方言进行过调查（发音人齐凤英，女，17），果摄合口的精组与来母的读音也为 -uɤ^{ɯ}，与城关老年人相同。

为合口韵，与果摄的开口韵 -ɤ^{ɯ} 配对。-ʊ^{u} 韵的这种转化还可以在音系内部的声、韵配合关系中得到进一步的证明。唐、江韵的唇音字白读音“帮绑棒忙”（以下简称“帮”类字）和宵韵的知、照系字白读音“赵潮烧少饶绕”（以下简称“烧”类字），这两类字的白读音的声、韵配合关系比较乱，大体上有如下的歧异形式：

帮$_{白}$：pʊ^{u}，pɤ^{ɯ}

烧$_{白}$：ʂʊ^{u}，ʂɤ^{ɯ}，sʊ^{u}，sɤ^{ɯ}

这种歧异与 -ʊ^{u} 的音韵地位由开口转为合口有关。在果摄合口字念 -uɤ^{ɯ} 的语音系统中，p-、tʂ- 两组声母不能与合口韵相配；-ʊ^{u} 由于是开口韵，自然可以与 p-、tʂ- 两组声母组合。随着 -ʊ^{u} 的音韵地位的变化，这就使它与 p-，tʂ- 两组声母的配合关系发生矛盾，不得不作一些调整。“帮$_{白}$”类字的 p- 不能与合口的 -ʊ^{u} 配合，就转读相应的开口韵 -ɤ^{ɯ}，因而“帮$_{白}$”的读音由 ꜀pʊ^{u} 变成 ꜀pɤ^{ɯ}。这在城关以外的各方言点（东观、古县、城赵、来远）已经完成，而在城关，多数人也已完成了这种变化。“烧$_{白}$”类字的读音差异比较大，究其原因，恐怕与音类交替的复杂性有关。“帮$_{白}$”类字只涉及韵母的交替，而“烧$_{白}$”类字除了韵母的交替以外还有声母从 tʂ- 到 ts- 的扩散（§13.3.3）。本来，tʂ- 向 ts- 的扩散方向是确定不移的，与韵母的配合关系无关；而 -ʊ^{u} 与 -ɤ^{ɯ} 的交替是选择性的，-ʊ^{u} 本来没有向 -ɤ^{ɯ} 发展的必然趋向，只是由于 -ʊ^{u} 由开口韵转为合口韵、因而不能与 tʂ- 类声母组合，才迫使 tʂ- 后的韵母选择 -ɤ^{ɯ}。这样，声母扩散在前，还是韵母交替在前，就会影响到“烧$_{白}$”类字的语音变异：

1.ʂʊ^{u}　声、韵母都未变；

2.ʂɤ^{ɯ}　韵母已变，而声母未变；

3.sʊ^{u} 声母已变，韵母不必再变，因为 ts- 类声母可以与合口韵组合；

4.sɤ^{ɯ} 声母、韵母都已变，但韵母似先变。

所以，-ʊ^{u} 作为果摄的合口韵与开口的 -ɤ^{ɯ} 配对，以及它与 p-，tʂ- 两组声母的配合关系的歧异，都说明它的音韵地位的性质已经发生了重大的变化，开口韵变成了合口韵。与此相呼应，-iʊ^{u} 的音韵地位也可能会发生同样的变化，由齐齿转为撮口，与音系中的 -yɪ 韵（果合三戈）发生纠葛。-yɪ 韵字不多，字表中只有“靴瘸”两字，-iʊ^{u} 有代替 -yɪ 的趋势。南边的来远方言点，“靴瘸”的韵母已读 -iʊ^{u}，与效摄三四等的宵、萧韵的白读音合流。这预示着城关方言的 -iʊ^{u} 在音韵地位上向撮口韵转化的大致方向。

由于元音的高化和 -ʊ^{u}，-iʊ^{u} 的音韵地位发生性质上的变化，因而祁县方言中与高元音 -i、-u、-y 的音值异常接近的 -iɪ、-ʊ^{u}、-iʊ^{u}（包括 -yɪ）相继出现，因而推链式的音变迫使高元音系列产生变异。

13.4.3 那么，为什么会出现以 -m 为韵尾的变异呢？这与元音的高化似乎也有直接或间接的关系。-m 韵尾来自臻、曾、梗、通四摄的合口韵。在祁县方言中，有些韵摄的开口与合口、齐齿与撮口，在音韵地位上似有相互转化的趋势。例如前述的 -ʊ^{u} 是由开口转为合口，-u 变为 -^{ə}uß 是由合口转为开口，-y 变化 -iuß 是由撮口变为齐齿，等等。臻、曾、梗、通四摄似也有此趋势，合口介音 -u- 在半高元音前舌位低松（可能与 -u 向 -^{ə}uß 的方向发展有关），双唇作用延续至韵尾，并与韵母中的鼻化成分结合在一起，产生新的韵母 -ʊm 或 -əm。和 -ʊ^{u} 在音系中原属开口韵的情况一样，这个 -ʊm 看来也属于开口韵，就是说，臻、曾、梗、通四摄的合口韵通过合口介音双唇作用的转移、产生新韵尾 -m 而向开口韵转化。音系中的变异说明，这种转化现在还在进行过程中，我们可以从中看到 -m 韵尾产生的痕迹。请比较：

语音　例字 发音人	东	准	松	工	群	云	文	稳
城关（阎）	tʊᵑm	꜂tsʊᵑm	꜀sʊᵑm	꜀kʊᵑm	꜀tɕʻyʊᵑm	꜀ɥyʊᵑm	꜀ʔᵊu͡m	꜂ʔᵊu͡m
城关（陈）	꜀tʊm	꜂tsʊm	꜀sʊm	꜀kʊm	꜀tɕʻⁱyʊm	꜀ɥⁱyʊm	꜀ʔᵊu͡m	꜂ʔᵊu͡m
城关（段）	꜀təm	꜂tsəm	꜀səm	꜀kəm	꜀tɕʻiəm	꜀jiəm	꜀ʔᵊu͡m	꜂ʔᵊu͡m
城关（彭）	꜀tᵊm̩	꜂tsᵊm̩	꜀sᵊm̩	꜀kᵊm̩	꜀tɕʻiᵊm̩	꜀jiᵊm̩	꜀ʔᵊm̩	꜂ʔᵊm̩
城关（青少年）	꜀tᵊm̩	꜂tsᵊm̩	꜀sᵊm̩	꜀kᵊm̩	꜀tɕʻiᵊm̩	꜀jiᵊm̩	꜀ʔm̩	꜂ʔm̩

城关（阎）的 -m 韵尾还处于形成阶段，因为 -ŋ 尾还没有完全退出历史舞台，在双唇合拢念 -m 韵尾前还有 -ŋ 的音色；有时候说得慢一点，-ŋ 尾听起来还比较清楚，而 -m 倒反而较为模糊。[①] 韵尾的变异也影响到主要元音的音色，如 -ŋ 较为清楚，主要元音的开口度偏低，接近 -o-。不过就发音的总的趋向来看，-m 尾已居主流，-ŋ 尾接近消失，因而我们记为 -ʊᵑm。城关（陈）的 -m 韵尾已经完全形成，而到城关（彭）和青少年，这个 -m 韵尾还进一步发展为声化韵 -m̩，原来的主要元音退居为过渡音。比较起来，青少年的过渡音更急、更短、更弱，实际上只是从声母到 -m̩ 的一个衬垫音而已。城关（段）的语音代表从 -m 尾到声化韵 -m̩ 的转折的枢纽。元音的音值他似还游移不定，说得快时，元音 -ə- 成为过渡音而 -m 强化为声化韵，说得慢或念字表单字时，元音有时为 -ə-，有时为 -u- 或 -o-，反映出中年人承前启后的语音特点。原

① 77 岁的何春仁，发音与城关（阎）同。看来他们代表老一代人的语音状态。

来的撮口韵，从老年到青少年，已逐渐转向齐齿。这与 -y 的发展趋向一致（§13.2.5）。就同一个发音人来看，-m 韵尾的强弱似与声母的条件有关。总的情况是，在零声母的条件下的 -m 或 -m̩ 最强，连 -m 韵尾尚在形成过程中的城关（阎）也已形成为一个清楚的 -m 韵尾，只是发音时舌根同时上抬，带有 -u- 的音色，所以我们记为 u͡m，表明这两个音是同时发出来的。

空间的差异也为 -m 韵尾在时间上的形成和发展作了一个很好的说明。先请比较东观、古县、城关、城赵四地的四个老年人的语音差异：

语音 例字 \ 发音人	东观（程）	古县（范）	城关（阎）	城赵（杨）
官	꜀kʊm	꜀kuə̃	꜀kuə̃ŋ	꜀kuẽ
船	꜀ts‘ʊm～꜀ts‘uə̃ŋ	꜀ts‘uə̃	꜀ts‘uə̃ŋ	꜀ts‘uẽ
东	꜀tʊm	꜀tʊm	꜀tʊᵑm	꜀tʊŋᵐ
准	꜂tsʊm	꜂tsʊm	꜂tsʊᵑm	꜂tsʊŋᵐ
工	꜀kʊm	꜀kʊm	꜀kʊᵑm	꜀kʊŋᵐ
文	꜀ʔᵊu͡m	꜀ʔᵊu͡m	꜀ʔᵊu͡m	꜀ʔᵊu͡m

“官”“船” 两字代表山摄合口字，只有东观一点可有 -m 韵尾的读法。比较四个方言点的语音差异，从东到西，-m 韵尾由强变弱，可以从中排列出 -m 形成的几个阶段：城赵（杨）处于第一阶段，城关（阎）次之，古县和东观则已完全形成，与城关的不同年龄层次的语音状况大体相当。

从时间、空间两方面的语音差异来看，-m 韵尾的产生还为时不久，但是它的发展速度却非常快，在上述各地的青少年的语

音中 -m 的音值已趋一致，都读声化韵 -m̥。这可能与音系结构格局的调整有关，因为 -ʊ- 在音系中已失去它的开口韵的地位（§13.4.2），因而促进 -ʊm 通过 -əm 而向 -ᵊm̥ 转化，重新确定它的开口韵的地位。这在发音习惯上与 -u 复元化为 -ᵊuß 是一致的（§8.3.4）。

13.4.4 从历史的来源来看，臻、曾、梗、通四摄的合口字产生 -m 韵尾使祁县音系的鼻尾韵系统发生了重大的调整，使北方方言在历史上早已消失的 -m 韵尾又复活了。由于这一复活仅仅与四摄的合口字有关，因而打乱了开、合相配的韵尾系统，出现了开口鼻化（如“增”[꜀tsõũ]）、齐齿 -ŋ 尾（如“星”[ɕiɔʊŋ]）、合口撮口 -m 尾的不配套格局。语音的结构有很强的系统性，这种不平衡、不对称、不配套的格局与语音结构的系统性有矛盾。可能正是由于这个缘故，使臻、曾、梗三摄的开口韵、齐齿韵也产生与合口、撮口韵相配的韵尾。在城关，臻、曾、梗三摄的开口韵、齐齿韵的新韵尾的音色已经可以从语音的变异中见到端倪。请比较：

发音人 / 语音 / 例字	城关（阎）	城关（陈）	城关（段）	城关（彭）	城关（武）	城关（青少年）
蒸	꜀tʂõũ	꜀tsõũ	꜀tʂõũ^{m}	꜀tsõũ$^{(ɱ)}$	꜀tsõũ$^{(m)}$	꜀tsõũ^{m}
生	꜀sõũ	꜀sõũ	꜀sõũ^{m}	꜀sõũ$^{(ɱ)}$	꜀sõũ$^{(m)}$	꜀sõũ^{m}
紧	꜂tɕiɔʊŋ	꜂tɕiɔʊŋ	꜂tɕiɔʊŋ^{m}	꜂tɕiɔʊŋ$^{(ɱ)}$	꜂tɕiɔʊŋ	꜂tɕiɔʊŋ^{m}
硬	ȵiɔʊŋ'	ȵiɔʊŋ'	ȵiɔʊŋ$^{(m)}$'	ȵiɔʊŋ$^{(ɱ)}$'	ȵiɔʊŋ'	ȵiɔʊŋ^{m}'

城关（阎）、城关（陈）的开口韵还没有任何鼻尾韵的痕迹，而到中、青年（段、彭、武），-m 尾的音色开始出现，其中开口韵的 -m 比齐齿韵的要清楚一些。凡不甚清晰而确已开始出现的音色，我

们用括号括起来,以资区别。总的来说,这个韵尾还处于形成的初始阶段。第一,音值尚不稳定,城关(彭)为唇齿鼻音,大多数人为双唇鼻音。第二,韵母中的主要音色仍是前面元音的鼻化(开口)或 -ŋ 尾(齐齿)。只是发音的末尾双唇合拢,带出一点 -m 或 -ɱ 的色彩(这种合拢不同于发音末了时发音器官的复原,对比 -ã 韵或其他韵就无此特点)。第三,-m 尾的清晰度似与发音的快慢有关,慢读时元音的鼻化或 -ŋ 尾可以吞没 -m 或 -ɱ 的音色,而在正常的说话或不以强调的语气读词表时,就会有 -m 或 -ɱ 出现。就总的发展趋向看,青少年的鼻音尾的色彩比中年人略强些,但城关(段)的语音有点特殊,他的 -m 韵尾的音色较为清楚。尽管这个 -m 或 -ɱ 现在作为韵尾的资格还不够充分,但从音系的结构格局看,从语音的发展趋向看,我们可以把它看成为一个形成中的韵尾,因为我们研究的就是一种正在进行中的音变,从中考察变异与结构的关系。

这里所说的开、齐、合、撮是就历史的来源说的。从现实的语音结构来看,原来臻、曾、梗、通四摄的合口韵已转化为开口韵,撮口韵已转化为齐齿韵(§13.4.3),因而开、齐、合、撮的结构格局将发生调整,特点是开口与合口的音韵地位互换,齐齿与撮口的音韵地位互换,形成:

开口	齐齿	合口	撮口
工	军	跟	精
꜀kᵊm̩	꜀tɕiᵊm̩	꜀kɔ̃ʊ̃ᵐ	꜀tɕiɔʊŋᵐ

这个“合口”与“撮口”是被迫挤过去的,前景如何,有待于进一步的发展,但不是不可能的,现代的北京话实际上就有类似的语音结构:

开口	齐齿	合口	撮口
鞥	精	公	炯
꜀əŋ	꜀tɕiŋ	꜀koŋ	꜀tɕioŋ

13.4.5 山西祁县方言音系通过各个层次的变异将会使音系的结构格局出现一次重大的调整。这种调整的主要趋向是:tʂ-类声母变为 ts-;tɕ- 类声母在 -i>-ɿ 的条件下变成 ts-;-i,-u,-y 转化为 -ɿ,-^{ə}uß,-iuß,现在的 -iɪ,-ʊ^{u},-iʊ^{u} 或 -yɪ 将会填补 -i,-u,-y 所留下来的空格;臻、曾、梗、通四摄增生新韵尾 -m;有些韵类的开与合、齐与撮的音韵地位将发生互相转化,等等。音系的这种调整现在还处于调整过程中,如果没有其他音变力量的干扰,这种调整的趋向将会成为现实。

13.5 音系内部的变异和语言的空间差异的内在联系

13.5.1 从前面的考察中我们可以看到,语音系统可按其内部的结构特点分出不同的层次。稳定层构成语言共时系统的稳定性的基础,是保持方言内部一致性的核心。各个变异层各有自己的特点,可以从中总结它们不同的活动规律。所以语音系统(乃至整个语言系统)是"静"中有"动"。从宏观的角度看,交际中的语言是"静"的,不变的,稳定的,但从微观的角度看,交际中的语言又是"动"的,是在不断地发生变化的。系统中"动"的、变异的部分不断地改进语言系统的结构,调整系统的结构格局,而一当新的格局形成,变异部分就完成了它们的变异过程而进入系统中的稳定层。所以,考察活的、正在发生变异的语言现象,从中理出变异的方式及其所体现的语言发展的线索、特点和原因，就可以从微观的研究中悟察宏观的特点。我们这一章的讨论既是对音系结构的微观的分析，也是通过这种分析对前面各章所讨论的问题进行理论性的总结。

13.5.2 音系中的变异和语言的空间差异有紧密的联系。如前所述，变异与社会因素如性别、年龄、职业、阶级、文化程度等有关。实际上，这些社会因素也是一种空间，不过不是地域的空间，而是社会结构的空间。语言的变异把这两种空间联系在一起。在一个言语社团里，音变总是由某一部分人率先开始，而后一方面有次序地扩散到其他居民层和下一代，表现为系统内部的变异；另一方面也将有次序地扩散到其他方言点中去，表现为语言的地区差异。这就使系统内部的变异和语言在地区上的差异出现惊人的一致性。前面几节的分析都具体地展示出这种一致性。不管是语言在社会空间中的变异，还是在地域空间上的差异，其同源的各个变异形式可以排列成一个系列，代表语言在时间上的发展顺序。例如，从 $y^{(u)}$ 经 y^{u}、${}^{i}y^{u}$、$i^{y}u$、iu 到 iuß，正好表现为前后相继的音变过程的顺序；或者说，每一个变异形式代表扩散波的一个波纹，前后相继，逐步拉开。所以，语言的空间（社会的、地域的）变异是有形的，而语言在时间上的发展序列则是无形的，时间的发展序列寓于空间的变异或差异之中，或者说，空间的变异或差异隐含着时间的发展，因而我们只能通过空间的变异或差异去探索时间的发展。

说到语言在时间上的发展，人们自然会首先想到不同年龄层的语言差异，认为老年人的语言总比年轻人保守，代表演变的早期形式。从总体看，这个说法是有道理的，但是不能作为一条绝对的原则，因为居民中哪一部分人首先接受扩散波的影响，年龄并不是唯一的、绝对的因素，其他如社会环境、文化修养、家庭传统、阶级阶层、性别差异等因素都有重要作用，甚至可以说，它们有时候比年龄因素的作用还重要。所以在某些特殊的情况下老年人与青年人的语音差异不一定代表语言发展的早迟。在我们所接触的发音人中，最典型的是城赵（杨）和城赵（艺）父女两人关于 -i，-ɿ 的分混问题。“鸡”“资”两类字，城赵（艺）的语音相同，韵母都为 -ɿ$_i$，而城赵（杨）似与前述的城关（段）、城关（武）一样，出现以扩散的方式从已经合为一类的 tsɿ$_i$ 中重新分化出 tɕi 的趋势，“资”类字读 tsɿ$_i$，没有歧异，而“鸡”类字城赵（杨）大体上只有一半读 tsɿ$_i$，另一半则已产生 tɕi$_ɿ$ 的读音，即可以两读，而个别的字（如“妻”“祁”“器”等）已只能读 tɕʻi$_ɿ$ 之类的音。父女两人，女儿的语音能代表当地较早的土音，而父亲的新读较多，这可能与他们的生活经历有关。城赵（艺）没有离开过家乡，生活圈子比较狭窄，因而她的语言状态受她母亲的影响比较大；而城赵（杨）年轻时在外地工作过，回乡后的社交活动又比较频繁、广泛，因而在这种以扩散的方式向标准语靠拢的音变中比他的女儿更接近新派。这类现象各地都有。上海话分新派、老派，“有时候，年纪较轻的人保留着较多的老派特点，年纪较大的人反而新派的特点多，这跟各人的生活环境、文化水平、职业、经历都有关系”。[①] 所以，仅以年龄为标准来考察语言在时间上的差异是不够的，还要考虑其他各种制约的因素。

与社会结构的空间相联系的变异是正在进行中的音变的具

---

① 沈同《上海话老派新派的差别》，《方言》1981 年第 4 期第 275 页。

体体现,人们可以通过变异的扩散波看到语言一环扣一环的链条式的发展过程。空间的差异所体现的语言的发展情况与此一样。由音变中心发出的扩散波在地域上逐步散开,距离越远,扩散波的力量就越弱,并且与中心点的差异也越大。不过就一般的情况而言,经济越发展,文化越发达,扩散波的力量也就越大,扩散的地区也越广阔。但不管其力量多大,扩散波总有一个尽头。随着时间的推移,音变如果完成了它的全过程,那么扩散波的波纹(变异或差异形式)就一一消失,形成扩散波的社会因素退出音变的历史舞台。这样,言语社团内的语言变异消失了,地区的差异也拉平了,因而原来由变异的扩散波联系着的链条断裂了,由空间的差异所反映的时间的发展也看不出来了,就是说,时间的链条也断裂了,使人们看不清语言发展中空间和时间的一致性,从而产生了一些严重的争论。

13.5.3　历史语言学中有两种音变理论的模型,一种是青年语法学派的音变规律的理论,着眼于语言在时间上的发展;一种是波浪说和方言地理学的扩散理论,着眼于语言在空间上的扩散。这两种理论长期来都被认为是相互对立的理论模型,实际上它们只是从不同的角度研究语言的发展。这两种理论面对的都是历史上已经完成的音变,空间和时间的联系环节已经中断。青年语法学派考察的是中间已经断裂的时间链条上的两头:一头已经完成了音变的过程,另一头由于没有受到扩散波的影响而还保持着原来的状态;如果另一头已经以另外一种方式演变,那么就需要根据两个方言或亲属语言的语音对应关系去重建扩散波的始发点—原始形式,而后再来讨论语言的发展,找出音变的规律。而扩散理论研究的是扩散波在空间链条上的两头:一头是中心区的语言状态，一头是边缘区的语言状态，联系两头的扩散波已经消失，因而人们容易看到两头的差异。中心区完成了音变的过程，而边缘区由于种种原因（例如方言间的相互影响等）而脱离了与中心区的联系，没有完成音变的过程，或者音变过程受到其他扩散波的干扰，因而在语言中留下了中断的音变，呈现出种种例外和不规则的纷乱现象。扩散理论着重研究的是扩散波的边缘区，强调青年语法学派所忽视的一些语言特点。由于两种理论所研究的侧重点的区别和音变中空间和时间的联系纽带的中断，因而人们把它们看成为两种对立的理论模型。现代语言学已经发现这两种相互"对立"的理论的相互补充的地方多于对立的地方，但还缺乏具体的分析。语言变异的研究可以补充这方面的不足，通过进行中音变的空间和时间的联系去透视历史上已成音变的空间和时间的联系，也就是从微观的研究中去透视宏观的原理和原则，探讨音变在不同时间阶段、不同地区的发展规律及其各种特点。这样，就有可能把音变进行过程中的变异性和已成音变的规律性、语言在地域上的差异和在时间上的发展、边缘区的音变的纷杂性和中心区的整齐的规律性统一起来，重建空间和时间的联系，为人们从语言的空间差异中去探索语言在时间上的发展序列提供一个方法论根据。

14. 语言的变异（下）：语法的渗透和例外的音变

14.1 语音变化中的语法因素

14.1.1 语言的结构是分层的。每个结构层都可以通过变异调整自己的结构格局，但同时也可能会渗入另一个结构层，给那个层面的结构带来重大的影响。不同层面之间的这种结构渗透是造成语言中不规则现象的一个重要原因。

14.1.2 青年语法学派认为音变是一种纯语音的过程（§5.4）。布龙菲尔德又进一步从语言结构的角度对这一理论进行了更富有理论色彩的解释，认为"语言包含两个习惯层次。一个层次是音位的……；另一个层次包含形式—意义习惯：……这些习惯组成了语言的语法和词汇。"布龙菲尔德进一步以歌唱家和人们学外语为例说明两个层次的划分的合理性，认为歌唱家"学唱一支法语歌曲做到发音正确，或者不懂法语的演员也能模仿法国人讲英语"，而学外语的人情况正相反，"虽然没有获得这个语言的发音习惯也能说一些具有意义的词语；有些讲法语和英语的人就是如此，他们能用彼此的语言自由交谈"，可是，"发音却是太糟糕了"。[①]

① 布龙菲尔德《语言论》第452—453页。商务印书馆1980年。

这就是说，语音层面是独立的，词汇、语法的习惯对它没有影响。把这种理论用之于音变的研究，就是认为音变是一种“纯语音的过程；它感染一个音位或同一类型的几个音位，或者是普遍地或者是受某种严格的语音条件所制约，至于包括这个音位的形式的意义特性既不起助长也不起阻碍的作用”。[①] 以往研究语音的发展基本上就是在这种理论的基础上进行的。

说音变是一种纯语音的过程，这有它的合理性，因为语音的结构确实可以构成一个独立的层面。我们前面几章所研究的连续式音变、离散式音变都是语音层面的音变。但是，决不能把这种合理性绝对化，以为语音和语法毫不相干，可以完全摆脱语法因素而进行纯语音的研究。著名语言学家萨丕尔早就进行过这方面的警告：“每一个语言学家都知道语音变化时常引起形态上的重新布置，但是他往往会假定形态很少或完全不影响到语音历史的趋向。我以为，如今的趋势，把语音和语法孤立起来当作互不相关的语言学领域，是一件不幸的事。它们之间和它们各自的历史之间可能有基本关系，只是我们现在还没有充分掌握而已。”[②] 随着语言研究的深入发展，我们对这些方面的联系的了解越来越多了，因而也日益清楚地意识到青年语法学派和布龙菲尔德的音变理论的一些局限性。

14.1.3　语音中有些现象与语法因素有紧密的联系，因而不能把语言的两个结构层面机械地、截然地分开来。如以汉语方言为例，连读变调应该是纯语音的过程，但实际的语言现象并非如

① 布龙菲尔德《语言论》，第 452 页。商务印书馆 1980 年。

② 萨丕尔《语言论》第 166 页。商务印书馆 1985 年。

此，相同的语素同一顺序的组合由于其语法结构格式不一样，在很多方言中就有不同的变调，说明连读变调可以不是纯语音的过程。例如，山西平遥方言的连读变调与语法结构格式就有密切的关系，大体上可以分成三种类型：①

A.	述宾式	开车	k‘æ^{13} tʂ‘ʅE^{13}	
	主谓式	趺高	xu^{13}kɔ^{13}	脚面高
B.	偏正式	开车	k‘æ$^{\overset{13}{31}}$ tʂ‘ʅE$^{\overset{13}{35}}$	旧时的木轮车
	并列式	装穿	tsuə$^{\overset{13}{31}}$ ts‘uɑŋ$^{\overset{13}{35}}$	给死人穿戴
	谓补式	开开	k‘æ$^{\overset{13}{31}}$ k‘æ$^{\overset{13}{35}}$	打得开：门～咾
	名叠式	开开	k‘æ$^{\overset{13}{31}}$ k‘æ$^{\overset{13}{35}}$	主意：谋下～啦
	名儿式	开儿	k‘æ$^{\overset{13}{31}}$ zʌʔ$^{\overset{13}{35}}$	主意：谋下～啦
C.	动叠式	开开	k‘æ$^{\overset{13}{35}}$ k‘æ$^{\overset{13}{31}}$	开一开：～大门

例字的本调都是平声加平声，但由于语法格式的不同而分成三类。A 类的特点是上下字都不变调；B 类的特点是上字由 13 的低升调变成 31 的低降调，下字由低升调变成 35 的高升调；C 类的特点是上字由低升调变成高升调，而下字则变成低降调。有些词语的组成要素（语素）和其排列的顺序是一样的，但由于语法格式不同，因而有不同的变调。这说明，在语音的变化中可能包含有语法的因素，或者说，语法的结构可以渗入语音结构的层面。

儿化是汉语中的一种构词现象，它可以影响它所依附的词根的声、韵、调的变化。现代汉语语词的语音结构，声母中没有复辅音，但儿化在有些方言中却可以使声母的单辅音转化为复辅音，出现异常的声母类型。山西平定方言的儿化是将“儿”[ɭ]（它

① 侯精一《平遥方言的连读变调》，见《方言》1980 年第 1 期。平遥方言有五个单字调：平声：13；上声：53；去声：35；阴入：ʔ23；阳入：ʔ54。

的音值是ɭ）插入声母和韵母之间。例如：

豆儿	tɤuᵓ+l̩ → tlɤuᵓ
跑堂儿（的）	ᶜpʻɑɔ ꜁tʻɑŋ + l̩ → ʻpʻɑɔ ꜁tʻɑŋ
枣儿	ᶜtsɑɔ + l̩ → ᶜtslɑɔ
牌儿	꜁pʻæɛ + l̩ → ꜁p͡ʻlɐ[①]
坑儿	꜀kʻɤŋ + l̩ → ꜀k͡ʻlɤŋ
尖儿	꜀tɕiæ + l̩ → ꜀tslɐ（声母由 tɕ- 变 ts-，下同）
球儿	꜁tɕʻiɤu + l̩ → ꜁tsʻlɤu
杏儿	ɕiɤŋᵓ+l̩ → slɤŋᵓ
豆芽儿	tɤuᵓ ꜁iɑ + l̩ → tɤuᵓzlA（增生声母 z-）
鱼儿	꜁y + l̩ → ꜁zlʊ

汉语语素的语音结构基本上是单音节的，一个语素一个音节，一个音节表达一个语素，只有少数语素是几个音节的。“儿”这个语素的语音在平定方言中是一个声化韵，自成一个音节。儿化就是使原来分属于两个不同音节的语素挤进一个音节的框架，实现单音节化。“儿”插入声、韵母之间，它自然就成为一个构词中缀，它在语音上与声母的关系更密切，例如 tɕ，tɕʻ，ɕ 转化为 ts，tsʻ，s，无形的“零”声母儿化时伴随着产生一个有形的新声母 z-；[②] 有些方言还使声母 ts tsʻ s 转化为 tʂ tʂʻ ʂ，[③] 等等，因而这个中缀“儿”[l̩] 自然是声母的一部分。这样，像 tl- 之类的音组就应该看成为一种复辅音，构词的语法现象渗入语音的结构，说明语音层

---

① 连音符“⁀”表示两个音素的发音在时间上是交融在一起的，即在发声母时舌尖已经卷起。

② 参看拙著《山西平定方言的儿化和晋中的所谓“嵌 l 词”》，《中国语文》1981 年第 6 期。

③ 类似山西平定方言的儿化的还有山东济宁的金乡话（《中国语文》1984 年第 4 期）、阳谷话（《中国语文》1985 年第 4 期）。

面可以不是纯语音的结构。

14.1.4 语法和语音的这种联系可能会对语音的演变产生影响,使音变中出现各种各样的例外。这就要求我们在音变的研究中对例外的现象进行具体的分析,以揭示隐蔽于例外现象背后的规律,并作出因果性、理论性的解释。

14.2 特殊的例外和它的原始形式的拟测

14.2.1 我们在语言的研究中经常会碰到一些异于发展规律的残存现象,说不清楚它的来历。这给语言史的研究提出了一些难以解决但在理论上却有重要意义的问题。比方说,宁波方言的"鸭"字有两个读音:aʔ和 ɛ。① "鸭"是咸摄押韵字,读 aʔ是符合音变规律的。但"鸭"读 ɛ 就令人费解,说它是连续式音变的例外,没有任何根据,因为在同样条件下的入声字(如"甲押压"等)并没有发生类似的变化。说它是离散式音变的例外,也提不出任何理由,因为宁波话的入声字还没有发生向舒声字演变的离散式的变化,更没有发生中断的变化(§11.5)而在音系中留下异于离散式音变规律的例外。那么,是不是一种叠置式变异(§15)呢?就是说,它是不是一种残存的文白异读现象呢?这看起来倒

① "鸭"读 ɛ 音的声调,据《鄞县通志》第 2892 页说作"唵"平声,据赵元任的《现代吴语的研究》读上声,而根据我们在调查中听到的调值为 44,似又应属去声。这种不一致的情形可能与宁波话的声调正处于简化的过程有关(§11.4.2)。"鸭"读 $ɛ^{44}$ 又可能与连读变调有关,因为宁波话的舒调清声字在作连读变调的后字时常念 44 或 33 的平调;"鸭"[ɛ]类词从不用做复合词的前字,因而有此类调值的可能性就比较大。鉴于这些复杂的情形,下面在行文中不标声调。

有点像，宁波人也是这么看的，认为“鸭”的口语形式读 ɛ，即 aʔ 和 ɛ 是“鸭”的文白异读。赵元任在《现代吴语的研究》中也说。“鸭$_{白}$：E$_{上}$”。[①] 总之，在很长的一段时期里，从专家到普通老百姓都认为 ɛ 为“鸭”的白读形式。但是，如果我们仔细地分析一下“鸭”读 ɛ 音的一些特点，并比较其他方言中的语音表现，那就不难发现它与文白异读的性质（§15.1）大相径庭。还有，“鸭”读 ɛ 的音在音系中看来也不是孤立的，很多其他的韵类也有类似的形式。请比较（为了行文的方便，我们把上述的所谓“文读”形式称为“本音”，“白读”形式称为“变音”）：

例字	韵类	本音	变音	读变音的语词举例
鸭	狎	aʔ	ɛ	水～，野～
猫	肴	mɔ	mɛ	小～，一只～
帕	祃，陌[②]	（p‘aʔ）	p‘ɛ	绢～
牌	佳	ba	bɛ	纸糊～，扑克～

不同的音类具有相同的“白读”形式（韵母都为 -ɛ，而且声调也都为 44 的平调），我们在方言中没有发现先例。如果承认 ɛ 为“鸭”的白读，那么我们也得承认 mɛ，p‘ɛ，bɛ 为“猫”“帕”“牌”的白读，就是说，这些众多的韵类原属一类，显然，这与语言的事实相悖。所以，我们不能把 ɛ 看成为“鸭”的白读形式，不能把它看成为叠置式音变（§15）的例外。

根据上述分析，“鸭”读 ɛ 的语音形式不是连续式音变的例外，也不是离散式音变的例外，更不是叠置式音变的例外。它是一种

---

① 赵元任《现代吴语的研究》第 55 页。科学出版社 1956 年。

② “帕”有两个反切：一为普驾切，祃韵，根据音变规律，宁波话应念 [p‘o]；一为莫白切，陌韵，根据音变规律，宁波话应念 [p‘aʔ]。现代宁波方言“帕”字单念时只有后一种读音。“帕”的 [p‘ɛ] 音，从意义上看，应该是来自祃韵的“帕”。

“三不像”的例外,必须另辟蹊径去寻找“鸭”读 ɛ 音的原因。

14.2.2 不同的音类有相同的语音表现形式,从语言发展的观点来看,这是一种很重要的异常现象,说明在语音的发展中隐含有一种高于语音结构层面的结构规则;对于这种规则来说,音类只是一种个别的事实,犹如词相对于语法规则来说是一种个别的事实那样。不同的音类受到这种一般规则的支配,才能使不同韵类的音值发生相同的变化。不过这类规则现在似已消失,至少在说话人的意识中已不再存在,只是在日常的口语中还留存着一点残存的痕迹。现在我们需要顺着这种残存痕迹去恢复或重建已经消失了的一般规则,然后进一步弄清有关现象的发展线索。

宁波方言的 -ɛ 是原来咸、山摄字的发展。请比较下列现象:

pɛ	扮班斑颁板扳般(山)
p‘ɛ	盼攀襻纽~(山)
bɛ	办瓣爿(山)
mɛ	迈慢漫幔蛮(山)
tɛ	耽担胆(咸)丹单旦(山)
t‘ɛ	坍毯(咸)滩坦炭叹摊(山)

……

咸摄字原来以 -m 收尾,山摄字以 -n 收尾,在语言的发展中, -m 合并于 -n,这就是说,现代宁波方言的 -ɛ 韵字原来都有一个 -n 韵尾。根据这种音变规律,上述的“鸭”类词的 -ɛ 原来也应该有一个 -n 韵尾,否则就无法解释它今天何以会与咸、山摄字同韵。“鸭”类词就其所属的韵类来说,本身不可能有 -n 韵尾,它之所以能随同咸、山摄字演变,说明在“鸭”类词的韵母的末尾曾经外加了一个 -n,而且加上这个 -n 之后就使不同韵类的区别趋于消失,即:使不同的韵类具有相同的语音形式。这个 -n 应该是高于语音层面的语言单位。

和“鸭”类词类似的还有一种“伯”类词。“伯”在宁波方言中有两种读音:paʔ和 pã。据《鄞县通志》(2790页)记载:“甬呼父之兄曰‘伯伯’,下‘伯’字读若‘浜’,俗音去声……”“甬呼父之弟曰‘叔叔’,亦呼‘阿叔’,下‘叔’字皆读若‘宋’。至对人称其父弟,虽曰‘阿叔’,然‘叔’字读若‘宋’平声,有时亦读本音,略有区别。”“浜”在现代宁波话中读 pã,“宋”读 soŋ。读音与“伯”“叔”类似的还有“脚”和“雀”。“脚”的本音为 tɕiaʔ,但在“拐脚”(瘸子)一词中“脚”读变音 tɕiã。“雀”字的本音为 tɕ‘iaʔ,变音为 tɕiã,如“麻雀”读 motɕiã。“雀”的本音与变音除韵母有区别外,声母也不同,本音的声母送气,变音不送气。“雀”原来是精母字,应该不送气,变音的声母还保留精母字的特点。

现代宁波方言的鼻化音 -ã, -ɔ̃ 来自梗、宕摄的阳韵字, -oŋ 来自通摄的舒声字,古代都收 -ŋ 尾。这就是说,上述的“伯”类入声字的 -ŋ 韵尾与“鸭”类词的 -n 韵尾一样,不是原有的,而是后来外加上去的,因而同样也是一个高于语音层面的语言单位。

14.2.3 以上都是根据音变规律作出的推断。这个推断如果还能找到历史材料的印证,那它就更有说服力了。很幸运,我们找到了一本 1876 年出版的《宁波方言字语汇解》,其中收录的宁波方言材料相当丰富,记音也大体可靠,为研究宁波方言的历史演变提供了一些宝贵的资料。在这本著作里,我们不仅看到了上面推断的 -n 和 -ŋ,而且还可以在其他韵类后看到这两个鼻音尾,这就使我们的分析有了更可靠的根据。现在先把含有鼻音尾的有关“鸭”“伯”类词摘录如下(原文没有标声调;标音的符号与国际音标类似,一般照录原文,只在有碍理解的情况下加注国际音标;原音标的 æ(ä)本书一律改为 ε。参看第 209 页的注):

例字	《汇解》注音	语词举例
鸭	ah	~蛋, ~肉
	εn	野~,水~
猫	mao	~拌饭
	mεn	小~,香狸~
帕[①]	p'εn	绢~
娃[②]	wεn	小~
牌	ba	
	bεn	纸糊~,神主~,一副纸~
筷	k'uεn	
茄	gyia [dʑia]	
	gyiεn [dʑiεn]	小辣~,番~
头	deo[③]	骨~,砖~, ~发
	den	门口~,奶~,娘子~,山顶~,老~,脚指姆~
眉	me	
	min	~眼
味	mi	~道
	min	气~
孩	'en [ɦen]	木头~,菖蒲~,玉~
挖	ŭah	爬山~岭(此例仅取字音)
	ŭεn	镂耳朵~(挖耳勺)
虾	hô [hɔ]	~仁, ~米

① 在《汇解》中没有发现"帕"的本音。本表中只有一种带鼻音尾的,说明在《汇解》中都没有找到本音。其他的例字情况同此。

② 《汇解》没有找到合适的汉字,只在英文 child 后注"siao ŭæn——小儿"。"娃"字是我改加的,因为宁波话称女孩儿为"小娘","siao ŭæn"是"小娘"的对称说法。

③ 此韵的音值比较难记,高本汉在《中国音韵学研究》中据 Parker 的材料记为 -œy,用现代的宁波方言来印证,看来 Parker 所记的这个韵类的音值是对的。

	hon	一只～
锯	ken	～齿
雀	tsiang	麻～
叔	song	阿～
伯[①]	pah	～～，阿～（指父亲）
	pang	阿～（指伯父）

这些带鼻音尾的语音形式，就其本音的发展来说，都是违背语音发展规律的。但是另一方面，不同的韵类可以具有相同的语音形式，特别是不该有鼻韵尾的韵类出现鼻音尾的情况，为语言史的研究提供了很多宝贵的信息，说明语音层面的变化隐含着非语音层面的（语素的、语法的）因素。现在需要进一步弄清楚的是这种残存因素的性质及其与音变的关系。

14.3 原始形式的性质的确定

14.3.1 要弄清“鸭”“伯”类词的 -n，-ŋ 尾的性质，可以比较“鸭”“伯”类词的本音和变音在意义和使用范围上的异同。

14.3.2 本音和变音在使用范围上有一个重要的区别，就是本音在使用上没有什么限制，单用或在复合词中作前字、后字都可以，而变音一般只能单用或作复合词的后字。例如：

① 《汇解》的“伯”类字还有“骨”（kwang），如“脚骨”的标音是 kyiahkwang（第 270 页，原文标音送气，恐系排印错误），arm（手臂）条下标 siu-kwang，汉字也应写“手骨”。按宁波人的语感说，“手骨”与“手 kwang”、“脚骨”与“脚 kwang”同义，似可认为 kwang 是“骨”的变音。实际上 kwang 是“梗”，即“手梗”“脚梗”。李荣的《〈切韵〉与方言》（见《方言》1983 年第 3 期）一文曾对此字有很好的比较研究，可参考。另外，《汇解》中还有一些字的注音似有变音的可能，例如“烂泥 kwang 着”（现在也有“面包上 kwang 点奶油”的说法）、“水 kwang 清”中的 kwang，我们现在一时弄不清这些音所代表的本字，为分析的可靠起见，本章暂时不予分析。

例字	本音		变音
猫	mɔ	～眼，家～	mɛ < mɛn 小～，一只～
雀	tɕʻiaʔ	～斑，燕～	tɕiã < tɕiaŋ 麻～，麻～牌

也有几个例外，《汇解》收录了这样几个例子：

眉毛	min-mao	雁鹅	ngang ngo
眉眼	min-ngen	锯齿	ken ts'[tsʻɿ]

这些例外大概是后起的，"眉""锯"原来都是单音词，后来在复音化过程中这些词的带 -n 的单词形式仍保留在复合词中，犹如在"麻雀 [tɕiã]"之后加"牌"构成"麻雀 [tɕiã] 牌"一样，"麻雀 [tɕiã]"的"雀 [tɕiã]"仍保持它本来的变音语音形式。现在很多人已不知"麻雀 [tɕiã] 牌"中 tɕiã 的本字，误认为是"麻将牌"。

14.3.3 本音和变音在意义上的区别，宁波话已不甚明显，但在有些复合词中还可以看到一点不同感情色彩的痕迹。请比较下列现象：

例字	本音意义	变音意义
鸭	泛指一般鸭子，现在一般不单说，如单说，后需加"子"。	意义同前
猫	泛指一般的猫。	同前，但在"小猫"一词中"猫"的口语总念 mɛ。
牌	大小牌子都可用。	多指小的牌子（"神主牌"）和玩具（"纸牌"）。
麻雀	一种小鸟。	同前。
老头	泛指老年男子，"头"读 dœʏ	"头"现在读 dɛɪ，[①] 与"队"同音。原指使人讨厌的老年男子，《汇解》还特别注明"not respectful"。"老头"一词的感情色彩现在似有变化，有亲昵色彩。
伯	指父亲的哥哥	同前

① 宁波方言的 -ɛɪ 韵来自 -e，而 -e 韵中有一部分字来自 -en。"老头"的"头"，《汇解》的时候读 den（§8.2.4）。

这些情况说明，本音和变音之间意义已无多大区别。语言的交际讲求经济性、明晰性和区别性，本音和变音所表达的意义闪烁于同与不同之间，这一点很可疑，但宁波话的例子太少，前一节列举的，差不多就是我们所发现的全部例词，我们很难从中窥知本音和变音所表示的意义原来有没有区别。在这种情况下我们只能求助于同其他临近方言的比较。赵元任在《现代吴语的研究》中注明"鸭"在余姚的口语中读："（小者）；Ẽ上"①，可以知道一点变音所表达的意义。但《研究》只举了一个例子，难以有效地说明问题。宁波旁边的定海县（舟山群岛，现为专区）的方言与宁波话大同小异。据"五·四"前夕出版的《定海县志·方言志》记载："宁属七邑，鄞慈镇自成一音系，奉象南又自成一音系，定海则得鄞系十之八九，而得奉系十之一二。"定海方言的"鸭""伯"类词虽然也是一种残存现象，但比宁波话多一些。现把"鸭""伯"类字列举如下（原文用改进的注音符号注音，这里参照《汇解》的注音和现代方言的情况，改写成国际音标）：

"鸭"类词	本音	变音	"伯"类词	本音	变音
哥	ko	kuøn	伯	paʔ	paŋ
弟	di	din	叔	soʔ, syʔ	soŋ
姊	tsi	tsin	脚	tɕiaʔ, tɕiʔ	tɕiaŋ
妹	me	men	鹊	tɕ'iaʔ	tɕ'iaŋ
		m̥en	鸦	ia, yɔ, ɔ	ɔŋ
婆	bo	buøn	雀	ts'iaʔ	tsiaŋ
眉	me	min（～毛）	虾	hɔ, ɕia	hɔŋ（城）
	mi（皱～头）			hiɛ（乡）	
头	dœʏ	den	镬	ɦoʔ	ɦoŋ

① 赵元任《现代吴语的研究》第55页。科学出版社1956年。

背	pe	pen	六	lɔʔ	loŋ
奶	na	n̥ɛn			
泪	le	lin			
瞎	xaʔ	xɛn			
鸡	tɕi	tɕin			
鹅	ŋo	ŋuøn			
鸭	aʔ	ɛn			
狗	kœʏ,	kiɵʏ kin			
猫	mao	mɛn			
梅	me	men			
茄	dʑia	dʑiɛn			

这些词的本音和变音,不少在意义上还有明显的区别。这有助于我们了解宁波方言"鸭""伯"类词的变音的性质。现抄录几例,以资参照(文中"读音"指读书音,"土音""城乡土音"指当地的日常口语形式,"语音"系泛指,包括上述两类读音):

例字 注释

猫 读音为 mao,语音有二:在名词之首者为 mao,如"猫头""猫饭";在名词之末或独用者为 mɛn,如"小猫""一只猫"。

婆 读音、土音皆为 bo,惟称老年妇人曰"老太婆"(习惯以为不尊敬之称呼),"太"呼 tʻao 音,"婆"呼 buøn 音。

背 读音为 pe,语音有二:通常皆呼 pe,惟名词之人格化者则呼 pen,如"驼背"。

奶 读音为 na,语音有二:如"乳母"称"奶娘",及有身份之妇人称"奶奶",皆呼 na 音;而"乳房""乳汁"及"乳母"亦皆称为"奶奶",惟音变为 n̥ɛn。

瞎 读音为 haʔ,语音通常皆为 haʔ,惟名词之人格化者,乡间呼为 hɛn,如推星命之瞽者曰"算命瞎 [hɛn]"。

脚 读音为 tɕiaʔ,语音有三:通常皆呼 tɕiaʔ,乡间或呼 tɕiʔ,惟名词之人格化者则呼 tɕiaŋ,如"拐脚""烂脚"等。

鹊 读音及城乡语音皆为 tɕʻiaʔ,乡间语音则为 tɕʻiaŋ,如"鸦鹊"呼

为 ɔ tɕʻiaŋ。

六　读音、语音皆为 loʔ，惟俗语望日前后曰“十五六”，则“五”呼为 ŋ̍，“六”呼为 loŋ。

这些例词对我们了解“鸭”“伯”类词的 -n、-ŋ 尾的性质很有帮助。它们明确地显示出“鸭”“伯”类词加上 -n，-ŋ 之后在意义色彩上有了明显的变化，这就是说，这个 -n、-ŋ 本身是有意义的，与“班”“晏”和“浜”“将”等词的纯语音性的韵尾 -n 和 -ŋ，在性质上是完全不同的。定海方言虽然与宁波城区的方言有些小区别，但这无关紧要，比较同源成分在两地的差异有助于分析语言的演变。一般说来，中心城市比边缘地区变得快一些，城市比农村快一些，边缘地区和乡间的语言的一些特点往往代表城区语言的早期状态。拿定海话与宁波话比较，定海话的“名词之人格化者”的“鸭”“伯”类词，在宁波话中已极为罕见，这说明有明显的构词作用的“鸭”“伯”类词首先消失，而残存的只是一些构词作用在发展中已被磨损、即不大明显的语词，因而才显出本音和变音没有多大差别的状况。所以，定海方言的“鸭”“伯”类词为宁波话所没有的特点完全可以用来说明宁波话“鸭”“伯”类词的变音的性质。

14.3.4　“鸭”“伯”类词变音的上述两个方面（使用范围和意义）的特点，说明这两类词中的 -n、-ŋ 不是语音单位，而是一种语素。至于这是一种什么样的语素，我们从这两个特点中自然会联想到北京话的“儿化”，或者说，这个语素就是“儿”，所谓“变音”就是“儿化”。李荣在 1978 年、1983 年谈到温岭方言、广州方言与连读变调不同的特殊变调时把这些特殊变调称为“变音”，认为“变音跟北京的儿化一样，如‘花儿’‘鸟儿’，这个‘儿’

是有意义的,这个意义虽然很含混,很概括,但是能说出来”。[①] 宁波方言的“鸭”“伯”类词的变音与温岭方言的特殊变调(升变音和降变音)的作用一样,也是一种儿化形式。我们如把宁波话、定海话的变音与北京话的儿化作一比较,就可以进一步了解宁波话的变音的儿化性质:

例字	宁波、定海	北京
牌儿	bɛ < bɛn	p‘ɐr
鸭儿	ɛ < ɛn	iɐr
(麻)雀儿	tɕiã < tɕiaŋ	tɕ‘iaor

北京话的“儿”已与前面的韵母“化”为一体,语音上已经难以自成一个音素,但北京周围的一些地区,如房山县,“儿”在构词中还是一个自成音节的儿尾,说明北京话“儿化”的“化”的时间还是不太久远的事情。如果北京话的儿化像书面语所写的那样(“牌儿”“猫儿”),宁波、定海方言的 -n、-ŋ 与北京话的对应关系就显得很清楚。现在,北京话的“儿”在儿化中“化”掉了,但还有明显的痕迹;宁波话的“儿”在“儿化”中也“化”掉了,但是比北京话“化”得早,“化”得彻底,甚至连痕迹都难以找寻。所以,两地方言的这些共同的特点(意义上、使用范围上和语音的“化”的特点上)都说明宁波话的“鸭”“伯”类词的变音相当于北京话的儿化。宁波话在历史上也曾经有过一个儿化的时期。

14.3.5 “儿”在今天的宁波方言中有两个读法,文读 ḷ,白读 ŋ̍;ḷ 是在北方话影响下产生的后起的语音形式,这里可以不予置理,因为这与本章所要讨论的问题无关。从与宁波周围的一些方

① 李荣《温岭方言的变音》,《中国语文》1978 年第 2 期。《关于方言研究的几点意见》,《方言》1983 年第 1 期。

言（如定海、奉化等）的比较来看，宁波话的“儿”在念ŋ之前还有一个念n的时期，即ŋ是n的发展。“鸭”“伯”类词的-n，-ŋ既然是语素“儿”的语音形式，那么，为什么同一个语素有不同的语音形式？这些不同的形式是代表时代的先后？还是同一语素的两个语素音位变体？仔细分析这两个鼻音尾的出现条件，大体看来，应该说它们是同一语素的两个变体：“鸭”类词的变音大体来自原来的阴声韵和以-p、-t结尾的入声韵，“伯”类词来自以-k结尾的入声韵；宁波、定海两地没有发现原来阳声韵的儿化形式，这可能是由于儿化与阳声韵的语音形式完全相同，两者早就混在一起，分不出来了。这就是说，入声韵在儿化时随着有关的舒声韵演变，因而同一语素呈现出不同的语音形式。宁波、定海两地的“鸭”“伯”类词的变音大体符合这一规律，但有几个例外。宁波话的“雁”[ŋã<ŋaŋ]、定海话的“鸦”[ɔŋ]、“虾”[hɔŋ]，按规律应属于“鸭”类词，而现在却归入“伯”类词，这可能与语音的同化作用有关。“雁”只在“雁鹅”一词中可读ŋã<ŋaŋ，这可能是由于受后字“鹅”[ŋo]的声母的同化；定海话的“鸦”“虾”的主要元音都是后元音，后元音后的变音根据定海方言志的材料无-n尾。

14.4 语法手段的弱化和残存形式的产生

14.4.1 儿化是一种指小爱称的形式。指小爱称可能是人类共同具有的一种心理状态，所以不同的语言都有自己的指小爱称形式。例如俄语的книжка、книжечка是книга（书）的指小爱称形式，俄语中这一类词很丰富；德语名词后如加-chen，-lein就表明这是一种指小或（和）爱称形式；英语的 mammy（妈妈）、dad（爸爸）也是 mother，father 的一种爱称形式。汉语的各地方言的情况大体与此类似，都可能有自己的指小爱称形式。随着方言研究的深入，汉语中各种指小爱称的儿化现象也逐渐为人们所关注。过去一般认为只有北京话有儿化，实在是一种极大的误会。现在需要弄清楚的是儿化的构词手段怎么会通过变异而成为一种音变的事实。

14.4.2 “儿”是支韵日母字，它的中古音，高本汉拟测为 ȵʑjie̯，李荣拟测为 ȵie，其声母是一个鼻音。随着语言的发展，这个语素的语音在不同的方言中发生了不同的变化，在吴方言的口语中还保持着鼻音的读法，只是原来的韵母全部丢失，变成一个声化韵，读 n̩ 或 ŋ̍，宁波方言现在都读 ŋ̍，而在北方方言中它大多演变为一个卷舌元音ɚ。“儿”的读音的音质差异必然会给不同方言的儿化带来差异。从语言发展的阶段来看，鼻音早于卷舌元音，宁波方言的儿化现象也早于北京话的儿化现象；宁波话的儿化已是处于消失中的残存现象，而北京话的儿化却是发展中的新兴现象。残存现象也好，新兴现象也好，都是观察语言发展的一个窗口。

儿化是一种构词现象，是语素平面的问题，就其本质来说，不是语音问题。青年语法学派、布龙菲尔德等人认为音变是纯粹的语音过程，如果情形确实是那样，那么为什么在宁波方言中的构词现象会成为语音的变化，表现为 §15.2.2 所说的语音规律（从本音来说，则是语音规律的例外）？也就是说，语音变化中为什么会包含非语音的事实，从而表现为非纯语音的过程？这可能与汉语的语音结构特点有关。

14.4.3 根据《切韵》以来的韵书、韵图的记载和汉语各地方言的语音表现，汉语的音节结构只有 -p、-t、-k（或 -ʔ）

和 -m、-n、-ŋ 等少数辅音可以做韵尾[①]。汉语语素的语音结构基本是单音节的。“儿”是一个语素，儿化就是在一个语素之上再加一个“儿”，然后达到“化”，使原来属于两个不同音节的语素共处于一个音节之中，实现单音节化。在实现这种“化”的过程中，由于“儿”在不同的方言中有不同的语音表现，因而在儿化时就与前面的音节发生不同特点的关系，表现出不同的儿化形式。北京话的儿化是使前一音节的韵母发生语音变化，山西的平定、山东济宁的金乡方言的儿化是使声母发生不同形式的变化（§15.1.2）。这些特点与“儿”的读音有关，因为北京话的“儿”[ɚ]，山西平定话的“儿”[l̩]、金乡话的“儿”[r]在实现单音节化的时候不允许处于音节末尾的位置上，因为汉语的音节没有这种类型的结构。吴方言的“儿”在口语中读n̩或ŋ̍，儿化时把n̩或ŋ̍加在音节的后面，与传统带 -n、-ŋ 韵尾的阳声韵的音节结构的特点一致，因而在实现单音节化时可以“岿然不动”，充当韵尾。当然，从加在音节的末尾到充当韵尾也不是一朝一夕的事情，有一个发展的过程。先请比较下列几个点的浙江方言现象（见 377 页表）。

这些方言差异大体上可以说明从儿尾到儿化再进而到消失的发展过程。平阳方言的儿尾看来是一种残存形式，可以看成为发展的第一阶段，犹如北方有些地区的儿尾那样。由于音节后加一个 -n 或 -ŋ 的鼻音韵尾符合汉语的音节结构特点，因而“儿”（n̩或ŋ̍）逐渐粘附在前一个音节的后面，但开始时还有粘附的痕迹，因为它使前面的元音变成长元音。这时候两个语素已开始“化”成一个音节，平阳方言的多数儿化形式和义乌的儿化都还处于这一阶段。

---

① 赣方言的 -l（如“笔”[pil]）是 -t 的转化。

音值＼例字 方言点	刀儿	被儿	茄儿	李儿	狗儿	碗儿①	鸡儿	鸭儿
平阳②	tœ^{44}ŋ^{13}	bi^{45}ŋ^{13}						
平阳②	tœ:ŋ^{34}		dʑi:ŋ^{13}	li:ŋ^{21}				
义乌					kɤ:nᵓ	ua:nᵓ	꜀tɕi:n	
金华	꜀tɯn			linᵓ	kɯnᵓ	uanᵓ	꜀tɕin	uanᵓ
定海			dʑiɛn		kin		tɕin	ɛn
宁波 1876			dʑiɛn		ki③			ɛn
宁波 现代			dʑiɛ, dze					ɛ

金华方言的儿化在发展的时间层次上又比平阳、义乌前进了一步，连元音的音长色彩也消失了，说明两个语素已融为一体，与传统的阳声韵的语音结构完全一样。“碗儿”[uanᵓ]中的-n是一个假韵尾，真语素。在金华方言中，由于前低元音后的阳声韵的韵尾早已消失，因而人们还容易意识到uanᵓ是“碗”的儿化形式。但是在定海、宁波的情况就不同了，在儿化的时候原来阳声韵的韵尾还没有消失，在化为一个音节的时候语音上就与相应的阳声韵合并，因而在宁波方言中找不到原来阳声韵的儿化形式。宁波方言的儿化发展到这一步就进入走向消失的关键时期，因为语言中的儿化形式为数不多，而阳声韵的字是大量的，这样，少数的儿化形式就淹没在多数的阳声字中，随着儿化的构词等语法作用的

① “碗”原是阳声韵，但它在金华、义乌方言的口语中早就丢掉了鼻韵尾，两地都读ᶜua，所以这里的-n不是原来鼻韵尾的遗留，而是儿化的标志；上声字读成去声的儿化变调也说明了这一点。“鸭”“狗”“李”儿化后都念去声。

② 平阳、义乌的材料引自李荣的《汉语方言调查手册》第140—141页。金华的材料是北京大学中文系80级学生朱加荣提供的。

③ 《汇解》没有“狗”的儿化材料。这里据赵元任的《现代吴语的研究》第42页。

消退，人们对儿化的心理意识也就逐渐淡薄。《汇解》的作者在该书的前言中说到的 na-hwun（指“婴儿” infant）一词是这方面的一个很好例子。na 是“奶”，人们的看法没有分歧；hwun 的汉字该怎么写，众说纷纭，有的人说是“欢”，有的人说是“唤”，还有人说是“花”（hwô [huɔ]），都弄不清该写什么字。据《定海方言志》记载，hwun 是“花”的“转音”：“俗呼食乳之婴儿曰‘奶欢’，或作‘奶花’，谓乳汁培养若花也。‘花’音转为‘欢’。”所谓“音转”也就是儿化，只不过当时人们已经只是“知其然而不知其所以然”罢了。这样，儿化混迹于阳声韵中，而它在人们的意识中又逐渐消失，因而在语言的发展中就随着同形的阳声韵以“语音规律无例外”的整齐、划一的连续式音变演变，即处于音节末尾的鼻音尾或消失（-n），使“鸭儿”与“晏”同音，现代同读 ɛ；或弱化（低元音后的 -ŋ）为鼻化音，使“雀儿”和“酱”同音，现代同读 tɕiã。这样，语素平面的事实在变化的时候完全等同于纯语音的过程。从宁波方言的发展来看，青年语法学派和布龙菲尔德的音变理论（音变是纯语音的过程）需要作一点修正，至少需要作一点限制，因为在实际的音变现象中确实可以包含一些非语音的事实。

14.4.4 儿化韵虽然随着阳声韵演变，但它毕竟是一种异类分子。阳声韵中的每一个字只有一种语音形式，而儿化韵字现在都已变成单字音，本地人又意识不到“儿”的任何痕迹，因而出现一个字两种读法的情形，如“鸭”，一为 aʔ，一为 ɛ，而 aʔ 是“鸭”的本音。这样，混迹于阳声韵中的儿化韵字又面临着一次拉锯战：是继续同阳声韵字混在一起呢，还是回到本音中去？本音字的使用频率高，范围广，而且随着文化的普及与提高，与读书音不一样的口语形式在使用中逐步消退,这些情况都会使残存的儿化韵字的使用频率越来越低,逐步与原阳声韵字摆脱关系而向本音靠拢。不过这次演变的方式与原来跟着阳声韵一起演变的连续式音变不一样,因为残存的儿化韵字各有自己的本音,每一个本音的各方面条件(如使用频率、使用范围等)都不同,不像音位及其变体那样有机械的分布条件,因而只能采取散兵式、扩散式地一个一个地回到各自的本音中去,变得快一点的,就失去了任何儿化的痕迹,变得慢一点的,就在语言中留下了残存现象,正是这种残存现象为我们根据音变规律去探索语言的发展线索提供了可能的条件。拿定海方言与宁波方言相比,由于宁波是中心城市,语言变得快一些,因而儿化的残留现象也就少一些,到"五·四"前夕,当定海话还留存着"哥""姊""弟""妹"之类的儿化残存形式的时候,《汇解》时代的宁波话,这些词的儿化形式已无踪影;不是与邻近方言的比较,我们就无由得知宁波话也曾可能有过这方面的儿化现象。即使就每一个儿化韵的残存形式的消失来说,它也是逐步退出"历史舞台"的,一般是在一些不常用的语词组合中先消失,而在一些常用的语词组合中消失得晚一些。我们现在还可以从"狗"的儿化形式的消失中得到一点启示。据《定海方言志》载:"狗"的"读音为 kœʏ,语音有三:城厢为 kœʏ,乡音为 kiɵʏ,唯'黄狗'连言则呼 kin",即只有在常用的"黄狗"一个词中还留存着儿化的痕迹。宁波方言在 20 年代"狗"还有 ki 的说法,这自然也是儿化的一种残迹,现在已经没有了。儿化的残存形式就是这样一个一个地,一步一步地走向消失,大体说来,越是中心城市,消失得越快,宁波比定海消失得快,而上海又比宁波消失得快。根据 1911 年出版的材料，[1]"筷"的上海话读 khwan，与安徽休宁的"筷"[k'uan]、宁海、定海的"筷"[k'uɛ < k'uɛn] 一样，说明上海话也曾有过儿化的现象；"虾"在现在上海话的口语中念 hø，与"安"[ø] 同韵，似应看成儿化的残存形式之一，不过上海话已难得见到这类现象了。

根据现代学者对吴方言的研究，看来吴方言在其发展过程中曾有过自己的儿化韵。由于语言发展的不平衡性，吴方言的儿化现象在现在江、浙、皖地区呈现出不同的分布状态，就总的情况看，南部（如温州）比北部（如浙东、苏南和皖南的休宁等）丰富，西部（如金华、义乌等地）比东部（如宁波、上海等地）明显；或者换一个角度说，北部地区如苏南、皖南的休宁比南部的温州变得快，东边的宁波、上海比西边的金华、义乌变得快，已接近消失[2]。总之，吴方言的儿化有自己的发生、发展和消失的规律，与北方方言很不一样；宁波方言的儿化韵的残存形式以及我们从中所能得到的启发，正是这种发展规律的一个缩影。

14.4.5 我们通过一个"麻雀"（宁波方言"鸭"类词的兴衰）的解剖了解了构词的语法手段的弱化或磨损可以干扰音变的规律，使音系中出现一种特殊类型的例外。这不是宁波方言特有的现象，而是语言中可以经常碰到的一种残存形式。过去一般把它作为连续式音变的"例外"而不予置理，而现在由于语言研究的深入，对这种特殊的例外进行特殊的研究，因而发现了很多重要的语言发展的线索。马尔基耶尔教授在拉丁系语言的研究中发

① 参看 Introduction to the Study of the Shanghai Vernacular，第 14 页，1911 年，上海广协书局。

② 参看平田昌司《休宁音系简介》(《方言》1982 年第 4 期)。李荣《温岭方言的变音》(《中国语文》1978 年第 2 期)。郑张尚芳《温州方言儿化词的语音变化》(《方言》1980 年第 4 期和 1981 年第 1 期)。

现屈折的词形变化是产生“多得令人烦恼”的例外现象的一个重要原因。为此，他专门写了一篇文章对这种特殊的例外进行了深入的研究，作出了令人信服的解释。① 胡坦在藏语的研究中发现语音的变迁会引起语素的变异，因而有时候可以反过来，通过语素变异的研究去探索语音演变的线索。例如古藏语的复辅音在现代的拉萨话里大多已变成单辅音，词首没有 st-、rg-、sgr-、lng-、rng-、md- 之类的辅音群，词末也没有 -ms、-gs、-nd、-bs 之类的复辅音。但是在某些复合词中人们仍旧可以见到复辅音。例如：

-p-	tɕu˥˦	（十）	+	ɕi˩˨	（四）	→	tɕu˥pɕi˥˦	十四
-k-	tɕu˥˦	（十）	+	tɕiʔ˥˨	（一）	→	tɕu˥ktɕiʔ˥˨	十一
-r-	tɕu˥˦	（十）	+	ku˩˨	（九）	→	tɕu˥rku˥˦	十九
-m-	tɕʻu˥˦	（水）	+	ta˩˨	（箭）	→	tɕʻu˥mta˥˦	水枪
-n-	mi˩˨	（不）	+	tuʔ˩˧˨	（有）	→	mi˩ntuʔ˥˨	没有
-ŋ-	tɕʻu˥˦	（水）	+	ko˩˨	（头）	→	tɕʻu˥ŋko˥˦	水源

从共时音系的结构来看，pɕ-，mt- 之类的复辅音与音变的规律不符，好像是由于语素的组合而出现了增音现象。其实，“从历史上看，这里并没有增音，只是在一定条件下保留了某些古复辅音”“今日之特例可能是昨日之通则。我们可以从许多不规则的语素变体中看到某些历史音变的痕迹。”② 由此可见，联系语法结构研究语音的发展，可以解释一些传统的音变理论无法解释的例外。这就使音变的研究向前迈进了一步。

14.4.6 不管是宁波方言的儿化残迹，还是藏语的语素变异，

① Y. Malkiel: The Inflectional Paradigm as an Occasional Determinant of Sound Change, Reprinted in Lehmann and Malkiel, 1968, pp. 23—63.

② 胡坦《藏语的语素变异和语音变迁》，《民族语文》1984 年第 3 期第 4—12 页。

都向语言的理论研究提出了一个重要的问题：必须根据音变规律的标准把各种例外的现象加以分类，使其各得其所，而后再对各种类型的例外（连续式音变的例外、离散式音变的例外、因构词、构形之类的语法手段的弱化而出现的例外……）进行具体的分析，并作出理论上的解释。

规律与例外，这本来是矛盾的统一。没有规律，也就谈不上例外；反过来，例外可以考验规律。例外是在规律研究的基础上发现的。因此，例外的研究必须紧紧扣住规律，用规律来鉴别例外的性质，以便对不同性质的例外进行不同的研究。过去一般都以连续式音变的语音条件为标准来考察例外，这就搞乱了某些例外与音变规律之间的关系，因而无法得到合理的解释。音变理论研究中的这种片面性应该加以纠正。

例外在语言的共时状态中是少数不规则的残存现象，但在这些现象的背后却隐含着语言发展的一般规律，因此它是研究语言演变的很好的向导。我们对宁波方言“鸭”[ɛ]类词的研究就是以这种特殊的例外为向导而发现语言发展中的一条重要规律的。所以，语言中的残存现象在语言史的研究中有非常重要的价值，不能像以往那样简单地扔进“例外”的垃圾桶而不予置理。

找出例外的现象或罗列音变的现象不是语言研究的目的，重要的是要找出隐蔽于现象背后的规律，并作出因果性的解释。这可能是今后一个时期中的历史语言学的一个重要的发展趋向。

15. 文白异读（上）：叠置式变异和内部拟测法

15.1 文白异读的产生和系统中的叠置

15.1.1 语言的演变有“变化”和“竞争”两种方式。“变化”就是A变为B，变化前后的两种形式有继承关系，其具体的表现就是连续式变异和离散式变异所代表的变化，体现语言在时间上从古至今的纵向演变。“竞争”与此不同，它是A与B同时共存，相互竞争，一个挤掉另一个，完成取而代之的演变过程，体现语言在空间上的横向扩散。汉语的文白异读是这种“竞争”的一种典型表现形式。它是有待于历史语言学去开垦的一块重要的处女地。

15.1.2 文白异读在汉语中是一种常见的语言现象，是语词中能体现雅/土这种不同风格色彩的音类差异。平常说的“白读词”“文读词”之类的说法是模糊的，不确切的，因为文白异读的“异”不是词的“异”，而是词中的某一个音类的“异”。例如，祁县方言的“爬”，白读为 ꜀pa，文读为 ꜀p‘a，只是声母的不同；闻喜方言的“糠”，白读为 ꜀k‘ə，文读为 ꜀k‘ʌŋ，只是韵母的不同；“步”白读为 ꜁p‘u，文读为 p‘uꜗ，只是声调的不同。所以，文白异读的“异”

是音类的"异",应该把它纳入音变的范畴进行研究。

离散式音变的音变单位是音类（§13.3）,文白异读的"异"也是音类,表面上看起来似乎一样,但实际上相互有原则的区别。文白异读的"异"能体现风格色彩的差异,一般说来,土词多用白读形式,使其具有"土"的风格色彩,而新词、书面语词以及在比较正式、庄严的交际场合多用文读形式,使其具有"雅"的风格色彩,甚至于某些语词只能用白读形式,有些语词只能用文读形式,相互之间不能替换。离散式音变中的音类没有这些特点,祁县的"招"读 ꜀tʂɑɔ 或 ꜀tsɑɔ,在由它组成的任何语词中都可以自由替换而不具备风格色彩的差别。所以,文白异读的"异"不能与离散式音变中的音类差异混为一谈（§15.2.6）。

15.1.3 "文"与"白"代表两种不同的语音系统,大体说来,白读代表本方言的土语,文读则是以本方言的音系所许可的范围吸收某一标准语（现代的或古代的）的成分,从而在语音上向这一标准语靠拢。比方说,山西闻喜方言的"床"（代表知、照系的合口字）,它的文读形式原来为 ꜁pf'ʌŋ,白读为 ꜁pf'ə,新中国成立后由于推广普通话和在学校中进行普通话教学的结果,"床"字产生新的文读形式 ꜁ts'uʌŋ。声母为什么是 ts'- 而不是 tʂ'-？因为在闻喜方言音系中多数人已没有 tʂ- 类声母,说明吸收标准语的音类时其音值还得适应本音系的特点。宁波方言也可以为这种考察提供一个重要的佐证。鸦片战争之后,宁波辟为商埠,与外地的交往比较频繁。方言的分歧造成相互间交际的困难,而这种困难却为北方官话的影响敞开了大门。本世纪初,宁波海关的德籍官员冯·莫棱道夫在《宁波方言的音节》（The Ningpo Syllabary, p. xi）一书中已清楚地指明了这一点,说宁波方言有很多字具有文白异读的形式，白读的口语形式代表较古的读音，文读的现代形式由来自各省的教员带到学校，字的读音一般都是现代官话。根据1876年出版的《宁波方言字语汇解》的材料，肴韵见系字（交胶教绞酵……）的白读为-ao（如"一教[kao]就会"），文读为-iao（如"异教[tɕiao]"），文读形式大体上与北方官话相似。这些情况说明，文读形式的产生是外方言、主要是权威方言影响的结果，[①] 是某一个语言系统的结构要素渗透到另一个系统中去的表现，因而音系中文白异读之间的语音差别实质上相当于方言之间的语音对应关系。如果说，方言间的语音对应关系是语言分化的结果，那么音系内部由文白两种形式的区别所体现的对应关系则是语言汇合或统一的产物。由语言的分化所造成的不同音系之间的语音对应关系是历史比较法的基础，在语言史的研究中具有重要的价值（§2—§6），同理，文与白两种语音形式的对应关系同样也具有重要的价值，只是由于它们共处于一个音系之中，人们不易发现它们的价值而已。文白异读的产生体现方言间的接近，与语言分化的过程正好相反，因而需要对文白异读进行特殊的分析，首先需要对文读形式产生以后音与音之间的关系进行内部结构的分析。

15.1.4 一个方言向另一个方言吸收结构要素，产生文读形式，这就在系统中出现了叠置。这里以山西闻喜方言宕摄字的文白异读以及它与果摄字的关系为例来分析这种叠置的状况：

---

① 标准语中的文白异读，情况可能与此有异。"概括地说，北京的文白异读，文言音往往是本地的，白话音往往是从外地借来的。其他方言区的文白异读，白话音是本地的，文言音往往是外来的，并且比较接近北京音。"（李荣《音韵存稿》第115页。商务印书馆1982年）

糠	文	꜀kʻʌŋ	不同系统的同源音类的叠置
	白	꜀kʻə	同一系统的异源音类的叠置
科		꜀kʻə	

同源音类的叠置是同一语素具有不同的音类交替形式；这种交替与 §9.1.2、§9.3.2 所说的不规则的形态交替是两回事；由同源音类的叠置形成的交替反映语言发展中两个姊妹方言之间的关系，而不规则的形态交替则是音系中由条件音变给音系带来的结构差异。同一系统中异源音类的叠置是原来不同的音类取相同的语音形式，这反映同一系统内的不同音类在发展中的相互关系。这里的关键是文读形式的产生；没有文读形式，"糠"与"科"合流，不会像现在那样既合又分，成叠置的状态。两种不同性质的叠置决定了白读的语音形式在演变中的不同命运：它在系统中能否取得生存的权利，决定于它与文读形式的竞争；白读形式的语音本身如何变化，决定于它与之叠置的那个异源音类的语音变化。音系中由于存在着叠置，因而德·索绪尔的语言系统同质说应加以修正，以这一理论为基础建立起来的内部拟测法也需要进行必要的补正（§14.3、§14.4）。

15.1.5　我们下面主要以山西闻喜方言为对象去分析音系中的叠置以及与叠置有关的问题。为了叙述的方便，我们先把闻喜方言的几类主要文白异读的情形列表于下（见 387 页）。

从这个异读表中我们可以看到音系中叠置的大致状态。

15.1.6　语音系统的结构是严密的，对外系统的结构要素一般都取排斥的态度。为什么会吸收或借用另一系统的成分而形成文白异读？这完全决定于交际的需要，是权威方言能够对其他

文读音类	白读音类	出现条件	例　字
p,p‘,m	t,t‘,l	帮组开口三、四等	闭,飘,病,米①
p,pf,t,k,ts,tɕ	p‘,pf‘,t‘,k‘,ts‘,tɕ‘	全浊塞音,塞擦音,仄声	败,柱,在,待,局
tsu-,ts‘u-,su-,zu-	p‘,pf‘,f,v	知照系合口	主,虫,帅,软
ʌŋ,iʌŋ,uʌŋ,yʌŋ	ə,iə,uə,yɛ	宕江摄	汤,墙,桑②,王
	ẽi,iẽi	曾　摄	灯,层,升,蝇
	iɛ,uiɛ,yɛ	梗　摄	棚钉,横,永
	ẽi,uẽi	通　摄	冯中,瓮董③
iɛ	a/ia④	假开三	车社 / 爹斜
uei/(e)i	y/u⑤	蟹、止合三	穗嘴苇 / 水吹锥
ə	iɛ	假开三知照系,部分入声	车赊,热舌
去声	阳平	全浊上,浊去	站皂造郡

方言的发展速度、发展方向施加影响的一种表现形式。大量的事实说明,语音在发展中由于种种原因可能被磨损。例如鼻韵尾,不少方言都经历了从鼻韵尾到鼻化元音、再进而消失鼻化成分而成为口元音的发展。闻喜方言的宕、江、梗等摄的阳声韵的白读音看来都经历了这样的发展过程。例如"糠"*k‘ɑŋ 在丢失鼻韵尾后就与果摄字合流:糠$_{\text{白}}$ = 科,现在同读 ꜀k‘ə。这样,类似"糠"这样的宕摄字就失去宕摄字的特征。这种情况说明方言的这一

---

① "米"的白读在城关为 [꜂li],在四乡为 [꜂ni](n 在发音时带有塞音成分,实际音值为 [꜂n^{d}i],下同)。

② 精组和来母字的白读为合口。

③ 只见于"冯村""中村""瓮村""董村"四个地名中。

④ a/ia 依声母的条件分化,ts 组声母后为 -a,其他声母后为 -ia。

⑤ 依声母条件而分化,pf 组声母后为(e)i/u 的交替,其他声母后为 uei/y 的交替。

音类的音变速度比权威方言要快。另一方面，也可能有相反的情况，就是方言的某一音类的音变速度比权威方言的慢，同源的音类在权威方言中已与其他音类合并，而它却仍维持自己独立的音韵地位（例如见系开口二等字在普通话中声母大多已经颚化，而不少方言仍维持其舌根音的发音地位）。一般方言与权威方言在音变速度上的这些矛盾，如果言语社团没有感到这种合与分给交际带来影响，那么方言的音变速度就会摆脱权威方言的影响，在音系中产生音类的合并（速度快）或者维持原来从分的格局（速度慢）；如果言语社团感到这种合与分已经影响到语言的表达：或者无法清楚地、有区别地把原来不同的词形区别开来，或者感到音系中存在一些没有必要的区分，那么语言表达的经济性、明晰性和区别性的要求会调节音类分合的布局。文白异读实际上就是调节音变速度或方言中音类分合布局的一种力量，权威方言通过音类输出使同源音类变化速度过快的方言变得慢一点，以恢复已与其他音类合并的那个音类的独立性（例如闻喜方言的宕摄字的文读音），或者使变化速度过慢的方言变得快一点。不管属于哪一种情况，调节的总方向是使方言的音系尽可能地向权威方言的音系靠拢。这种调节之所以能够实现，就语言本身来说，主要要归功于语言发展的不平衡性和规律性（§4.1.3），因为同源的音类在不同的姊妹方言中的不同的语音表现形式为形成文白异读提供了可能的客观条件。只要语言的表达有需要，就可以在音系许可的范围内，通过“移花接木”的方式向姊妹方言（一般都是权威方言）借用同源音类的语音表现形式，形成叠置，以重新调整音系中音类分合的布局。所以，产生文白异读的这种语音条件与连续式音变、离散式音变不同：连续式音变、离散式音变都是发生在系统内部的变化，而文白异读则是方言间相互影响的产物，它决定于历史上同源的音类在方言中的分合，以同源的音类在方言中的不同语音表现为前提。特殊的条件产生特殊的音变。音系中文读形式的产生使音变出现了一种新的类型——叠置式音变。

15.2 叠置式音变和它与离散式音变的区别

15.2.1 在存在文白异读的叠置系统中，“同一系统的异源音类的叠置”反映系统内部的音类分合关系，其音变的方式与连续式音变、离散式音变一致。而“不同系统的同源音类的叠置”则是不同系统的因素共处于一个系统之中，因而相互展开了竞争，如果其中某一个系统的因素在竞争中失败，退出交际的领域，那么在语言系统中就消除了叠置的痕迹，实现了两种系统的结构要素的统一。我们把这种竞争的过程称为叠置式音变。

15.2.2 文读形式产生之后在语言系统中就出现了文与白的竞争，竞争的总趋势一般都是文读形式节节胜利，而白读形式则节节“败退”，最后只能凭借个别特殊的词语与文读形式抗争。这种过程大体上可以分为三个阶段。

第一阶段的主要特点是文弱白强，文读形式的运用范围受到极为严格的词汇条件的限制。麻$_{三}$的章组字在闻喜方言中文读 -ə，白读 -iɛ。在全部 15 个语素（遮者蔗车扯蛇射麝奢赊捨赦舍佘社）中老年人[①] 只有一个“社”字在“社会主义”一词中可念文读形

① 发音人的情况参看第 265 页的脚注，下同。

式 ꜁sə，其他词，其中包括像“人民公社”这样的新词，“社”字都念 ꜁siɛ。所以在开始的时候一个语素在由它所组成的语词中都可以读文读形式的情形是没有的。文读形式的出现要受到极为严格的词汇条件的限制。

第二阶段的主要特点是文白相持，势均力敌。随着时间的推移，文读形式在语词中逐一争夺自己的发音权，因而运用范围逐步扩大，所辖的语素日益增多，而白读形式虽然节节败退，但在语词的使用上并不轻易放弃自己的阵地，因而有些语词的读音是文白共存，体现为雅／土的风格色彩的差别。例如麻$_{三}$章组字的文白异读，青少年与老年人就有明显的区别。青少年的文白分布的情形为：

文读：-ə　遮蛇社射麝扯舍捨
文白并用：-ə/-iɛ 蔗车佘
白读：-iɛ　奢赊

语素的文读形式已居主流。不仅少数的新兴词语，而且不少的日常用语都可以采用文读形式，表现为文白并用：

火车 ꜀ts‘ə /꜀ts‘iɛ　　汽车 ꜀ts‘ə /꜀ts‘iɛ
甘蔗 ꜀tsə /꜀tsiɛ　　佘 ꜁sə /꜁siɛ

这种相持是文白竞争过程中的一种富有特征性的现象。在离散式音变中我们是看不到这种能体现雅／土不同风格色彩的竞争的相持状态的。

第三阶段的主要特点是文强白弱，与第一阶段的情况正好相反。如果说第一阶段的文读形式要受到词汇条件的严格限制，那么第三阶段则是白读形式要受到词汇条件的限制，某一语素只有在几个有限的词语中可以有白读形式，有的甚至只能出现在地名中。例如：

一丈 ꜁tsʻʌŋ / 丈人 ꜁tsʻə　　娘母亲 ꜁ȵiʌŋ / 娘祖母 ꜁ȵiə
表扬 ꜁iʌŋ / 扬场 ꜁iə　　仓库 ꜀tsʻʌŋ / 仓底村 ꜀tsʻuə
健康 ꜀kʻʌŋ / 康村 ꜀kʻə　　杨树 ꜁iʌŋ / 杨家庄 ꜁iə
太阳 ꜁iʌŋ / 下阳（村）꜁iə　　两个 ꜂liʌŋ / 三两 ꜂liə

斜线前后的读音在例词中不能互相掉换。由于文白两种形式不在同一词语中出现，因而同一语素的文白两种形式在言语社团中的心理联系减弱了，往往把它们看成为两个不同的语素。例如把“星宿”叫 ꜀ɕiɛ ꜁ɕiəu，人们已不认为 ꜀ɕiɛ 是“星”的白读。这种情况倒有利于白读音的保留。

地名中的白读是最顽固的，甚至可以说它是“对抗”文读形式、坚持生存权利的最后“堡垒”。闻喜的不少白读音只见于地名中。例如：

王法 ꜁uʌŋ / 王村 ꜁yɛ　　姓董 ꜂tuʌŋ / 董村 ꜂tuẽɪ
水瓮 uʌŋ꜄/ 瓮村 uẽi꜄　　中间 ꜀pfʌŋ / 中庄 ꜀pfẽi
姓冯 ꜁fʌŋ / 冯村 ꜁fẽi　　土坑 ꜀kʻʌŋ / 坑东 ꜀kʻə ~꜀tɕʻiɛ

如果在地名中没有留下这些白读形式的残迹，那我们就压根儿不会知道闻喜城关周围地区曾有过这类白读形式。这种残存现象在语言史研究中有重要意义，它可以成为我们研究语言的发展的一些重要的线索（§15.2.5）。

15.2.3　文白两种形式在竞争中谁胜谁败的速度、相持阶段的时间的长短，主要决定于文白两种形式的力量对比。土语的力量大，其抵制来自外方言的文读形式的力量就强，因而它在竞争中的“败退”速度就慢，反之就快。而土语力量的大小则决定于白读形式所辖语素的多少和空间分布区域的广窄。

在方言中，有些白读形式管辖的语素数量很大，而有些白读形式即使在竞争阶段开始时也只能在有限的语素中出现，因而它对抗文读形式的力量很弱，“败退”的速度比较快。上述麻$_三$章组的文白异读仅涉及到 15 个语素，在音系中就比较容易受冲击，因而从老年到青少年，相互间表现出明显的区别。而中古的全浊塞音、塞擦音声母在闻喜方言中白读念送气音，涉及的语素数量很大，因而在竞争中“败退”的速度就比较慢。随着以北京话为代表的普通话的影响的深入，原浊上、浊去（也包括部分浊平和浊入，参看 §10.4.3）字念送气的白读也逐渐念为不送气的文读。请比较原浊声母塞音、塞擦音的不送气～送气的文白异读在老、少[①]两代中的分布：

	文读（不送气）	文白两读	白读（送气）
老　年	96	34	97
青　年	131	72	20

年轻一代的文读形式虽然比老一代多，但白读的语素仍然不少（20+72），说明它的“败退”的速度比较缓慢。

白读形式的空间分布广度也与文白竞争的速度有密切的关系。闻喜方言的文白异读最有特点是原阳声韵的阴声化和帮组声母开口三四等读端组声母的现象。这两类白读现象的发展速度相差很大。我们比较城关方言点的内部语音差异和城关与四乡的语音差异，发现原阳声韵字的文白异读在老、少两代中的差异比较小。以 -ʌŋ/-iɛ（梗开二庚、耕）的文白交替为例，老、少两代的差异如下：

---

① 这里的统计数字据陈可喜（老年）、任海红（青年），由于任海红的文化水平较低，有些字不认识，因而总字数较少。

	文　读	文白两读[①]	白　读
老　年	143	48	0
青少年	159	32	0

如果我们再联系宋西北方音，还可以发现这类白读形式可以上溯到宋与西夏的交往时期，前后延续了一千多年（§15.3.2），而且现在还看不出它在向消失的方向发展。这说明，这种白读形式在竞争中还相当有力量，仍旧坚守着自己的阵地。相反，帮组声母在开口三四等的条件下读舌尖音的白读现象，其衰变的速度却相当快。先请比较这类白读现象在城关方言点内部不同发音人之间的差异：

	城关（任）	城关（王）	城关（李）	城关（红）	城关（贾）	城关（张）
口语中白读音字数	63[②]	53	28	14	2	1
听说过但不说的白读音字数	—	—	25	26	8	9

现在的小青年，说这类白读音的语素已寥寥无几，虽然其中有一部分听说过，将来也可能会说，但就总的趋势看，其数量在急剧减少。空间的差异也说明同样的问题。这类现象以南乡的河

① 文白两读的例字如下（括号中的例字少年只有文读）：

ʌŋ/iɛ　冷生甥（省坑）棚争睁（筝）声

iʌŋ/iɛ　（行）杏（平坪）病（鸣）明（命荆）惊镜（庆迎）影名领岭井清晴净轻~重赢（丁）钉~子钉~住听（锭）宁（零）铃青星腥醒经~纬

uʌŋ/uiɛ　横

yʌŋ/yɛ　（永）

② 这 63 个字是：p-/t- 蓖~麻闭比秕膔表彪鞭编变~戏法辩~论鳖边蝙匾槟~榔笔毕姓逼兵饼壁；p‘-/t‘ 皮被~子屁鼻飘瓢漂票漂~亮偏便~宜片辫匹凭~据平坪家~村病僻辟劈瓶萍水~草；m-/l- 米眉描庙妙绵棉面灭麺篾竹~抿~住嘴密蜜鸣叫~明天~命名。

底话最丰富，有近百个字，约占字表有关字数的三分之二。其他各点的数量参差不一，总的趋向是从南到北，逐渐减少。请比较（各方言点见 § 10.4.3 的图）①：

	河底	城关	项家沟	呱底	东镇	横水
p,p‘,m 读 t,t‘,n 的字数	96②	53	55	53	27	0

河底话的白读比城关差不多多一倍，而城关又比东镇多一倍；东镇已近消失的边缘，因为残存的 27 个字音多为不识字的老太太所用，一般人已废弃不说。在河底，这类现象看来还比较年轻，因为一些新词语和书面色彩比较重的词语都可以有白读形式。例如：

批评 ꜀pᶜi ꜁p‘iʌŋ /꜀t‘i ꜁t‘iʌŋ　　疲劳 ꜁p‘i /꜁t‘i
包庇 p‘i꜄/ t　‘i꜄　　标准 ꜀piɑo /꜀tiɑo
勉强 ꜂miæ /꜂niæ　　把柄 ꜂piʌŋ /꜂tiʌŋ
聘请 ꜂p‘iẽi /꜂t‘iẽi　　铭刻 ꜁miʌŋ /꜁niʌŋ

这些词在城关都不能用白读音。语言的空间差异反映语言在时间上的发展。上述各点的差异正说明白读语音的迅速的衰变趋向。横水话没有 p-/t- 之类的文白交替，看来这个地方不曾有过这种文白异读。

为什么这两类文白异读现象的发展速度有这么大的差异？这就涉及到这两类白读现象所代表的土语力量的大小。帮组声

① 各方言点的发音人是：河底，屈克己，男，45 岁，农民。项家沟，张冬民，男，19 岁，职员。呱底，张平安，男，26 岁，农民。东镇，程鸿逵，男，58 岁，教员。横水，张登科，男，59 岁，干部。城关点的语音据城关（王）。

② 河底比城关（任）的白读语音，除个别有参差外，大体上要多 36 个：p-/t- 斃憋备标錶裱辨遍便方～弼～马盡冰柄并；p‘-/t‘- 披批避琵疲脾庇嫖品篇骗撇评聘拼别；m-/n- 迷免勉盟铭苗秒。

母开口三四等读舌尖音的现象分布的区域很小，主要在闻喜县境内，再加上夏县、稷山（可能还有新绛）的一小部分地区，力量小，因而在现代经济发展、交通发达的情况下，在推广普通话的声浪中容易被取代。而宕、江、曾、梗、（通）等摄不带鼻韵尾的白读现象分布区域相当广，从西夏文献所反映的情况来看（§15.3.2），可能涉及到当时的整个西北方言；从现代的方言状态来看，整个晋南乃至晋中都广泛地存在着这类白读。由于它的空间分布区域广，对本地区的人们的相互交际影响不大，因而它在与文读形式的竞争中就显得很“顽强”，变化的速度比较慢，老少两代所差无几。所以，白读现象的空间分布的广度对它的“败退”、消亡的速度是有直接的影响的。

15.2.4　文白之间的竞争一般只涉及文读形式与白读形式这两种力量的强弱对比，其总趋势是文胜白败。但是，如果在文白两种力量的竞争过程中有一种新的音变力量挤进来，形成三种或四种力量的相互竞争，那么，这种新的音变力量可能会干扰文白两种力量的竞争，并且声援白读，迫使文读形式退出交际的领域，恢复或基本恢复文读形式产生以前的语言状态。这种现象固然比较少见，但却是叠置式音变中一种令人感兴趣的重要现象。我们在闻喜、祁县等北方方言中没有发现这种类型的逆向衰变，但在百年来宁波音系的演变中却可以看到从文白相持到文败白胜的竞争过程。

§8.2.4 已经说过，当 -ɛn 的 -n 韵尾还未消失的时候，宁波方言的 -a 韵字已开始通过文白异读向 -ɛ 韵过渡，《汇解》的文白异读所展示的两套读音就是对这种过渡的一种具体说明。先请比较《汇解》所反映的语言现象和现代宁波方言的异同：

	《汇解》白	《汇解》文	现代白	现代文
	白	文	白	文
拜摆	pa	pɛ		pa
派	p'a	p'ɛ		p'a
排牌败	ba	bɛ		ba
买卖	ma	mɛ		ma
带戴~帽子	ta	tɛ		ta
太~贵拖泰	t'a	t'ɛ		t'a
埭走一~	da			da
□~其丫脸	da			da
奶艿	na	nɛ		na
赖癞	la			la
戒解介芥	ka	tɕiɛ		ka
诫械		tɕiɛ		tɕie
揩	k'a	tɕ'iɛ		k'a
外	ŋa	ɦuɛ	ŋa	ɦua
蟹	ha			ha
鞋	ɦa			ɦa
债斋	tsa			tsa
寨□~(怎么)	dza			dza
晒洒	sa			sa
柴豺	za			za
雅~片矮挨	a			a
借者姐	tsia	tsiɛ		tɕie多, tse少
且	ts'ia	ts'iɛ		tɕ'ie多, ts'e少
写泻	sia	siɛ		ɕia
邪斜谢	zia	ziɛ		ʑia
野也夜爷	jia	jiɛ		jia
怪拐乖	kua	kuɛ		kua
快	k'ua	k'uɛ		k'ua
坏	ɦua, ua	ɦuɛ	ɦua, ua	ɦuɛ
怀	ɦua	ɦuɛ	ɦua	ɦuɛ

这些都是从《汇解》中摘录下来的例字。从这里可以清楚地看到,-a 韵在《汇解》的时候是蟹$_{二}$、假两摄有关韵类的白读音,-ɛ 为文读的语音,在同一语素中文白两种形式可以共存,处于交替和竞争的相持阶段。有些字没有文读音,这可能是《汇解》没有反映,因为它注重口语;也可能是当时的语音只有一种形式。[①] 如前所述,文白之间的竞争的总趋势是文胜白败,但是宁波话的"拜"类字的文白异读 -ɛ/-a 之间的竞争,其发展的趋势正好相反,如上表所示,是白读形式取得了胜利。究其原因,与 -ɛn 韵失去 -n 韵尾的音变有关。由于 -ɛn 失去 -n 而变成 -ɛ,这样它就与原来的 -ɛ 韵字冲突(§8.2.4),也与 -a 通过文白异读向 -ɛ 过渡的音变矛盾。三种演变的力量挤在一起,相互竞争,最后由 -ɛn>-ɛ 的音变力量取得了胜利。它一方面迫使原来的 -ɛ 韵高化为 -e(§8.2.4),另一方面又阻止了 -a 通过文白异读向 -ɛ 的过渡,迫使"拜"类字的文读形式 -ɛ 退出交际的领域,而白读的形式则在 -ɛn>-ɛ 的演变力量的支持下在衰变中巩固了自己的阵地,重新活跃于各种交际的领域。除了"坏怀"等少数几个语素还保留文白对立的形式("外"的文读形式也由 ɦuɛ 改为 ɦua)外,文白并存的现象基本消失。这种发展趋向在《现代吴语的研究》的时候已见端倪。根据《研究》所公布的材料,文白似趋混同。例如,"街""鞋"只有白读形式 -a,这与《汇解》和现代宁波音一致。"败""豺""泰"等分文白,但下面的标音都是 [a, ɛ, e],未见明确区分;这几个字所代表的泰、佳等韵字是分文白异读的主流,《研究》没有

---

① 我们后来在宁波天一阁看到《鄞县通志》,发现文白异读的分布状况与《汇解》相同。

明确地分出文白两类，可能是这批字的文白分合已趋混乱，用今天的宁波话来印证，就是文读形式那时已趋向消失。现在的宁波方言这批字只有 -a 一种读法。《研究》中明确地分出文白异读的只有“也”“谢”和“怪”“坏”四类字。“也”“谢”的文读为 -iᴇ，-i，白读为 -ia；“怪”“坏”的文读为 -ue，白读为 -ua。这种文白的对立与《汇解》一致。现在“也”“谢”“怪”三类字只有读 -ia、-ua 一种形式，即文读形式已于《研究》之后消失，而只有“坏”类字（“坏怀”）还保存着百年前文白对立的痕迹。所以，一种新的音变力量介入文白之间的竞争可以干扰、改变文白竞争的演变方向，使音系产生新的结构格局。

从文白相持到白胜文退，这是一种倒退的音变。这种现象虽然比较少见，但却是产生叠置式音变的例外的一个原因，与残存于个别土词中的白读形式一样，在音变的研究中都需要引起我们的注意。

15.2.5　文与白两种形式的竞争由于胜败的大势已定，竞争可能会趋于缓和，因而少数残余分子依据其所寄生的语词的生命力（使用频率高或其他原因）而获得喘息的机会，在音系中留存下来。这就是我们在方言中看到的一些残存的白读形式或文读形式。这种残存的形式是叠置式音变的例外。这种例外的性质与连续式音变、离散式音变的例外不一样，它是文白竞争中的幸存者，每一种残存形式，虽然它只是个别的事实，但却带有系统的性质，是古音的留存，可以从个别中窥知一般，所以在语言史的研究中具有非常重要的价值。李荣的《从现代方言论古群母有一、二、四等》一文在这方面给我们提供了很多重要的启示。《切韵》的群母只有三等，传统的韵书、韵图都一直沿用这一说法，但现代的吴方言、闽方言的白读音却保留有一二四等群母字的残迹。李荣所用的材料不多，只有后来的韵书分别归入见、溪、疑、匣各母的十三个字：

一等：搁（见）隑（溪）寒汗猴厚（匣）

二等：掼鲠（见）咬（疑）环衔怀（匣）

四等：悬（匣）

这些字在今天的吴、闽和部分粤方言的白读中声母读塞音。例如：

	掼扔，甩	隑倚，靠		掼扔，甩	隑倚，靠
安徽黟县	kua˨˩^{2}	kuaɯ˨˩^{2}	浙江嘉兴	guɛ˨˩^{2}	gɛ˨˩^{2}
安徽休宁东洲		tuə˩˧^{2}	浙江绍兴	guæ̃˩^{2}	ge˩^{2}
江苏泰州	꜀k'uẽ˧˩	k'ɛ˧꜄	浙江义乌	gua˧˦^{2}	ge˧˦^{2}
江苏如皋	꜀kuẽ˧˩	k'ɛ˧꜄	浙江金华	gua˧˦^{2}	gai˧˦^{2}
江苏苏州	guɛ˧˩^{2}	gɛ˧˩^{2}	浙江温岭	guɛ˩˧^{2}	gie˩˧^{2}
上　　海	guɛ˩˧^{2}	gɛ^{2}	浙江温州	ga˨^{2}	ge˨^{2}
			浙江平阳	gɔ˨^{2}	ge˨^{2}

李荣认为这些都是古群母读塞音的残留，“古群母有一、二、四等的地区，如上文所述，有江苏、上海、浙江、安徽、福建、广东等省市，在地理上是相连的。在江苏、福建两省，‘环’和‘猴’读塞音和擦音的交界线可能分别接近于两省古群母有一、二、四等地区的边缘。”① 这一现象告诉我们，残存在白读中的个别事实，有助于语言史研究中的一些重大问题的解决，决不能简单地作为例外而置之不顾。台湾的陈新雄虽然在《群母古读考》一文中对群母音值的拟测进行了全面的讨论，认为它是浊擦音 ɣ- 的分化：在 i̯ 的前面变成群母 g'-。但是，作者仅仅满足于文字上的自圆其说，

① 请参看李荣《音韵存稿》第 119—126 页。商务印书馆 1982 年。

而对于《从现代方言论古群母有一、二、四等》一文所提出的方言材料显得无可奈何，不知如何对付，感到“没有更好的理由来反驳”。[①] 出现这种困惑，一是由于他没有把方言材料与书面材料结合起来，二是没有弄清楚文白异读所体现的音变的性质，因而也就不可能了解残存的白读在语言史研究中的价值。

15.2.6　叠置式音变中文与白两种形式的竞争以音类为单位，竞争的过程看起来也是采取逐一更替的扩散方式，似乎它与离散式音变一样。但是，这种相似是表面的。实际上叠置式音变和离散式音变有原则的区别。

第一，离散式音变是音系内部音类之间的分合变化，变化前后的两个音类是一种“变”的关系。例如祁县方言的一部分 ts- 类声母是从 tʂ- 类声母变来的（§13.3）；宁波方言的韵母 -yoŋ 有一部分是从 -yŋ 变来的（§11.3.2）。而叠置式音变与此不同，文与白两种形式不是系统内部的音类分合关系，而是不同的音系之间的“移花接木”式的借贷关系（§15.1.5），就是说，文与白之间不是一种“变”的关系，即文读形式不是从白读形式中变来的，白读形式也不是从文读形式中变来的。这说明它的音变性质与

① 陈新雄《群母古读考》，台湾国际汉学会议论文集（语言文字组）第 246 页。群母的古读大体上有两种对立的意见：高本汉认为群匣互补，二母原为一类，匣来自上古的 g‘-；罗常培、董同龢等认为匣与喻$_{三}$互补，本为一类，与群母无关（§9. 2. 3）。陈新雄兼收并蓄，想调和两种对立的意见于一炉，因而对群、匣、喻$_{三}$作了如下的拟测：

上古	释名到六世纪初		切韵
ɣ	ɣ-	+ 非 i̯ 韵母	⟶ ɣ-（匣母）
		+ i̯ 韵母	⟶ g‘-（群母）
	ɣj-	+ i̯ 韵母	⟶ j-（为母）

这一拟测似欠考虑，它经不起语言材料的检验，因而作者面对方言材料的证据而提不出反驳的理由，也就不足为奇了。

离散式音变不同。

第二,离散式音变和叠置式音变虽然都以音类为单位,但实际蕴含的内容不同。文白异读的音类差异能体现雅/土这两种风格色彩的区别,而离散式音变中的两个交替的音类(如祁县的“招”的声母 tʂ/ts 的交替)是纯粹语音上的差别,念哪一个形式与雅/土这种不同的风格色彩没有任何关系。正由于此,文白异读的音类差异会受到严格的词汇条件的限制,在由同一个语素组成的各个语词中,它在哪个语词中用白读的形式,在哪个语词中用文读的形式,除了文白竞争相持时期的某些过渡状态之外,都有严格的词汇限制,不能互换;而处于离散式音变过程中的两个音类在词汇条件上就没有这种限制。例如宁波方言的语素“军”的读音,中年人大多 tɕyŋ~tɕyoŋ 两念,但这种两念与词汇条件无关,它在由它所组成的语词中都可以 tɕyŋ~tɕyoŋ 两念而没有雅/土风格色彩的差别。正由于这些原因,文白异读的音类差异在言语社团的心理意识中清楚地认为是两种形式,并把它们用于各自适合的交际领域。离散式音变中的两个音类,言语社团的心理意识就没有这方面的反应,“军”字读 tɕyŋ 还是读 tɕyoŋ,宁波人不大在乎;这两种形式的运用场合也没有什么区别,在日常的交际中或者在比较庄严的场合中,用 tɕyŋ 或 tɕyoŋ 都可以。tɕyŋ~tɕyoŋ 的语音区别宁波人可以说是茫然的。这些情况又进一步说明,叠置式音变与离散式音变有原则的区别。

第三,离散式音变可以发生中断的变化(§11.5),而中断的变化只是“腰斩”离散式音变的过程,使已经发生变化的音与没有来得及发生变化的音从此分家,但是已经起了变化的音不可能再变回来。例如宁波方言的“看”在中断的变化中它已变

成 $k^{ʕ}i$，它就不可能再变回来读 $k^{ʕ}ɛ$，与它原来的同韵语素“刊”等构成同音词（§11.5.2）。叠置式音变在文、白的竞争过程中不仅是音变的中断，而且是音变的倒退，使已经被更换或者正在被更换的音类重新恢复它的生命力，变文胜白败的竞争过程为白胜文败的过程。这就是说，变了的可以再变回来，重新恢复或基本恢复竞争前的语音状态。宁波方言在这方面提供了一个生动的例子。

从这些现象中可以清楚地看到，叠置式音变与离散式音变有原则的区别。它是一种特殊的、独立的音变类型。

15.3 叠置式音变和语言发展的时间层次

15.3.1 “不同系统的同源音类的叠置”不仅意味着系统中文与白两种形式的共存和竞争，而且还隐含着语言发展的时间层次。叠置，它本身就隐含着发展的时间层次，因为一层叠一层的语言状态可以透视语言发展的一些重要线索，人们可以从中看到方言之间的相互影响以及这一方言对那一方言的发展的影响。

15.3.2 文读形式的产生在系统中出现了叠置，但文读形式本身的地位并不是一成不变的，随着社会条件的改变、文化中心的转移和权威方言的更替，语言中可能会出现新的文读形式。这样，新的文读形式会迫使旧的文读形式退入白读层，使叠置的层次呈现出复杂的状态。闻喜方言的文白异读比较复杂，而且青少年与中老年还有不同，这可以成为我们清理语言发展的时间层次的一种重要的客观根据。请比较：

语音\例字 年龄层	床		水		社		车		苏		陪	
	文	白	文	白	文	白	文	白	文	白	文	白
中老年	꜁pf‘ʌŋ	꜁pf‘ə	꜂ɦ	꜂fu	꜁siɛ/꜁sə	꜁sa	꜀ts‘iɛ	꜀ts‘a	꜀səu		꜁p‘i	
青少年	꜁ts‘uʌŋ	꜁pf‘ə	꜂suei	꜂ɦ/꜂fu	꜁sə	—	꜀ts‘ə	꜀ts‘iɛ	꜀su	꜀səu	꜁p‘ei	꜁p‘i

比较两代人之间的文白异读的差异,就不难发现中老年人的文读在青少年中已成为白读,而与汉语普通话接近的新的文读形式已活跃在青少年的话语中。这种参差的叠置状态是探索语言发展的非常有价值的材料。根据这种参差的叠置状态,可以粗略地分为三个时间层次:

一、新文读层;

二、旧文读层(即中老年的文读层);

三、土语层。

新文读层的时间层次比较明确,是新中国成立后普通话影响的结果。中老年人认为这种新的文读形式有明显的外来色彩,因而在交际中取排斥的态度。不过"社会主义"的"社"字,即使在最"顽固"的老年人中也已念成新的文读形式 ꜁sə(韵改而调未改),它虽然只在这个词中读 ꜁sə 这个形式,其他如"人民公社""社会"等词中的"社"仍都读 ꜁siɛ,但也说明排斥的防线已被冲破。

旧文读层的有些语音形式对于青少年来说已成为白读,但相对于土语层来说它仍旧是文读;它实际上是从文读转向白读的过渡的语言现象,所以我们姑且以"旧文读"称之。旧文读反映什么时间层次的语音,难以确指。旧文读的主要内容是:知、照系合口字读 pf、pf‘、f;麻$_{开三}$读 -iɛ;蟹摄一等的咍、泰韵读 -æe、-uæe;

蟹合三、四和止合三各韵读 -uei；宕（江）、曾、梗、通五摄均读 -ʌŋ、-iʌŋ[①]、-uʌŋ，与臻摄的 -ẽi、-iẽi 不同，等等。从 1918 年出版的闻喜县志来看，麻$_{开三}$似还没有读 -iɛ 的痕迹，因为它用读 -ia、-a 的麻$_{开二}$字注音：

麻马祃韵		斜	邪	些	爷	野	夜	爹	赊	捨	借	惹
方音	读如韵	霞		虾	衙	讶	压	貂牙切	纱	纱$_{上声}$	假	

今天老年人的白读大体上还维持着这种语音状态，看来当时的麻$_{三}$还没有今天那样歧异的读音。麻$_{三}$读 -iɛ 看来是晚起的语音形式，距今还没有多长的时间。宕（江）、曾、梗、通各摄的文读是否同音，方志反映不清楚，它只是分列宕（江）、梗、曾各摄的韵类在当时的闻喜方言中叶什么音，如“庚青梗迥敬径韵”“叶佳蟹泰韵”，指明“惊”读“街”；至于“惊”有无文读？是否与“江”同音？没有说明。五摄的文读同韵而与臻摄异，我们在闻喜周围的权威方言（晋中、关中、河洛）中还找不到任何痕迹，看来这种读音不是来自哪一个方言，而且也不可能是通过书面传统而留传下来的读音。这大概是它们在文读形式产生以后又在往后的发展中合流了。知、照系字的合口字读 pf、pf‘、f，方志中已有清楚的反映。它在“中、壮、追、吹……”字下注明“以下无字可注，唇音改唇齿音读即合”；在“音变第二表”的说明中也说到“有字者注，凡不注者皆无字可注，以雅音缺此类音也，但以唇音改唇齿音读之即得”。这种读音似与关中方言的关系比较密切，但它何时渗入闻喜方言，现在无从查考。从 pf、pf‘ 在关中地区的实际发音特点来看，估计时间不会太长。白涤洲对这些音的音值曾有如下的

① -iʌŋ 中的“ʌ”实为一个过渡音，短而弱，因而“乡”听起来有点像北京话的“星”。

描述:"知照系字读时以舌尖抵齿龈,若不嫌累赘应写作 pfʻ"(1933 年 4 月 15 日给罗常培的信),又说,"周至知照系读 pfʻ pfʻ 时上齿紧抵下唇,舌尖位于上齿龈,发破裂音,盖 tʂ tʂʻ 变 pf pfʻ 之过渡音也"。[①] 在本世纪的 30 年代由 tʂ、tʂʻ 变来的 pf、pfʻ 还没有丧失演变过程中的过渡痕迹,说明此类音变的时间距今不会太遥远。从以上种种迹象来看,我们或许可以说闻喜方言的旧文读可能反映近代或近古时期的语言状态。

闻喜方言的土语层,除了帮组声母开口三、四等读舌尖音(例如"饼"的文读为 ᶜpiʌŋ,白读为 ᶜtiʌŋ 等)之外,其主要特点是:中古全浊声母的塞音和塞擦音,不论声调的平仄,一律送气;宕(江)与果摄字合流;曾(-ẽi,-iẽi,与臻摄的开口韵同)与梗(-iɛ,-uiɛ,-yɛ)分立;通摄读 -uẽi,与臻摄合口韵同,等等。在其他方言中很难找到这种音变的特点,但它却与西夏文的注音所反映的宋西北方音一致,说明这一土语层反映千年以前的汉语西北方言的一些情况。

西夏建国于 1038 年,亡于 1227 年,大致与宋王朝(960—1279)的活动时期相当。它主要活动于我国的西北地区,包括今天的宁夏、甘肃大部、陕西北部、内蒙古西部和青海东北部,所以我们把西夏文献所反映的汉语方音称为宋西北方音。闻喜方言的土语层与宋西北方音有很多重要的相似点。王洪君曾对这个问题有过很好的研究,[②] 现从中择举一例,以见一斑。

中古的全浊声母,不管是平声还是仄声,在闻喜及晋南地区的白读层,一律念送气清音。例如:

---

① 参看白涤洲《关中方言调查报告》第 6 页。中国科学院 1954 年。

② 王洪君《山西闻喜方言的白读层与宋西北方音》,见《中国语文》1987 年第 1 期第 24—33 页。

蒲（并,平）꜁p‘u	步$_{白}$（并,去）꜁p‘u
虫（澄,平）꜁pf‘ʌŋ	重$_{白}$（澄,上）꜁pf‘ʌŋ
槽（从,平）꜁ts‘ao	皂$_{白}$（从,上）꜁ts‘ao
题（定,平）꜁t‘i	第$_{白}$（定,去）꜁t‘i
渠（群,平）꜁tɕ‘y	局$_{白}$（群,入）꜁tɕ‘y
葵（群,平）꜁k‘uei	跪$_{白}$（群,上）꜁k‘uei

这种语音现象与宋西北方音一致。我们如将反映西夏语状态的《文海》中的反切上字系联成类,再看其所用的汉字注音,并用西夏文的藏文注音来印证,就不难发现中古全浊声母在宋西北方音中的实际音值。

p类——使用十个反切上字,用来注明这些反切上字的注音汉字是：北布百柏八不笔毕筚彼碧璧锺盃宝波菠簸芭钵兵变崩半播板攀哺豹鞭贝背巴摆丙饼并宾稟边。除“攀哺”两字外全为帮母字,不送气,其藏文的注音是pa、pu等。这自然是不送气清音p-。

p‘类——使用十八个反切上字,用来注明这些反切上字的注音汉字是：巴芭把（以上帮母）普菩泊珀玻霹帕攀判破坡（以上滂母）部白备被鼻罢拔哺孛鹁脖病镑便（以上并母仄声）匍蒲皮琵脾凭琶盘裴平瓶明庞傍旁（以上并母平声）。除“巴芭把”三个字之外,全为全浊声母和次清声母字。用这些汉字注音的西夏文的藏文注音是phi、phu、pho、phat等。其他的全浊声母字的音类分合关系与此相同,这里不一一列举。[①] 这些现象清楚地说明,中古的全浊声母字到宋西北方音时期都已清化,而且其塞音和塞擦音全部变为送气音。

---

① 参看黄振华《〈文海〉反切系统的初步研究》,见《文海研究》第66—124页。中国社会科学出版社,1983年。

宋西北方音的其他语音特点，如宕（江）与果合流，曾与梗分立，梗的二等和三、四等分为两类，曾、通两摄的白读与臻合流带 -n 韵尾等，都与今天的闻喜方言的土语层的音系特点相符。这样我们就有把握说，闻喜方言土语层的音类分合关系保持着宋西北方音的特点。所以，我们或许可以说闻喜方言的土语层大体上能代表两宋时期汉语西北方言的语音状况。

15.3.3 这样，我们根据闻喜方言音系内部参差的叠置状态分出三个时间层次，前后相距千年左右。但是这样的分层是相当粗疏的。其实，在两个层次之间还可以通过其他办法找出一些过渡的环节，使层次的划分细密化。

如前所述，文白异读是词语中能体现雅 / 土这种不同风格色彩的音类交替。语素中声、韵、调的交替是各自独立地进行的，因而一个语素的文白异读如果同时涉及到两个或两个以上的音类交替，那就有可能出现文白错杂的配合形式，可以从中看到一些过渡的状态。请比较闻喜话“道”字的三种读音：

1. ꜀tʻao 声母和声调均为白读形式；

2. ꜀tao 声母为文读，而声调为白读；

3. tao꜄ 声母和声调均为文读形式。

韵母 -ao 没有文白对立，自然不会有交替。第二种声母与声调的文白错杂的配合形式在闻喜方言中还相当活跃，特别在年轻人中，甚至可以说还相当自由。配合方式的这种活跃性和自由性正好说明这两类文白交替的现象还处于积极的、上升的、发展的阶段，在词语的读音中还处于竞争的相持阶段。但是，这种文白相配的错杂形式往往能透视前一时期的语言状态向后一时期的语言状态过渡的一些重要信息，像“道”的 ꜀tao 的读音正好体现白读形式让位于文读的过渡。这是正在进行中的竞争所表现出来的差异，但它所提供的信息则同样适用于历史上已经完成的音变。我们正可以利用文白相配的错杂形式使语言发展的时间层次细密化。例如，闻喜方言帮组开口三、四等的文读形式为 p-、p‘-、m-，白读形式为 t-、t‘-、l-（或四乡的 n-），梗摄字的文读形式为 -ʌŋ、-iʌŋ，白读形式为 -iɛ。这两类文白异读的交替有如下的配合形式（为简化表格，这里没有顾及声调）：

语音配合方式 / 例字	文·文	文·白	白·文	白·白
饼	ᶜpiʌŋ		ᶜtiʌŋ	
病	꜀piʌŋ			꜀t‘iɛ
平	꜀p‘iʌŋ			꜀t‘iɛ
名	꜀miʌŋ	꜀miɛ		꜀liɛ

这里“文·白”和“白·文”的声韵错杂的配合形式大概都是当时声、韵母的文白交替比较自由、活跃的时期留下来的痕迹，说明“白·白”的声韵组合和“文·文”的声韵组合之间还有一些过渡的状态。所以，文白配合的错杂形式也为语言的发展层次提供了一些重要的线索。大致说来，这种错杂的配合方式花样越多，其所提供的语言发展的时间层次的信息就越细密。

在有文白异读的叠置音系里可以找出语言发展的时间层次，这在语言史的研究中有重要的方法论意义。

15.4　叠置和内部拟测法的改进

15.4.1　我们在 §9.4.3 说过，内部拟测法有三个缺点：难以处理音系中的各种变异和语言发展的关系，无法弄清发展的时间层次，不能解决语音的合流问题。文读形式产生以后在系统中产生的叠置状态是进行内部拟测的一种重要的语言基础，如我们能加以合理的分析，就可以对内部拟测法作出一点重要的补正，解决一些以语言系统同质说为基础的内部拟测法无法解决的问题。

15.4.2 文白异读的“异”隐含着语言发展的时间层次，这早已引起人们的注意。美国语言学家罗杰瑞曾根据同一语素在闽方言中的三种不同的语音把闽方言分为三个不同的时间层次（汉、南朝、唐）。[①] 我们在 § 15.3 中分析的多层叠置和它与语言发展的关系，也是要把共时音系中的历时的要素找出来，排列出发展的层次，使共时音系历时化，以弥补内部拟测法不能弄清语言发展的时间层次的缺陷。语言系统的同质说由于把语言看成为由单位之间的相互关系构成的完全静态的结构，把一切因素都纳入语言的共时系统之中，因而在分析共时形式的时候不管其历史来源，并且绝对排斥系统之外的因素的干扰，而在共时结构中用内部拟测法寻找历时痕迹的时候又只局限于系统中由连续式音变所造成的差异。这样，音系中文白异读之类的差异就成为谁也管不着的领域。这是语言系统同质说的理论局限的一些明显表现。我们根据音系中的叠置式变异，把压成扁平状的共时音系拉开来，使之成为由不同音系叠置着的历时音系。这犹如一个折叠式的旅行杯，语言系统的同质说只把它看成为一个压成扁平状的

① Jerry Norman，Chronological Strata in the Min Dialects. 见《方言》1979 年第 4 期第 270—271 页。

平面结构(如图一),看不到图中由虚线表示的历史沉积;而我们利用音系中的叠置把折叠成的平面结构拉开来,如果暂时不管各平面结构之间的细微的层次划分,那么,§15.3 所分析的闻喜方言音系的结构就成为图二所示的状态:

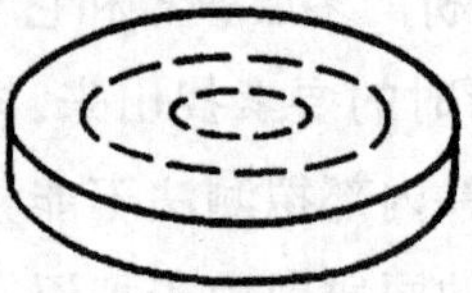

图一

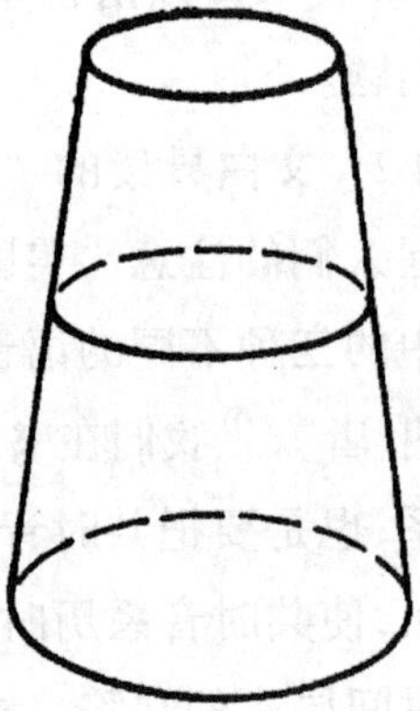

图二

图二中上面两个不同的平面犹如不同层次的白读音所代表的音系。语言中的文白异读现象越丰富,语素的异读形式就越歧异,我们能从共时结构中抽取出来的历时层面就越多,能为内部拟测提供的线索就越多样。各个叠置着的音系虽然代表不同的时间层次,代表不同的方言系统,但是由那些没有文白对立的音类联系着,使它们分中有合,异中有同,共居于一个音系之中。这是"不同音系的同源音类的叠置"给语言内部拟测的研究提供的一些重要启示,使我们能看到语言发展的时间层次。

15.4.3 "同一音系的异源音类的叠置"的性质与上述所分析的叠置不同,因而其在内部拟测中的价值也不一样。先请比较山西祁县方言宕摄字的白读和它与之叠置的假、效摄有关韵类之间的关系：

例字	桑$_{\text{白}}$	沙	缰$_{\text{白}}$	家	光$_{\text{白}}$	高$_{\text{白}}$
条件	宕开一唐（非帮系） 宕开三阳知、章组	假开二麻（非见系）	宕开三阳（非知照系）	假开二麻见系	宕合一唐、合三阳 宕开三阳庄组 宕开一唐帮组	效开一豪 效开三宵知照系
语音	꜀sa		꜀tɕia		꜀kʊ^{u}	

宕摄字的文读形式祁县方言为 -ã、-iã、-uã，效摄的文读形式为 -ɑo、-iɑo，表中略。比较白读形式与有关韵类的叠置关系，我们可以用语言内部的事实来分析语音单位的合流，并从中揭示语音发展的线索和层次。这是以语言系统同质说为基础的内部拟测法无法解决的一个难题。表中的例子呈三种叠置的方式，我们可以从中窥知三种类型的合流线索。

首先，以"桑$_{\text{白}}$"为代表的宕摄开口一等韵（包括开口三等韵的知、章组，下同）的白读音与假摄开口二等的麻韵（赅上、去，下同）叠置，同读 -a，说明宕摄字 *-ɑŋ、*-iaŋ、*-uɑŋ、*-iuaŋ（拟音据李荣的《切韵音系》）在丢掉鼻韵尾念阴声韵的时候，果摄字的元音 *-ɑ 已经高化，因而没有像闻喜方言那样形成宕、果合流（§15.1.3，§15.3.2），而是与麻$_{\text{二}}$的 -a 叠置。

其次，以"缰$_{\text{白}}$"为代表的宕摄开口三等阳韵字在丢掉鼻韵尾后读 -ia，这在表面上看来似与麻$_{\text{二}}$的见系字 -ia 合流（缰$_{\text{白}}$ = 家），既符合音系结构的系统性原则，也于音理无碍。但是实际的情况不是这样。麻$_{\text{二}}$见系字的 -ia 是文读音，与白读的 -a 对立。请比较：

例字	文	白
下	ɕia꜄	xa꜄
夏	ɕia꜄	xa꜄
哑	꜀ia	꜂ŋa
⿰身叚$_{～腰}$		꜀xa

这个文读形式显系后起的形式，晚于阳韵字的白读形式 -ia。麻$_{二}$见系字的白读形式 -a 应与非见系字的“沙”类字的 -a 同时间层次。麻$_{三}$原来的语音形式为 *-ia，后来高化为 -iɪ（如“姐”现在读 ꜂tɕiɪ，“写”读 ꜂ɕiɪ），阳韵字的白读音 -ia 为什么没有与它叠置并一起高化？前面说过，白读音的语音形式的变化决定于它与之叠置的那个异源音类的语音变化（例如闻喜方言宕摄字的白读音与果摄叠置，它就跟着果摄字元音的高化而一起高化，现读 -ə），现在阳韵字的白读形式为 -ia，而不是 -iɪ，说明阳韵字在读 -ia 之前麻$_{三}$的元音 *-ia 已经高化。这就是说，麻$_{三}$的 *-ia 与阳韵的白读音 -ia 不是同一时间层次里的语言现象。

第三，以“光$_{白}$”类字为代表的宕摄合口字的白读形式为 -ʊ^{u}，而不是像唐韵字的白读 -a、阳韵字的白读 -ia 那样对称地、平行地读 -ua，与麻$_{二}$合口字（如“瓜”之类）合流。这种与系统不一致的差异可以提示一些新的音变线索。首先，合口字丢掉鼻韵尾的时间和方式与开口的唐、阳韵字不一样。如果是在读 *-ɑŋ、*-iaŋ、*-uɑŋ 的时代同时以连续式音变的弱化方式丢掉鼻韵尾，那“光$_{白}$”类字的韵母应该是 -ua，与开口、齐齿的 -a、-ia 配套，但是实际的语言现象不是这样。这只能推断“光$_{白}$”类字鼻韵尾的消失在时间和方式上不同于开口的唐、阳韵字。其次，“光$_{白}$”类字丢失鼻韵尾的时间看来比开口的唐、阳韵字早，因为如果是相反的情况，即 *-ɑŋ、*-iaŋ 先丢失鼻韵尾，其结果必然会波及“光$_{白}$”类字的 -ŋ 韵尾。从这种迹象看，合口字的鼻韵尾似先消失，这样开、合口的音变才能分道扬镳。再次，“光$_{白}$”类合口字的鼻韵尾为什么会先于开口的唐、阳韵字发生变化？这可以结合祁县方言音系的特点，从结果去追溯原因，从它和它与之叠置的"高$_白$"类效摄字的关系中去探索、重建它的演变轨迹。读 -ʊᵘ 的"光$_白$"类字包括宕摄合口字、开口阳韵的庄组字（如"闯$_白$霜$_白$……"）和唐韵开口的帮组字（如"帮$_白$忙$_白$……"）。阳韵的庄组字在北方方言中一般都有 -u- 介音，在音系中早已由开口转为合口；帮组唇音本来就"可开可合，不分开合"，[1] 在祁县方言中它随合口字演变。这就是说，"光$_白$"所代表的这三组音都是合口字。在现代的祁县方言中，某些韵类的开口与合口有相互转化的趋势（§13.4），-ŋ 前的合口介音 -u- 消失，其双唇作用转移到韵尾的位置上，并与韵母中的鼻音成分相结合，产生 -m 韵尾（§13.4.3）。这给我们一个启示，可以借此推知宕摄合口字也经历过一次类似的变化：*-uɑŋ 中的 -u- 的双唇作用移至韵尾，它本身在音系中的地位由合口转为开口。祁县的东邻榆社（南河底）的宕摄 -ŋ 韵尾今天都转化为 -ʊ，[2] 可以作为一个旁证。这样，-uɑŋ 转化为 -ɑu，与效摄的豪韵字 *-ɑu（包括宵韵的知、照系字）叠置合流。它们以后在元音高化的演变中一起变成今天的白读音 -ʊᵘ。至于豪韵字今天的文读 -ɑo，那是后来从别的方言输入的，与中古时期的 *-ɑu 不是一个时间层次里的东西，这里可以不予置理。

所以，我们从同一音系的异源音类的叠置中可以看到音类的合流及其演变过程的一些轨迹。语言系统的同质说由于把语言看成为一种纯粹静态的结构，因而无法从 -a、-ia、-ua 的共时结

① 李荣《切韵音系》第 134 页。科学出版社 1956 年。

② 发音人王铁钢，男，18 岁（1964 年），学生。宕摄字的读音分别为 -ɔʊ、-iɔʊ、-uɔʊ。

构中探索它的历史沉积，理出不同的时间层次。

15.4.4 两种不同性质的叠置各自为内部拟测法开拓了一块新的园地。我们根据这些叠置的状态，一是把共时音系历时化，理出音变的时间层次；二是从同一音系的异源音类的叠置中看音类的合流及其给音系带来的影响。这些都是以语言系统同质说为基础的内部拟测法难以做到的。第386页图所示的平面叠置是一种理想化了的叠置图，实际上，每一个平面都被那些叠置式变异、离散式变异、连续式变异弄得犬牙交错，坎坷不平。这些由变异造成的坎坷是用内部拟测法进行语言史研究的向导，因为语言发展中的时间是无形的，难以捕捉，只有语言中的差异才是有形的，是时间留在语言中的痕迹，可以成为观察已经消失的时间的窗口。§9.4的内部拟测法、§11.3—11.5的离散式音变以及本章所分析的叠置，都是通过这个窗口去窥测语言发展的线索和过程的。所以，从差异中去探索语言的发展是研究语言史的一条重要的方法论原则。我们前面的讨论都是以此为基础有层次地考察音变的痕迹和先后的时间层次，对内部拟测法进行了一些力所能及的补正。但是，这并不是说，我们已经完全克服了以语言系统同质说为基础的内部拟测法的缺点，如果语言的发展在共时音系中没有留下任何差异的痕迹，就是说，既没有文白对立的残存形式，没有离散式音变留下的参差，也没有空格、不规则的形态交替之类的结构差异，我们仍旧没有办法去探索语言的演变。

15.4.5 历史比较法、内部拟测法、扩散法、变异理论以及对文献资料的整理等都是语言史研究中的重要方法。每一种方法都有自己适用的范围，都能对语言的发展作出一些合理的解释，但每一种方法又各有其自己的局限，因而在语言史的研究中应该把它们结合起来，取长补短，以推进语言史的研究。

把这些方法结合起来研究语言的发展，这是有它的客观根据的。我们前面不止一次地说过，差异，这是语言史研究的客观基础；而对差异的比较则是语言史研究的主要方法。不管是历史比较法、内部拟测法、扩散法还是变异理论或文献资料的考订，都离不开"比较"两个字。对差异的比较可以沟通各种方法之间的联系。因此，除了那些没有书面文献资料、没有亲属语言可资比较的语言的历史研究以外，我们都需要结合历史比较法、书面材料等进行语言内部拟测的研究。方言之间的比较可以发现共时音系内部的差异（例如 §11.5.2 关于宁波方言覃韵字的分析），扩散和变异有助于整理发展的时间层次，书面材料可以提供确切的年代和语源的线索，在此基础上对音系中的差异进行内部拟测的研究，可以找出音变现象之间的内在联系，发现音变的原因，加细音变的过程和时间层次，丰富音变规律的内容。

各种方法都离不开比较，但文白异读与历史比较法的关系有点特殊，还需要进行具体的研究。

16. 文白异读（下）：叠置式变异和历史比较法

16.1 文白异读与历史语言学中两种对立理论模型的结合

16.1.1 历史比较法是用来研究语言“变化”这种演变方式的方法。它虽然是语言史研究中最重要的一种方法，但理论上隐含有一些严重的弱点（§10.1.2），需要改进和补正。

文白异读是因方言间的相互影响、相互渗透而在系统中形成的叠置式变异，通过“竞争”实现语言的演变。它的特点与历史比较法所依据的材料和原则正好相反，相互处于互补的状态：语言中叠置着不同的方言系统，说明语言内部有方言差异；它的演变方式不是“变化”，而是“竞争”，体现语言间横向的相互影响。互补，这就有可能以彼之长，益己之短，在一种理论框架下结合起来，补正对方的欠缺。这就是说，文白异读如果能够纳入历史比较研究的框架，就能发挥它的巨大的语言学价值，为补正历史比较法的欠缺开辟前进的道路。

16.1.2 历史比较法是一种成熟的理论模式，要把文白异读纳入它的框架，似乎是南辕北辙，格格不入。但这不是说它们没有结合的可能，只是需要在理论上解决一些原则的问题：文白异读中零散的残存现象是不是含有系统的性质？系统中文与白的竞争有没有规律性？方言间横向的相互影响能不能进入纵向的发展序列？这些问题如能得到顺利的解决，文白异读进入历史比较研究的领域就不会有什么障碍。

语音对应关系是历史比较法的客观基础（§4.1）。我们在前面（§15.1.3）说过，文白异读的"异"在性质上相当于语音对应关系，这一理论推断如果能够得到方言关系的证明，那么，"对应关系"就在文白异读和历史比较法之间架起了一座桥梁，残存现象的系统性、规律性之类的问题也就迎刃而解。我们可以选择一个面积不大，但文白异读现象比较丰富的山西方言来讨论这个问题。

16.1.3 山西方言在北方方言中有特殊的地位。它的内部有分歧，但以中部汾河两岸的晋中地区（包括吕梁地区的某些方言点）最有特点。为行文方便，下面就简称为晋中方言。《切韵》同时具有一、二等韵的蟹、效、咸、山各摄，一、二等在北方方言中已经合流，基本的途径是一等并入二等，因而韵母中的主要元音与麻$_{二}$相同，都为 -a，而晋中方言还有分立的痕迹。这是我们讨论语言演变中"变化"与"竞争"之间的相互关系的一项比较理想的材料。

山（咸）摄开口一、二等韵在晋中方言分见系和非见系两组，非见系字无文白异读，见系字有文白异读。下页的表是舒声字的语音表现形式（只列开口韵，不讨论合口韵，下同）。

方言点按地理位置从北向南排列。除太原、平遥两点外，其他各点的语音形式呈现出一些复杂的关系，总的特点是：一等的非见系字无文白异读，但它与见系的文读相同，与二等字同韵，说明它在音韵地位上相当于文读层，只是没有白读与之竞争，因而

	非见系		见系		见系一等白读的残存例字
	一	二	一	二	
太　原	-æ̃	-æ̃	-æ̃	-æ̃	
榆　次	-ɛ	-ɛ	-ɛ 文 -ie 白	-ɛ	干肝竿泔杆擀（k-）看（k‘）俺（ŋ-）
太　谷	-ã	-ã	-ẽ	-ã	-ẽ 韵辖见系的全部一等字
祁　县	-ã	-ã	-ã 文 -əŋ 白	-ã	感甘柑泔敢橄干肝乾~湿竿杆 秆擀赶幹（k-）龛坎砍看刊（k‘-） 庵揞暗安鞍按案（ŋ-）鼾罕汉寒 韩旱汗锝翰（x-）
文　水	-aŋ	-aŋ	-en	-aŋ	-en 韵辖见系的全部一等字
汾　阳	-ã	-ä	-ã 文 -i 白	-ã	肝竿乾~湿杆秆擀赶（k-）看（k‘-） 庵揞安鞍按（ŋ-）鼾汉旱（x-）
平　遥	-aŋ	-aŋ	-aŋ	-aŋ	

在言语社团的心理意识中没有文白对立的观念罢了。文水[①]、太谷[②]的见系一等字没有文白异读，但其语音形式与二等韵不同，与非见系的一等字也不一样，说明文水的 -en、大谷的 -ẽ 在音韵地位上相当于其他方言点的白读，它们可以反衬榆次[③]、汾阳[④]、祁县等地零散的白读现象的系统性质。太原、平遥两地的一、二等韵的语音形式一样，见系字也没有文白异读，从理论上说，它们相当于榆次等方言点的文读层。由此可见，榆次等方言点的文白异读，文与白各自联系着一种系统，它们之间的差异体现不同方言系统的对应关系。这里的问题是：有对应关系的方言系统是如何使对应消失、完成演变的过程、走向统一的？是"竞争"，而不是"变化"。

① 胡双宝《文水方言志》，山西《语文研究》增刊 1984 年。

② 杨述祖《太谷方言志》，山西《语文研究》增刊 1983 年。

③ 李守秀《榆次方言的文白异读》，《中国语文》1980 年第 4 期。

④《汾阳方言字表》（任瑚琏，未发表）。

见系字的语音差异可以约略地从中分出“竞争”的三个阶段：

一、只有白读形式，文读的扩散波还没有渗入方言系统（太谷、文水）；

二、文白并存，但地域的分布仍有差异：祁县以白读为主，榆次、汾阳以文读为主；

三、只有文读形式，说明白读在竞争中因失败而退出交际的领域（太原、平遥）。

这三个阶段与 §15.2.2 所分析的三个阶段一样，区别只在于 §15.2.2 从时间上看语言系统的演变，而这里是着眼于竞争在空间上的分布。它们的一致性说明文白异读的空间分布差异同样反映时间的发展序列，与历史比较法的时、空关系的原则（§4.4.5, §6）在性质上是一样的。上面是从山（咸）摄一、二等韵的相互关系的考察中得出来的结论。语言的结构有很强的系统性，如果蟹、效两摄一、二等韵的相互关系也表现出类似的特点，那么这一结论就会得到“等”的支持，表现出系统的、规律的性质。比较下面 A、B 两表的语音表现。

蟹、效两摄一、二等韵在竞争中表现出来的基本趋向与山（咸）摄字一样，都是用二等韵的形式去合并一等韵，区别只在于这两摄一等字的白读不限于见系字。太原、清徐[①]、平遥三点效摄一等字的几个残存的白读形式很有意思，说明那里也曾有过文与白的竞争。

16.1.4 “等”与“摄”是《切韵》音系的结构的两个“纲”：“摄”维系着“等”的纵向联系，使“摄”内一、二、三、四等的排列井

---

① 潘耀武《清徐话的文白异读》，《山西方言研究》，山西人民出版社 1989 年。

A. 晋中方言蟹摄一、二等字的语音表现

	一	二	一等白读的残存例字
太原	-ai	-ai	
太谷	-ai 文 -ei 白	-ai	呆逮戴带（t-）台胎苔抬（t'-）来（l-）灾栽宰载再在（ts-）才材财猜裁（ts'-）改概溉丐盖（k-）开（k'-）艾爱（ŋ-）海害（x-）
祁县	-æɛ 文 -ei 白	-æɛ	戴~帽子袋带（t-）耐~用奈没~何（n-）栽（ts-）猜採菜（ts'-）腮鳃（s-）该改盖（k-）开（k'-）艾爱（ŋ-）害（x-）
文水	-ai 文 -e 白	-ai	怠逮带戴代袋待（t-）台胎抬太态（t'）奈耐（n-）栽灾再在（ts-）才材裁猜彩睬菜（ts'-）改盖该（k-）开（k'-）艾爱（ŋ-）孩害（x-）
汾阳	-æɛ 文 -ei 白	-æɛ	戴带代袋（t-）胎（t'-）耐奈（n-）来（l-）灾栽宰载再在（ts-）猜彩採睬菜蔡才财裁纔（ts'-）腮赛（s-）改盖（k-）艾爱（ŋ-）害（x-）
平遥	-æ	-æ	

B. 晋中方言效摄一、二等韵的语音表现

	一	二	一等白读的残存例字
太原	-au 文 -u 白	-au	堡抱（p-）袄（ø-）
清徐	-ɔo 文 -u 白	-ɔo	堡抱（p-）峁（m-,地名）
太谷	-aɯ 文 -uo 白	-aɯ	高羔糕膏稿告（k-）考烤（k'-）熬鳌（ŋ-）耗豪毫号~叫蒿
祁县	-ao 文 -u 白	-ao	菢（p-）高膏~油（k-）鳌（ŋ-）蒿（x-）（见系字的实际音值为 -ʊᵘ）
文水	-au 文 -əɪ 白	-au	高糕告膏~油（k-）靠铐（k'-）熬鳌（ŋ-）蒿毫好~吃豆腐（x-）
汾阳	-ao 文 -əu 白,帮 -ɯ 白,见	-ao	堡抱菢（p-）膏~车,~油（k-）犒（k'-）熬鳌爊~白菜（ŋ-）蒿（x-）
平遥	-ɔ 文 -u 白	-ɔ	抱（p-）毛（m-）

然有序,而"等"则维系着各"摄"之间的横向联系。"变化"以"摄"为基础,它通过连续式变异和离散式变异改变"摄"的地位和结构状态,实现"摄"的分化与合并,当然它最后也可能会对"等"的结构产生影响。以文白异读为特征的"竞争"不受"摄"的限制,而与"等"的关系很密切,往往会同时涉及同"等"的几个"摄"。这反映它是高于"变化"层次的语音演变。晋中方言山(咸)、蟹、效各摄一等字的文白异读以及它们与二等韵的关系可以证明我们的这种观察。二等韵通过文白异读去合并一等韵反映麻$_{二}$的稳定性,或者反过来说,如果麻$_{二}$的音值不稳定,就很难通过文白异读的途径去实现一、二等的合流。吴方言的情况可以为此提供一个证明(§16.3)。

"变化"和"竞争"反映不同层次的语言演变。它们的演变规律的表现形式各有自己的特点。"变化"的规律反映语言在时间上的演变,其典型的表现形式就是连续式变异和离散式变异所反映的语言的演变;"竞争"的规律体现语言在空间上的横向扩散。如果我们把语言"变化"的规律叫做纵向演变规律,那么就可以把语言的"竞争"规律叫做横向的扩散规律。"纵"与"横"只是语言发展的表现形式不同,而不是规律的性质有什么实质性的差异。它们存在着内在的联系。横向的扩散规律可以制约纵向的演变规律的发展方向,终止它的作用,取而代之,使不同的方言日趋接近和汇合。这一点如果实现了,横向的扩散就转化为纵向的演变,呈现出如§15.2—3所描述的状态。这样,横向的"竞争"就进入了纵向的发展序列,文白异读进入历史比较研究框架的理论障碍也就被排除了。

16.1.5 谱系树理论和波浪理论是历史语言学的两个对立的

理论模型，前者着眼于时间，着眼于语言的分化；后者着眼于空间，着眼于语言间的相互影响。这两种模型与其说是对立，还不如说是互补。[1] 现在把文白异读引入历史比较研究，这就有可能实现两种对立理论模型的结合，画出新的语言系谱图。

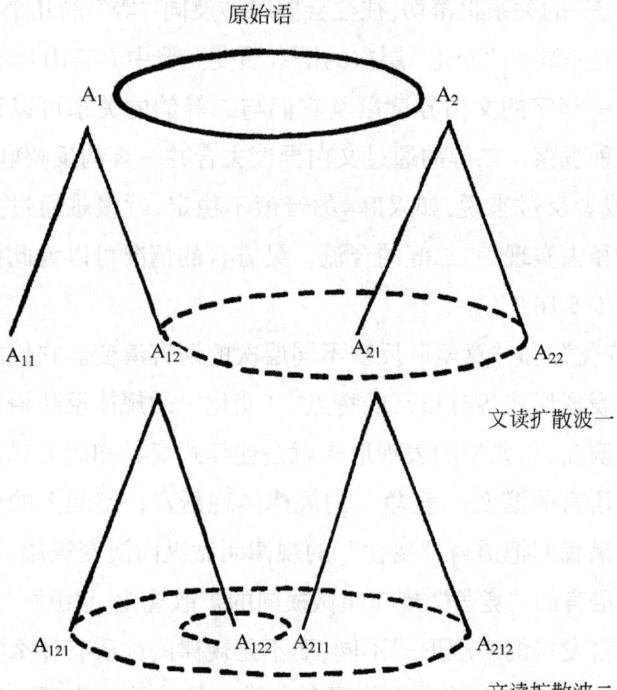

“变化”与“竞争”相结合的语言系谱图

A_1 和 A_2 代表原始语的两个方言。虚线代表语言的横向扩散波。文读扩散波一以语言 A_{21} 为中心向四周扩散，其波及的范围涉及 A_{12} 和 A_{22}，使它们产生文白异读。A_{12} 的文读与 A_{21}、A_{22}

① 罗宾斯《语言学简史》第 221 页。安徽教育出版社 1987 年。

（文读）是近亲姊妹方言，而它的白读则与 A_{11} 构成近亲姊妹关系。关系近的方言优先比较，以后逐层推开。在文白竞争过程中如果文读战胜了白读，那么 A_{21} 的规律就会取代 A_{12} 的相应规律。比方说，晋中的太原方言，根据效摄一等白读的残存例字和周围其他方言点所提供的线索，说明它已经在外方言的影响下实现了一、二等韵的合流，因而其原来一、二等韵对立的规律失去了作用。用这一例子注释图中的语言关系，那就是：A_{21} 的横向扩散规律可以在一定范围内调整、改变方言 A_{12} 的发展方向，使其向己方靠拢；A_{12} 往后的发展只能以 A_{21} 的这一规律为基础而分化为 A_{121} 和 A_{122}；A_{122} 的文读扩散波二又可以继续影响其他的方言。分叉的每一个节点都可能有扩散波的痕迹。今天的方言或亲属语言大概都是通过这种谱系树式的分化与波浪式扩散相结合的方式形成的：分化中有接近和汇合，而汇合后又可以继续进行谱系式的分化和发展。辩证地理解这两种既有区别又有内在联系的演变方式就可以为继承、改进、发展历史比较法提供一些新的设想。

16.2 叠置的层次和历史比较研究

16.2.1 历史比较法的一个先天性弱点就是把所比较的材料统统纳入一个时间层次，拟测出来的原始形式也分不出时间上的先与后。把文白异读引入历史比较研究，我们就有条件利用文白的不同层次对语言进行有层次的历史比较研究。

16.2.2 文白异读的“异”以音类为单位。音类的分合反映语言演变的时间层次。§15.3 讨论的是系统内部的时间层次，而这里我们需要根据文白异读提供的线索从“内”走向“外”，考察不同方言系统在语言发展中的先后年代顺序以及它与历史比较研究的关系。曾_一和梗_二的关系在汉语方言中的表现比较复杂，有些合，有些分，有些通过文白异读又表现出分中有合；如以舒入相比较，则入声韵德、陌（麦）的关系又比舒声韵登、庚（耕）（以平赅上、去，其他各韵都与此相同）的关系更复杂。这些都为考察时间层次提供了有利的条件。先请比较德、陌（麦）在汉语方言中的语音表现：

	德			陌（麦）			
	北	勒	黑	百	择	策	格
北京	꜂pei	lɤ꜄ ꜀lei	꜀xei	꜂pai	꜁tsɤ 文 ꜁tʂai 白	tsʻɤ꜄	꜁kɤ
太原	pieʔ꜆	lieʔ꜆	xəʔ꜆	pieʔ꜆	tsəʔ꜆ 文 tsaʔ꜆ 白	tsʻəʔ꜆ 文 tsʻaʔ꜆ 白	kəʔ꜆ 文 kaʔ꜆ 白
兰州	pɤ꜄	nɤ꜄	xɤ꜄	pɤ꜄	tʂɤ꜄	tʂʻɤ꜄	kɤ꜄
西安	꜀pei	꜀lei	꜀xei	꜀pei	꜁tsei	꜁tsʻei	꜀kei
洛阳	꜀pei	꜀lai	꜀xɯ	꜀pai	꜀tsai	꜀tsʻai	꜀kai
济南	꜀pei	꜀lei	꜀xei	꜀pei	꜁tʂei	꜀tʂʻei	꜀kɤ 文 ꜀kei 白
成都	꜁pe	꜁ne	꜁xe	꜁pe	꜁tsʻe	꜁tsʻe	꜁ke
武汉	꜁pɤ	꜁nɤ	꜁xɤ	꜁pɤ	꜁tsɤ	꜁tsʻɤ	꜁kɤ
苏州	poʔ꜆	lɤ꜅	hɤʔ꜆	pɒʔ꜆	zɤʔ꜇	tsʻɤʔ꜆ 文 tsʻɒʔ꜆ 白	kɤʔ꜆ 文 kɒʔ꜆ 白
双峰	꜁pe 文 ꜁pis 白	le꜄ 文 lia꜄ 白	꜁xe 文 ꜁ɕia 白	꜁pe 文 ꜁pia 白	꜁tse 文 tso° 白	꜁tsʻe 文 ꜁tsʻia 白	꜁ke 文 ꜁kia 白
南昌	pɛt꜆	lɛt꜆	hɛt꜆	pɛt꜆ 文 pak꜆ 白	tsʻɛt꜇ 文 tʻɔk꜇ 白	tsʻɛt꜆	kiɛt꜆ 文 kak꜆ 白
梅县	pɛt꜆	lit꜆	hɛt꜆	pak꜆	tsʻɛt꜇ 文 tʻɔk꜇ 白	tsʻɛt꜆	kɛt꜆ 文 kak꜆ 白
广州	pɐk,	lɐk꜇	hɐk꜆ hak꜆	pak꜆	tʃak꜇	tʃʻak꜆	kak꜆
厦门	pɔk꜆ 文 pak꜆ 白	lɪk꜇ 文 leʔ꜇ 白	hɪk꜆	pɪk꜆ 文 paʔ꜆ 白	tsɪk꜇ 文 toʔ꜇ 白	tsʻɪk꜆ 文 tsʻeʔ꜆ 白	kɪk꜆ 文 keʔ꜆ 白

文白异读的分布格局的基本特点是：黄河以北（北京、太原）和长江以南（苏州以下各方言点）都有文白异读，而黄河、长江之间的广大中原地区没有文白异读；济南的文读好像是晚近发生的音读，与上述的观察无碍。文读与白读的区别主要表现在两方面：1. 文读系统德与陌（麦）合流，而白读系统德与陌（麦）分立；2. 德韵的主元音高，陌（麦）韵的主元音低。没有文白异读的方言，德、陌（麦）已经合流，所以它们对应于其他方言的文读系统。这些特点可以成为考察德、陌（麦）演变的基础，但要清理出前后的时间层次，还得着眼于系统，看白读在系统中与哪些音类有叠置的关系。叠置，这是观察音类分合演变的理论根据。先看没有入声韵的北方方言，我们可以用叠置的理论为德、陌（麦）韵的演变分出如下的时间层次。

1. 德、陌（麦）合流，读音 -ɤ，与歌（戈）韵叠置、合流，代表点有兰州[①] 和北京、济南的文读。这是当代文读扩散波的泉源。与歌（戈）韵字叠置、合流的入声韵还有宕（江）摄的铎、觉（非见系）和山（咸）摄的合、盍、曷等的见系字。

2. 德、陌（麦）合流，它的读音与麻$_{三}$的知、照系字相同，一般为 -ɤ 或 -e；它的演变方向与铎、觉韵（-o、-io 或 -yo）不同，没有像北京话系统那样与歌（戈）韵叠置。

3. 德、陌（麦）合流，音值为 -ei，与蟹摄合口一等和止摄的唇音字叠置、合流，代表点有西安和济南的白读。

4. 德、陌（麦）分立，德为 -ei，与蟹合一和止摄的唇音字的读音合流，而陌（麦）为 -ai，与蟹摄开口一、二等的读音相同。它们

---

① 高宝泰《兰州方言音系》，甘肃人民出版社 1985 年。

分别相当于《中原音韵》的齐微韵和皆来韵，代表点有北京话的白读和洛阳方言[①]，不过洛阳话读 -ei 的德韵字只有“北贼墨”三个字，其他如“默德得特肋勒则塞”都读 -ai，已合流于陌（麦）。

这四个层次，北京话的白读系统最早，文读系统最晚，其他两个层次介乎两者之间。有入声韵的方言也可以用同样的方法去分析，从入声韵之间的分合离异去考察它们的层次。麻烦的是闽方言。德、陌（麦）韵在厦门方言的读音有很大的差异，白读除 -eʔ 反映曾、梗合流外，其他的韵值都反映曾与梗的分立。音值如此差异，说明它们不大可能是语言系统自我演化的结果，而是受外方言的影响而产生的不同层次的文白异读。由于新文读的产生，老文读就被挤入白读层，从而使白读的音值呈现出重大的差异。不同的形式究竟代表哪一个时间层次，就得根据音类的分合、系统的叠置等情况进行具体的分析了。

16.2.3　各地的方言虽然有很大的差异，但相互有共同点，这就是文读系统的一致性，都是梗$_{二}$合流于曾$_{一}$，舒、入都一样，对应于没有文白对立的方言系统。这种一致性就是引导梗$_{二}$和曾$_{一}$的发展方向的一种重要力量：文读扩散波逐步渗入各地的方言，在竞争中逐步排挤和替代白读，使语言从歧异走向一致。这是语言实现自我调整的一种机制，也是汉语的一个重要特点。文读扩散波的源泉在哪里？从语言差异的地域分布来看，梗$_{二}$和曾$_{一}$在南北两边都有歧异的文白异读，而以黄河、长江（除下游外）为代表的两河流域却没有或很少有文白异读的现象。我们猜想文读扩散波的发源地可能是在黄河流域和长江的中上游地区，它由西向

---

① 洛阳地方史志办公室《洛阳方言志》，河南人民出版社 1987 年。

东,向南北两翼扩散,从而形成今天那种地理上南北不相联结的歧异分布格局。在八、九世纪的藏、汉对音的材料中,曾$_{一}$与梗$_{二}$就已经呈现出合流的趋向。[①]各地方言的文读系统可能是这一系方言随着我国历史上政治中心的东移(西安、洛阳、开封、北京、南京)而扩散开来的结果。

那么,这一系统何时扩散到北京?看来不会早于元蒙时期。根据《中原音韵》(1324)提供的线索,德韵当时归入齐微韵,陌(麦)韵归入皆来韵,和现代北京话的白读系统相当。这就是说,德、陌(麦)的文读扩散波当时还没有扩散到北京。作为参考比较,我们可以看看其他收 -k 尾的入声韵铎、药、觉、屋(沃)的语音表现。铎、药、觉有16个小韵"薄缚铎浊凿着杓学萼略虐岳幕诺落若"分见于萧豪与歌戈(剥阁鹤角等只见于萧豪韵),屋(沃)韵的"轴逐熟竹烛粥宿肉褥六"十字除"肉六"只见于尤侯韵之外,其他的分见于尤侯和鱼模。[②]列入萧豪与尤侯的小韵相当于现代北京话的白读系统,列入歌戈和鱼模的相当于现代的文读系统。这说明铎、药、觉、屋(沃)诸韵的文读扩散波当时已部分地进入北京方言,它们产生文白异读的时间早于德、陌(麦)韵,不过早的时间也不会太久,因为稍早于《中原音韵》的《蒙古字韵》,连铎、药、觉等韵也只有一读,收在萧部,相当于《中原音韵》的萧豪韵。这说明《蒙古字韵》时期还没有后来称为文读的那种读音。元蒙虽然征服了中华大地,北京成为当时的政治中心,但是经济和文化还处于落后的状态,需要向汉族学习,文读扩散波可能就是在这种背景下渗入北京方言的。至于其他的北方方言,接受文读

---

① 罗常培《唐五代西北方音》第37—42、56、64页。上海,1933年。

② 杨耐思《中原音韵音系》第147、176页。中国社会科学出版社1985年。

扩散波的影响的时间一般都晚于北京话。济南方言的 -ɤ 是一种新文读，看来在不久以前才产生：它的白读 -ei 体现德、陌（麦）合流，对应于其他方言的文读系统，它是在新文读 -ɤ 产生以后而被挤入白读层的。兰州方言与北京话的文读系统一致，但根据本世纪初高本汉的记音，德与陌（麦）的音值都为 -ei，[①] 与现在的西安话一样。如果高宝泰和高本汉的记音都准确无误，那么新的文读是在本世纪内取代旧的白读的。不过笔者对此有怀疑，这种矛盾可能是各自所根据的方言基础不一致造成的，不然文白异读中不会没有它们的沉迹。

16.2.4　前面以文白异读为基础考察语言的演变层次，说明语言的横向扩散会在语言的纵向演变中留下它的痕迹。这样，我们面前就有两种不同类型的层次：一种是"竞争"性的，表现为系统中的文白异读和它们与其他方言的关系；一种是"演化"性的，表现为语言成分自古至今的继承性变化（例如德韵由 *-ək 演化为 -ei）。"演化"性时间层次的研究原则就是历史比较法的"从空间的差异中去寻找时间的发展序列"（§ 4.4.4—5）。把文白异读引入历史比较研究之后出现的新问题是：如何处理它与"竞争"性时间层次之间的关系。我们认为，根据文白异读提供的线索，首先分出"竞争"性的时间层次，这是有层次地进行历史比较研究的一个前提。只有这样，才有可能避免把不同层次的语言现象压缩在一个共时平面之内，才能避免把"竞争"的事实简单地用"变化"的方法来处理，不然，语言演变的线索就会被搞乱，使语言研究出现一些本来可以避免的屈折。原始闽语的研究

① 高本汉《中国音韵学研究》，商务印书馆 1948 年。

（§6.5.1—2）在这方面提供了一些有益的教训。

16.2.5 原始闽语的核心是“第九调”和塞音、塞擦音的第三套弱化声母；弱化声母是为了解释“第九调”而作出的一个假设。这是根据闽方言的内部分歧用历史比较法拟测出来的，完全用“变化”的眼光来观察闽方言的内部差异。闽方言的文白异读最复杂，罗杰瑞的原始闽语研究由于没有很好地利用文白异读的“异”，缺乏“竞争”的观念，因而不少重要的结论经不起语言事实的验证，受到很多语言学家的批评。

“第九调”字主要来自古平声，约占83%，而其中又以古浊平字为主，所以中国语言学家把它叫做阳平乙。从“变化”的观点来看，这个“调”的由来确实难以解释，好像是一个独立的“第九调”，但如果着眼于“竞争”，它就失去独立存在的根据，而是受到其他方言的影响而在系统中留存下来的痕迹。平田昌司根据闽方言和它与周围方言的关系对“第九调”和“弱化声母”的内在矛盾进行了具体的分析，发现“第九调”和第二调（中国语言学家称为阳平甲）是方言中的文白异读，而不是原始闽语的结构遗存。他认为“建瓯方言的第二调和‘第九调’的分化就是古浊平字在声调上的文白异读，并不是弱化声母的痕迹。闽北地区其他地点的‘第九调’现象也可以类推”，建瓯话“第二调（阳平甲）相当于石陂话古浊平（清类），渊源于闽语……‘第九调’（阳平乙）相当于石陂话古浊平（浊类），渊源于吴语。这可以说明闽北各地‘第九调’字不很固定的原因：两个方言相互渗透情况各地点不平衡，吴语成分的多寡也不会一致”。[①] 这就给闽方言

① 平田昌司《闽北方言“第九调”的性质》，《方言》1988年第1期第20、22页。

某些复杂现象的成因提出了一个新的、有说服力的解释，说明汉语中根本不存在"第九调"和弱化声母。张琨根据他对《建州八音》的研究也得出了类似的结论，认为"建州方言中的词汇似乎是东拼西凑而来的，像这样的方言要经过一番分析的工夫才能进行比较工作。要是不加分析，用一些像《建州八音》中的材料构拟出一个早期的音韵系统，这种构拟的结果一定会是四不像的东西，在历史文献中找不到解释，在其他汉语方言中找不到对应的关系"。[①] 这些批评是有根据和说服力的。

16.2.6　对原始闽语"第九调"的讨论涉及到语言史研究中的一条重要的方法论原则，这就是：一定要把语言中叠置在一起的"文"与"白"区分开来，以此为基础，寻找各自的姊妹方言，对语言进行有层次的历史比较。原始闽语的研究在这个方法论问题上出了一点小小的毛病，因而它所得出的结论自然也就站不住了。

语言的历史比较研究需要充分考虑文白异读的特殊性。

16.3　结构格局的比较和方言亲疏关系的确定

16.3.1　历史比较语言学有一条原则，就是关系近的语言先比较，远的后比较。要有层次地开展历史比较研究，就得分头为"文"与"白"寻找各自的近亲姊妹方言，进行由近及远的比较。文读系统的产生时间较晚，为它寻找近亲姊妹方言还比较容易，而要为白读系统寻找它的近亲姊妹方言，那就相当困难，因为在

---

① 张琨《〈建州八音〉的声调》，《中国语文》1988年第6期第457页。

多数情况下它只是一些零星的残存现象。在这方面,求助于结构格局或结构关系的比较,或许是一种可行的、有效的途径。

16.3.2 结构格局是语言系统的核心,萨丕尔早就对此有过很好的论述,认为在表面的语音系统背后“还有一个更有限制的、‘内部的’或‘理想的’系统”,这种系统“是一个完成的格局、一个心理机构”“是语言生命里一个真正的、非常重要的原则。甚至在它的语音内容久已改变了之后,它还能作为一个格局坚持下去,包括语音成分的数目、关系和作用。两种在历史上有关的语言或方言,可能没有任何共同的语音,但是它们理想的语音系统却可以是同格局的”。[①] 这段话的基本精神是:“语音内容”容易变化,而“结构格局”却很稳固、保守,“变得远不如语音本身那样快”。比较这种保守的结构格局,可以比同源词的语音对应的比较更能深入地了解语言或方言之间的关系的亲疏远近。困难在于如何确定音系的结构格局和如何进行结构格局的比较。要克服这种困难,恐怕需要吸收结构分析法的一些精神,以弥补历史比较法的“原子主义”的不足。

结构格局是通过结构单位之间的相互关系表现出来的。我们前面的讨论主要涉及一、二等韵,但还没有从它们之间的相互关系去考察结构格局的演变。相互关系的最简明的表现形式是区别特征,Lyons 曾用它解释第一次日耳曼语辅音转移的规律,清楚而明确(§8.1.4),我们可以吸取这种分析法的精神去考察一、二等韵的结构格局的演变。

16.3.3 一、二等韵配对的各摄和与此相关的一、二等韵的主

---

① 萨丕尔《语言论》第48页。商务印书馆1985年。

元音，一等为 $^*ɑ$，二等为 $^*a$。它们在现代方言中的语音表现，张琨曾有全面的讨论（见《切韵的前 $^*a$ 和后 $^*ɑ$ 在现代方言中的演变》，台湾史语集刊第 56 本第 1 分，1985）。前 $^*a$ 和后 $^*ɑ$ 对立，说明元音的结构格局是一种四角构型（§1.3.4）的系统。$^*ɑ$ 和 $^*a$，除了"后"与"前"的区别之外，其他如高低、圆展等都是相同的。因此，一、二等韵之间的相互关系或结构格局，我们可以简化为如下的公式：

一等：二等 = $^*ɑ$: $^*a$ = 后：前

这可以成为我们考察一、二等韵的演变的一个视角或观察点。歌（戈）和麻$_{二}$、宕$_{一}$和梗$_{二}$不是同摄的一等和二等，但由于它们的元音与 $^*ɑ$、$^*a$ 有关，因而放在一起考察。先请比较北京话：

摄	等	韵	例字		结构关系
			非见系	见系	
果	一	歌（戈）	多 ꜀tuo	歌 ꜀kɤ	高：低
假	二	麻	爬 ꜁p'a	家 ꜀tɕia	
蟹	一	哈　泰	戴 tai꜄	盖 kai꜄	低（一等合流于二等）
	二	皆佳夬	排 ꜁p'ai	街 ꜀tɕiɛ	
效	一	豪	宝 ꜂pau	高 ꜀kau	
	二	肴	包 ꜀pau	交 ꜀tɕiau	
山（咸）	一	覃谈寒	单 ꜀tan	甘 ꜀kan	
	二	衔咸删山	扮 pan꜄	监 ꜀tɕiɛn	
宕	一	唐	汤 ꜀t'aŋ	钢 ꜀kaŋ	
		铎	薄 ꜁po$_{文}$ ꜁pau$_{白}$	鹤 xɤ꜄ 郝 ꜂xau	后：前（白读）
梗	二	陌（麦）	伯 ꜁po$_{文}$ ꜁pai$_{白}$	格 ꜁kɤ	

二等见系字都已腭化,这里不讨论。梗$_{二}$没有列庚(耕)韵例字,因为它们的读音与入声字的文读相配,不是本方言的底层。从结构关系来看,这里已发生了重大的变化:歌(戈)的 *ɑ 已高化为 -ɤ(-o 是它的变体,出现在唇音和 -u 之后),它与麻$_{二}$的关系已由"后:前"变为"高:低"。同摄的一、二等韵都已合流,一等合流于二等,"后:前"的对立消失,原来的羡余特征"低"上升为区别特征。这些都说明四角构型的元音系统已变为三角构型的系统,结构格局已发生重大变化。前述的方言可以列入这种变化格局的有兰州、西安、洛阳、成都、武汉、济南等。

北京话宕$_{一}$、梗$_{二}$的入声韵的白读很特别,它们相互之间仍旧保持着"后:前"的结构关系,通过韵尾表现这种结构特点。这虽然是残存现象,但在历史比较中却具有重要的地位和价值。这是一种语言"化石",犹如生物的化石可以用来解释生物的演化和确定地层的年代一样,它可以用来分析语言结构的演变。这一"化石"可以反衬切韵音系一、二等韵的结构特点。

16.3.4 粤方言地处我国的南端,一般都认为它最能反映《切韵》音系的特点。现在来看看一、二等韵的结构关系在广州话中的语音表现(见下页表)。

咸、山两摄的非见系字的一、二等已经合流;蟹$_{一}$泰韵的"艾赖泰太大$_{\sim夫}$带"等字读 -ai,与二等字合流。除此之外,一、二等完全对立:一等的主元音为 -ɔ,二等为 -a。-ɔ 与 -a 已有高低的差异,但根据区别特征的研究,它们都属于"低"的范畴,相互以"圆:展"相区别。一、二等韵的结构关系从"后:前"变为"圆:展",说明元音系统的四角构型已让位于三角构型,一等韵的元音顺着"后"的路线高化为 -ɔ。我们进行这样分析的一个

摄	等	韵	例字		结构关系
			非见系	见系	
果	一	歌	多 ꜀tɔ	歌 ꜀kɔ	
假	二	麻	爬 ꜁p‘a	家 ꜀ka	
蟹	一	哈	袋 tɔi꜅	该 ꜀kɔi	
		泰	带 tai꜄	盖 kɔi꜄	
	二	皆佳夬	排 ꜁p‘ai	街 ꜀kai	
效	一	豪	宝 ꜂pou	高 ꜀kou	
	二	肴	包 ꜀pau	交 ꜀kau	一等：二等＝ɔ：a＝圆：展
咸	一	覃	贪 ꜀t‘am	感 ꜂kɐm	
		谈	谈 ꜁t‘am	甘 ꜀kɐm	
	二	衔　咸	斩 ꜂tʃam	监 ꜀kam	
山	一	寒	单 ꜀tan	干 ꜀kɔn	
	二	删　山	扮 pan꜄	奸 ꜀kan	
宕	一	唐	汤 ꜀t‘ɔŋ	糠 ꜀hɔŋ	
梗	二	庚　耕	冷 ꜂laŋ	耕 ꜀kɐŋ 文 ꜀kaŋ 白	

根据是与 -ɔ 构成“前：后”对立的 -ɛ 是后起的：由于 *ɑ 高化为 -ɔ，在前元音 ɛ 的位置上就出现了一个聚合空格，因而吸引麻$_{三}$的 *-ia 变为 -ɛ，填补了这个空格。

与粤方言的结构格局相同的有客家方言和赣方言。赣方言据高安话[①]列表，因为南昌是大城市，受外方言的影响大，不如它更能反映赣方言的特点。比方说，蟹摄一、二等，南昌话大多数字已经合流，读 -ai，只有一小部分一等字读 -ɔi，而高安话的一、二等字还完整地保持着 -ɔi：-ai 的对立。客家方言与赣方言的一、二等韵的结构关系如下表（如有文白异读只列白读，因为只有它才

① 王洪君《高安方言字表》（未发表），1986 年。

能代表本方言的底层。表中例字从略）：

		果	假	蟹	效	咸	山	宕	梗
梅县	一	ɔ		ɔi	ɔ（岛）	am	ɔn（见）	ɔŋ	
	二		a	ai	au		an		aŋ
高安	一	ɔ		ɔi	ɔu	ɔn	an	ɔŋ	
	二		a	ai	au	an			aŋ

一、二等韵的结构关系与粤方言一样，已由“后：前”变为“圆：展”。*ɑ 高化为 -ɔ 也引起了结构的调整，使 ɛ 位置的聚合空格出现了新的音类，梅县主要是蟹$_{四}$的齐韵字（齐$_{白}$契鸡细系$_{白}$），南昌还有音无字（据《汉语方音字汇》），高安连 -ɛ 这个音类都没有产生，还是一个空格，有待于调整和填补。这种结构特点说明前面提到的“一等：二等 = 后：前”的假设是可以成立的，因为这些方言的“圆：展”对立还保留有脱胎于“后：前”对立的痕迹。

除了闽方言以外，一般都认为广州话较好地保存古音系的结构特点。但从一、二等韵的结构格局来看，北京话铎、陌（麦）和屋（沃）、德的白读系统所反映的结构格局似还早于粤方言，不过应该承认，它们的关系比较接近。至于闽方言的结构格局是不是早于北京话？需另行研究，这里就不去讨论这个复杂问题了。

16.3.5 现在集中讨论吴方言的音系结构格局。请看苏州话。（见下页表）

本表没有列出一、二等韵的结构关系，这是由于有些语言现象的性质不清楚，打上了“？”，不作一一清理，无法弄清楚结构关系的特点。

山、咸摄的音值比较奇特，但其结构关系还比较简单，大体上与前面分析过的山西晋中方言类似：分见系和非见系两组，非见

摄	等	韵	例字	
			非见系	见系
果	一	歌（戈）	多 ꜀təu$_{\text{文}}$　꜀tɒ$_{\text{白}}$（？）	歌 ꜀kəu
假	二	麻	爬 ꜁bo	哑 ꜂iɒ$_{\text{文}}$　꜂o$_{\text{白}}$
蟹	一	哈	戴 tᴇ꜄$_{\text{文}}$　tɒ꜄$_{\text{白}}$（？）	该 ꜀kᴇ
		泰	带 tᴇ꜄$_{\text{文}}$　tɒ꜄$_{\text{白}}$	盖 kᴇ꜄
	二	皆佳夬	埋 ꜁mᴇ$_{\text{文}}$　꜁mɒ$_{\text{白}}$	街 ꜀kɒ
效	一	豪	宝 ꜂pæ	高 ꜀kæ
	二	肴	包 ꜀pæ	交 ꜀tɕiæ$_{\text{文}}$　꜀kæ$_{\text{白}}$
咸	一	覃	耽 ꜀tᴇ，贪 ꜀t'ø	感 ꜂kø
		谈	担 ꜀tᴇ	甘 ꜀kø
	二	衔　咸	斩 ꜂tsᴇ	监 ꜀tɕiɪ$_{\text{文}}$　꜀kᴇ$_{\text{白}}$
山	一	寒	单 ꜀tᴇ	干 ꜀kø
	二	删　山	扮 pᴇ꜄	奸 ꜀tɕiɪ$_{\text{文}}$　꜀kᴇ$_{\text{白}}$
宕	一	唐	汤 ꜀t'ɒŋ	糠 ꜀k'ɒŋ
梗	二	庚　耕	冷 ꜂lən$_{\text{文}}$　꜂laŋ$_{\text{白}}$	羹 ꜀kən$_{\text{文}}$　꜀kaŋ$_{\text{白}}$

系字除覃韵有9个字（贪潭鐔探男南参蚕惨）读 -ø 外，其他的覃韵字和谈、寒韵合流，与二等字的读音相同，都为 -ᴇ。覃、谈、寒三韵见系字的语音形式，一等与二等明显对立：二等念 -ᴇ，一等念 -ø，与合口一等的桓韵字相同。开、合口合流，这恐怕是苏州一系吴方言的特点，宁波一系的吴方言开、合口仍然有别，例如开口的"感甘肝"读 ꜀ki，"看"读 ꜀k'i，合口的"官"读 ꜀ku，"宽"读 ꜀k'u。不管是哪一种情况，见系字的演变方式不同于非见系字，还保留着一、二等韵分立的痕迹。

麻烦的是果、假、蟹三摄的文白异读，它们相互交叉，有相同的"白读"形式。为什么会出现这种状态？是这三摄的底层形式本来就相同？还是我们误解了文白异读的性质而把语言中某些现象错归到文白异读中去？恐怕是后面的那个原因造成的错乱,不是音系结构的杂乱和不规则。

先讨论蟹摄字。一等与二等有相同的文白异读形式,文读 -ᴇ,白读 -ɒ。情况恐怕不是这样。根据《汉语方音字汇》,蟹摄一等共 53 字,其中读 -ᴇ 的 50 个,读 -ɒ 的 7 个：戴带大$_{\sim夫}$太泰赖蔡（带黑点儿的文白两读）。这里只有一个“戴”是咍（代）韵字,其他都是泰韵字。比较赣、客家、粤方言等咍、泰有差异的方言,“戴”与泰韵字的语音形式一致,与二等字的读音相同。吴方言的情况可以与此相比较,说明“戴”的 -ɒ 音是随泰韵端系字变化的结果,与咍韵的 -ᴇ 音不是文白异读的表现。具体地说,咍的 -ᴇ 是本方言的“土产”,不是外方言的渗透。不弄清这种个别字的特殊的音韵地位,就会模糊、扰乱语音的结构关系。二等字的情况不一样,《字汇》共收 35 字,其中读 -ɒ 的有 33 字,而读 -ᴇ 的只有 5 个字（埋$_{文}$奶$_{文}$挨$_{文}$迈豺）。-ᴇ/-ɒ 是真正的文白异读,-ɒ 代表苏州话,-ᴇ 是外方言影响的结果。宁波方言的情况可以为此提供一个有力的旁证（§15.2.4）。

再看歌（戈）韵的“文白异读”。歌（戈）韵的白读 -ɒ《字汇》中除“多”字外,还有一个“拖”：꜀t‘əu$_{文}$,꜀t‘ɒ$_{白}$。宁波方言的这种文白异读没有“多”,而有“破”：꜀p‘o$_{文}$,꜀p‘a$_{白}$。多、拖、破三字上古属歌部,吴方言中的 -a（或 -ɒ）当是古音的残存,它与 -əu 的关系是离散式变异的中断（§11.5）而在系统中留下来的不规则现象,不是文白异读。这就是说,歌（戈）韵原来的读音为 *-ɑ,在语言发展中由于 *ɑ 的高化和复化（§16.3.7）而变成现代的 -əu。它是语言系统自我演化的产物,与方言间的借用无关。多、拖、破之类的字由于使用频率高,还保留着低元音的旧读,与由蟹

摄二等字变来的 -ɒ 混同。它不是因文读的渗入而形成的白读。

麻韵的文白异读 -o 与 -ɒ，情况与歌（戈）韵字的两种读音相同：-o 是 *a 的高化，-ɒ 是 *-a 的遗存，它们反映离散式变异的中断，不是不同方言系统的叠置。

因离散式变异的中断而产生的不规则现象与文白异读是两种容易混淆的语言现象，但它们貌合而神离，性质不同：中断的变化属于"变化"的范畴，而文白异读属于"竞争"。为了把这两种现象区别开来，这里不妨再用一个宁波话的例子作一些补充的说明。《鄞县通志·方言志》第 2765 页载有这样一首流行于民间的顺口溜："大大大姑娘，抬到大咸乡，大家堂前拜家堂"。这里的一个"大"字"甬语有五音"："第一大字读作毒，第二大字读作陀，第三大字读作驮，盖三大字连言先入声最短，次平声较长，次去声更长"。如不管连读变调（第一个"大"字系舒声入化，原因不详），"大"的读音是 dɐʊ。"大咸乡"的"大""与书中读音同"，读 da。"大家之大读作陀哑切，此为甬语最古之俗音，仅遗存于大家一语中"（按：还应补充一个"我"[ŋo] 字）。"哑"是马韵字，宁波话读 -o，陀哑切就是 do。这样，"大"字如不计连读变调就有三个读音 ꜁da、꜁dɐʊ、꜁do，其中 ꜁da 是受外方言的影响而产生的文读，而 ꜁dɐʊ、꜁do 都是白读，它们之间不是文白异读的关系，是中断的变化留在语言中的痕迹，体现语言自我演化的两个层次（§ 11.5—6）。这个例子可以比较清楚地说明中断的变化和文白异读的差别。

前面的清理排除了一些似是而非的文白异读，这样我们就有可能为苏州话的一、二等韵理出如下的结构关系（已与二等韵合流的一等韵形式，表中不列）：

	果	假	蟹	效	咸	山	宕	梗
一	əu		E		ø	ø(见)	ɒŋ	
二		o	ɒ	æ	E	E		aŋ

总的特点是一等韵的元音比二等韵的“高”,但它与“等”的关系却呈现出杂乱的状态:山(咸)摄二等的元音与蟹$_{一}$同,宕$_{一}$的元音与蟹$_{二}$同,即不同的“等”有相同的元音;蟹$_{一}$的元音是展唇的,而果、山(咸)、宕等摄的一等韵元音却是圆唇的,即同“等”的元音有圆展之别;一等韵的元音果、宕是“后”的,而蟹、山(咸)却是“前”的,二等韵麻$_{二}$、蟹$_{二}$的元音是“后”的,而其他各摄却又是“前”的,即同“等”的元音还有前后之分;音系中的元音既有 -a(梗$_{二}$的白读和山、咸摄一、二等的入声字:八 paʔ꜀,搭 taʔ꜀……),又有 -ɒ,那元音系统是三角构型还是四角构型?总之,我们无法像其他方言那样为苏州方言清理出一条简单、明确的线索。这些问题弄不清楚,又将成为结构格局的比较的障碍。

16.3.6 一、二等的结构关系在北方方言中已由“后:前”变为“高:低”,在粤、客家、赣方言中已变为“圆:展”,但隐含有高低的差别,苏州方言一等韵的元音总的特点也是一等高于二等,我们可以由此假设:一、二等韵的“后:前”的结构关系在吴方言的演变中曾让位于“高:低”。百年前《汇解》所记录的宁波话可以证明这一假设,因为它清楚地表明一、二等韵是“高:低”的差异。这可以用歌(戈)、麻为例来说明:

麻$_{二}$					歌(戈)				
怕	沙	驾	虾	哑	拖	搓	罗	哥	科
p‘ɔ	sɔ	kɔ	hɔ	ɔ	t‘o	ts‘o	lo	ko	k‘o

歌（戈）、麻的元音已无前后之别，圆展之异，而只有高低之分。这说明一、二等韵的结构关系已经由“后：前”变为“高：低”。它与北方话“高：低”的区别在于它以“圆”的特征为前提，而北方话是“展”。如果说，粤方言的一、二等韵在“圆：展”的对立下隐含有高低的差异，那么吴方言就把这种潜在的高低变为现实的高低，在百年前就已经比粤方言“高”了一级。“后：前”>“圆：展”>“高：低”可以看成为一、二等韵的结构关系自我演化的一条规律，与北方方言通过文白竞争而实现一、二等的合流（根据山西方言提供的线索）的规律完全不同。“高：低”，它曾经代表吴方言一、二等韵的结构格局。由于语言的发展，这种结构格局后来又发生了变化。在宁波，由于鼻韵尾 -n 的消失产生了一次推链性的元音高化运动，总的特点是：凡韵母中有“前”的特征的（蟹$_{二}$的韵尾 *-i，山、咸摄的韵尾 *-n），都顺着前元音的途径高化，韵母中有“后”的特征的，都顺着后元音的途径高化，而歌（戈）韵在这一高化运动中又进一步复元音化为 -ɐʊ（§8.2.5）。苏州话与宁波一样，也经历了一次元音高化，但有几点区别：1. 鼻韵尾 -n 的消失在苏州话中没有产生什么影响，因而山（咸）摄的非见系字一、二等合流后与咍韵的 -ᴇ 合流。2. 蟹$_{二}$各韵单元化为 -ɒ，与梗$_{二}$的元音 -a 不同，ɒ 和 a 是两个对立的音位（钢 ꜀kɒŋ ≠耕$_{白}$ ꜀kaŋ），ɒ 的存在堵住了原来有“后”的特征的效摄字的演变去向，被迫前化为 -æ。效摄一、二等韵的元音与蟹$_{二}$的元音前后、圆展易位，这就使元音的特点与“等”的关系呈现出参差和交叉，无法为结构关系理出一条清楚的脉络。吴方言是一种特殊类型的结构格局。

16.3.7　结构格局的分析可以为系统的动态比较开辟道路。

所谓动态的比较，就是不仅要看静态的结构格局，而且还要在此基础上看格局的动态演化方式。如果两个方言或亲属语言在动态的演化方式上表现出相似性或一致性，那么它们毫无疑问就是近亲姊妹方言；或者说，演化方式的相似性是确认近亲姊妹方言的一个最有力的根据。

音位连环式的链移（§8.2）是音位系统的一种重要演化方式，如果把它引入语言的历史比较研究，考察方言或亲属语言之间在演化方式上的异同，那就可以从结构格局的动态运转中去揭示语言演变的机制、规律和相互之间的亲疏远近的关系。吴方言已经经历了一次推链性的元音高化，如果根据这一格局的演化方式去考察它与其他方言的关系，就可以发现湘方言和吴方言有惊人的相似性。请比较（为了便于列表比较，每韵只举一个例子，其他可依此类推）：

	皆佳夬 排	麻$_{二}$ 怕	歌（戈） 河	模 古	侯 头
切韵	*꜀bai	*p‘a꜄	*꜀ɦɑ	*꜂kuo	*꜀də̆u
苏州	꜁bɒ	p‘o꜄	꜁ɦəu	꜂kəu	꜁dʏ
双峰	꜁ba	p‘o꜄	꜁ɣʊ	꜂kəu	꜁de

苏州方言的链移式音变与宁波方言相似，就是：蟹$_{二}$的*ai单元音化为-ɒ，迫使麻$_{二}$的-ɒ或-ɔ高化为-o。歌（戈）韵当时的音值是什么？书面材料无考，赵元任的《现代吴语的研究》表明它在各方言点大体上都在-ʌɤ到-u之间移动。根据链移式音变的规律，它当时在苏州话的读音大概是-o，与宁波方言相似。由于麻$_{二}$的高化，歌（戈）的-o只能高化为-u，与模韵的-u合流，并在以后的发展中一起复元音化为-əu。这种复化离开今天的时

间似乎还不大远，因为“u 与唇音 p-，p‘-，b-，m-，f-，v- 相拼时是个单纯元音，但与其他声母相拼时就产生一个流音 ə 而复元音化为 ᵊu”[①]。歌（戈）、模的复元音化与侯韵的 -əu 发生冲突，为避免合流，侯就由 *əu 变为 -ʏ。这是后元音系列的链移性变化。与此相呼应，前元音系列也发生了类似的变化：蟹₌的 *ai 单化为 -ɒ 后，这就堵住了豪、肴合流后的演变去向，只能使它前化为 -æ；哈韵的 *ɑi 单化后由于受到 -æ 的排挤而高化为 -ᴇ，与麻₌的 -o 平行、对称。双峰话元音链移式音变的模式与苏州话一样：蟹₌的 *ai 单元音化为 -a 后使麻₌的 *a 高化为 -o，而这个 -o 又迫使歌（戈）韵的 -o 高化为 -ʊ，而这一变化又使模韵的 *u 复元音为 -əu，并由此而推动侯韵的 *əu 变为 -e。与此相联系，哈和肴（豪）也分别高化为 -e 或 -ue（材 ꜀dze，袋 due²）和 -ɤ（高 ꜀kɤ）。结构格局演化的这种相似性绝不会是偶然的，已故日本学者桥本认为“吴语和湘语曾经明显地构成同一个方言区，很可能后来在客家南下时从中间分割开了”[②]。结构格局和演化方式的这种相似性可以印证这种假设的合理性。

苏州、宁波、双峰三个方言点，苏州和宁波近在咫尺，而且属于同一方言区，它们在演化方式上有相似性，这不足为奇。双峰和苏州相距千余里，且属于两个不同的方言区，它们在演化方式上的相似性可以证明结构格局的稳固性。系统的动态比较以结构格局的静态比较为基础，但显然比它又前进了一步。如果有条件，我们应该尽可能地进行这种方式的比较，因为它不仅可以为

① 袁家骅《汉语方言概要》第 62 页。文字改革出版社 1983 年。

② 桥本万太郎《语言地理类型学》第 31 页。北京大学出版社 1985 年。

方言之间的亲疏关系提出有力的根据，而且还可以克服历史比较法“不考虑亲属语言间发生共同的变化”[①]的缺点。这是历史比较研究的一个新领域，需要不断地加以完善和补正。

16.3.8 前面通过一、二等韵的结构关系的分析考察了三种类型的结构格局，除闽方言有待于进一步研究以外，其他方言大体上都可以分别归入这三种类型的格局。方言系统之间的亲疏远近的关系可以根据结构格局的异同和相似性的程度来确定：凡是结构格局相同的，特别是在演化方式上有相同格局的，就是近亲姊妹方言，有优先比较的权利；相似性的程度越高，相互的关系就越近，或者说，相互分离的年代就越晚。北京话宕（江）、曾、梗、通各摄入声字的白读系统在汉语方言中还难以找到同格局的姊妹方言，那就只能与它的结构格局最接近的方言进行比较。或许闽方言的研究今后得到进一步的发展以后，我们或许有可能找到与北京话的宕、梗等摄入声字的白读系统同格局的姊妹方言。

16.4 文白异读和原始形式的拟测

16.4.1 语言历史比较研究的一个重要任务是根据方言或亲属语言之间的有对应关系的语音差异去拟测原始语，以便使头绪纷繁的语言变化有一个汇聚点，音变的解释有一个参照点。这一方法论原则适用于语言“变化”方式的研究，现在把文白异读之类的“竞争”引入语言演变的研究，这种原则也就需要作一些变通和必要的补正。

① 布龙菲尔德《语言论》第393页。商务印书馆1980年。

"变化"的机制是"变"，需要从音理上解释清楚A为什么会"变"成B；"竞争"的机制是"选择"，是在几种共存的形式中"选择"某一种形式。语言演变的两种机制自然会给原始语的拟测提出不同的要求。语言中提供"选择"的形式都是现成的，"文"与"白"又说明了它们是不同系统同源音类的叠置，这就可以从现实语言的竞争形式中去考察方言之间的关系和它们的原始状态。比方说，《切韵》音系的并、定、群、从、澄、床诸纽的浊塞音和浊塞擦音的性质是送气的还是不送气的？从高本汉以后，曾一再引起激烈的争论。文白异读可以为这一问题的解决提供一些重要的线索。我们可以从山西方言的文白异读入手来讨论这方面的问题。

16.4.2 《切韵》音系的浊塞音和浊塞擦音在现代山西方言中的语音表现形式大致可以分为三个类型：

1. 依声调的平仄而分化为送气清音和不送气清音：平声送气，仄声不送气。这与以北京话为代表的北方方言的语音发展相同，其代表点如兴县、大同、忻州、太原、寿阳、长治、晋城等。为行文方便，下面称它为平仄分音区。

2. 有文白异读，文读系统与平仄分音区一样，而白读系统，不管声调平仄，一律都送气。这主要在晋南，如洪洞、临汾、新绛、闻喜、万荣等。下面称它为送气音区。

3. 有文白异读，文读系统与平仄分音区一致，而白读系统，不管声调平仄，一律不送气。这主要在汾河两岸的晋中地区（包括吕梁山东侧的某些方言点），代表点如太谷、祁县、平遥、文水、孝义、介休等，下面称它为不送气音区。全浊塞音、塞擦音的平声字读不送气音，这在汉语方言中不多见，北方方言除胶东的文登、荣城[①]外，核心地区恐怕就在汾河两岸的晋中了。下面以文水方言为例，把並、定、群诸纽的白读音列举如下（顺序依《方言调查字表》。例字下划横道的无文白异读，依其声韵地位列入白读）：

並：	婆꜀pəi	爬琶꜀pa	脯胸~꜀pu	培陪赔꜀pe	刨꜀pau
	盘꜀pen	盆꜀pəŋ	棚꜀pia	旁꜀pʊ	
定：	驼驮꜀təi	臺꜀te	蹄啼꜀tʅ	齐脐꜀tsʅ	桃萄꜀tau
	调~和꜀ti	头꜀tou	潭弹~琴꜀taŋ	甜甲填꜀tien	
	团꜀tuen	屯饨꜀tuəŋ	腾疼꜀təŋ	同铜꜀tuəŋ	
群：	笳꜀tɕi	渠瞿꜀tsʮ	骑꜀tsʅ	桥荞꜀tɕi	拳꜀tɕyen
	勤꜀tɕiəŋ	群裙꜀tɕyəŋ	强꜀tɕiʊ	鲸꜀tɕiəŋ	穷꜀tɕyəŋ
从：	才裁꜀tse	瓷慈磁꜀tsʅ	槌锤꜀tsue	曹槽嘈꜀tsau	
	蚕꜀tsaŋ	钱前꜀tɕien	泉꜀tɕyen，꜀tsuen		藏~起来꜀tsʊ
	墙꜀tɕiʊ	曾层꜀tsəŋ	晴꜀tsʅ		
澄：	储~蓄厨꜀tsu	迟꜀tsʅ	稠꜀tsou	沉꜀tsəŋ	缠꜀tsen
	椽꜀tsuen	陈尘꜀tsəŋ	长肠场꜀tsʊ	惩꜀tsəŋ	
	虫重~复꜀tsuəŋ				

一共83个字。这里没有床（崇、船）、禅二纽。这二纽的字如有文白异读，其白读音都为擦音。例如（这里只管声母的文白异读）：

床：	锄	꜀tsʻu	꜀su	谗馋	꜀tsʻaŋ	꜀saŋ
	柴	꜀tsʻai	꜀sai	唇	꜀tsʻuəŋ	꜀suəŋ
	愁	꜀tsʻou	꜀sou	床	꜀tsʻuəŋ	꜀sʊ
禅：	尝	꜀tsʻaŋ	꜀sʊ	城	꜀tsʻəŋ	꜀sʅ

这反映山西方言的早期，床、禅二纽都读擦音。其他各个方言点的例字虽有参差，字数多寡也不一致，但大体情况一样，文水方言可以代表这一地区的这种方言面貌。

16.4.3 山西方言古全浊塞音、塞擦音这三种类型的语音表

① 钱曾怡《文登、荣城方言中古全浊平声字的读音》，《中国语文》1981年第4期。

现是从某一种状态“变”出来的？还是本来就有并存的三种方言？我们认为“并存”是唯一可能的解释。要是在三种类型的语音表现中确定某一种类型为“正宗”,其他两种类型都是从它“变”出来的,那在音理上就会碰到无法克服的矛盾和困难。假定说,如果认为不送气音是“正宗”,那晋南地区的送气特征是怎么“变”出来的？平仄分音区为什么会分化为送气和不送气两种音值？平声字为什么会变成送气音？为什么在同一方言中“变化”前后的两种形式（即“文”与“白”）能够同时并存？这些问题都无法得到语音学的解释。相反,如果承认山西方言的早期即浊音还没有清化的时期有三种并存的方言差异,这样的假设倒是比较合理的,而且在语言结构上也可以得到符合音理的解释。汉语的清塞音、清塞擦音有不送气和送气两个系列（帮、端、见、精、知、照／滂、透、溪、清、徹、穿）,而浊塞音、浊塞擦音只有一个系列,一浊配二清,这就为浊音的发音留下了广阔的活动余地。送气,或不送气,或以声调的平仄而分为送气和不送气,都不违背音系中“清：浊”相互制衡的结构原则：不同方言区的不同音值都只是“清：浊”这一结构规则的不同表现形式。这就是说,不管是哪一种方言状态,某一部位的浊塞音、浊塞擦音的音位只有一个,区别只在于有的地区一个音位只有一种语音表现形式,而平仄分音区则有两个不同的条件变体。

汉语现代有方言差异,古代自然也会有方言差异,山西方言古浊塞音、浊塞擦音的三种语音表现形式正是汉语早期方言差异的一种残存痕迹。在语言的发展中,这三种方言相互竞争,平仄分音区的使用范围日益扩大,通过文白异读的形式逐步蚕食不送气音区和送气音区。太原现在是平仄分音区,而从它的底层形式

来看,它原来似属于不送气音区,有些土词还保存着不送气音方言的特点。例如:

例字	古读	今音	例　　词
婆	並	꜀pɤ	老～　姊妹～夫　后婚～姨　大～针　老娘～　善～～　～～(外祖母,与"丈夫的母亲"꜀p'ɤ ꜀p'ɤ 有别)
钯	並	꜀pa	～儿
脯	並	꜀pu	～子头
盘	並	꜀pæ̃	～头闺女　底～～
填	定	꜀tiɛ	～房婆姨
头	定	꜀təu	木～　～前　外～　顶～　丢～不来　猴儿～　四合～院　半～砖　舌～　崩～　指～儿
脐	从	꜀tɕi	不～儿　肚不～
墙	从	꜀tɕiɒ̃	～儿
前	从	꜀tɕiɛ	～家家　跟～　跟跟～
钱	从	꜀tɕiɛ	～工
场	澄	꜀tsɒ̃	～儿

这些读音只存在于这样的一些土词①中,是白读在同文读的竞争中坚持下来的最后阵地,字数虽然不多,但却能提供语言演变的一些重要信息,说明它的底层与晋中的不送气音区相同,只是由于文白之间的竞争才使它的固有特点走向消失,变成现在这个样子。

16.4.4　早期的各个方言通过相互竞争而留存在现实语言中的残迹对原始语的研究无疑有重要的价值,因为我们从残存的白读中就可以窥知原始语的状态,而不必老是在 A"变"B 之类的"变"字上做文章。古浊塞音、浊塞擦音在现在汉语方言中的语

① 温端政《太原方言词汇》,《方言》1981 年第 4 期。

音表现形式,客家方言和赣方言读送气音;湘方言和闽方言读不送气音,吴方言一般认为是送气音,但根据现代实验语音学的研究,它是不送气的,[①]应该把它和湘、闽方言归为一类;粤方言与北方话系统一致,以声调的平仄而分化为送气和不送气两类。高本汉在汉语音韵史的研究中由于恪守着上一世纪居于统治地位的历史比较法的理论和原则,把《切韵》看成为现代各个方言的原始母语,因而就只能在A"变"B的"变"字上去解释方言之间的歧异和汉语的发展。他根据古浊塞音、浊塞擦音在客家方言中读送气音的特点以及其他的某些理由把並、定、群诸纽拟测为送气音,这就给语言史的研究留下了一些难以解决的问题:吴、闽、湘三大方言的不送气特点是怎么"变"出来的?北方方言和粤方言的仄声字又何以会丢掉送气成分?这些都无法得到音理上的解释。A"变"B,这只是语言演变的一种方式,它不能包括相互竞争的方式。用"变"去解释相互竞争的横向演变,这在理论上是说不通的。高本汉在《中国音韵学研究》中非常重视山西方言在研究汉语语音演变中的地位和作用,所用的材料竟有11个方言点(除145页所列的八个方言点之外再加天镇、运城、蒲州),约占总数的三分之一。太原、太谷、文水、临汾、大同等都是高本汉亲自"审核过的方言";文白竞争的方式,他也接触到了,例如,"平阳(今临汾)话,它在平声读送气清辅音;在仄声亦有一大部分送气清辅音,极像客家话;但是它也很有偏于官话的倾向,就是在仄声也读作弱清辅音。三水(今栒邑)话有些同平阳话相近的地方"。[②]

① 曹剑芬《常阴沙话古全浊声母的发音特点》,《中国语文》1982年第4期。
② 高本汉《中国音韵学研究》第251页。商务印书馆1948年。

但是，由于高本汉只有“变”的考虑，没有“竞争”的观念，因而把已经拿在手里的语言通过竞争而发生演变的重要线索弃置一边，在方法论上留下了一个漏洞。我们现在根据山西方言的白读音所提供的线索承认早期的汉语有方言差异，这就比较容易解释汉语方言之间的关系，那就是：客家和赣两大方言源自原浊塞音、浊塞擦音的送气型方言，吴、闽、湘三大方言源自原不送气型方言，而北方话和粤方言则源自原平仄分音型的方言。这可能比较接近语言发展的实际状况，说明汉语方言的形成不完全是谱系树式的分化（§10.1.4）。

承认原始语中有方言差异，这对音值的拟测也有启示。古全浊塞音、浊塞擦音的性质在汉语史的研究中有过争论。高本汉、罗常培认为它是送气的浊音，陆志韦、李荣认为是不送气的浊音。[①] 这种争论现在还在进行中，施向东、尉迟治平根据梵汉对音的材料认为並、定、群等浊声母不送气，支持陆、李的说法；[②] 刘广和根据汉译梵咒的材料则得出了和高本汉、罗常培相同的结论。[③] 两种对立意见的立论根据大多援引汉语和其他语言（特别是梵语）的对音材料。对音在原始形式的拟测中有重要价值，但无疑有严重的局限性（§4.5.2）。梵语的浊音有不送气、送气两套，而汉语只有一套，从理论上说，用汉语的浊声母去对译其中的哪一套都是可能的，只要用其他的附加办法把另一套分离出去就可以

---

① 分别见罗常培《唐五代西北方音》，陆志韦《古音说略》和李荣的《切韵音系》。

② 施向东《玄奘译著中的梵汉对音和唐初中原方音》(《语言研究》1983 年第 1 期）。尉迟治平《周、隋长安方音初探》《论隋唐长安音和洛阳音的声母系统》(分别见《语言研究》1982 年第 2 期和 1985 年第 2 期）。

③ 刘广和《唐代八世纪长安音声纽》，《语文研究》1984 年第 3 期。

了。这可能是浊塞音、浊塞擦音在各种对音材料中呈现出互相矛盾状况的一个原因。现在，根据山西方言提供的线索，我们知道古浊塞音、浊塞擦音本来就存在着方言差异，因而说它是送气的，或不送气的，都有道理，区别只在于所根据的方言有差异而已。我们似乎不必在送气说和不送气说之间争论，而且，如果坚持只有一种音值的说法，在解释汉语方言之间的关系时也会遇到上面提到过的那些困难。

原始语有无方言的分歧，这是历史比较法很难解决的一个问题，现在我们根据文白异读的线索就可以窥知原始语的方言差异，这不能不说是对历史比较研究的一个小小的补正。

16.4.5 从文白异读的“异”中能直接窥知原始语的方言差异，这种情况究属罕见，在多数情况下还得通过不同形式的比较去进行拟测。由于白读在时间层次上早于文读，而结构格局的比较又可以衬托出它早期的结构状态，因而它在原始形式的拟测中应该占有重要的地位。比方说梗$_{二}$各韵，我们从语音结构格局的比较中已经知道它的主元音是 -a，这就可以成为拟测的一个重要根据。《切韵》音系的研究忽视了这种有价值的线索，而把梗$_{二}$的主元音拟测为 *ɐ（庚）、*æ（耕），与其他各摄$_{二}$等韵的主元音 *a 不一致。为什么会出现这样的拟测？根据高本汉的解释，一是为了避免与宕摄字混，二是为了便于解释方言之间 -əŋ（北方方言）与 -aŋ（南方方言）之间的差异。[①] 第一个理由着眼于逻辑上的考虑，似无此必要。宕$_{一}$拟测为 *ɑŋ/k，宕$_{三}$为 *-iaŋ/k，江$_{二}$为 *-ɔŋ/k，把梗$_{二}$拟测为 aŋ/k，不会产生音类上的混淆。障碍可能在梗$_{二}$和

① 高本汉《中国音韵学研究》第 511 页。商务印书馆 1948 年。

宕$_{三}$的阳,因为作如此拟测就会出现不同的摄、不同的等而具有相同的主元音,与其他各摄的结构不一致。摄与等是观察切韵音系的结构的两个窗口,如何处理它们之间的关系,还得以语言事实为根据。如果根据白读提供的线索把梗$_{二}$拟测为 *aŋ/k,与阳韵的 *iaŋ/k 发生纠缠,那就只能承认语言的实际状态,不要过分拘泥于摄。梗$_{二}$与阳发生"纠缠"是有道理的,因为梗$_{二}$来自上古的耕部(耕)和阳部(庚),历史来源上有"纠缠";有些方言(如吴方言),梗$_{二}$的读音除介音的有无外与阳韵相同,现实的语言有"纠缠"。把梗$_{二}$拟测为与阳韵有"纠缠"的 *aŋ/k,恐怕更能反映语言的实际状态。至于庚与耕,在现代方言中没有发现差异,可以根据张琨的假设(§6.4.4),简化为一。

高本汉所考虑的第二个理由恐怕是由音变的偏见造成的。音变的研究过去基本上都以语音条件为转移去考察"语音规律无例外"式的变化。高本汉出于这一考虑把梗$_{二}$的主元音拟测为 *ɐ,以便于解释它如何高化为 ə(-əŋ/k)或低化为 a(-aŋ/k)。根据史料和现实方言提供的线索,梗$_{二}$合流于曾$_{一}$不是通过连续式音变的形式"变"过去的,而是通过扩散的方式实现的。根据汉藏对音的研究,曾$_{一}$和梗$_{二}$的音类分合已呈现出有分有合的交叉状态,[①] 它是类似于现实方言中的离散式变异还是文白异读?我们现在已经弄不清楚。从现实的语言状况来看,北京话是通过文白异读的方式进行的,而洛阳话好像是离散式变异的中断(例见§16.2.2)。不管是哪一种情况,似乎都不必纠缠于连续式音变的那种"变化"。

① 罗常培《唐五代西北方音》第37、56、64页。上海1933年。

所以，高本汉把梗二的主元音拟测为 $^*ɐ$[①] 的两条理由好像都难以成立，不如根据白读音提供的线索直接拟测为 *aŋ/k。

16.4.6　历史比较法是在印欧系语言的比较研究的基础上总结出来的，它虽然为语言史的研究开辟了广阔的前景，但是仍然需要根据不同语系、不同语言的特点进行一些必要的改进和调整。完全根据印欧系语言历史比较研究的"葫芦"来画汉语和汉藏系语言的历史比较研究的"瓢"，恐怕很难取得有效的成果。梅耶早就对此发出过严厉的警告："……那些在印欧语领域里得到了成绩的办法，并不是随便在什么地方一样可以应用的。我们必须详细的考察我们所采用过的那些方法，看看它们是否合用，以及怎样才能够扩大它们的用途，并且把它们加以改变，以求适合新领域研究的需要，而不至于降低它们的严密性。"[②] 我们根据汉语文白异读的特点对历史比较法的原则和程序作了一些调整和改进，希望能借此"扩大它们的用途"，为汉语和汉藏系语言的历史比较研究探索一些新的途径。

---

① 高本汉把耕、麦的主元音拟测为 *æ 也是失当的，我们同意董同龢的批评（见《上古音韵表稿》第 104 页）。

② 梅耶《历史语言学中的比较方法》第 ii 页。科学出版社 1957 年。

17. 语言年代学

17.1 词汇变化速率的统计和语言年代学

17.1.1 语言年代学（glottochronology）又叫词汇统计学（lexicostatistics）[①] 是五六十年代流行一时的历史语言学的一个分支。我们在前面讨论的历史比较法、内部拟测法、扩散法、变异理论以及构词、构形的语法手段的弱化对音变规律的干扰、文白异读等都是从已知的语言事实出发的，从语言中可以找到我们所需要的研究材料，但是对于那些在发展中已经消失了的成分，这些理论和方法都无能为力。语言年代学着眼于语言中基本词根语素在发展中的消亡速度，想用统计的方法来测算语言发展的年代。这种从新的角度来研究语言发展的理论和方法曾产生过积极的影响，现在也有人在进行这方面的探索。

新的理论的诞生都会有自己的背景。语言年代学的诞生得益于放射性碳的年代推算。它的创始人斯瓦迪士（M. Swadesh）在一篇文章中曾谈到这两者之间的关系："任何生物都含有一定的放射性碳，生物体死后，碳的不稳定的同位素衰变为氮，因此可以根据氮的多少去测量生物死去了多长时间。词汇统计学的年代推算

① 彭力《关于语言年代学》，《语言学资料》1962 年第 8 期。

运用完全不同的材料,但是原理一样。"[1] 斯瓦迪士从这种放射性碳的年代推算中得到启发,开始了他的词汇统计学的研究,想从基本词根语素在发展中保留下来的百分比来计算语言的发展年代。

17.1.2 "任何语言中由根词、基本的日用的概念组成的那部分词汇变化的速度是比较固定的。用一项试验词表来计算这些成分保留的百分比可以确定过去的年代",[2] 这是语言年代学的一个基本假设。编制试验的词表,"语素项目必须是世界共同的、非文化方面的、容易辨认的广阔的概念,在多数语言中有一个单词可以对应的",[3] 也就是选择一些与不同的生活环境、不同的物质文化条件无关、不易受另一语言影响的基本词根语素,编入词表。这样,如果比较词表中的词,看其在一定的时间长度(例如一千年或一百年)内的变化速度,那就可以求出变化的速率或保留率的系数。斯瓦迪士开始时编制了一个二百个词的词表(见附表一),比较它们在古英语与现代英语、民间拉丁语与现代西班牙语中的异同,这样就可以求出变化的速率(见 455 页表)。比较以词义的异同为准,例如英语的 deer 现在还用,但意义已不是"动物",而是"鹿",因而古今的 deer 只能算"异"(不同源);而 belg(腹)虽然在语音上有变化,现代英语是 belly,但意义未变,因而算"同"(同源)。这样,二百个词的比较结果,古今英语之间的共同成分为 85%,民间拉丁语和西班牙语之间的共同成分为 70%。

---

① M. Swadesh《史前民族接触的词汇统计学的年代推算》,原载美国 Proceedings of the American Philosophical Society, Vol. 96, 1952。

② 同上书。

③ M. Swadesh《词汇统计年代推算的精确化》,摘译自 International Journal of American Linguistics, 1955, 2。

	古代英语	现代英语	亲属	民间拉丁	西班牙	亲属
都	eall	all	+	omnēs	todos	−
和	and	and	+	et（que）	y	+
动物	dēor	animal	−	animal	animal	+
灰	æse	ashes	+	cinis	cenizos	+
在	æt	at	+	in	a	−
背	bæc	back	+	dorsum	espaldo	−
坏	fūl	bad	−	malus	malo	+
皮	rind	bark	−	cortex	corteza	+
腹	belg	belly	+	venter	vientre	+

我们从历史文献中知道,从古英语到现代英语约为一千年,从民间拉丁语到现代西班牙语约为两千年。如果英语在一千年后仍以同样的速度变化,那么它的保留率就是 85% × 85% = 72%。这个速率与拉丁语经历两千年的变化而在西班牙语中的保留率差不多。斯瓦迪士由此得出结论:"一切证据都说明语言词汇大致以一样的速率在变化。"[①] 后来李兹（Robert B.Lees）比较了十三种语言的古今差异,发现保留率最高的为 0.854（九世纪的古高德语到现代德语）,最低的为 0.764（古拉丁语至现代罗马尼亚语）,它们的平均保留率为 0.8048 ± 0.0176/ 千年,作者由此得出一个普遍性的结论:"一切语言在任何时候,基本词根语素（basic-root-morphemes）在一千年后平均约有 81% 的同源根（cognates）保留下来。"[②] 这种保留率或变化的速率称为基本词根语素（或简称基本词汇）保留率的常数。所以能在不同的语言中找出这种常数,是

① M. Swadesh《史前民族接触的词汇统计学的年代推算》,见 Proceedings of the American Philosophical Society, Vol. 96, 1952。

② Robert B. Lees, The Basis of Glottochronology, Language, Vol. 29, p. 19, 1953.

由于“基本词根的变动较慢，因为其概念（如身体部分）不变”，语言作为全社会最重要的交际工具要“受各种各样的条件影响而发生变化，但不能太快，总有一个极限，否则会破坏语言的可理解性”。[①]

二百个词的词表一般称为基本表。词表中的词由于要适合于一切语言，因而编选比较困难。例如，有些词缺乏普遍性（如“冰”“雪”“冻”等）；有些词意义含混，易于重复（如“父”“母”“夫”“妻”“猪”等）；有些词易于借用（如“花”“果”之类的词），数词除“一”“二”之外也容易借用；有些词所指的范围不稳定（如“腿”等）；有些词在别的语言中很难找到相应的对似词，等等。鉴于这些情况，斯瓦迪士又对比较的用词作了进一步的精选，编制了一个一百个词的词表，一般称为修正表（见附表二）。我们可以利用这个修正表计算汉语在发展中的词汇保留率，以检验斯瓦迪士、李兹的保留率常数的可靠性。计算的对象以基本词根语素（basic-root-mor-phemes）为准，不算前缀、后缀等词缀，只要某一词根语素（不管是单用还是保留在复合词中）的意义古今没有什么变化，就算是同源的成分，用“+”号表示；不同源的用“-”号表示：

古代汉语	现代汉语	同源	古代汉语	现代汉语	同源
1. 我、吾、余、予	我	+[②]	3.	我们	-

① M. Swadesh《史前民族接触的词汇统计学的年代推算》，见 Proceedings of the American Philosophical Society, vol. 96, 1952。

② “我、吾”和“余、予”等在上古都是第一人称代词，前者的声母为 ŋ-，后者为 d-。“我、吾”是同一语素的不同变格形式，“余、予”只是写法上的区别。它们在上古同属鱼部。

③ “你”是“尔”字的古音在口语中的保存。“‘爾’‘汝’‘而’‘若’乃一声之转，‘爾’又为‘尔’，‘尔’又作‘伱’，俗书作‘你’。”（《通雅》）这一语源的考释是对的（参看王力《汉语史稿》中册第 272 页）。

古代汉语	现代汉语	同源	古代汉语	现代汉语	同源
2. 尔，汝	你	+[3]	4. 此，是	这（个，张……）	−
5. 彼，夫	那（个，张……）	−	38. 首	头	−
6. 谁，（孰）	谁	+	39. 耳	耳朵	+
7. 何	什么	−	40. 目	眼睛	−
8. 不，（弗）	不	+	41. 鼻	鼻子	+
9. 皆、咸、悉	全部	−	42. 口	嘴（巴）	−
10. 多	多，许多	+	43. 牙，齿	牙，牙齿	+
11. 一	一	+	44. 舌	舌头	+
12. 二	二	+	45. 爪	爪子	+
13. 大	大	+	46. 足	脚	−
14. 长	长	+	47. 膝	膝盖	+
15. 小	小	+	48. 手	手	+
16. 女，妇人	女（人）	+	49. 腹	肚子	−
17. 男，夫	男（人）	+	50. 颈	脖子	−
18. 人	人	+	51. 乳	乳房	+
19. 鱼	鱼	+	52. 心	心	+
20. 鸟（禽）	鸟	+	53. 肝	肝	+
21. 犬	狗	−	54. 饮	喝	−
22. 虱	虱子	+	55. 食	吃	−
23. 木	树	−	56. 啮	咬	−
24. 种	种子	+	57. 见	看见	+
25. 叶	叶子	+	58. 听（闻）	听	+
26. 本	根儿	−	59. 知	知道	+
27.（皮）	树皮	−	60. 寐	睡	−
28. 肤（人）， 皮（动物）	皮（动物，人） 皮肤	+[1]	61. 死	死	+
			62. 杀	杀	+
29. 肉（肌）	肉	+	63. 游，泳	游，游泳	+
30. 血	血	+	64. 飞	飞	+
31. 骨	骨头	+	65. 行	走	−
32. 膏，脂	脂肪	−	66. 来	来	+
33. 卵	蛋	−	67. 卧	躺	−
34. 角	角儿	+	68. 坐	坐	+
35. 尾	尾巴	+	69. 立	站	−
36. 羽	毛儿	−	70. 与	给	−
37. 发	头发	+	71. 言	说	−

① 光就“皮”这个语素本身的意义来说，古今的意义有变化，古代只指动物的皮。

古代汉语	现代汉语	同源	古代汉语	现代汉语	同源
72. 日	太阳	−	87. 赤	红	−
73. 月	月亮	+	88. 绿	绿	+
74. 星	星星	+	89. 黄	黄	+
75. 水	水	+	90. 白	白	+
76. 雨	雨	+	91. 黑	黑	+
77. 石	石头	+	92. 夜（夕）	夜	+
78. 沙	沙子	+	93. 热	热	+
79. 地	地	+	94. 寒	冷	−
80. 云	云	+	95. 盈	满	−
81. 烟	烟	+	96. 新	新	+
82. 火	火	+	97. 良,善	好	−
83. 灰	灰	+	98. 圆	圆	+
84. 燃	烧	−	99. 燥	干	−
85. 道,路	路	+	100. 名	名字,名儿	+
86. 山	山	+			

根据上表的统计,古今汉语的同源词根语素占 66%。所谓"古汉语",就是指先秦时期的汉语,先秦诸子的散文大体上可以作为这一时期的汉语的代表,距今约有二千二、三百年。如果以二千三百年计算（大致相当于孟子的时代）,那么古今汉语一千年的词根语素的保留率为:

$$\sqrt[2.3]{0.66}=0.66^{1/2.3}=0.66^{0.4347}=0.83474$$

即汉语的基本词根语素的千年保留率为 83%,略高于斯瓦迪士、李兹所统计的 81% 的保留率的常数。

17.1.3　上面的分析告诉我们,语言年代学包含如下的几条基本假设：第一,任何语言的某些基本词根语素比较稳固,不易起变化；第二,基本词根语素的保留率在任何时候都是一个常数；第三,这种保留率在不同的语言中都是一样的；第四,由上面三种基本假设必然可以得出第四种假设：已知任何两种有亲属关系的语言的保留率,就可以推算出它们从原始母语中分化出来的年

代。比方说,比较英语和德语的下面几个词:

英语	德语	同源关系	汉义
animal	Tier	–	动物
four	vier	–	四
head	Kopf	+	头
I	ich	+	我
sun	Sonne	+	日,太阳

其中 animal 和 Tier, four 和 Vier 没有同源关系,就是说五个项目中有三个相同,占 60%。如果设计一个标准公式来衡量这种同源百分比,那就可以计算出两种语言分离的年代。李兹专门为此设计了一个公式:

$$t=\frac{\log c}{2\log r}$$

(*c* 代表同源词根语素的保留百分比,*r* 为分化一千年后同源词根语素的保留率常数,*t* 代表分化的时间深度)

用这一公式来计算上述英、德语的例子,就会得出如下的结果:

$$t=\frac{\log 60\%}{2\log 81\%}=\frac{.511}{2\times .211}=1.211$$ ①

---

① 为了计算的方便,这里列出计算年代用的部分对数表:

N	.00	.01	.02	.03	.04	.05	.06	.07	.08	.09
.1	2.303	2.207	2.120	2.040	1.966	1.897	1.833	1.772	1.715	1.661
.2	1.609	1.561	1.514	1.470	1.427	1.386	1.347	1.309	1.273	1.238
.3	1.204	1.171	1.139	1.109	1.079	1.050	1.022	.994	.968	.942
.4	.916	.892	.868	.844	.821	.799	.777	.755	.734	.713
.5	.693	.673	.654	.635	.616	.598	.580	.562	.545	.528
.6	.511	.494	.478	.462	.446	.431	.416	.400	.386	.371
.7	.357	.342	.329	.315	.301	.288	.274	.261	.248	.236
.8	.223	.211	.198	.186	.174	.163	.151	.139	.128	.117
.9	.105	.094	.083	.073	.062	.051	.041	.030	.020	.010

比方 .38 的对数是 .968(横里 .3,竖里 .08 的交叉点),.39 的对数是 .942,而 .385 是在中间(推算出约 .955)。.1 以下的对数求法:先乘 10,得出对数加 2.303,或先乘 100,得出对数加 4.605,或先乘 1000,得出对数加 6.908。

这就是说，英语和德语大概是在 1200（1.211×1000）年以前分家的。如果以斯瓦迪士最初求出的保留率 85% 计算，两种语言分化的年代大概在 1567 年以前。我们在 §10.2.3 中说过，古英语是随着盎格鲁—撒克逊人入侵英伦三岛而与西日耳曼语分家的。这次入侵始自公元 449 年，征服过程延续了一个半世纪之久。这就是说，在 1536 年以前，英语还没有与西日耳曼语分家而成为一种独立的语言。参照这种历史材料，说明英语以 85% 的保留率来计算分化的年代，较为正确。

用公式计算出来的是在哪一年分化的，实际上语言不可能是在某一年分化的，而是在某一时期分化的，因而应该把计算的误差也考虑在内，以说明计算的可靠程度。误差的程度分三种：

1. 标准误差，7/10 可靠，即 68%；
2. 九成可靠，即 9/10 可靠；
3. 可能误差，即 50% 可靠。

标准误差的计算公式是：

$$\sigma=\sqrt{\frac{c\,(1-c)}{n}}$$

（其中 c 为同源百分比，n 为所比较的词的数量，通常为 200 或 100）

如果我们仍以前述英、德语的几个词为例，用这个公式来计算误差，那就会得到标准误差的值 0.22：

$$\sigma=\sqrt{\frac{c\,(1-c)}{n}}=\sqrt{\frac{0.511(1-0.511)}{5}}=0.22$$

原有的 c（0.60）加上误差 0.22 就可以得到新的 c（0.82），再把这个新的 c 代入分化年代的测算公式 $t=\frac{\log c}{2\log r}$，得 $t=469$，与前

述的得数1211相差742。误差实际上没有这么大，原因在于所比较的*n*太小，只有5。*n*的大小与误差成反比：*n*越大，误差越小；*n*越小，误差越大。如*n*为100，测算英、德语分化的误差值为0.04998，可简化为0.050，加上原来的*c*，新的*c*为0.65，据此测算出来的年代误差为1211±190。通过这种计算，大体上可以推算出亲属语言分化的年代误差。其他两种误差的测算以标准误差的计算为基础，即：标准误差值×1.645（固定值）为九成可靠的误差；标准误差值×0.674（固定值）为5/10的可能误差。[①]

17.2 汉藏系语言的分化和语言年代学的测算

17.2.1 语言年代学在不同语系的研究中都有不同程度的影响。在汉藏系语言的研究中，有的语言学家也进行了一些有益的探索。他们以古汉语为基础，比较有关的语言，找出同源百分比。白保罗虽然没有测算汉语和藏—缅语的分化年代，但也利用了斯瓦迪士的百词表进行了同源百分比的统计：有59对无重大词义变化，有12对意义上有重大的变化，29对没有明显的同源关系。[②]这就是说，在上古汉语时期，汉语和藏—缅语的基本词根语素的保留率为59%。我们如果以此材料为根据进行分化年代的测算，那么汉语和藏—缅语大概是在上古时期以前的1250±200年的时候分家的，即距今约有四十个世纪的时间。苏

---

① 请参看：Sarah C. Gudschinsky, The ABC's of Lexicostatistics, Word, 1956, 2。

② 本尼迪克特《再论汉—藏语系》，见《汉藏语言概论》第425页。中国社会科学院民族研究所语言室，1984年。

联汉学家雅洪托夫（C. E. Яхонтов）在60年代初期曾根据我国出版的少数民族语言简志的材料比较百词表中汉语和藏—缅语的基本词根语素的保留率，发现只有29对是同源的。这远远低于白保罗的统计数，其所依据的材料的可靠性恐怕可疑，因为《汉藏语言概论》中的八百多个汉字（语素）大多与藏—缅语有同源关系，而后来"除《概论》所描述的同源词以外又发现了一批同源词"。[①] 雅洪托夫的统计看来没有反映这些最新的研究成果。根据他所统计的材料推算汉语和藏—缅语的分化年代，大概是在公元前25—35世纪，即距今约有五十多个世纪。[②] 这与根据白保罗的材料而得到的测算结果距离很大。由保留率的统计差异所反映出来的分歧也说明研究汉藏语的同源成分确有其特殊的困难，问题的解决还有待于深入的探索，特别是词族问题的研究（§3.4.4）。

17.2.2 汉语和藏—缅语的分化年代没有任何其他的材料可资旁证，一时难以说清楚哪一种计算可靠一些。汉语方言的分歧很大，甚至超过某些欧洲语言间的分歧。它们是在什么时候分家的？我们可以利用斯瓦迪士的百词表进行测算，看看测算的结果与我们从历史材料中得到的启示是否相符。

百词表中的词在汉语七大方言中的同源百分比[③] 是：

---

① 本尼迪克特《再论汉—藏语系》，见《汉藏语言概论》第424页。中国社会科学院民族研究所语言室，1984年。

② С. Е. Яхонтов, Глоттохронология и китайско-тибетская семья языков, VII международный конгресс антропологических и этнографических наук. москва, 1964。

③ 百词表中的词在《汉语方言词汇》及其修订稿（未出版）中可以找到70个，其余的词由下列同志补充：张振兴（厦门）、叶友文（梅县）、岑麒祥、岑运强（广州）、胡石根（南昌）、谢自力（苏州）、刘一之（北京）。长沙的材料基本上根据李永明的《长沙方言词汇》（未出版）补充。

	梅县	广州	南昌	长沙	苏州	北京
厦门（闽）	68	63	64	61	59	56
梅县（客）		79	77	72	73	69
广州（粤）			78	76	77	74
南昌（赣）				88	84	76
长沙（湘）					86	79
苏州（吴）						73

厦门话与苏州话的共同保留率为 59%,大致相当于英语和德语的保留率（58.56%）,而北京话和厦门话之间的基本词根语素的保留率是 56%,说明相互间的距离大于英语和德语之间的差别。如用李兹的公式去测算分化的年代,可得如下的结果:

$$t=\frac{\log 56\%}{2\log 83\%}=\frac{0.580}{0.372}=1.559$$

这就是说,厦门话与北京话的分化年代大体上是在 1559（1.559×1000）年以前开始的,相当于南朝的刘宋时期。这个分化的年代可能晚了一点,肯定有误差。如果我们再以标准误差的计算公式去计算误差的程度,那还得 ±231 年,即在“1559±231 年前”,相当于东汉末年（献帝）至初唐时期。分化的下限时间太晚,应予剔除。这种测算看来有一定的参考价值。据史书记载,闽方言区的人民大体上是中原地区的人民因避战乱或因“征蛮”而迁入闽地的。秦、汉时已陆续有中原人移居入闽。东汉末年、三国、两晋时期,中原地区战乱频仍,特别是“五胡乱华”,异族入侵,迫使人民离乡背井,避乱于大江东西,五岭南北;晋时还有因永嘉之乱（公元 307—313）而使“衣冠八族”移居闽地。唐宋金元时期,中原地区的社会动荡仍旧不断地迫使人民避居闽粤。闽方言的形成及其内部的复杂歧异自然与居民的这种迁徙有关。另外,闽方言的语言状态也保留着较古的特点,可以从另一个侧面为这种测算作一个脚注。一般说来,远离本土的语言不容易发生变化。英语随着盎格鲁、撒克逊人扎根于英伦三岛而与西日耳曼语分家,它就没有经历第二次日耳曼语辅音转移的变化(§10.2.3)。闽方言远离中原地区,它也没有经历汉语中的一些重要变化而仍保持着上古汉语的某些特点。"古无轻唇音"和"古无舌上音"是上古声母系统的两个重要的特点,闽方言至今仍保持着这种特点,而其他方言则大都发生了变化,与《切韵》系统大体一致。这些情况说明,语言年代学关于语言分化年代的测算有时候与从历史材料中得到的启示有某种程度的一致性,因而有一定的参考价值。

我们根据语言年代学的方法测算汉语方言的分化年代,得到的结果大体如下表(误差的负值因其所表示的时间太晚,在表明"相当于"的年代时没有计算进去):

方　言	年代测算	分化的大致年代
厦门:北京	1559±231 年前	相当于东汉末年至刘宋初(公元 196—427)
:苏州	1419±221 年前	东晋穆帝至南陈时期(346—567)
:长沙	1328±210 年前	刘宋初至唐初(448—658)
:南昌	1199±202 年前	南陈末至中唐德宗年间(587—787)
:广州	1241±204 年前	南梁武帝至唐玄宗末年(541—745)
:梅县	1038±191 年前	中唐肃宗年间至后汉末年(757—948)
梅县:北京	997±188 年前	中唐德宗年间至北宋初(801—989)
:苏州	847±180 年前	五代末年至南宋初年(959—1139)
:长沙	884±147 年前	五代末年至北宋末年(955—1102)
:南昌	702±135 年前	南宋初期至南宋末期(1149—1284)
:广州	634±134 年前	元初至元末(1218—1352)
广州:北京	809±175 年前	北宋真宗年间至南宋初期(1002—1177)
:苏州	702±135 年前	南宋初至南宋末(1149—1284)
:长沙	737±138 年前	北宋末至南宋晚期(1111—1249)
:南昌	667±135 年前	南宋孝宗年间至元中期(1184—1319)
南昌:北京	737±138 年前	北宋晚期至南宋晚期(1111—1249)
:苏州	468±124 年前	明初至明中叶(1394—1518)
:长沙	344±92 年前	明中期至清初(1550—1642)

方言	年代测算	分化的大致年代
长沙：北京	634 ± 134 年前	元初至元末（1218—1352）
：苏州	406 ± 124 年前	明中期至明末（1456—1580）
苏州：北京	847 ± 180 年前	五代末年至南宋初（959—1139）

这是根据语言年代学的方法测算出来的。两个方言，例如客家方言（梅县）和粤方言（广州）是不是有直接的分离关系，这很难说。它们可能是中原地区的语言在不同时期远征的结果。测算出来的年代都偏晚，这可能与语言年代学的方法有关，因为它着眼于基本词根语素（basic-root-morpheme）的保留率，两个方言表示同一现象的词虽然构造不同，但其中只要有共同的基本词根语素（例如北京话的“虱子”和苏州话的“老白虱”），就得算同源。这样算出来的保留率一般说容易偏高。其次，方言中表示同一现象的词往往不止一个，例如苏州话表示“好”的意思的有“好”“嬻”“灵”，广州话表示“男人”的意思的有“男人”“佬”，等等，但统计的时候都以第一个用词（常用）为准，因而有些歧异难以统计进去，这也就增加了统计数字中的保留率。第三，方言分化后相互有影响，这也会产生同源语素增加的假象。同源百分比偏高，测算出来的分化年代自然就偏晚，即使加上标准误差值（+）的计算，也不一定能早于实际的分离年代。所以语言年代学究竟有多大的参考价值，还得参阅有关的历史材料，才能有一个大致的印象。

17.2.3 不同方言或语言之间所保留下来的同源百分比的多少也可以用来说明方言或语言之间的接近性的程度。在汉语的方言中，根据上述的统计，长沙话与南昌话最接近（88%），长沙和苏州（86%），南昌和苏州（84%）次之。它们之间相互接近性的程度大致相当于厦门话与福州话的同源百分比（85%）。长沙、南昌这两个方言与其邻近的方言的同源百分比也都比较高，说明以长沙话为代表的湘语和以南昌话为代表的赣语与其周围方言之间的接近性的程度都比较大，在研究汉语方言之间的相互关系时，湘语和赣语可能占有重要的地位。这种方法用于亲属语言的研究，可以测定亲属语言的接近性的程度，为语言分化的先后顺序提供一些参数。雅洪托夫在我们前面引用过的那篇文章中曾经具体地考察过汉藏系语言之间的亲属关系的亲密程度。例如（A组材料根据斯瓦迪士的200词表，但剔除一些不适用的例词，还有177个；B组材料据百词表，剔除一些不适用的例词后还有95个。B组的统计数高于A组）：

A:		景颇	独龙	唐古特	缅	撒尼
	藏	26	33	32	36	36
	景颇		30	26	42	36
	独龙			30	35	35
B:		景颇	独龙	唐古特	缅	撒尼
	藏	37	42	36	45	44
	景颇		30	35	47	44
	独龙			32	36	42

同源百分比越高，表明两种语言的亲属关系越接近。看来这一组语言的同源百分比不高，说明它们的亲属关系比较远。像撒尼彝语与阿细彝语的同源百分比（据95词表）为84，与哈尼彝语为73，说明它们之间的亲属关系的程度就要近得多。

17.3 语言年代学的成效和局限

17.3.1 历史语言学的成就主要是语音的研究。语法的研究现在还没有找到一条合适的途径。[①]词汇的研究更没有经验，而且也不容易取得积极的成果。现在，语言年代学能用统计的方法计算基本词根语素在某一时间长度的发展中的保留率，推算语言的发展年代，这对历史语言学来说自然是一种重要的补充。所以它一诞生就引起学术界的注意，不是没有原因的。

历史比较法的一个重要缺点是不知道所拟测的原始形式的时代（§4.7.3）；以语言系统的同质说为基础的内部拟测法也只知道发展的始与终，无法确定年代层次（§9.4.3），尽管通过语言的扩散和变异的分析对内部拟测法有所补正，但语言发展的绝对年代，如没有书面文献资料的佐证，也是没有办法知道的。语言年代学的年代测算，虽然精确性可疑，但终久可以得到一些大致的年代参数，使历史比较法等不能发挥作用的领域也可以进行有一定参考价值的研究。此外如亲属语言的亲属关系的亲疏远近的确定，现在也有了一个比较客观的测定方法。这些现象说明，语言年代学在语言史的研究中还是有它的价值的。

17.3.2 语言年代学在它诞生的初期，人们对它的期望似乎过大，而对其内部所隐含的弱点缺乏认识。语言年代学能解决的问题看来是有限的。

语言年代学的方法论有一个严重的弱点，就是它只根据基本词根语素的保留率进行纯数学的测算，而无法顾及社会条件，因而在一些特殊的社会条件下很难运用这种方法。例如，我国与汉

① 美国语言学家雷曼（W. P. Lehmann）曾认为 OV 和 VO 的结构格式可以成为一个比较好的历史句法研究的理论框架（参看他的 Historical Linguistics—An Introduction, pp. 183—204），现在看来有问题，因为宾语相对于动词的位置只有两种可能，且容易相互影响（§1.4.2，§3.2.5）。

族处于大杂居、小聚居环境中的某些少数民族语言及其方言的形成,恐怕很难进行纯数学的计算。比方苗语,方言之间的差异比汉语方言的差异要大得多,通过一千一百多个根词的比较,"结果是湘西和黔东的异源词占 63.38%,湘西和川滇黔的异源词占 67.32%,黔东和川滇黔的异源词占 59.98%"。[①] 当然,这里头有多少个二百词表或百词表中的词,从这个统计数字中看不出来,但三种方言之间差异之大,在一般语言中恐怕是很少见的。大致说来,亲属语言或方言之间的歧异越大,其所反映的分化时间就越长。苗语的三大方言看来已经经历了长时期的发展过程。但是,如果用语言年代学来计算,结果却可能与此相反。雅洪托夫在前面引述过的文章中根据《中国少数民族语言简志》(苗瑶语族部分)的材料找到二百词表中的 135 个词和百词表中的 85 个词。如以这些材料为根据,比较三个方言之间的同源差异,可得下表:

A:

	川滇黔	黔东
湘西	61	63
川滇黔		67

B:

	川滇黔	黔东
湘西	65	65
川滇黔		71

如根据百词表的同源百分比 76%(65 ÷ 85)和 81% 的保留率常数进行计算,它们的分化年代大体是:湘西苗语与川滇黔、黔东苗语大约在 649 ± 149 年前分的家,相当于南宋中叶至元末;而川滇黔与黔东两大方言的分化时间大约在 412 ± 109 年前、即公元 15

① 王利宾、傅懋勣《我国少数民族语言科学研究工作的重要成就》,《中国语文》1959 年第 10 期。

世纪（相当于明朝的中晚期）时分的家。显然，这与实际的情况大相径庭。看来，处于其他语言的包围中、语言状态已发生严重变化的语言，很难用语言年代学来计算。

17.3.3 语言年代学在精选比较用词的时候严格遵守语义原则，以便适用于人类所有语言的比较和年代测算。这种严格的语义原则实际上是以概念为基础的，想选用一些表达与人类日常生活关系最密切的概念的语词作为研究的材料。这就提出了一个难以完成的任务。概念是人类思维的基本形式之一，它是全人类共同的，而语言以什么方式去表达这些人类共同的概念，各语言是不同的，即语言具有鲜明的民族特点，因而两种语言很难找到意义、用法等各方面都等价的词。例如，百词表中的英语“many”只能表示可数事物的“多”，而汉语的“多”就没有这种限制。同样一个概念，甲语言用一个词来表示，乙语言却可以用几个词从各个不同的角度去表达这个概念。例如“杀”，广州话说“杀人”时用“杀”，而说杀鸡、杀猪时就不用“杀”，而用“劏”，等等。这是语言年代学所用词表的一个弱点，曾受到很多人的批评。例如侯杰（H. Hoijer）在把斯瓦迪士的词表用于印第安的那伐荷（Navaho）语的研究时就发现很多词对不上号：表示“树”（tree）的 cin 的意义很广泛，包括棍子、木材、柱头及各种木块；“种子”（seed）、“眼睛”（eye）共用一个词 -náá?；人的“头发”（hair）、“头”（head）共用一个词 -cìì?，而动物的毛发则用另一个词来表达；“知道”（know）这个概念也分别用三个词来表示，等等。[①] 面对这种参差的对应，词表在对比翻译时就不能不带有一点主观性，不同的翻译必然会影响测算的准确

① Harry Hoijer, Lexicostatistics: A Critique, Language Vol. 32 No. 1, 1956.

性。语言年代学的计算误差，至少有一部分是由这种原因造成的。

17.3.4 语言是一种符号系统，但它毕竟不同于数学符号系统，因而单纯用数学公式来计算语言的分化年代，有它一定的局限性。我们在运用语言年代学的方法的时候需要参照其他的有关材料，如考古学、比较民族学、历史学等等，以便使这种方法发挥它的最佳效果。

附表一：二百词的基本表

（表中排斜体者后来收入百词表）

1. *all*
2. a
3. animal
4. *ashes*
5. at
6. back
7. bad
8. *bark*
9. because
10. *belly*
11. *big*
12. *bird*
13. *bite*
14. *black*
15. *blood*
16. blow
17. *bone*
18. breathe
19. *burn*
20. child
21. *cloud*
22. *cold*
23. *come*
24. count
25. cut
26. day
27. *die*
28. dig
29. dirty
30. *dog*
31. *drink*
32. *dry*
33. dull
34. dust
35. *ear*
36. *earth*
37. *eat*
38. *egg*
39. *eye*
40. fall
41. far
42. *fat*—grease
43. father
44. fear
45. *feather*
46. few
47. fight
48. *fire*
49. *fish*
50. five
51. float
52. flow
53. flower
54. *fly*
55. fog
56. *foot*
57. four
58. freeze
59. fruit
60. *give*
61. *good*
62. grass
63. *green*
64. guts
65. *hair*
66. *hand*
67. he
68. *head*
69. *hear*
70. *heart*
71. heavy
72. here
73. hit
74. hold—take
75. how
76. hunt
77. husband
78. *I*
79. ice
80. if
81. in
82. *kill*
83. *know*
84. lake
85. laugh
86. *leaf*
87. leftside
88. leg
89. *lie*
90. live
91. *liver*
92. *long*
93. *louse*
94. *man—male*
95. *many*
96. *meat—flesh*

97. mother
98. *mountain*
99. *mouth*
100. *name*
101. narrow
102. near
103. *neck*
104. *new*
105. *night*
106. *nose*
107. *not*
108. old
109. *one*
110. other
111. *person*
112. play
113. pull
114. push
115. *rain*
116. *red*
117. right—correct
118. rightside
119. river
120. *road*
121. *root*
122. rope
123. rotten
124. rub
125. salt
126. *sand*
127. *say*
128. scratch
129. sea
130. *see*
131. *seed*
132. sew
133. sharp
134. short
135. sing
136. *sit*
137. *skin*
138. sky
139. *sleep*
140. *small*
141. smell
142. *smoke*
143. smooth
144. snake
145. snow
146. some
147. spit
148. split
149. squeeze
150. stab—pierce
151. *stand*
152. *star*
153. stick
154. *stone*
155. straight
156. suck
157. *sun*
158. swell
159. *swim*
160. *tail*
161. *that*
162. there
163. they
164. thick
165. thin
166. think
167. *this*
168. *thou*
169. three
170. throw
171. tie
172. *tongue*
173. *tooth*
174. *tree*
175. turn
176. *two*
177. vomit
178. *walk*
179. *warm*
180. wash
181. *water*
182. *we*
183. wet
184. *what*
185. when
186. where
187. *white*
188. *who*
189. wide
190. wife
191. wind
192. wing
193. wipe
194. with
195. *woman*
196. woods
197. worm
198. ye
199. year
200. *yellow*

附表二：修正后的一百词表

1. I
2. you
3. we
4. this
5. that
6. who
7. what
8. not
9. all
10. many
11. one
12. two
13. big
14. long
15. small
16. woman
17. man
18. person
19. fish
20. bird
21. dog
22. louse
23. tree
24. seed
25. leaf
26. root
27. bark
28. skin
29. flesh
30. blood
31. bone
32. grease
33. egg
34. horn
35. tail
36. feather

37. hair
38. head
39. ear
40. eye
41. nose
42. mouth
43. tooth
44. tongue
45. claw
46. foot
47. knee
48. hand
49. belly
50. neck
51. breasts
52. heart
53. liver
54. drink
55. eat
56. bite
57. see
58. hear
59. know
60. sleep
61. die
62. kill
63. swim
64. fly
65. walk
66. come
67. lie
68. sit
69. stand
70. give
71. say
72. sun
73. moon
74. star
75. water
76. rain
77. stone
78. sand
79. earth
80. cloud
81. smoke
82. fire
83. ash
84. bum
85. path
86. mountain
87. red
88. green
89. yellow
90. white
91. black
92. night
93. hot
94. cold
95. full
96. new
97. good
98. round
99. dry
100. name

参 考 文 献[①]

Anderson, J. M., Structural Aspects of Language Change, University of calgary: Longman, 1973.

Anttila, R., An Introduction to Historical and Comparative Linguistics, New York: Macmillan, 1972.

白涤洲:《关中方言调查报告》,中国科学院 1954 年。

Baldi, P. and R. N. Werth (eds), Readings in Historical Phonology, The Pennsylvania State University Press, 1978.

Benedict, P. K., "Semantic Differentiation in Indo-Chinese—Old Chinese 蜡 lâp and 傩 nâ", HJAS(哈佛燕京学报), 1939, 4.

——《汉藏语言概论》,中国社会科学院民族研究所语言室,1984 年。

——《再论汉藏语系》,译文见《汉藏语言概论》一书,同上。

Bloomfield, L., Review of Saussure (1923), Reprinted in Hockett, 1970.

——Review of Jesperson's "Philosophy of Grammar", Reprinted in Hockett, 1970.

——《语言论》,商务印书馆 1980 年。

Bynon, T., Historical Linguistics, Cambridge, University Press, 1979.

曹剑芬:《常阴沙话古全浊声母的发音特点》,《中国语文》1982 年第 4 期。

岑麒祥:《历史比较语言学讲话》,湖北人民出版社 1981 年。

陈其光、李永燧:《汉语苗瑶语同源例证》,《民族语文》1982 年第 2 期。

陈新雄:《群母古读考》,台湾国际汉学会议论文集(语言文字组)。

陈寅恪:《从史实论切韵》,《岭南学报》第 9 卷第 2 期。

Chomsky, N., Aspects of the Theory of Syntax, Cambridge, Mass.: The M. I. T.

① 个别脚注转引自其他论文,这里未列。这里也没有列中文的一些史书材料。

Press, 1965.
达尔文:《达尔文回忆录》,商务印书馆 1982 年。
丁邦新:《汉语声调源于韵尾说之检讨》,台湾国际汉学会议论文集(语言文字组)。
丁声树:《谈谈语音构造和语音演变的规律》,《中国语文》,1952 年创刊号。
——《关于进一步开展汉语方言调查研究的一些意见》,《中国语文》1963 年第 3 期。
董绍克:《阳谷方言的儿化》,《中国语文》1985 年第 4 期。
董同龢:《上古音韵表稿》,史语集刊第 18 本,1944 年。
——《汉语音韵学》,台湾广文书局,1970 年。
董为光、曹广衢、严学宭:《汉语和侗台语的亲缘关系》,日本 Computational Analyses of Asian and African Languages, March, 1984.
恩格斯:《论日耳曼人的古代历史》,《马克思恩格斯全集》第 19 卷。
——恩格斯致拉萨尔的信,《马克思恩格斯全集》第 29 卷。
《方言》编辑部:《〈方言〉两年》,《方言》1981 年第 1 期。
方壮猷:《三种古西域语之发见及其考释》,《女师大学术季刊》第 1 卷第 4 期。
傅佐之、黄敬旺:《温州方言端透定三母的腭化现象》,《方言》1980 年第 4 期。
钢和泰:《音译梵书与中国古音》,《国学季刊》第 1 卷第 1 号。
高宝泰:《兰州方言音系》,甘肃人民出版社 1985 年。
葛毅卿:"On the Consonantal Value of 喻——Class words",《通报》(1932)。
——《喻三入匣再证》,史语所集刊 8 本 1 分(1939)。
Grassmann, H., Concerning the Aspirates and Their Simultaneous Presense in the Initial and Final of Roots, Reprinted in Lehmann, 1967.
Greason, H. A., An Introduction to Descriptive Linguistics, Revised Edition, New York: Holt, 1961.
Greenberg, J. H., A Quantitative Approach to the Morphological Typology of Languages, IJAL, 1960.
Grimm, J., Germanic Grammar, Reprinted in Lehmann, 1967.
Gudschinsky, S. C., The ABC's of Lexicostatistics, Word, 1956. 2.
Gumperz, J. J.(甘伯兹):《言语社团》(Speech community),《社会语言学译文集》,北京大学出版社 1985 年。

哈特曼，R. R. K.、F. C. 斯托克:《语言和语言学词典》,上海辞书出版社 1981 年。

寒涛:《宁波方音和国音比较的札记》,《中华教育界》第 11 卷第 2 期（1922）。

黄振华:《〈文海〉反切系统的初步研究》,《文海研究》第 66—124 页。中国社会科学出版社,1983 年。

Hockett, C. F., A Course in Modern Linguistics, New York: Macmillan, 1958.

——“Sound Change”, Language, vol. 41, 1965.

——A Leonard Bloomfield Anthology, Indiana University Press, 1970.

——《〈现代语言学教程〉中译本序》,《语文研究》1985 年第 4 期。

Hoijer, H., Lexicostatistics: A Critique, Language, vol. 32, 1956.

侯精一:《平遥方言的连读变调》,《方言》1980 年第 1 期。

胡双宝:《文水方言志》,《语文研究》增刊（10）,1984 年。

胡坦:《藏语（拉萨话）声调研究》,《民族语文》1980 年第 1 期。

——《藏语的语素变异和语音变迁》,《民族语文》1984 年第 3 期。

Humboldt, W. Von, On the Structural Variety of Human Language and Its Influence on the Intellectual Development of Mankind, Reprinted in Lehmann, 1967.

Jakobson, R., Child Language, Aphasia and Phonological Universals. Mouton, 1972. 该书简介见《国外语言学》1981 年第 3 期。

——Principles of Historical Phonology, Reprinted in Baldi and Werth, 1978.

——What Can Typological Studies Contribute to Historical Comparative Linguistics? Proceedings of the 8th International Congress of Linguists, Oslo University Prep. Oslo, 1958.

季羡林:《吐火罗语的发现与考释及其在中印文化交流中的作用》,《语言研究》（科学出版社 1956 年）第 1 期。

金有景:《义乌话里咸山两摄三四等字的分别》,《中国语文》1964 年第 1 期。

——《关于浙江方言中咸山两摄三四等字的分别》,《语言研究》1982 年第 1 期。

Jones, W., The Third Anniversary Discourse, on Hindus, Reprinted in Lehmann, 1967.

Karlgren，B.（高本汉）:《中国音韵学研究》,商务印书馆,1948 年。

——《上古中国音当中的几个问题》,史语集刊一本三分。
——Analytic Dictionary of Chinese and Sino-Japanese, Paris, 1923.
——Word Family in Chinese, BMFEA No. 5, 1934.
——The Chinese Language, New York, 1949.
——Compendium of Phonetics in Ancient and Archaic Chinese, BMFEA, No, 26, Stockholm, 1954.
——Grammata Serica Recensa, BMFEA, No. 29, Stockholm, 1957.
Климов, Г. А., Методика лингвогенетических исследований, Общее языкознание III, Изд.《Наука》, 1973.
Курилович, Е., О методах внутренней реконструкции, Новое в лингвистике, вып. IV, М..
拉波夫（W. Labov）:《在社会环境里研究语言》,《语言学译丛》第1辑。中国社会科学出版社1979年。
——《纽约市百货公司（r）的社会分层》,《社会语言学译文集》,北京大学出版社1985年。
——On the Use of the Present to Explain the Past, Reprinted in Baldi and Werth, 1978.
——Resolving the Neogrammarian Controversy, Language, vol. 57, 1981.
Lees, R. B., The Basis of Glottochronology, Language, vol. 29. 1953.
Lehmann, W. P., Historical Linguistics: An Introduction, Second edition, New York: Holt, 1973.
——A Reader in 19th Century Historical Indo-European Linguistics, Indiana University Press, 1967.
李德启:《满洲文字之来源及其演变》,《北平图书馆刊》第5卷第6期。
李方桂:《中国的语言和方言》, Journal of Chinese Linguistics 1973 1. 1.
——A Handbook of Comparative Tai, The University Press of Hawaii, 1977.
——《上古音研究》,商务印书馆,1980年。
李壬癸:《李方桂及其比较台语研究》,台湾《幼狮学志》第15卷第3期。
李荣:《切韵音系》,科学出版社1956年。
——《陆法言的〈切韵〉》（1957）,《音韵存稿》,商务印书馆1982年。
——《方言调查手册》,科学出版社1957年。
——《语音演变规律的例外》（1965）,《音韵存稿》,商务印书馆1982年。

——《从现代方言论群母有一、二、四等》(1965),《音韵存稿》,商务印书馆1982年。
——《温岭方言的变音》,《中国语文》1978年第2期。
——《温岭方言的变调》,《方言》,1979年第1期。
——《关于方言研究的几点意见》,《方言》1983年第1期。
——《切韵与方言》,《方言》1983年第3期。
李如龙:《自闽方言证四等韵无-i-说》,《音韵学研究》,中华书局1984年。
列宁:《谈谈辩证法问题》,《列宁选集》第2卷。人民出版社1972年。
陆志韦:《三四等与所谓喻化》(1939),《燕京学报》第26期。
——《释中原音韵》,《燕京学报》第31期,1946年。
——《古音说略》(1947),《陆志韦语言学著作集》,中华书局1985年。
罗常培:《知彻澄娘音值考》(1931),《罗常培语言学论文选集》,中华书局1963年。
——《唐五代西北方音》(1933),史语所单刊十二。
——《汉语方音研究小史》(1933),《罗常培语言学论文选集》,中华书局1963年。
——《〈经典释文〉和原本〈玉篇〉反切中匣于两纽》(1938),同上。
——《临川音系》(1940),史语所单刊十七。
罗常培、傅懋勣:《国内少数民族语言文字概况》,《中国语文》1954年第3期。
罗美珍:《试论台语的系属问题》,《民族语文》1983年第2期。
马蒂索夫(James A. Matisoff):马蒂索夫谈历史语言学和汉藏系语言的研究,见徐通锵的整理稿,《语言学论丛》第13辑,1985年。
马风如:《山东金乡话儿化对声母的影响》,《中国语文》1984年第4期。
马克思、恩格斯:《德意志意识形态》,《马克思恩格斯全集》第3卷。
马克思致恩格斯的信,《马克思恩格斯全集》第32卷。
Malkiel, Y., Each Word Has a History of Its Own, Revolution vs. Continuity in the Study of Language, at Burg Wartestain, Austria, August 15—25, 1964.
——The Inflectional Paradigm as an Occational Determinant of Sound Change, Reprinted in Lehmann and Malkiel, 1968.
马尔基耶尔:谈历史语言学,见徐通锵的整理稿,《语言学论丛》第13辑。
Malmberg, B.,《方言学和语言地理学》,《语言学译丛》第1辑,中国社会科学出版社1979年。

Marckwardt, A. H., Introduction to the English Language, Oxford University Press, Thirteenth Printing, 1961, New York.

Martinet, A., Function, Structure and Sound Change, Reprinted in Baldi and Werth, 1978.

马学良:《彝语“二十”“七十”的音变》,《民族语文》1980 年第 1 期。

梅祖麟:《中古汉语的声调与上声的起源》,《中国语言学论集》,台湾幼狮文化事业公司,1977 年。

梅耶:《历史语言学中的比较方法》,科学出版社,1957 年。

Möllendoff, P. G. Von, The Ningpo Syllabary, 1901,上海。

睦里逊(W. T. Morrison):《宁波方言字语汇解》,1876,上海。

Norman, J.(罗杰瑞): Tonal Development in Min, JOCL, 1973, 1. 2.

——Chronological Strata in the Min dialects《方言》1979 年第 4 期。

——The Proto-Min Finals,台湾国际汉学会议论文集(语言文字组)。

——《闽北方言的第三套清塞音和清塞擦音》,《中国语文》1986 年第 1 期。

Norman, J. and Tsu-lin Mei, The Austro-Asiatics in Ancient South China: Some Lexical Evidence, Reprinted from Monument Serica, vol. XXXII, 1976.

Osthoff, H. and K. Brugmann, "...Morphological Investigation...", Reprinted in Lehmann, 1967.

潘尊行:《原始中国语初探》,《国学季刊》第 1 卷第 3 期(1923)。

Pei, M. and F. Gaynor, Dictionary of Linguistics, Philosophical library, New York, 1954.

裴特生:《十九世纪欧洲语言学史》,科学出版社 1958 年。

平田昌司:《休宁音系简介》,《方言》1982 年第 4 期。

Rask, R., An Investigation Concerning the Sourse of the Old Northern or Icelandic Language, Reprinted in Lehmann, 1967.

Robins, R, H.,《语言分类史》,《国外语言学》1983 年第 1、2 期。

萨丕尔:《语言论》,商务印书馆 1985 年。

山西省方言调查指导组编:《山西方言概况》(讨论稿)1961。

Saussure, F. de(德·索绪尔): Mémoire on the Primitive System of Vowels in the Indo-European Languages, Reprinted in Lehmann, 1967.

——《普通语言学教程》,商务印书馆 1980 年。

Schleicher, A., Introduction to a Compendium of the Comparative Grammar

of the Indo-European, Sanskrit, Greek and Latin Languages, Reprinted in Lehmann, 1967.
沈同:《上海话老派新派的差别》,《方言》1981 年第 4 期。
施向东:《玄奘译著中的梵汉对音和唐初中原方音》,《语言研究》1983 年第 1 期。
Swadesh, M.,《史前民族接触的词汇统计学的年代推算》,原载于 Proceedings of the American Philosophical Society, vol, 96, 1952.
——《词汇统计年代推算的精确化》, IJAL, 1955. 2.
Шухардт, Г., "Вещи и слова", История языкознания XIX и XX веков в очерках и извлечениях, часть I, M., 1960.
汤姆逊:《十九世纪末以前的语言学史》,科学出版社 1960 年。
Трубецкой, Н. С., Основы фонологии, изд. Иностранной литературы, М., 1960.
——《有关印欧语问题的一些看法》,《国外语言学》,1982 年第 4 期。
Vendryès, J., Language, London, 1925.
Verner, K., An Exception to the First Sound Shift, Reprinted in Lehmann, 1967.
汪荣宝:《歌戈鱼虞模古读考》,《国学季刊》第 1 卷第 2 号(1923)。
王艾录、杨述祖:《祁县方言志》,《语文研究》增刊(8)。
王辅世:《湖南泸溪瓦乡话的语音》,《语言研究》1982 年第 1 期。
——《再论湖南泸溪瓦乡话是汉语方言》,《中国语文》1985 年第 3 期。
——《苗瑶语的系属问题初探》,《民族语文》1986 年第 1 期。
王国维:《观堂集林》(卷 8)第 2 册,中华书局 1984 年。
王洪君:《文白异读和叠置式音变》,《语言学论丛》第 17 辑。
——《山西闻喜方言的白读层与宋西北方音》,《中国语文》1987 年第 1 期。
王力:《汉语音韵学》,中华书局 1957 年。
——《汉语史稿》(上册),中华书局 1958 年。
——《汉语音韵》,中华书局 1963 年。
——《同源字典》,商务印书馆 1982 年。
——《汉语语音史》,中国社会科学出版社 1985 年。
王利宾,傅懋勣:《我国少数民族语言科学研究工作的重要成就》,《中国语文》1959 年第 10 期。
Wang, W. S—Y, Competing Change as a Cause of Residue, Language, 45, 1969.

——《语言的演变》,《语言学论丛》第11辑。
——《近四十年来的美国语言学》,《语言学论丛》第11辑。
——《语言变化的词汇透视》,《语言研究》1982年第2期。
王士元教授:谈语言的变异与语言的发展,见徐通锵的整理稿,《语言学论丛》第13辑。
Weinreich, U., W. Labov and M. I. Herzog, Empirical Foundations for a Theory of Language Change, Reprinted in Lehmann and Malkiel, 1968.
谢纪锋:《从〈说文〉读若看古音四声》,《罗常培纪念论文集》,商务印书馆1984年。
徐通锵:《历史上汉语和其他语言的融合问题说略》,《语言学论丛》第7辑(1981)。
——《山西平定方言的儿化和晋中的所谓"嵌l词"》,《中国语文》1981年第6期。
——《山西祁县方言的新韵尾-m和-β》,《语文研究》1984年第3期。
——《美国语言学家谈历史语言学》(访问整理稿),《语言学论丛》第13辑。
——《宁波方言的"鸭"[ε]类词和儿化的残迹》,《中国语文》1985年第3期。
——《百年来宁波音系的演变》,《语言学论丛》第16辑。
——《音系中的变异和内部拟测法》,《中国语言学报》第3期,商务印书馆1989年。
徐通锵、王洪君:《说变异》,《语言研究》1986年第1期。
——《山西闻喜方言的声调》,《语文研究》1986年第4期。
徐通锵、叶蜚声:《译音对勘与汉语的音韵研究》,《北京大学学报》1980年第3期。
——《历史比较法和切韵音系的研究》《语文研究》1980年第1期。
——《内部拟测法和上古音系的研究》,《语文研究》1981年第1期。
许宝华、游汝杰:《苏南和上海吴语的内部差异》,《方言》1984年第1期。
严学宭:《汉语同族词内部屈折的变换模式》,《中国语文》1979年第2期。
——《谈汉藏语系同源词和借词》,《江汉语言学丛刊》第1辑。湖北省语言学会编,1979年。
颜逸明、敖小平:《南通金沙话的归类》,《方言》1984年第2期。
杨耐思:《中原音韵音系》中国社会科学出版社1985年。
杨述祖:《太谷方言志》,《语文研究》增刊(3)。

叶蜚声、徐通锵:《语言学纲要》,北京大学出版社 1981 年。
俞敏:《汉藏两族人和话同源探索》,《北京师范大学学报》(哲学社会科学版)1980 年第 1 期。
——《音轨和语素的出现频率》,《语文研究》1983 年第 3 期。
——《北京音系的成长和它受的周围影响》,《方言》1984 年第 4 期。
袁家骅等:《汉语方言概要》(第二版),文字改革出版社 1983 年。
Яхонтов, С. Е., Глоттохронология и китайско-тибетская семья языков, VII Международный конгресс антропологических и зтнографических наук, m. 1964.
曾运乾:《切韵五声五十一纽考》,《东北大学季刊》第 1 期(1927)。
——《"喻"母古读考》,《东北大学季刊》第 2 期(1927)。
张慧英:《崇明方言的连续变调》,《方言》1979 年第 4 期。
张琨、张谢蓓蒂:《上古汉语的韵母系统和〈切韵〉》,台湾史语集刊第 26 本。
张琨:《汉语音韵史中的方言差异》,台湾史语集刊第 46 本。
——《藏语在汉藏语系语言学中的作用》,台湾史语集刊第 48 本第 1 分。
——《汉语方言中鼻音韵尾的消失》,台湾史语集刊第 54 本第 1 分。
——《中国境内非汉语研究的方向》,台湾《中国语言学论集》,幼狮文化事业公司,1977。
——《论比较闽方言》,台湾史语集刊第 55 本第 3 分,又《语言研究》1985 年第 1 期。
张琨: 谈汉藏系语言和汉语史的研究,见徐通锵的整理稿,《语言学论丛》第 13 辑。
张贤豹:《〈切韵〉纯四等韵的主要元音及相关问题》,《语言研究》1985 年第 2 期。
赵杰:《汉语对满语的影响和满语的连锁式演变》(研究生毕业论文),主要研究成果见其专著《现代满语研究》民族出版社 1989 年。
赵荫棠:《等韵源流》,商务印书馆 1957 年。
赵元任:《现代吴语的研究》,科学出版社 1956 年。
—— "Distinction within Ancient Chinese",哈佛燕京学报(HJAS)第 5 卷第 2 期。
——《语言问题》,商务印书馆 1980 年。
郑张尚芳:《温州方言儿化词的语音变化》,《方言》1980 年第 4 期、1981

年第1期。
周法高:《古音中的三等韵兼论古音的写法》,史语集刊第19本。
——《上古汉语和汉藏语》,香港中文大学中国文化研究所学报第5卷第1期,1972年。
——《参加国际中国古文字学研讨会和国际汉藏语言学会议的心得》,台湾《大陆》杂志第67卷第6期。
周祖谟:《宋代汴洛语音考》,《问学集》,中华书局1966年。
——《汉代竹书和帛书中的通假字与古书的考订》,《音韵学研究》第一辑。中华书局1984年。
朱加荣:《金华方言的儿化》,《语言学论丛》第16辑。
《清史稿·达海传》。
《闻喜县志》(1918)。
《鄞县志》(1788)。
《鄞县通志·文献志·方言志》(编成于三十年代)。
《定海县志》(1918)。